DAN FRANCK

PARIS OCUPADA

OS AVENTUREIROS DA ARTE MODERNA (1940-1944)

Tradução de Gustavo de Azambuja Feix

www.lpm.com.br

L&PM POCKET

Coleção **L&PM** POCKET, vol. 1252

Texto de acordo com a nova ortografia
Título original: *Minuit*

Este livro foi publicado pela L&PM Editores em formato 14x21cm, em 2015
Primeira edição na Coleção **L&PM** POCKET: julho de 2017

Tradução: Gustavo de Azambuja Feix
Capa: Ivan Pinheiro Machado. *Ilustração*: © iStock
Preparação: Patrícia Yurgel
Revisão: Jó Saldanha

CIP-Brasil. Catalogação na publicação
Sindicato Nacional dos Editores de Livros, RJ

F893p

Franck, Dan, 1952-
Paris ocupada: os aventureiros da arte moderna (1940-1944) / Dan Franck; tradução Gustavo de Azambuja Feix. – Porto Alegre, RS: L&PM, 2017.
448 p. ; 18 cm. (Coleção L&PM POCKET, v. 1252)

Tradução de: *Minuit*
ISBN 978-85-254-3442-5

1. Guerra Mundial, 1939-1945. 2. Guerra Mundial, 1939-1945 - França - História. 3. Artistas - França - Biografia. 4. Paris (França) - Vida intelectual. I. Título. II. Série.

15-22349 CDD: 940.5421
CDU: 94(100)'1939/1945'

Rua Comendador Coruja, 326 – Floresta – 90220-180
Porto Alegre – RS – Brasil / Fone: 51.3225.5777 – Fax: 51.3221.5380

Pedidos & Depto. comercial: vendas@lpm.com.br
Fale conosco: info@lpm.com.br
www.lpm.com.br

Impresso no Brasil
Inverno de 2017

Sumário

Para meu pai

I

Rotas de fuga

3 DE SETEMBRO DE 1939

> A guerra – esta ou outra – equivale ao eclipse de todas as coisas do espírito.
>
> ANDRÉ BRETON

Agosto de 1939: o mundo entra em pânico. Nas embaixadas e chancelarias, nos palácios presidenciais e ministeriais, portas são batidas diante da guerra iminente. O Acordo de Munique foi ratificado no ano anterior, sem que a tensão entre as nações diminuísse de maneira duradoura. Após invadir a Áustria e o território dos sudetos, Hitler ameaça a Polônia. Em 23 de agosto, para espanto geral, ele assina um pacto de não agressão com Moscou.

No dia 29, Berlim envia um ultimato para Varsóvia: o Reich quer Danzig. A Polônia protesta. O secretário de Estado do Foreign Office, lorde Halifax, comunica-se ininterruptamente com o seu homólogo polonês.

Na França, Édouard Daladier, presidente do Conselho, nomeia o general Weygand comandante das operações no Mediterrâneo oriental e o envia para Beirute.

Em Roma, Benito Mussolini propõe a realização de uma nova Conferência de Munique.

Londres mobiliza seus reservistas do exército regular.

Paris requisita as linhas férreas para futuros transportes de tropas e equipamentos.

Na noite de 30 para 31 de agosto, Joachim von Ribbentrop, ministro das Relações Exteriores do Reich, convoca Sir Henderson, o embaixador britânico em Berlim. Algumas horas depois, o ministro plenipotenciário inglês envia um telegrama desesperado para Londres: a questão polonesa parece sem solução.

Em 31 de agosto, em sua sala da Chancelaria, Hitler envia um aviso confidencial ao comando militar alemão: o ataque contra a Polônia terá início no dia seguinte, às 4h45.

Em 1º de setembro de 1939, na hora marcada, as divisões de infantaria e motorizadas fixam base em Varsóvia.

Em Londres, pela manhã, o exército, a marinha e a força aérea são mobilizados.

Em Paris, o Conselho dos Ministros decreta mobilização geral e declara estado de emergência na França e na Argélia.

No dia seguinte, o primeiro-ministro britânico, Neville Chamberlain, telefona para Édouard Daladier, sugerindo-lhe que a França e a Inglaterra declarem guerra à Alemanha. Paris pede um prazo de 48 horas: o tempo necessário para finalizar a mobilização de suas tropas.

À noite, Henderson recebe a ordem de solicitar novo encontro com o ministro das Relações Exteriores alemão para o dia seguinte, um domingo. Às nove horas, o emissário britânico encontra o porta-voz do ministério. Este recebe o comunicado oficial do governo britânico, transmitindo-o de imediato ao grande chefe do Reich: Londres informa a Berlim que, se em 3 de setembro, às onze horas da manhã, o Führer não tiver se comprometido a retirar as tropas alemãs da Polônia, os dois países entrarão em guerra.

Uma hora após o recado britânico, o sr. Coulondre, embaixador da França em Berlim, manda parar seu carro em frente ao Ministério das Relações Exteriores. Ribbentrop o recebe. O enviado francês traz o ultimato de seu governo, igual ao de Londres. O ministro comunica a resposta sem pestanejar: a Alemanha não vai evacuar a Polônia.

Começa a Segunda Guerra Mundial.

Pacifismos

Os generais que morrem na guerra cometem um erro profissional.

Henri Jeanson

Três meses e meio depois da declaração de guerra, em Paris, o tribunal militar se reúne nas instalações da segunda câmara correcional para julgar o sr. Henri Jules Louis Jeanson, roteirista, dialogista e jornalista, réu por ter escrito insanidades nas colunas do jornal *Solidarité internationale antifasciste*. Essa gazeta, fundada pelo anarquista Louis Lecoin, três anos antes fizera campanha a favor do envio de armas para os libertários espanhóis da Federação Anarquista Ibérica (FAI). Aqueles que escrevem em suas páginas são, portanto, duplamente culpados: em 1936, por terem criticado a decisão de não intervenção do governo francês na Espanha; em 1939, por defenderem teses pacifistas em um país em guerra.

A acusação não censura Henri Jeanson por ter escrito os roteiros de *Pépé le Moko* ou de *Hôtel du Nord*. O que está em questão é sua pena de jornalista, com a qual traçou palavras inclassificáveis a respeito da autoridade militar encarregada de velar pela segurança nacional. Em tempos de guerra, não se pode escrever impunemente nestes termos ao presidente do Conselho:

> Provavelmente incorporam minha modesta pessoa a uma parte do território e não pretendem dispensar meu vulto de soldado de segunda classe das próximas corveias de trincheiras ou dos caprichos do sargento-ajudante da semana.
>
> Mil perdões, meu Daladier.
>
> Essa parte do território que é o meu corpo imperfeito não posso colocar à sua disposição. Minha mãe me

deu sob custódia. Eu vou conservá-la até o meu último suspiro.
Meu corpo é meu.
Propriedade privada.[1]

Essas linhas valeram a cadeia a Henri Jeanson. Detido em novembro de 1939, foi levado à prisão de la Santé e trancafiado como preso comum.

Transcorrido um mês, defende sua pele de pacifista diante de uma assembleia de adversários repletos de medalhas e estrelas. A acusação leu e assinalou algumas frases escritas no *Solidarité internationale antifasciste*, no *Canard enchaîné* e em outros jornais com os quais o réu colabora: "A guerra justifica a existência dos militares suprimindo-os"; "Por que os generais são tão tolos? Porque são recrutados entre os coronéis" etc.

Razão para enfurecer os militares agaloados.

Em sua defesa, Henri Jeanson pode se valer de inúmeros testemunhos, uns mais honrosos que outros: François Mauriac, Joseph Kessel, Tristan Bernard, Louis Jouvet, Arletty... Inúmeros artistas que tomaram a pena – ou a palavra – para defender o amigo, aferrado às próprias convicções: ele é e continuará sendo um pacifista.

A testemunha mais marcial veio com uniforme de capitão: Antoine de Saint-Exupéry. Seu terceiro livro publicado, *Terra dos homens*, acaba de receber o Grande Prêmio da Academia Francesa: enorme sucesso.

A mais insolente atende por Jacques Prévert. Diante da pergunta feita pela acusação – "O senhor tem estima pelo acusado?" –, ele refletiu por longo tempo, antes de assentir com a cabeça:

– Sim, ele ama seu cachorro.

– Como é?!

– Eu disse: "Sim, ele ama seu cachorro".[2]

Ao fim de uma audiência agitada, o tribunal considerou Henri Jeanson culpado por incitar a desobediência militar e a insubmissão dos homens convocados ou mobilizados para o serviço. Pena: cinco anos de prisão e três mil francos de multa.

Henri Jeanson pagou a multa e tomou o caminho da prisão. Ali, releu Paul Claudel: "Que punição exemplar! Esse agravamento da pena me deixou uma lembrança atroz da prisão".[3] Felizmente, será solto alguns dias antes da entrada dos alemães em Paris.

Testemunha memorável no julgamento de seu amigo, Jacques Prévert também poderia ter sido jogado atrás das grades por insolência e pacifismo inveterado. Em setembro de 1939, ele estava em Brest, onde Jean Grémillon rodava *Águas tempestuosas* (com Michèle Morgan e Jean Gabin em pleno idílio). Ele reescrevia os diálogos no momento em que a filmagem começara. A declaração de guerra dispersara os homens da equipe. O poeta-roteirista fora mobilizado assim como os demais. Entretanto, fiel a um antimilitarismo visceral, havia procurado por todos os meios evitar a convocação. Pedira a um cirurgião próximo do Grupo Outubro para que o operasse de uma apendicite, o que foi feito. Em seguida, passou de uma mesa de operação do 19º arrondissement para o hospital de Val-de-Grâce, para onde seu amigo médico mandara que fosse transferido a fim de não ser acusado de deserção.

Por infelicidade, um oficial o enviou para a Bretanha. De lá, foi transferido para Bourges. A apendicite não passava de uma lembrança. Por não descobrir método mais eficiente, Prévert escolheu tornar-se o rei dos cretinos. Durante um mês, bancou o trapaceiro tão bem que, em novembro, foi enfim reformado. Por ansiedade, palpitações, hiperemotividade, espasmos gástricos e intestinais, exoftalmia, astenia, perda de peso, taquicardia e... bócio.[4]

Em 22 de novembro, retornava a Paris. Um mês depois, desolado, assistia à condenação de seu amigo e cúmplice Henri Jeanson.

Na mesma época, em Marselha, outro célebre pacifista saía da prisão: Jean Giono.

Em 1935, o autor de *Regain* havia criado os Encontros de Contadour: em um planalto da Alta Provença, ele reunia seus discípulos e admiradores, defensores como ele da natureza e da paz. Em 1936, se posicionara contra a intervenção na Espanha e rompera com a esquerda que apoiara até então. Três anos depois, assinava uma petição iniciada por Lecoin e publicava um opúsculo justificando suas posições, solidamente arraigadas desde a guerra de 1914: *nunca mais*. Apoiado pelo filósofo pacifista Alain [Émile-Auguste Chartie] (que aplaudira o Acordo de Munique), havia escrito ao presidente do Conselho, Édouard Daladier, suplicando que não lançasse o país em uma guerra monstruosa. Em Marselha, rasgara os cartazes de mobilização. Os imensos horrores sofridos durante a Primeira Guerra Mundial o haviam convencido de que, em qualquer circunstância, era melhor viver de joelhos do que cair de pé.

Em setembro de 1939, suas ações e posições lhe valeram a prisão. Ele ficou detido no forte Saint-Nicolas por três meses. Graças à intervenção de André Gide e de alguns outros escritores, foi solto.

Durante oito meses ainda, com o apoio de alguns pacifistas, Giono, Prévert e Jeanson poderiam propagar suas convicções sem correr outro risco além de uma sentença de prisão. Entretanto, a Guerra de Mentira acabaria. Engrossado pelos países que acabava de desmembrar, o exército alemão se voltaria contra a Europa ocidental. Chegaria o tempo da Ocupação, da deportação, da miséria e das lágrimas.

Após o término da guerra, durante os julgamentos de Nuremberg, Alfred Jodl – o chefe do estado-maior das operações militares dentro do Comando Supremo das Forças Armadas alemãs – declararia:

> Só não fomos vencidos em 1939 porque, durante a campanha da Polônia, as 110 divisões francesas e britânicas a Oeste permaneceram absolutamente inativas diante das 23 divisões alemãs.

Se estivessem a par dessa verdade militar, será que os favoráveis ao Acordo de Munique e os pacifistas do pré-guerra teriam mudado de ideia?

Mona Lisa cai na estrada

O exército francês, "o mais belo da Europa", e nem mesmo oito semanas de pam-pam.

Jean Malaquais

Junho de 1940.

Neste amanhecer brilhante, uma nuvem negra ameaça Paris. A cidade desperta sob um sol oculto por um véu de luto que se espalha pelo céu claro. O mundo arde em chamas. A Europa acaba de explodir sob os ataques de um exército alemão invencível. A Fúria mandou aos ares as fronteiras. A Holanda caiu, a Bélgica também. Os alemães ocupam os subúrbios. Paris se exaure como uma artéria perfurada. O governo fugiu. O céu se cobre de escuridão, o ar fede: Rouen dispersa aos quatro ventos a fumaça de seus tanques de petróleo em chamas. O pânico se alastra pelas estações e pelos portos, nas estradas engarrafadas, nos vagões lotados, nos carros barulhentos, nas charretes atreladas... Tudo o que anda é tomado de assalto. As casas estão vazias, os prédios, silenciosos.

Nos pátios dos museus de Paris, dezenas de caminhões esperam a ordem de partir. Estão vazios. Em suas laterais, alguns exibem o brasão da cidade. Outros levam as cores da loja de departamentos Samaritaine, que emprestou alguns veículos. Os mais imponentes foram alugados da Comédie-Française, que costuma transportar dentro deles seus cenários. O teatro, assim como os museus, pôs um véu no rosto de seu esplendor: os lustres foram retirados, as telas, enroladas, as estátuas, embarcadas. Tapeçarias e móveis antigos estão nos porões ou em lugares seguros. Maravilhas em que os boches não colocarão as mãos. Só permaneceram as esculturas pesadas demais para serem transportadas. Jacques Jaujard, o diretor dos Museus da França, supervisiona a eficiência das dispersões. Conhece bem o trabalho: ele foi o encarregado de proteger as obras do Museu do Prado antes de os franquistas conquistarem a Espanha.

Na alvorada desse trágico 11 de junho, os caminhões partem, de modo intervalado. Os líderes de cada comboio estão a postos. Policiais em cima de motos fazem a escolta. Tomam avenidas desertas, rodam ao longo de parques sem vida. As igrejas perderam os vitrais, trancados nas tumbas do Panteão. Na Place de la Concorde, a base do obelisco é protegida por um pedestal de madeira, sobre o qual se erguem colunas de sacos de areia e de terra. Esses sacos perfeitamente empilhados que tapam as janelas do Louvre também escondem a Fonte Médici no Jardim de Luxemburgo e se erguem como uma fortificação ao longo das paredes do palácio do Senado.

Na Place des Victoires, Luís XIV protege seu cetro atrás dessa muralha que o defenderá das bombas e das balas. Na Pont-Neuf, Henrique IV vestiu a mesma armadura. Assim como os cavalos do Jardim das Tulherias e as estátuas, os monumentos, os tesouros da cidade.

Na Avenue de Versailles, os guardas obrigam os motoristas dos caminhões a fazer um desvio: a pista foi danificada pelas bombas lançadas sobre as fábricas Citroën. Um Talbot tenta encontrar uma brecha. Por sua vez, é parado pela polícia. A motorista tenta negociar: não há conversa. A amiga, sentada à direita, a aconselha a dar meia-volta. Ela faz carinho em um gato persa, que ronrona antes de mudar de lugar, indo para o colo de Peggy Guggenheim, sua dona, que está no volante.

Na Porte de Versailles, sem ter alternativa, o Talbot dá meia-volta. A motorista dobra, praguejando contra os caminhões dos Museus Nacionais. Alguns dias antes, havia batido às portas da administração pública para pedir que também protegessem as obras de sua coleção. De modo absurdo, os funcionários do departamento de arte e do patrimônio julgaram que os artistas recentemente adquiridos pela norte-americana – Kandinsky, Man Ray, Dalí, Ernst, Léger, Klee,

Picabia, Gleizes, Mondrian, Miró, Tanguy, Giacometti, Arp e outros – eram modernos demais.

Peggy Guggenheim voltou para casa. Colocou suas telas enroladas dentro de caixas e enviou-as para o castelo de uma amiga, perto de Vichy. Em seguida, depois de beber uma última taça de champanhe no terraço do Deux Magots, carregou os galões de gasolina armazenados no terraço de seu apartamento até o porta-malas do carro e decidiu ir a Megève, onde era esperada pelos filhos e pelo primeiro marido.

Azar do patrimônio francês.

Alguns parisienses, munidos com máscaras de gás distribuídas nos dias anteriores, observam com curiosidade esse pequeno carro se insinuar entre enormes caminhões, cujas caçambas balançam vazias perto dos meios-fios das calçadas. Aproveitando a oportunidade, alguns se dependuram e escalam as caçambas. Assim suspensos, juntam-se aos fugitivos vindos do norte e de outros lugares, aglutinados a dezenas de milhares na longa torrente do êxodo. Famílias se amontoam em carros que ofegam todas as suas suspensões. Motores se aquecem atrás de charretes, bicicletas, carrinhos de mão, cavalos, cães amarrados, vacas que mugem... Içados com cordas ao topo de andaimes caseiros, velhos cansados sondam com ansiedade um céu azul atravessado por aviões, sobre os quais todos se perguntam de maneira inquieta se são franceses, ingleses ou alemães. Vinte e cinco anos antes, no despontar da guerra precedente, a ponta de lança do exército francês se deslocava para a linha de frente em táxis confiscados.* A bússola mudou de direção.

Em Rambouillet, o comboio dos Museus da França fica parado diante da estação. Os trens são tomados de assalto pelos parisienses que se deslocaram até ali por não conseguirem encontrar vagas intramuros. Engarrafamento e pânico. O Norte do país foge antes do embate.

---

* Em 6 e 7 de setembro de 1914 o estado-maior francês requisitou mais de 1,2 mil táxis para transporte de tropas da capital ao front do Marne. (N.T.)

Ao cair da noite, os comboios tornam a partir. Nogent--le-Rotrou. La Ferté-Bernard. Os campos, as fazendas estão vazios. Um pouco abaixo da estrada, perto dos córregos, algumas fogueiras reúnem famílias extenuadas. Em Orléans, um soldado com um canhão monta guarda na ponte sobre o Loire. Os caminhões passam. Deve-se agir depressa. Retomar os tesouros escondidos antes que seja tarde demais.

Dez meses antes, logo após a declaração de guerra, trezentos caminhões fretados pela Reunião dos Museus Nacionais haviam tomado as mesmas estradas. Daquela vez, estavam cheios. Transportavam as mais belas obras do patrimônio nacional a fim de protegê-las dos tiros dos alemães e de sua ganância. O movimento tivera início em 28 de setembro de 1938, véspera da conferência de Munique. Naquele dia, às seis horas da manhã, um primeiro comboio se formara no pátio do Carrossel do Louvre. Partia para Chambord. Devia preceder outros comboios, que foram cancelados depois que as potências europeias entraram em acordo em Munique a respeito do destino dos sudetos. Mesmo assim, nas catedrais do Norte da França, especialistas substituíram o cimento das estruturas dos vitrais por mástique, mais maleável, para que pudessem retirá-los em caso de emergência.

Como a trégua se desgastasse no momento de decidir o destino da Tchecoslováquia e, posteriormente, se rompesse na hora de deliberar o futuro da Polônia, o movimento de migração recomeçou. Em 27 de agosto de 1939, poucos dias antes da declaração de guerra, as catedrais de Amiens, de Bourges, de Chartres, de Metz e a Sainte-Chapelle de Paris perdiam seus vitrais, retirados e protegidos com cuidado.

Nos museus, equipes de embaladores profissionais foram encarregadas de empacotar as maiores obras do patrimônio: na França, mas também na Tate Gallery e na National Gallery de Londres, na Bélgica, nos Países Baixos e até nos Estados Unidos… Havia muitos meses, os porões e os subsolos de todos os museus europeus estavam abarrotados de embalagens, de cordas e de materiais de proteção que foram todos utilizados. Na França, as caixas foram inventariadas com todo cuidado. As estátuas grandes foram fechadas em caixilhos de madeira e içadas para as caçambas dos caminhões. As telas gigantes foram enroladas, carregadas para o interior dos reboques da Comédie-Française, dezoito metros de puras obras-primas. Antes de transportá-las, soldados da cavalaria leve foram enviados aos confins do Loire para averiguar os itinerários: ninguém queria que uma ponte, uma curva íngreme demais, fios elétricos impedissem as joias da coroa francesa de encontrar refúgio longe de Paris.

Assim, entre agosto e setembro de 1939, sob o olhar perplexo de passantes curiosos, a *Vitória de Samotrácia*, a *Vênus de Milo*, *Os escravos* de Michelangelo, *As bodas de Caná* de Veronese, *Napoleão no campo de batalha de Eylau* e *Bonaparte visitando as vítimas da peste de Jaffa* de Gros perambularam pelas estradas da França.

Antes da conferência de Munique [1938], a *Mona Lisa* foi enviada para Chambord em um caminhão hermeticamente fechado. Em 1939, foi transferida para o castelo de Louvigny (no Loire). Em seguida, para o Aveyron, de onde partiria para mais longe, à espera de dias melhores.

De fato, os refúgios iniciais não eram tão seguros quanto esperava o estado-maior. O comando militar havia superestimado a confiabilidade deles. Acreditavam que o Loire era inexpugnável. Haviam reparado em castelos ao norte do rio, protegidos, afastados dos alvos e dos centros urbanos sujeitos a bombardeios. Armazenaram ali com toda cautela as riquezas nacionais, distribuindo os séculos em diversos lugares para que, em caso de catástrofe, os períodos não fossem totalmente aniquilados. Os bens mais preciosos foram escondidos nas profundezas dos porões. Haviam protegido os acessos, subido rampas, instalado sistemas de aquecimento e de ventilação que garantissem a proteção das obras. A localização dos esconderijos fora comunicada a Londres com a súplica de que, em caso de bombardeio, evitassem esses alvos tão valiosos.

Tudo isso para nada. O avanço alemão ameaçava a sobrevivência do patrimônio. Os caminhões fretados pela Reunião dos Museus Nacionais deviam apanhar os esplendores escondidos meses antes, colocá-los de novo nas caçambas e levá-los mais ao sul, ao Ariège, ao Périgord, a Montauban, às margens do Mediterrâneo... Às mais inacessíveis profundezas da França.

Antes da conferência de Munique, o comboio se deslocava como a passeio. Depois da invasão alemã em Sedan, de modo precipitado. Todos os curadores disponíveis foram chamados. Dessa maneira, André Chamson – escritor, antigo voluntário na Espanha, cofundador do jornal *Vendredi* (e futuro *maquisard**) – ficou encarregado, como outros, da proteção das obras do patrimônio francês.

Os comboios rodaram noite e dia, horas a fio. Dispersaram-se ao sabor dos castelos, cada um com a tarefa de proteger as porcelanas de Sèvres, os manuscritos raros, as joias dos séculos passados, Veronese, Fra Angelico, Rembrandt, Caravaggio, Michelangelo, Delacroix, Courbet, Monet, Toulouse-Lautrec – e tantos outros – da fúria dos inimigos.

O Departamento de Pinturas do Louvre tomou duas rotas para chegar ao Sul – que abrigava as maiores obras-primas – ou ao departamento de Sarthe, refúgio de quadros menos cobiçados. Os esconderijos foram escolhidos em função de sua localização: deviam ficar afastados das cidades, das fábricas, das principais estradas, das vias férreas e de qualquer alvo suscetível de ser bombardeado; lugares úmidos, assim como aqueles propícios a incêndios, foram excluídos.

Após a verificação dos inventários e o içamento das telas e das estátuas para dentro dos caminhões, o comboio reuniu-se e partiu outra vez. Por falta de tempo, foram

---

* Membro da resistência francesa que pertencia a um maqui, isto é, a uma organização clandestina cujos membros se reuniam em local retirado. Esses locais também levam o nome de maqui(s). (N.T.)

deixadas para trás as obras de tamanho maior, como *A balsa da Medusa*, que ficou com o duque de Cars, no castelo de Sourches (Sarthe), junto com setecentas outras telas. Os caminhões tomaram outra vez a estrada para o Sul. Em Tours, foram brecados por um engarrafamento monstruoso: as trincheiras estavam sendo escavadas na entrada da ponte. Mais adiante, troncos fixados no chão para deter os tanques inimigos forçaram os caminhões a diesel, completamente carregados, a se lançar em perigosos ralis. As estátuas balançavam. As telas rolavam. Os motores esquentavam. Era preciso desatolar um reboque, consertar uma sapata de freio, verificar as embreagens. Tornar a partir, permanecer juntos, apressar-se para atravessar o Loire antes que as pontes fossem interditadas para o tráfego.

Em 15 de junho, diante do pânico geral, mas sob um céu azul, o último comboio passava. Três dias depois, era a vez das tropas alemãs chegarem. A guerra chegava ao fim. Havia durado um mês.

Êxodos

> Pertenço a uma civilização, à França. Não tenho outra maneira de me vestir. Não posso sair nu.
>
> Léon Werth

"É uma Guerra de Mentira!", exclamou o escritor Roland Dorgelès em um artigo publicado no periódico *Gringoire* em outubro de 1939.

A expressão entraria para a história.

Por culpa de quem?

Quase de imediato, os militares responderam: por culpa do regime parlamentar, da quinta-coluna e até do comando.

"Os erros de comando foram, fundamentalmente, os de um grupo humano", retrucou o historiador Marc Bloch.[1] Para ele, a derrota resultava de múltiplas causas. A primeira delas: os militares revelaram-se incapazes de *pensar* a guerra. Por isso, a vitória dos alemães era "essencialmente uma vitória intelectual". Eles ganharam porque, imersos de corpo e alma em uma época que não era mais a de 1914, entenderam a importância da *velocidade* (da força mecânica, escrevia o coronel De Gaulle). Eram móveis diante de estratégias imóveis. Comparados a eles, os ingleses e os franceses eram "primitivos". Foi a batalha da zagaia contra o fuzil. Os franceses esperavam atrás de uma Linha Maginot inútil, que os alemães contornaram passando pelas Ardenas. Eles bombardeavam do céu enquanto uma artilharia insuficiente revidava esses ataques. Os franceses estavam em 1914, ao passo que os alemães atacavam do ano de 1940.

> Se nossos oficiais não souberam captar os métodos de guerra que o mundo atual exige foi, em larga medida, porque à sua volta a nossa burguesia, da qual eles

também saíram, cerrava preguiçosamente os olhos. Se nos fecharmos em nós mesmos estaremos perdidos e só poderemos nos salvar se nossos cérebros trabalharem duro para saber melhor e imaginar mais rápido.[2]

Desde 1940, Marc Bloch batia na mesma tecla da história e da modernidade, acusando de modo desordenado o conformismo dos perdedores, "suas administrações sonolentas", "suas politicagens de visão curta", "sua desconfiança contra qualquer surpresa que possa perturbar os hábitos confortáveis", vangloriando, por sua vez, "o famoso 'dinamismo' de uma Alemanha de colmeias vibrantes".

Essa Alemanha estava então estabelecida em locais estratégicos. Derrubara regimes, partidos, fronteiras e homens. Preparava-se para deixar rastros de chamas por toda a Europa conquistada, áreas de ocupação que alguns haviam aceitado – quando não esperado – havia muito tempo, e que outros já se perguntavam como combater.

Nesses fatídicos dias, onde estavam os escritores, os pintores, os poetas, os atores – os artistas? O que faziam? Para onde iam? De onde vinham?

Louis Aragon encontrava-se na fronteira belga, dirigindo uma unidade de saúde composta por estudantes. Ele chegou a Dunquerque, embarcou em um contratorpedeiro que o deixou às margens de Plymouth, de onde partiu, 24 horas depois, para Brest.

Lutou no Eure, bateu em retirada para Périgueux, fracassou na Dordonha, onde também estava um velho amigo destinado a se tornar inimigo de guerra: Pierre Drieu la Rochelle.

Elsa Triolet veio de Paris em um carro fretado pela embaixada chilena. Ela levou Aragon até o Château des Jouvenel, em Corrèze. Em seguida, o antigo surrealista transformado em comunista se juntou a Julien Benda, Gaston Gallimard, Jean Paulhan, Pierre Seghers e René Magritte na casa do poeta Joë Bousquet, perto de Carcassonne. Bousquet, paralítico desde 1918, havia aberto suas portas a todos os companheiros de literatura.

Paul Nizan morrera em Dunquerque.

Paul Éluard, tenente Eugène Grindel no registro civil, lutou no Tarn antes de também ir a Carcassonne.

René Char acampava com seu regimento na Alsácia. Caiu prisioneiro, fugiu, chegou a Bordeaux depois a Lot-et-Garonne e, por fim, a L'Isle-sur-la-Sorgue, onde um novo destino o aguardava.

Jean-Louis Barrault reencontrou alguns pintores e escultores dentro de uma unidade de camuflagem antes de se refugiar em Quercy.

O tenente Jean Renoir e dois operadores rodavam para a seção cinematográfica dos exércitos um filme sobre a Guerra de Mentira.

O soldado de segunda classe Marcel Carné guerreava nas proximidades da Linha Maginot.

Por ordem do Ministério da Guerra, Max Ophüls filmava dez mil homens da Legião Estrangeira cantando "a Marselhesa" em um campo próximo à fronteira espanhola.

Blaise Cendrars, Roland Dorgelès e Joseph Kessel foram enviados para as linhas de frente como correspondentes de guerra. Pierre Lazareff, o diretor do *Paris-Soir*, mandou Roger Vailland para Bucareste, depois o chamou de volta no final de maio. O ex-integrante dos "Phrères Simplistes" reuniu-se a seu regimento em Narbonne e foi desmobilizado em Marselha, onde se juntou à sucursal regional do *Paris-Soir*.

Jean-Paul Sartre, Emmanuel Mounier, Georges Soulès (cujo pseudônimo era Raymond Abellio), Alexandre Vialatte, Jean Anouilh, André Malraux, Jean Cavaillès foram feitos prisioneiros; alguns deles fugiram.

No Périgord, o sargento Robert Desnos trocava a farda militar pelos trajes de civil e ia a Paris de bicicleta.

Sacha Guitry e Bergson acampavam em Dax.

Colette cuidava de sua filha, Bel-Gazou, em Corrèze.

Depois do fechamento do cassino de Paris, Joséphine Baker se refugiava em seu Château des Milandes, onde transmitiria por rádio informações secretas para os aliados.

Charles Trenet se apresentava no teatro do exército no Sul da França.

Darius Milhaud, André Gide, Matisse, Chagall e Tristan Bernard também se expunham ao sol da Provença e da Côte d'Azur.

Trancado em seu castelo no coração do Isère, Paul Claudel vendia autógrafos: quatrocentos francos pela assinatura do mestre.[3] Entre uma barganha e outra, dava os retoques finais na "Ode ao marechal Pétain".

Graças a uma licença excepcional concedida pelo exército, Jean Gabin concluía *Águas tempestuosas*, filme de Jean Grémillon.

Raymond Aron embarcava para Londres, e Saint-John Perse, depois de uma escala na Inglaterra, para os Estados Unidos.

Van Dongen corria pelo calçadão de Deauville enquanto Matisse se retirava no Hôtel Regina, em Nice.

Em Libourne, Braque depositava uma parte de sua coleção de quadros no mesmo banco escolhido pelo marchand Paul Rosenberg.

Max Jacob rezava em seu presbitério em Saint-Benoît-sur-Loire.

Montherlant olhava o mar de Marselha.

Depois de guerrear em Flandres e em Dunquerque, Marc Bloch escrevia em Guéret, no departamento do Creuse.

Bem acomodados em seu carro Hispano-Suiza, Picasso e Dora Maar preparavam-se para trocar Royan por Paris.

Após deixar o porto de Golfe-Juan (para onde voltará bem depressa), Francis Picabia casou-se com Olga Mohler no Lot no dia em que os alemães entraram em Paris.

Em 1939, tendo se precipitado para os subsolos devido aos alertas de ataques aéreos, Salvador Dalí admirara as atitudes fetais de seus compatriotas, tornados beatos pela "sensação intrauterina" provocada por "um porão escuro e úmido".[4] Um ano mais tarde, depois de distribuírem seus bens em diferentes apartamentos parisienses, Gala e Salvador se mandaram para a baía de Arcachon, onde alugaram uma casa. Dalí – cujas inclinações hitleroprovocativas lhe valeram o opróbrio dos surrealistas muito antes da eclosão da guerra –, agora aterrorizado por Hitler, mandara construir um abrigo antiaéreo no jardim. E como a instalação não fosse suficiente para tranquilizá-lo por inteiro, pegou Gala pela mão, fugiu com ela para a Espanha, a seguir para Portugal, onde um navio logo os levaria para os Estados Unidos.

Mobilizado em setembro de 1939 como oficial reservista da força aérea, o capitão Antoine de Saint-Exupéry apresentou-se no dia 4 na base militar em Toulouse. Jean Giraudoux tentara recrutá-lo para o serviço de Informação por ele dirigido, mas Saint-Ex havia recusado a oferta: queria fazer guerra. Por esse motivo, sua atribuição o desagradava: as missões conferidas aos aviadores toulousianos eram de essência tão pacífica que beiravam o inútil. O piloto-escritor fora declarado inapto para operações de guerra tanto em função da idade quanto de sua condição geral: os acidentes de avião haviam lhe deixado inúmeras cicatrizes.

Antoine de Saint-Exupéry movera céus e terra para que desconsiderassem essas desvantagens. Mostrou-se tão persuasivo que foi enfim transferido para uma patrulha de reconhecimento perto de Saint-Dizier: o grupo 2/33, que ele reencontraria quatro anos depois, no Norte da África.

Suas ações lhe valeram a Cruz de Guerra. Uma semana após o início da ofensiva de maio, percebeu que a aviação francesa já não existia e que, salvo por um milagre, a guerra estava perdida. Solicitou um encontro com o novo presidente do Conselho, Paul Reynaud. Queria ser enviado para os Estados Unidos a fim de negociar junto a Roosevelt o envio de aeronaves norte-americanas. Usou como argumento sua reputação excelente naquele país onde *Terre des hommes* – *Wind, Sand and Stars* em inglês – fizera grande sucesso. Entretanto, a solicitação já havia sido tentada, e o governo estimou que um emissário a mais de nada serviria.

Desmobilizado em julho de 1940, Saint-Exupéry voou para Argel em um Farman F.222. Em agosto, de volta à França, foi para Vichy, onde esperava obter um visto de trânsito para a Espanha. O consulado recusou: as posições antifranquistas do aviador eram conhecidas. Foi por Marselha e Argel que Saint-Exupéry rumou para os Estados Unidos, onde chegou em dezembro. Seis meses antes, Paris fora declarada cidade aberta por um comando militar derrotado.

Paris, cidade aberta

> Passo horas com as mãos na cabeça, em uma estranha prostração, a do próprio país.
>
> Jean Guéhenno

Eles entraram em Paris pela Porte de la Villette às cinco e meia da manhã de 14 de junho. Do céu caía um pó preto semelhante a fuligem, que grudava nas mãos e no rosto: os últimos vestígios dos reservatórios incendiados.

No dia anterior, a cidade permanecera extraordinariamente silenciosa. Os últimos parisienses que fugiam se apressavam ao longo das estradas que levavam para fora da capital. Na Avenue de Malakoff, perto da Place Victor Hugo, Marcel Jouhandeau e sua esposa conversavam com alguns comerciantes da vizinhança que também se preparavam para partir quando avistaram dois homens caminhando. Um deles reconheceu Élise Jouhandeau, foi até ela e lhe deu um abraço, com os olhos marejados. Era Pierre Laval, futuro figurão da colaboração. Chorava, mas já eram lágrimas de crocodilo.

Doze horas mais tarde, o primeiro soldado alemão parava sua moto no Boulevard de la Chapelle. Usava capacete, casaco de couro e uma cartucheira em volta do pescoço. Ele esperou um breve instante, virou-se e lançou um sinal de luz para trás. Outras motos juntaram-se a ele. Os pilotos observaram a área ao redor, antes de rumarem para o centro, a baixa velocidade. O silêncio durou no máximo alguns minutos. Logo um caminhão apareceu, depois dois, depois três; debruçados nas laterais das carretas, os soldados descobriam uma cidade em que a maioria nunca havia posto os pés.

O primeiro tanque despontou no final do bulevar. Vinha à frente de um esquadrão que participara na campanha da França. Canhão apontado para frente, dirigiu suas lagartas em direção ao Sena. Em uma barulheira que fazia vibrar paredes e janelas, os blindados alemães seguiram. Às oito horas, chegaram ao Hôtel des Invalides. Subiram as avenidas que conduziam à Place de l'Étoile, passaram em frente ao Túmulo do Soldado Desconhecido e desceram em direção a Versalhes. Ao meio-dia, a cruz gamada tremulava no mastro do Senado, no frontão da Câmara dos Deputados, nos pórticos dos grandes hotéis. Carros equipados com alto-falantes percorriam Paris, ordenando que os habitantes ficassem em casa, ameaçando de morte os saqueadores e impondo obediência às tropas de ocupação. À noite, o toque de recolher foi decretado a partir das 23 horas. No dia seguinte, os relógios foram adiantados uma hora para estar em conformidade com o fuso de Berlim. A Kommandantur exigia que as armas fossem entregues e que as casas respeitassem meia-luz a partir das 21 horas.

Nos dias seguintes, foi uma profusão de caminhões, carros e motos. As tropas desembarcavam. Os ocupantes visitavam a cidade. Câmera fotográfica a tiracolo, posavam na frente do Louvre, da Ópera, do Arco do Triunfo. Em algumas horas, os alemães limparam todas as lojas de meias de seda, pagando tudo e demonstrando enorme educação – o que tranquilizou aqueles que também se esforçavam para ser gentis.

Para alguns, a vida retomou quase o mesmo curso anterior. Paul Léautaud, por exemplo, ia da Avenue de Fontenay até o Odéon, onde comprava bananas para sua macaca.

Outros foram invadidos por um desespero que durou muito tempo. Simone de Beauvoir dormia em prantos, perguntando-se com angústia – como milhares de mulheres – quando os prisioneiros, em particular Sartre, voltariam.

Em 17 de junho, em um discurso transmitido por rádio, o marechal Pétain anunciava o inconcebível: o armistício.

> Franceses! Pedi a nossos adversários que acabassem com as hostilidades. O governo designou na quarta-feira os agentes diplomáticos encarregados de recolher suas condições.

> Tomei essa decisão, dura para o coração de um soldado, por imposição da situação militar. Esperávamos resistir nos fronts de Somme e de Aisne. O general Weygand havia reagrupado nossas tropas. Apenas seu nome já pressagiava a vitória. No entanto, a linha de frente cedeu, e a pressão inimiga obrigou nossas tropas a bater em retirada.
>
> [...]
>
> Vamos tirar a lição das batalhas perdidas. Desde a vitória, o espírito de alegria prevaleceu sobre o espírito de sacrifício. Reivindicamos mais do que servimos. Quisemos poupar esforços: hoje nos deparamos com a derrota. Estive com vocês nos dias de glória. Chefe do governo estou e permanecerei com vocês nos dias de escuridão. Fiquem ao meu lado. O combate continua o mesmo. Trata-se da França, de seu solo, de seus filhos.

O primeiro parágrafo anunciava a tragédia; os seguintes a explicavam; o último traçava os princípios fundamentais do futuro: o sacrifício prevaleceria sobre a alegria, os franceses serviriam sem mais reivindicar, o esforço presidiria. Vichy em três linhas.

André Gide admirou o discurso de Pétain antes de mudar de opinião, três dias depois. Paul Claudel cumprimentou o marechal em termos que logo seriam lidos (e na sequência publicados) em Vichy entre o segundo e o terceiro atos do *Anúncio feito a Maria*:

> Sr. marechal, tome em seus braços esta França, que não tem senão o senhor e que ressuscita lentamente em voz baixa.
>
> Ela não tem o direito de falar ainda, mas, para mostrar que está cansada,
>
> Há esse enorme corpo tão pesado para quem o sustenta e que pesa uma tonelada.
>
> Toda a França de hoje e também a de amanhã, que é a mesma do passado!

A de ontem que também soluça e tem vergonha e grita assim mesmo, fez o que pôde!
É verdade que fui humilhada, diz ela, é verdade que fui vencida.
[...]
França, escute esse velho homem que se inclina sobre ti e te fala como um pai.

De volta de Clermont-Ferrand, Jean Guéhenno foi outro a ouvir o discurso do marechal Pétain. Antes da guerra, esse professor do Curso Preparatório para a Escola Normal Superior no liceu Henri-IV havia contribuído com as revistas *Europe* e *Vendredi*, apoiadoras da Frente Popular. Era, portanto, a antítese de Paul Claudel e, embora também tenha ficado perturbado ao escutar o vencedor da batalha de Verdun capitular abertamente, o expressou de outra maneira:

> Pronto, está acabado. Um velho que não tem mais nem sequer a voz de um homem, mas fala como uma velha, nos informou ao meio-dia e meia que esta noite ele havia pedido paz.[1]

No dia seguinte, ainda que exasperado pelo emprego do *eu*, reconfortou-se pelo apelo do general De Gaulle:

> Os líderes que de longa data estão à frente das forças armadas francesas formaram um governo. Este governo, alegando a derrota de nossas tropas, entrou em contato com o inimigo para encerrar o combate. [...] Mas a última palavra foi dita? A esperança deve desaparecer? A derrota é definitiva? Não! Acreditem em mim, em mim que me dirijo a vocês com conhecimento de causa e que lhes digo que nada está perdido para a França. Os mesmos meios que nos venceram podem um dia trazer a vitória. Pois a França não está sozinha! [...] Eu, o general De Gaulle, atualmente em Londres, convido os oficiais e os soldados franceses que estão em terri-

> tório britânico ou poderiam estar, com ou sem armas, convido os engenheiros e os trabalhadores especialistas das fábricas bélicas que estão em território britânico ou poderiam estar, a entrar em contato comigo. Aconteça o que acontecer, a chama da resistência francesa não deve se extinguir e não se extinguirá.

"Que alegria enfim escutar, no meio desse ignóbil desastre, uma voz com um pouco de orgulho!", exclamou Jean Guéhenno. Compreendeu que nunca aprovaria a figura do general De Gaulle, mas que estavam do mesmo lado.

Ele abriu a porta de seu jardim parisiense. Prestou atenção. Havia 36 horas, sempre que colocava os pés para fora experimentava uma sensação estranha. Algo novo e indefinido. Naquele dia, assim como na véspera ou na antevéspera, não descobriu de onde vinha aquela penosa sensação. Teria de esperar até setembro para compreender enfim: os pássaros haviam desaparecido. Os pássaros haviam morrido poucos dias antes da chegada dos alemães a Paris.

O OLHO DO CROCODILO

– Para mudar de nome?
– É aqui, senhor. Como se chama?
– Adolphe Merde.
– Oh! Entendo, senhor. Como deseja se chamar agora?
– *Ernest* Merde.

JEAN GALTIER-BOISSIÈRE

Alguns anos antes da declaração da guerra, Edwige Feuillère, Pierre Richard-Willm e Pierre Brasseur estavam na Alemanha, gravando na UFA (Universum Film Aktien Gesellschaft). O diretor era alemão. Uma noite, em Berlim, teve de interromper abruptamente a filmagem: a trilha sonora do filme fora prejudicada por uma orquestra de motores, a que se seguiu o barulho de portas batendo e de passos no chão de cascalho da área externa.

As portas do estúdio abriram-se de repente para um grupo de oficiais da SS vestidos de preto. Um deles avançou para o produtor, que, batendo os pés, petrificara-se em uma impecável posição de sentido. Três palavras foram trocadas. O produtor se dirigiu em seguida ao diretor, a quem transmitiu uma ordem que foi executada no ato: os atores franceses foram colocados de um lado, os seus colegas alemães, de outro.

Quinze minutos se passaram. Os oficiais da SS retornaram em um número maior. Estavam em volta de "um pequeno personagem de rosto esverdeado, que caminhava como uma marionete, vestindo um pequeno impermeável acanhado".[1] O cadarço de um dos sapatos se arrastava pelo chão. O homem exibia um bigodinho iluminado em uma das extremidades por um resto de ovo.

– *Heil!*

Ele passou em revista a trupe dos atores, começando por seus compatriotas, a quem saudou à maneira nazista: mão direita erguida, punho dobrado. A seguir foi a vez dos franceses. Pierre Brasseur estava pouco à vontade. Ele havia prometido fitar o olho verde do "crocodilo internacional".

> Upa! Pronto, ele está na minha frente, eu o fito, mergulho em seus famosos olhos verde-acinzentados, ele diz algumas palavras em alemão que eu não entendo e o que eu temia acontece, eu fraquejo, baixo os olhos e me atrapalho como um imbecil, danke schön [muito obrigado], como se ele tivesse feito um elogio. Covarde? Não. Impressionado? Não. Mas na presença de algo surreal, um Satanás embebido em água sanitária...[2]

Em 22 de junho de 1940, algumas horas depois de o general Huntziger assinar em nome da França o texto do armistício que lhe fora apresentado na floresta de Compiègne (no mesmo local e no mesmo vagão em que, 22 anos antes, a capitulação alemã fora recebida), o homem de olhos verde-acinzentados entrava em um avião que voou à noite para a França. Lá dentro também estavam Albert Speer, promovido a arquiteto-chefe, e Arno Breker, o escultor preferido.

Um conversível e uma escolta esperavam no aeroporto de Le Bourget. A tripulação entrou no carro. Um amanhecer primaveril despontava sobre Paris. As ruas estavam desertas. Os veículos avançaram para a Ópera, cujos lustres foram especialmente iluminados para o visitante. Hitler desceu e admirou. Era a primeira vez que ia a Paris.

Em seguida visitou o Trocadéro, a Torre Eiffel, e permaneceu por muito tempo no Hôtel des Invalides, diante do túmulo de Napoleão. Profundamente comovido, ordenou que fossem transferidas para junto do pai as cinzas de Napoleão II, conservadas em Viena.

A visita terminou com um pequeno passeio por Montmartre: Hitler não se esquecia de que, antes de empunhar a metralhadora, havia empunhado os pincéis dos artistas.

– *Heil!*

A MULHER SILENCIOSA

> O que restou de Lutero, aquele pequeno--burguês?
> Seu bisneto: Hitler.
>
> ALMA MAHLER

Em uma estrada na França, em algum lugar entre o Ariège e o Périgord, um táxi para. Os ocupantes saem do veículo. Uma mulher e dois homens. Eles observam, estupefatos, o comboio que aparece ao longe: um enorme caminhão atrelado a um reboque. Neste, erguendo-se a mais de três metros do chão, amarrada para suportar os solavancos do caminho, tão orgulhosa como quando protegia os marinheiros na proa dos navios ou em seu santuário do mar Egeu, a *Vitória de Samotrácia*, sem cabeça nem mãos, asas abertas, branca em sua roupa de mármore de Paros, foge da guerra e das pilhagens. Recolheram-na na região do Loire para levá-la a um lugar mais distante. Os passageiros do carro a seguem com o olhar, fascinados por essa aparição que logo desaparece na sinuosidade de uma curva, em um vale, como uma miragem no deserto.

Custam a acreditar no que viram.

Voltam a ocupar seu lugar no veículo, o motorista à frente, os passageiros atrás. A mulher estreita contra si uma bolsa, que contém suas maiores riquezas. Seu companheiro está afundado no banco, a cabeça encostada na janela.

Chama-se Franz Werfel. Escritor austríaco nascido em Praga, amigo de Franz Kafka e Max Brod, seu tradutor. Homem de esquerda. Judeu. Considerado um dos mais brilhantes autores de língua alemã de sua geração. Refugiado na França desde 1938. Obrigado a fugir para escapar dos alemães. Seus livros foram queimados, depois proibidos em seu país.

É pequeno, um tanto gordo. Alguns cabelos longos balançam sobre a cabeça careca. Tem olhos azuis. E problemas cardíacos. Fala inglês com sotaque austríaco. Em tempos normais, cantarolaria uma ária de *Otelo* ou de *La Traviata* – ele sabe Verdi de cor –, como tantas vezes fizera em sua casa em Viena, com Bruno Walter ou Thomas Mann. Muito tempo atrás, em um jantar homérico, surpreendeu a todos entabulando um diálogo polifônico com James Joyce, os *vocalises* em italiano constituindo a base linguística de uma correspondência entre os dois artistas que a barreira do idioma impedia.

Essa época ficou para trás. Ninguém ri mais. Franz Werfel olha para a estrada com inquietação. A *Vitória de Samotrácia* desapareceu junto com as belezas do mundo.

A mulher sentada a seu lado nem sempre carregou o sobrenome Werfel. Aos 22 anos, depois de mexer com o coração do pintor Klimt, ela se casou com Gustav Mahler, vinte anos mais velho. Até a morte do marido, foi de uma infidelidade constante. Depois, tornou-se uma viúva alegre. Entregou a mão ao criador da escola Bauhaus, Walter Gropius, e o coração ao pintor Oskar Kokoschka. Era sua musa e sua inspiração. Em seu ateliê pintado de preto, ele a esperava. Quando não aparecia, ele ia bater à porta da casa dela em Viena. Ela o recebia, em seguida dispensando-o. Ele esperava com paciência do lado de fora, em frente às janelas, na esperança de vê-la e revê-la. Por volta das quatro horas da manhã, quando ela apagava as luzes do quarto, ele se afastava. Retornava. Se afastava. O amor o consumia. Ele roubou o documento de identidade dela e mandou anunciar os proclamas de um casamento que não podia acontecer. Furiosa, ela cortou relações.

Na impossibilidade de possuí-la para sempre, Kokoschka amou sua efígie. Mandou fabricar uma boneca igual a ela e a chamou de *a mulher silenciosa*. Tinha a estatura de Alma, seu rosto e seu corpo. Ela jantava à mesa do pintor, entre seus amigos e ele. Em uma noite de pândega, embebedaram o manequim. Enfiaram-lhe o cálice goela abaixo. Correu o rumor: uma mulher fora assassinada. A polícia bateu à porta. Oskar Kokoschka não havia matado senão um sonho.

Alma conheceu Franz Werfel em um salão em Viena no final da Primeira Guerra Mundial. Ele tinha 27 anos, ela, dez a mais. Ele adorava festas, mulheres, bons vinhos, a paz, a revolução. Retornava do front russo. Como não sentisse qualquer hostilidade contra o suposto inimigo da nação, fugira assim que o adversário aparecera às portas do país. Em vez de atacar, baioneta à frente, sentara-se em um monte de feno e escrevera alguns versos alexandrinos.

Alma ficou fascinada. Entre Gropius e o jovem escritor prometido ao firmamento das letras, nem seu corpo nem sua alma hesitaram: ela manteve um e tomou o outro.

Logo sua barriga cresceu. Em vez de abortar pela oitava vez, preferiu ter a criança. Dizendo, entre outras gracinhas, que quando visse as semelhanças após o nascimento descobriria quem era o pai.

Pois ela não sabia.

Aos 39 anos, deu à luz um menino prematuro (que morreria dentro de dois anos). Gropius estava à cabeceira dela. Werfel telefonou para sondar a situação da mãe. O outro lhe deu a excelente notícia. O marido e o amante alegraram-se juntos, cada um imaginando ser o pai.

Quando Walter Gropius descobriu que não era o único, aceitou a situação e se comportou com generosidade e grandeza de espírito.

Em 1918, no momento da proclamação da república austríaca, Franz Werfel foi para as barricadas e abraçou a causa revolucionária. Os círculos conservadores de Viena ficaram ofendidos. A polícia investigou. Gropius pôs a mão no fogo pelo amante da esposa, que se tornara um amigo.

Em 1929, como se distanciava, Alma pediu divórcio e se casou com o outro. Tinha cinquenta anos. Era amiga de todas as celebridades da Áustria. Seu salão era um dos mais concorridos em Viena. Ali, artistas e diplomatas esbarravam em membros do governo e do alto clero. Circulavam sob um retrato da anfitriã pintado por Kokoschka, passavam diante de um mostrador que expunha a partitura manuscrita da *Décima sinfonia* (inacabada) de Gustav Mahler. Arthur Schnitzler conversava com Elias Canetti, que se apaixonara por Alma antes de odiá-la. Esse não era o caso de Gustave Charpentier, ainda arrebatado. Ele desabafava suas mazelas do coração com Maurice Ravel, bem-vindo na casa, com os maiores maestros da época – Willem Mengelberg, Bruno Walter, Wilhelm Furtwängler – e com todos os músicos ajudados por Alma, pois ela era também mecenas. Alban Berg dedicara-lhe sua ópera *Wozzeck*, cujo livreto Alma mandara imprimir; em 1935, ele interromperia a criação de *Lulu* para compor o concerto *À memória de um anjo*, dedicado à filha dela, Manon Gropius, morta prematuramente.

Também frequentavam o salão Schoenberg, Webern, Strauss e muitos outros com quem a sra. Mahler-Werfel cruzara ao longo de suas inúmeras peregrinações: Debussy, Diaghilev, Nijinski, Puccini, Milhaud…

Conhecia tudo e todos. Visitara os Estados Unidos, o Egito, a Itália, a Palestina. Diversos gênios de seu tempo lançaram-se a seus pés; com exceção de Mahler (que lhe dedicara sua *Quinta sinfonia*), renunciara a todos. Fora uma mulher fogosa, livre, generosa. Tudo isso se quebrara em março de 1938, com a entrada das tropas alemãs em Viena. Alma queria cruzar os mares para se refugiar nos Estados Unidos. Werfel se opôs: fazia questão de ficar na Europa.

Eles se instalaram no "Moulin Gris", uma torre de vigilância localizada em Sanary-sur-Mer, às margens do Mediterrâneo. Esse pequeno vilarejo de pescadores tornara-se a capital da cultura alemã exilada. Jean Cocteau levara Thomas Mann e seus filhos para lá. Bertolt Brecht havia passado pelo local. Lion Feuchtwanger e Heinrich Mann moravam ali havia muitos anos. Outros, músicos, pintores, escritores e críticos, também fixaram residência nessa comuna. Esses artistas expatriados se encontravam nos cafés do porto, onde trocavam notícias. Quase quinhentos escolheram esse parnaso como refúgio.

Apenas algumas horas depois da declaração de guerra, o governo publicou um decreto ordenando o internamento dos alemães entre dezessete e 65 anos residentes na França. Em todo o país, a polícia foi ordenada a verificar documentos, interrogar, investigar. Reviraram as casas desses refugiados, a partir de então inimigos. Em Sanary-sur-Mer, perseguiram Franz Werfel, absurdamente denunciado como espião: à noite, do alto de sua torre, ele enviaria sinais para os soldados alemães.

– Fico escrevendo – justificou Werfel.

Não acreditaram. Ele foi ameaçado. Resistiu por oito meses. Em 28 de maio, desesperado, arrumara suas coisas, pedira um táxi e, com a esposa ao lado, embarcara em uma viagem sem destino certo.

Dois anos antes, algumas semanas depois de ter deixado a Áustria, Alma havia sido convidada para um festival em homenagem a Gustav Mahler, que ocorria em Amsterdã. Willem Mengelberg regia a *Oitava sinfonia.* Sob os lustres de uma sala de concerto lotada, a Mulher Silenciosa fora gentilmente interpelada pelo ministro da Educação.

– O que está fazendo em nossa cidade?

Ele beijou-lhe a mão.

– Estou fugindo – respondeu Alma.

Ao que o outro rebateu, exagerado:

– Uma dama como a senhora nunca deveria utilizar essa palavra!

Ela a havia dito. E ainda repetiria. Fechada no banco de trás do carro, com os cabelos agora brancos, alta, forte, vestida de preto, os grandes olhos sombrios, bonita apesar do transcorrer dos anos, Alma Mahler fugia.

Agora Franz Werfel aceita ir para os Estados Unidos. Não existe nenhum outro refúgio. Em alguns poucos dias, os nazistas só precisarão estender a mão para agarrar pelo colarinho os inimigos do regime. Eles têm os nomes, eles terão os endereços. A França não é mais grande o suficiente nem segura o bastante. A Itália é mussoliniana; a Espanha, franquista; Portugal, salazarista. Para os judeus e as pessoas de esquerda, não há salvação desse lado. Melhor tentar escapar pelo mar.

Este também é o desejo de Alma. Entretanto, nem ela nem o marido têm vistos de saída, nem tampouco de entrada. Na bolsa, Alma guardou algumas joias, uma dezena de cartas, as partituras das sinfonias de Mahler, uma manuscrita da *Terceira sinfonia* de Bruckner – tantos tesouros inestimáveis que, todavia, não lhes permitirão atravessar o oceano.

Eles foram a Marselha. Em vão. Avançam agora para Bordeaux, onde esperam chegar a Hendaye, onde esperam cruzar a fronteira espanhola, onde esperam... Param em Narbonne sem saber como chegaram ali. A cidade fervilha e conspira. Para onde se olhe, refugiados. Para onde se olhe, infelizes à procura de um quarto de hotel, de um canto para dormir. Eles seguem o mesmo percurso, acabando no hospital da cidade, em leitos improvisados, em meio a lágrimas e suspiros.

No dia seguinte, tornam a partir. Pagaram com antecedência o motorista e a corrida, oito mil francos que lhes dão o direito de virar à direita, à esquerda, de voltar, de parar horas a fio em barreiras onde policiais lhes pedem os documentos, examinando-os com violência pois são inimigos, como registram as carteiras de identidade. Eles estão esgotados. Estão doentes. O mundo de antes não existe mais.

Em Carcassonne, a estrada está bloqueada. O táxi não serve para mais nada. O motorista se despede e vai embora. Eles abandonam parte das bagagens e caminham até a estação. Alma continua estreitando a bolsa contra si. Franz ofega, uma mala em cada mão. Avançam ao ritmo dos novos companheiros, centenas de fugitivos que esperam um trem para algum lugar, qualquer um, só que mais distante, rumo ao qual balançam e chacoalham.

O trem é aguardado para a noite. Não chegará senão no dia seguinte. Antes mesmo de alcançar a plataforma, as pessoas constatam que está completamente entupido. Todos se apressam assim mesmo, e se amontoam, e trocam insultos, e têm fome, e partem. Doze horas mais tarde, chegam a Bordeaux. A cidade foi bombardeada. Os habitantes estão em pânico. Os viajantes se afastam da estação em um mar negro e titubeante. Todos buscam um teto. Um quarto. Uma cama.

Franz encontra um colchão, onde Alma se deita, em prantos. Estão em um bordel. Perderam as bagagens. Dormem e sonham com um futuro melhor. No dia seguinte, partem outra vez. Um táxi leva o casal até Biarritz. Dali, chegam a Bayonne, onde corre um boato de que os alemães estão em Hendaye. A fronteira está fechada. Eles não passarão. São reféns.

Novo táxi, nova cidade. Desta vez, Saint-Jean-de-Luz. Por um acaso que não conseguem explicar, estão em Lourdes.

– Se conseguirmos sair – diz Werfel –, vou escrever um livro dedicado a Nossa Senhora de Lourdes.

– Como? – pergunta Alma.

É um pouco surda do ouvido esquerdo.

Ele repete.

– Já eu beberia um licor Bénédictine.

É seu fraco.

Eles entram em um bar e pedem dois licores Bénédictine.

Com a alma reconfortada, fazem o roteiro dos hotéis. Tudo lotado. Andam rumo à estação de trem, esperando um trem para algum lugar. A estação está abarrotada. Três composições estão alinhadas paralelamente às plataformas. Uma delas com material militar. A segunda veio dos Pirineus: transporta prisioneiros escoltados por soldados armados. Nas janelas da terceira, homens olham na direção das mulheres. Entre eles, Franz imagina ter reconhecido um rosto.

– É Lion! Lion Feuchtwanger!

Lion Feuchtwanger é um ilustre escritor alemão e fora vizinho deles em Sanary-sur-Mer. Alma levanta os olhos. Franz aponta o dedo para um vagão afastado.

– Lá.

Alma não vê nada. Seja como for, um movimento da multidão os obriga a recuar.

Eles saem da estação.

Voltam para o centro da cidade.

Procuram um hotel.

As portas estão fechadas. Na décima tentativa, Alma desanda em lágrimas. A proprietária olha para eles e fica com pena.

– Vamos tentar encontrar alguma coisa para vocês…

Eles conseguem um quarto. Deitam-se e dormem por doze horas. No dia seguinte, perambulam pelos escritórios da administração pública, buscando um laissez-passer para algum lugar.

Em vão.

Visitam a gruta de Lourdes. Ali, esperam um milagre. Alma se sente melhor nessa cidade do que em qualquer outro lugar. Franz pergunta:

– Por que partir?

Porque é preciso. Mesmo em Lourdes os nazistas podem entrar. As cruzes e as crenças não vão protegê-los do inferno.

Rezam. Em 3 de agosto, por fim, obtêm um salvo-conduto para Marselha. Haviam deixado Sanary-sur-Mer em maio. Dois meses e meio depois, chegarão à Canebière, uma das avenidas centrais de Marselha. A cinquenta quilômetros de seu ponto de partida.

O diabo na França

> Ouça, camarada, vou tentar fugir. Mire bem.
>
> Walter Hasenclever

Os olhos de Franz Werfel não o enganaram: o homem no trem era mesmo Lion Feuchtwanger. O autor de *O judeu Süss*, obra-prima da literatura alemã, sucesso mundial traduzido em quinze línguas, mas deturpado pelos nazistas, estava de fato na estação de Lourdes naquele dia. Ele procurava, dentro do trem de prisioneiros escoltado por soldados franceses na via férrea da frente, o rosto amado e familiar de Martha, sua esposa.

A última vez em que se viram fora em Sanary-sur-Mer, cinco semanas antes, no dia em que ele partiu para o campo de prisioneiros de Les Milles. Na véspera, a empregada entrara correndo casa adentro para anunciar aos ocupantes que um cartaz, colocado na parede da prefeitura, ordenava que os apátridas nascidos na Alemanha e com menos de 56 anos se apresentassem no campo de Les Milles. Feuchtwanger resolvera pedir um salvo-conduto para chegar a esse já conhecido destino, onde estivera em setembro de 1939, quando da declaração de guerra. Havia sido mantido lá por dez dias. Em seguida, diante da pressão da Inglaterra e da opinião pública francesa, o governo o soltara – pedindo mil desculpas.

Desta vez, a história seria diferente…

Ele reunira alguns pertences. Tinha direito a trinta quilos. Escolheu roupas quentes e um volume das obras completas de Balzac, vários romances impressos em papel-bíblia: uma leitura leve…

No táxi que o levava para Aix-en-Provence, Lion Feuchtwanger se lembrava da recepção oferecida pelas autoridades locais sete anos antes, quando se estabelecera em Sanary-sur-Mer depois que as Seções de Assalto (SA)* saquearam sua casa em Berlim. Brecht unira-se a ele. Ao lado de Heinrich Mann, que também morava no vilarejo, o trio encarnava a quintessência da emigração alemã. Feuchtwanger escrevera cinco livros em Sanary. O município e os habitantes respeitavam esse intelectual conhecido no mundo inteiro, autor de dezoito peças de teatro e de vários romances. Um homem admirado por Thomas Mann e caçado pelos nazistas. Dois títulos honoríficos que, no momento, já não tinham valor na balança da respeitabilidade. Aos 55 anos, Lion Feuchtwanger não passava de um estrangeiro indesejável, apátrida, prisioneiro, culpado, aos seus próprios olhos, de uma imperdoável preguiça: ele vira o perigo crescer, avaliara-o perfeitamente, mas estava tão bem em Sanary que não quis se mexer.

Quando entrou no campo de Les Milles, às cinco horas da tarde desse 21 de maio de 1940, Lion Feuchtwanger, matrícula 187, considerou que nunca mais recobraria a liberdade na França.

O campo era uma antiga olaria abandonada. Fios de arame farpado proibiam o acesso. Três mil refugiados políticos vindos da Alemanha, da Áustria e da Tchecoslováquia estavam presos ali. Todos viviam no Sul. Alguns já haviam passado pelos campos de Dachau ou de Buchenwald. Outros chegariam, cidadãos belgas, holandeses e luxemburgueses. Lion Feuchtwanger reencontrou alguns conhecidos: o escritor Walter Hasenclever, o pintor Max Ernst, diversos intelectuais, alguns artistas (Hans Bellmer fora solto no início do ano)...

Todos viviam no mesmo ritmo. Acordavam às cinco e meia, depois começavam a correr e a fazer fila. Corrida para chegar aos chuveiros e aos banheiros o mais depressa

---

* Departamento da polícia nazista incumbido de interferir em reuniões e grupos comunistas ou marxistas. (N.E.)

possível, fila para a chamada, para a distribuição de sopa, para as tarefas, corrida para a leitura dos jornais, a troca de notícias, o transporte dos tijolos... Essa última atividade era obrigatória: os prisioneiros deviam carregar centenas de tijolos de um lugar para outro, andar de um lado para o outro, sem necessidade alguma, simplesmente porque estavam sendo punidos. Dia e noite, respiravam o pó de tijolo que cobria o campo com um véu vermelho nauseabundo.

Os tijolos serviam para tudo. Os presos construíam mesas e cadeiras que demoliam à noite para reconstruí-las no dia seguinte. No dia do Yom Kipur, um grupo de judeus ortodoxos ergueu um altar e colocou a Torá em cima. Assim que a cerimônia se encerrou, perguntaram a alguns antissemitas que observavam tudo fazendo chacota se aceitariam destruir o templo mais uma vez.

Com a aproximação dos alemães, metralhadoras foram colocadas ao redor do campo. Em seguida, os prisioneiros receberam a ordem de abrir trincheiras... que deveriam ser fechadas pouco depois. Fizeram-nas e desfizeram-nas sem se rebelar. Uma única questão os obcecava: Mussolini declararia guerra à França? A fronteira italiana era tão próxima que as tropas do Duce só precisariam de dois dias para invadir o Sul francês, entrar no campo de Les Milles e entregar os prisioneiros aos alemães.

Os jornais passavam de mão em mão. A leitura era quase impossível, de tanto que eram abertos, folhados, fechados, dobrados, desdobrados... A inquietação tornava-se medo quando os prisioneiros cogitavam que as tropas hitlerianas talvez entrassem em Paris.

Elas entraram.

O medo transformava-se em pânico quando imaginavam que elas talvez cruzassem o Loire.

Elas cruzaram.

Dentro do campo, a situação tornava-se crítica entre os prisioneiros nazistas e os antifascistas. No transcorrer dos dias, os primeiros levantavam a cabeça e inflavam o peito. Houve brigas. Facas foram sacadas. Os políticos decidiram enviar uma delegação junto às autoridades do campo. Feuchtwanger foi nomeado porta-voz.

O comandante o recebeu. O escritor explicou que, entre os prisioneiros, alguns eram procurados de longa data pelos nazistas, que os haviam condenado à morte. Se caíssem em suas mãos, nem sequer teriam direito a um esboço de julgamento. Apenas a uma bala na cabeça.

– Veremos o que fazer – respondeu o comandante.

– Não temos tempo para esperar – respondeu Feuchtwanger. – Devolvam nossos documentos e deixem a gente se virar. Fechem os olhos. Não pedimos mais do que isso.

O comandante prometeu que na hora certa eles seriam evacuados.

– A hora certa é agora.

– Todos os trens foram requisitados. Não insista. Vocês serão avisados.

À noite, um grupo de escritores abordou Feuchtwanger. Queriam saber o que o comandante havia dito.

– Ele prometeu que faria o necessário.

– Por quem?

– Por quem desejar partir.

– E os outros?

– Vão ficar.

– Isso seria suicídio.

Walter Hasenclever estava presente. Ele pegou Feuchtwanger pelo braço e fez apenas uma pergunta:

– Quais são nossas chances?

Feuchtwanger refletiu um longo momento, antes de dizer:

– Cinco por cento.

– Só?

Feuchtwanger não respondeu. Hasenclever assentiu com a cabeça e concluiu:

– Acho que tem razão.

As provações haviam-no aniquilado. Depois de ter sido destituído da nacionalidade alemã, o escritor vivera por algum tempo na Itália, onde foi preso durante uma visita de

Hitler a Mussolini. Solto, refugiara-se em Cagnes-sur-Mer, onde foi detido duas vezes e libertado graças à intervenção de Jean Giraudoux, que Daladier nomeara comissário-geral da Informação. Será que ainda teria forças de continuar nessa estrada homicida?

Em 20 de junho, o comandante convocou Feuchtwanger.

– Preparem-se. Vocês partem amanhã.

Os prisioneiros que escolheram deixar o campo reuniram seus pertences. Muitos ainda hesitavam. Alguns tinham esperança de que, no todo, Hitler os esquecesse. Outros se perguntavam por que continuar fugindo, e para ir aonde. Entre eles, Hasenclever havia tomado sua decisão.

No dia seguinte, enquanto aguardavam a ordem para a partida, Feuchtwanger foi abordado por um médico austríaco que lhe pediu para acompanhá-lo até o leito de Hasenclever. O escritor agonizava. Havia ingerido uma dose de veneno. Ele foi levado em uma maca para a enfermaria, mas era tarde demais.

Em grupos de duzentos, os prisioneiros foram conduzidos para a estação onde, há poucos dias, carregavam tijolos. Um trem esperava. Algumas composições em péssimo estado, vagões de mercadorias com tabuleiros pregados: *Oito cavalos ou quarenta homens.*

Eles se amontoaram. Por falta de espaço, os oficiais ordenaram que deixassem as bagagens. Elas ficaram empilhadas na plataforma.

O trem se pôs em movimento. Ninguém sabia qual era o seu destino. Levou várias horas para chegar a Sète. Dali, partiu para Bayonne. Ia tão devagar que alguns prisioneiros quiseram fugir. Contudo, estavam sem seus documentos, que os guardas se recusaram a entregar. Alguns se rebelaram e escaparam. Outros permaneceram. Chovia. O céu estava escuro. Os doentes gemiam. Muitos soluçavam. Quando o trem parava, o silêncio caía, pesado. Todos temiam que as portas fossem abertas pelos nazistas. Todos amaldiçoavam as autoridades francesas.

Em Pau, foi a vez de a maioria dos guardas fugir.

Em Lourdes, o trem parou na estação. Lion Feuchtwanger não viu Franz Werfel nem Alma Mahler. Percorria com os olhos os vagões do trem de prisioneiros vindos de Gurs, onde talvez estivesse sua esposa. Bilhetes amassados foram arremessados de uma composição para outra. Os prisioneiros trocaram algumas notícias. Assim os homens descobriram que a França havia pedido o armistício.

Tornaram a partir, em direção oposta. Toulouse. Souberam que o armistício havia sido assinado. Uma Linha de Demarcação cortava a França em duas.* Observaram o traçado com inquietação. Alívio: encontravam-se na Zona Livre.

O trem partiu outra vez em direção ao Mediterrâneo. Estariam voltando para o campo de Les Milles?

Foram para Narbonne. Em seguida Nîmes, onde todos desceram.

Os exilados foram trancafiados no campo Saint-Nicolas, no subúrbio da cidade. Construíram com as próprias mãos seus abrigos, grandes barracas brancas do exército colonial semelhantes a tendas redondas de circo. Dormiam sobre a palhagem. Fazia um calor infernal durante o dia e um frio glacial à noite. Soldados montavam guarda, mas os prisioneiros podiam sair. Se não voltassem e fossem apanhados nas estradas pela polícia, eram conduzidos de volta para o campo, algemados e trancados em uma pocilga vizinha.

Em Saint-Nicolas, Feuchtwanger descobriu a 2ª alínea da cláusula 19 da convenção de armistício:

> O governo francês é obrigado a entregar sob demanda todos os cidadãos alemães designados pelo governo do Reich que se encontrem na França, assim como em

* A Linha de Demarcação dividia a França em Zona Norte ou Ocupada e Zona Sul ou Livre. Embora “livre”, a Zona Sul tinha um governo de colaboração com os alemães. Sua capital era Vichy, seu líder, o marechal Pétain. (N.T.)

possessões francesas, em colônias, em territórios sob protetorado e sob mandato.

Esse texto circulou pelo campo. Ele não deixava qualquer esperança para os alemães, austríacos, tchecos e poloneses citados. Muitos decidiram fugir.

Feuchtwanger entre outros.

Acompanhado de um amigo, escapou dos guardas. Enveredou pelas montanhas, em seguida desceu rumo a Nîmes. Entrou em um ônibus lotado, ocupado por soldados. Desceu, continuou a pé. Nîmes estava abarrotada de refugiados. Eles perambulavam, dormiam nas ruas, sob as marquises. Dezenas de guardas patrulhavam. Era melhor se afastar.

Feuchtwanger e seu companheiro tomaram um ônibus com destino a Avignon. O motorista deixou seu assento, deu alguns passos pelo corredor e, sussurrando, informou os fugitivos que haveria fiscalização.

Eles desceram. Procuraram um lugar para se esconder, para dormir… Em vão. Exaustos, retornaram para o campo.

Transcorridos alguns dias, em um momento em que Feuchtwanger havia se afastado, uma mulher se aproximou, entregando-lhe um bilhete. O escritor o desdobrou. Reconheceu a letra da esposa: "Faça o que disserem, não reflita muito, o projeto é seríssimo".

– Que projeto? – perguntou Feuchtwanger.

A mulher apontou para um carro estacionado mais adiante, no acostamento da estrada.

– O senhor vai entrar naquele carro. Vão levá-lo.

Feuchtwanger se aproximou. Um homem vestindo um terno branco saiu do carro. Usava luvas de couro.

– Meu nome é Myles Standish. Sou vice-cônsul dos Estados Unidos em Marselha. Martha o espera.

Feuchtwanger não hesitou um só segundo: entrou.

No banco de trás, havia um casaco feminino, um par de óculos e um lenço.

– Ponha isso – ordenou o vice-cônsul.

O carro deu partida. Lion Feuchtwanger vestiu o casaco, colocou os óculos, amarrou o lenço na cabeça. Depois, disfarçado de mulher, seguindo o mesmo caminho de Alma Mahler e Franz Werfel, tomou a estrada para Marselha.

Corda esticada

> Ele estava com a esquerda vencida na Alemanha, com os camponeses mortos de fome na Ucrânia, com a emigração militante na França, com os republicanos na Espanha, na cela do condenado à morte em Málaga e em Sevilha, no campo de Vernet, na Legião Estrangeira na África, em uma prisão de Londres durante os grandes bombardeios, no exército britânico, na Palestina...
>
> Manès Sperber

Neste agosto de 1940, enquanto Paris e a Zona Ocupada caem nas garras alemãs, alguns refugiados ainda fogem pelas estradas francesas. Um deles se dirige a Marselha. Ele não é nem alemão nem austríaco, e sim húngaro. Cidadão de um país neutro, poderia ter esperanças de escapar da curiosidade dos nazistas. Não é o caso. Se for pego, Arthur Koestler terá o mesmo destino reservado a centenas de refugiados que, vindos dos quatro cantos da Europa, continuam buscando uma saída de emergência: o pelotão de fuzilamento.

Arthur Koestler combate o fascismo há dez anos. Faz parte desses aventureiros políticos extraordinariamente corajosos cujo currículo impressionaria qualquer juiz encarregado de julgar uma acusação ou uma defesa: jornalista e escritor, membro do Partido Comunista alemão desde 1931, militante do Comintern na Palestina, em Sarre, em Viena, em Berlim, em Paris, em Londres, em Zurique, em Budapeste e em Madri, amigo do Milionário Vermelho Willy Münzenberg e do simpatizante comunista Frédéric Joliot-Curie, preso e condenado à morte na Espanha, trocado pela mulher de um piloto franquista...* Tem apenas

* Ver *Paris libertária*. Tradução de Gustavo de Azambuja Feix. Porto Alegre: L&PM, 2015.

35 anos e já um longo rastro de exílios, dores, desilusões, rupturas.

O último o marcou de maneira cruel: em 1938, após a execução de Bukharin, Arthur Koestler rompeu com o comunismo. A experiência na Espanha abrira seus olhos. Após a libertação das prisões franquistas, recusando-se a ceder às censuras dos stalinistas, evitara condenar os trotskistas. Os processos de Moscou mexeram de modo violento com ele. Por fim, o Pacto Germano-Soviético, traição suprema e compactuação homicida, terminara arruinando o que lhe restava de ilusões.

Quando as tropas alemãs entram na Polônia, em 1º de setembro de 1939, Arthur Koestler acaba de finalizar *O zero e o infinito*, cuja versão em inglês, publicada no final do ano em Londres, lhe valerá a inimizade dos comunistas do mundo inteiro.

Ele está no Sul, com a noiva.

> Foi naquele momento, na sexta-feira de 1º de setembro de 1939, à uma hora da tarde, no Restaurant des Pêcheurs em Le Lavandou, que a guerra começou para nós. Na minha memória, essa hora está marcada por uma tênue linha preta, como a linha do Equador em um mapa-múndi, e separa o Passado, alegre e despreocupado, da Era do Apocalipse que ainda é o Presente.[1]

Arthur Koestler toma a estrada para Paris, decidido a chegar à Inglaterra e se alistar nas tropas de Sua Majestade. Ele anda a noite toda a uma média de trinta quilômetros por hora. Ao norte de Avignon, no débil facho de luz de um par de faróis à meia-claridade por imposição da guerra, ele distingue os pesados contornos dos blindados que descem para o Sul: provavelmente tanques que se dirigem à fronteira italiana para conter uma eventual ofensiva de Mussolini.

No raiar do dia, aumentam os comboios militares que partem vazios para a fronteira belga: futuros transportes de tropas.

Paris desponta no fim da viagem. Uma Paris esquisita, incomum. Semelhantes a zepelins gigantes soltos a céu aberto, balões cativos tapam o horizonte. Soldados de bicicletas patrulham as ruas, capacetes de lado, fuzis a tiracolo. Os postes de bicos de gás espalham um halo azul. Os carros andam com os faróis apagados. Os transeuntes se orientam com lanternas. Carregam estojos cilíndricos contendo as máscaras de gás distribuídas pela Prefeitura.

Quando Arthur Koestler chega em casa, a zeladora do prédio informa que, na noite anterior, a polícia prendeu um morador: era estrangeiro.

– Esconda-se – aconselha ela.

– Sou húngaro – responde Koestler. – Não corro perigo.

Todavia, precavido, reúne alguns pertences em uma mala que coloca ao lado da cama.

Em 2 de outubro, às oito e meia da manhã, batem à porta. Ele está no banho. Sai. Imaginava que encontraria o carteiro, mas se vê frente a frente com dois policiais.

– Verificação de identidade. Venha conosco.

Koestler obedece. Sua noiva está em prantos. Um camburão o leva à delegacia do bairro, depois à sede da polícia. Ele é conduzido até a sala Lépine, onde trezentos estrangeiros esperam. No decorrer das horas, alguns saem, outros chegam. Na segunda noite, não passam de uns trinta. Entre seus companheiros, Koestler reencontra Gustav Regler.

Os dois escritores se conhecem há muito tempo. Dividiram muitos combates. Aos vinte anos, Gustav Regler defendia a República Socialista nas ruas de Berlim. Ele também deixou a Alemanha depois de 1933. Ele também se refugiou na França. Ele também foi para a Espanha, onde chegou a ser gravemente ferido.*

Ele conta ao amigo que ofereceu seus serviços ao exército francês. A resposta veio algumas horas mais tarde: de madrugada, cinco policiais arrombaram sua porta.

Quando descobriram as cicatrizes no corpo desse herói da Guerra Civil Espanhola, os agentes se petrificaram em

* Ver *Paris libertária, op.cit.*

uma posição de sentido respeitosa. Regler exibiu sua ficha: dezesseis estilhaços de granadas franquistas.

Os policiais lhe ofereceram um café com rum antes de conduzi-lo por sua vez à sala Lépine.

Na noite do terceiro dia, os dois escritores são conduzidos para fora, entre duas fileiras de guardas. Mulheres de um lado, homens do outro. Levados a Roland Garros, permanecem uma semana dormindo sobre a palhagem na companhia de várias centenas de estrangeiros na mesma e indefinida condição: não inimigos de verdade, como os alemães ou os austríacos, mas assim mesmo indesejáveis.

A maioria dos presentes divide a mesma história. Muitos são militantes ou ex-militantes comunistas. Todos ficaram arrasados pelo Pacto Germano-Soviético. Nessas circunstâncias particularmente trágicas, ninguém vê qualquer luz no horizonte. Berlim os procura. Moscou não os salvará. Os mais otimistas esperam que esse acordo antinatural seja uma manobra tática imaginada por Stalin. Já Koestler não acredita nisso.

Eles são fortemente escoltados até a estação. Vagões de terceira classe foram pendurados à traseira do expresso para Toulouse. São amontoados ali dentro. Seiscentos prisioneiros transportados como gado.

Em Toulouse, uma nova locomotiva os leva pelas sinuosas vias do Ariège. Doze horas depois de deixar Paris, os prisioneiros chegam à estação de Vernet. Um de seus camaradas aborda Gustav Regler e lhe pergunta se ele dormiu sobre sacos de farinha.

– Por quê? – pergunta o escritor.

Ele se aproxima de um vagão e olha para o seu reflexo no vidro da janela. Em uma noite, seus cabelos ficaram brancos. O medo…

Ao contrário dos outros campos construídos nos Pirineus para "acolher" os quinhentos mil republicanos espanhóis derrotados pelas tropas franquistas, o campo de Vernet foi erguido muito antes da Guerra Civil Espanhola. Porém, como os outros, abriga os vencidos. Com uma diferença: é um campo disciplinar. Ali estão detidos indivíduos que as autoridades consideram insubmissos. Eles convivem com algumas centenas de antigos brigadistas internacionais que não podem voltar para seu país sem correr risco de vida.

Tão logo saltam dos vagões, Koestler e seus companheiros avaliam o que os aguarda. Como entram pelas estradas que levam ao campo, cruzam com uma fila de prisioneiros vigiada por guardas que carregam relhos. Os homens parecem exaustos. Cada um carrega uma pá no ombro. Andam em ritmo cadenciado, sem lançar um único olhar para os recém-chegados, que os observam com uma simpatia apavorada. Eis o que é feito dos heróis da liberdade! Dos voluntários que alguns anos antes acorreram dos quatro cantos do mundo para socorrer a Espanha ensanguentada! Eis o que a França fez deles! Prisioneiros! Forçados de cabeça raspada!

> Os especialistas em prisões do mundo inteiro conhecem o extraordinário efeito psicológico produzido pela cabeça raspada dos forçados em um homem [...] Por essa razão, nos países mais esclarecidos, os presos políticos são dispensados disso.[2]

Também por essa razão, em uma primeira e última reivindicação, Arthur Koestler e Gustav Regler recusam-se a ir ao barbeiro. Infelizmente, são obrigados. Um dia depois da chegada, como os outros, eles descem, pá no ombro, escoltados por guardas que os obrigam a andar até o canteiro de obras destinado aos prisioneiros do campo de Vernet: a construção de estradas totalmente desnecessárias.

Durante as poucas semanas em que ficará preso, Koestler descobre condições de detenção duríssimas. Os prisioneiros são espancados, chicoteados. Mal recebem tratamento quando, com uma temperatura de menos vinte graus no inverno, os dedos congelam. Dois mil homens que sabem por experiência própria o que o confinamento significa. A maioria entre eles conheceu outras prisões, outros campos. Aqueles que passaram pelas mãos da Gestapo ou da polícia soviética resistem melhor do que os "novatos". Têm menos medo. Fazem comparações vantajosas:

> Em Vernet, as surras eram um acontecimento diário; em Dachau, duravam até que a morte ocorresse. Em Vernet, as pessoas eram mortas por falta de tratamento médico; em Dachau, eram mortas deliberadamente...[3]

Também têm pesadelos, e com as mesmas atrocidades: torturas, execuções. Quando um grito desperta um alojamento durante a noite, todos sabem que o homem dormindo se debate com a Gestapo. Depois de ser sacudido para acordar, ele é tranquilizado:

– Você não está mais na Alemanha! Você está na França!

Em seguida, todos os sonhos são permitidos.

Para Koestler, que sofre do coração desde a greve de fome feita três anos antes dentro das prisões franquistas, a situação na França é pior do que a vivenciada por ele na Espanha: lá, comia melhor e não era obrigado a trabalhar. Aqui, come grão-de-bico. Esses grãos-de-bico foram dados no início de 1939 para a França pelo exército republicano derrotado. A França agradeceu devolvendo o presente, misturado com vermes e podridão, aos "heróis de Madri e de Teruel, que o haviam oferecido do fundo do coração".[4]

Os antigos brigadistas internacionais, agora miseráveis, doentes, batidos, amaldiçoam Stalin, que lhes fechou as portas da vida e suas fronteiras, abandonando-os à penúria e à humilhação. Amaldiçoam o governo francês, que, depois de trair a *Frente Popular*, comporta-se com seus últimos sobreviventes como um carrasco entre outros. E que fará pior ainda algumas semanas mais tarde, quando abrir as portas dos campos aos cães nazistas que vieram caçar suas presas.

Em 17 de janeiro, graças a uma forte pressão da opinião pública britânica – a mesma que lhe permitira se salvar do pelotão de fuzilamento na Espanha –, Koestler é solto. Pouco depois, é a vez de Gustav Regler ser libertado. Enojado, inimigo dos stalinistas desde que os viu agindo em Madri, transtornado com o Pacto Germano-Soviético, o escritor alemão apanhará o trem para Saint-Nazaire e de lá um navio para os Estados Unidos. Irá para o México. Seu destino se afastará para sempre dessa Europa à qual oferecera sua força e coragem, e que sucumbia sob os golpes dos inimigos do direito e da liberdade que já haviam mostrado as garras na Espanha.

Já Arthur Koestler retorna a Paris. Lá encontra a noiva e alguns amigos. É submetido a um regime de isolamento que o obriga a renovar constantemente uma precária autorização de residência. Diversas vezes por semana, espera das sete da manhã às quatro da tarde em frente à sede da polícia.

Tenta alistar-se no exército francês. Recusado. Na Cruz Vermelha, como maqueiro. Recusado. De novo nas tropas de Sua Majestade. Recusado.

Certa manhã, pela segunda vez, é detido. Como de costume, a mala está pronta. A seu conteúdo habitual, ele acrescentou uma garrafa de bebida alcoólica. Contra o medo, pois o outono e a Guerra de Mentira ficaram para trás. Agora os nazistas estão prestes a entrar. A única questão que importa, e que se perguntam todos os refugiados – em liberdade ou na prisão –, é saber se terão tempo de fugir antes de serem apanhados.

No Stade Buffalo, para onde é escoltado, Arthur Koestler bebe. Se não o tranquiliza, confere-lhe o atrevimento que por certo faltaria se não tivesse bebido. Interrogado por um policial, mostra o passaporte e a carteirinha de jornalista.

– Estou sendo esperado no Ministério do Interior – declara, com força.

Intimidado, o policial o deixa partir.

Arthur se esconde. Primeiro, na Rue de l'Odéon, na livraria de Adrienne Monnier, em seguida no Pen Club. Quando

Guderian lança seus tanques contra as Ardenas, decide fugir e escolhe a primeira direção que vem à cabeça: Limoges. Lá, fica sabendo da entrada dos alemães em Paris. Em seguida, da capitulação, pronunciada por um velho caquético. O cerco se fecha. Assim como as saídas, umas após as outras. Seria preciso ir mais para o sul, mas como? E com que nome?

Em 17 de junho, Arthur Koestler apresenta-se na Caserne de la Visitation, em Limoges. Quando sai de lá, passada uma hora, não é mais húngaro, nem jornalista, nem escritor. Chama-se Albert Dubert. É suíço, ex-motorista de táxi. Tornou-se legionário. Contratado por um período de cinco anos e com um documento para se apresentar à base de operações de Lyon-Sarthonay, tem agora certeza de que nenhum integrante da Gestapo vai reconhecê-lo.

Com a entrada do inimigo em Dijon, a viagem até Lyon fica comprometida. Koestler se planta na saída da cidade, pedindo carona. Chega à caserna Bugeaud em Périgueux. Ali, veste a farda do 15º batalhão de atiradores argelinos, põe um turbante vermelho, pula o muro para encontrar sua noiva, deixa Périgueux e tenta chegar a Bordeaux. Mas é Bayonne que o recebe. Depois Bergerac. Os alemães avançam implacavelmente. A corrida é desigual. Koestler fica obcecado: só um navio, e veloz, poderá salvá-lo. Ora, Bordeaux é uma cidade portuária. Por isso deve ir a Bordeaux.

Em 23 de junho, deixa a caserna de Bergerac e deserta. Quando a farda não o protege mais, uma vez que os soldados também são presos, veste o casaco de sua noiva. Até Bordeaux. Enfim. Onde o último navio partiu.

É o golpe de misericórdia. Não há mais nada a fazer. Caçado por todos os lados, Koestler percorreu a Europa de norte a sul. Não lhe resta mais nenhuma esperança.

Senti que não havia mais razão para viver.[5]

Por sorte, quando o desespero o invade, esbarra em um amigo jornalista, correspondente de um jornal de Chicago que acaba de comprar o carro do cônsul britânico.

– Vamos embora – propõe o repórter.

– Para onde? – pergunta Koestler.

– Para a Espanha. Por Bayonne, Biarritz, Saint-Jean--de-Luz.

– Impossível. Nunca passarei pela Espanha.

Entretanto, como os rumores garantissem que os alemães estavam no rio Garona, Koestler não tem mais escolha: entra no carro.

Em Biarritz, uma patrulha o prende. Ele é levado à delegacia: o suíço Albert Dubert é um desertor da Legião Estrangeira. É solto pouco depois, pois a Wehrmacht entra na cidade. Revoltado, Arthur Koestler assiste passar os tanques e a artilharia desse exército que gostaria tanto de combater: os fuzileiros com as metralhadoras muito bem lubrificadas, os tanqueiros de preto fora de suas torres de artilharia, as bandeiras hasteadas, as suásticas…

> Eles me perseguiram ao longo de todo o caminho, de Berlim a Paris, via Viena e Praga, até a costa atlântica, no último canto da França onde, enfim, me encontraram.[6]

Ele vomita, desgosto, desespero e pânico misturados.

Volta a partir para o leste. Um carro o leva até Lourdes. Ele cruza a Linha de Demarcação à noite, apenas algumas horas antes de os alemães tomarem posição. Caminha às cegas. Precisa de um porto.

Marselha.

Marselha

> Marselha, último refúgio de uma elite intelectual ameaçada pela barbárie nazista, uma cidade desconhecida onde se encontravam misturados vencedores e vencidos, vítimas e algozes, traidores e patriotas, falsários e pessoas honestas, bravura e covardia, heroísmo e vilania.
>
> Edmonde Charles-Roux

Neste trágico verão, milhares de refugiados perambulam pela Canebière. São alemães, austríacos, tchecos, poloneses, belgas, ingleses que caíram de paraquedas ou sobreviveram à retirada de Dunquerque... Refugiados de todos os meios, de todas as origens, vindos do Norte, impelidos pelo avanço das tropas nazistas. Bloqueados pelo mar. Mulheres, crianças, homens, velhos. Comunistas, social-democratas, soldados, antigos combatentes das Brigadas Internacionais, pilotos cujos aviões caíram. Todos circulam pelo porto e pelos cafés. Todos buscam modos de fugir. Todos aguardam um guia, uma embarcação, um carro, um coiote*... Uma soma de milagres. Inevitavelmente, os sonhos terminam em pesadelos. Os sobreviventes das viagens, crédulos demais, encontram-se despojados.

Paira nervosismo na cidade. Até a primavera, os navios desatracavam, levando milhares de refugiados para longe da Europa ensanguentada. A partir de junho, as partidas tornaram-se escassas. No momento, os navios permanecem ancorados. Em poucos dias, em virtude do armistício, serão controlados pelo ocupante. Será preciso fugir para mais longe.

---

* Pessoa que por determinado preço auxilia outros a cruzarem a fronteira de um país clandestinamente. (N.T.)

Mas para onde?

E como?

Essas são as duas questões sussurradas por todos os lábios. Todos fazem essas perguntas. Nos bares do Porto Velho, onde Jacques Schiffrin, o criador da Plêiade, afasta-se com desgosto de um intratável Lucien Rebatet, que vilipendia os judeus. Nos escritórios da revista *La Croix du Sud*, postos à disposição dos refugiados. Nos terraços dos restaurantes do Quai des Belges, onde entra Roland Dorgelès, membro da Academia Goncourt (e futuro pétainista moderado), quando o poeta Lanza del Vasto e o escritor Luc Dietrich de lá saíram. Na Gare Saint-Charles, abarrotada de malas, pacotes, caixas, viajantes atordoados de cansaço.

Em 15 de agosto, às nove horas da manhã, Arthur Koestler abre caminho pelas plataformas. Carrega uma mochila e veste sua farda de legionário. Depois de sair da estação, pergunta como fazer para ir até o forte Saint-Jean, a base de operações da Legião Estrangeira. A caminho, esbarra com o dr. Breitscheid, ex-ministro do Interior da República de Weimar. Este o convida para uma xícara de café em seu quarto no Hôtel de Normandie, onde lhe propõe partir para Nova York: fala-se de uma fileira norte-americana que ajudaria os refugiados ameaçados. Koestler recusa: ele se censuraria a vida toda por ter deixado a Europa enlutada.

– Então para onde vai? – pergunta o ex-ministro.

– Para Londres.

Um homem bate à porta do quarto: o dr. Hilferding, ex-deputado do Reichstag e ministro das Finanças da República de Weimar. Está de roupão. Ele também se refugiou em Marselha. Também procura uma embarcação para ir mais longe.

No porto, no dia seguinte, Arthur Koestler sorri ao perceber ao longe um homem usando como ele a farda da Legião Estrangeira. Sem dúvida, o uniforme está manchado, rasgado e data provavelmente da Primeira Guerra Mundial, mas quem o veste só pode ser Manès Sperber.

De fato, é Sperber. Austríaco, escritor, assistente do psicanalista Alfred Adler, professor de psicologia em Berlim, ex-membro do Partido Comunista, preso, depois solto pelos nazistas em 1933 e, desde então, refugiado na França. No dia da declaração de guerra, como muitos antifascistas (e espanhóis que fugiram de seu país), Sperber ingressou na Legião Estrangeira. Em 16 de agosto, desmobilizado, encontra-se em Marselha. Tem uma relação estreita com Koestler, com quem compartilhou algumas amizades (em particular a do escritor Alfred Döblin – trinta anos mais velho do que os dois –, que muitas vezes visitaram juntos em Paris), cumplicidades editoriais na Gallimard e, sobretudo, a terrível decepção que foi para todos os antinazistas do mundo o Pacto Germano-Soviético. Embora em rota de colisão com os comunistas, os dois homens ficaram arrasados com a aliança entre fascistas e stalinistas:

> Para todo o movimento antifascista, para toda a esquerda, o pacto entre Stalin e Hitler significava a maior derrota política e moral que já lhes fora imposta.[1]

Sperber leu o manuscrito de *O zero e o infinito* antes da publicação. Faz parte daqueles que incentivaram Koestler a publicar o romance. Admira o amigo, tanto pela obra literária quanto pela coragem, pelo espírito aventureiro, pelos riscos que nunca deixou de assumir para defender seus ideais. Entre milhares de pessoas no porto de Marselha, ele o reconhecera. Não seria o bigode que o húngaro deixou crescer para não ser identificado que o enganaria. Apesar das circunstâncias, o legionário nada perdeu do semblante de adolescente, mantendo um olhar de criança, azul, irônico e curioso.

Eles se abraçam. Conversam. Trocam notícias de uns e de outros. Kokoschka não está mais em Praga, e sim em Londres. Otto Dix foi preso. Klee e Kandinsky deixaram a Alemanha. Max Ernst está em Marselha, assim como a pianista Clara Haskil. Heinrich Mann acaba de chegar. Alfred Döblin também está na cidade, bem como Léger e Dufy.

Armand Salacrou não tem onde dormir. Blaise Cendrars foi visto rodando rumo a Aix-en-Provence em seu Alfa Romeo vermelho. Victor Serge encontra-se às margens do Mediterrâneo. O poeta Carl Einstein cortou os pulsos, e o escritor Ernst Weiss se envenenou em Paris.

Já Walter Benjamin está ali. Acampado em uma doca deserta, à espera de um navio para algum lugar. Usa farda de marinheiro francês, com boina de pompom. Estreita contra si uma bolsa preta de couro, dentro da qual guarda seu último manuscrito, que não sabe se será publicado na Espanha, em Portugal, nos Estados Unidos… Sonda o mar distante. Por mais que fosse escritor, crítico, tradutor, filósofo, por mais que usasse óculos de intelectual e tivesse os cabelos esbranquiçados pela experiência do tempo, deve aceitar que foi roubado: pagou seu ingresso para um paraíso inexistente. Nenhum navio o levará para longe dessa Europa derrotada.

Isso é o que explica com toda calma a seu amigo Koestler, com quem não se encontrava havia alguns meses. Em Paris, na Rue Bénard, os dois homens eram vizinhos. Nas noites de sábado, muitas vezes jogavam pôquer. Conversavam sobre o exílio. Benjamin deixou a Alemanha em 1933, com 41 anos. Foi para a França, mas não pôde permanecer por falta de recursos. Solicitou em vão uma bolsa na Universidade de Jerusalém. Partiu para a Dinamarca, depois voltou à França. Passou de um quarto de hotel a outro. Apreciava particularmente o último: ele tinha uma banheira.

Um sonho.

Desejava ir para os Estados Unidos: a guerra impediu. Porém, ele não havia desistido. Por isso está em Marselha: talvez, com um pouco de sorte…

Entretanto, não tem visto de saída. Na ausência do barco aguardado, esperado e pago, só lhe resta a Espanha. Logo, irá para aquele país.

– Seu coração vai suportar a travessia? – pergunta Arthur Koestler.

Walter Benjamin sofre de um problema cardíaco.

– Não tenho escolha. E agora estou mais forte: parei de fumar.

No inverno anterior, enquanto Koestler mofava em Vernet, o filósofo foi preso em um campo perto de Nevers.

– Fui obrigado a deixar de fumar. Era uma forma de sofrer menos pelo resto.

Lança um olhar interrogativo a Manès Sperber.

– Para onde você vai?

– Para Nice. Talvez eu encontre alguns amigos lá. E provavelmente Malraux está na cidade.

Os três refugiados têm estima por André Malraux. Além de sua luta em prol da República Espanhola, ele escancarou as portas de seu apartamento parisiense para os exilados da Alemanha e da Europa central.*

– Já eu vou ao forte Saint-Jean – declara Koestler. – Me contaram que lá tem um suboficial que vende documentos...

– Vou com você – decreta Walter Benjamin.

No meio do caminho, para, abre a sacola e estende um frasquinho ao húngaro: comprimidos de morfina.

– Tenho 64. Fico com a metade. Isso deve ser suficiente em caso de problemas.

Koestler aceita o "presente". Em Paris, dividira o próprio veneno com Manès Sperber, mas tinha perdido sua parte.

Durante os quinze dias seguintes, encarregado pelo gabinete da Legião Estrangeira de levar mensagens à Comissão Alemã de Supervisão do Porto, Koestler percorreu a cidade. Estabeleceu contatos com as autoridades e fez amizade com três oficiais e um suboficial britânicos, todos fugitivos. Conseguiu-lhes documentos falsos com os quais os ingleses e ele próprio se passaram por legionários iugoslavos. Mediante quinhentos francos pagos a um suboficial do exército francês, obtiveram certificados de dispensa e documentos que lhes autorizavam chegar a Casablanca via Oran. Em Casablanca, um agente secreto britânico os ajudou

* Ver *Paris libertária, op.cit.*

a embarcar em um navio pesqueiro onde umas cinquenta pessoas já ocupavam lugar.

Quatro dias depois, os fugitivos chegavam a Lisboa. Por falta de visto de entrada, Koestler não pôde ir para a Inglaterra. Ele vagou por dois meses, procurando meios para fugir de Portugal. O medo não dava trégua: se descobrissem sua verdadeira identidade, os policiais de Salazar iriam entregá-lo para a Espanha, onde o garrote o esperava.

Ele soube da morte de alguns de seus companheiros, que foram fuzilados ou cometeram suicídio. Certa noite, desesperado, engoliu os comprimidos entregues por Walter Benjamin. Restabelecido, decidiu entrar ilegalmente na Grã-Bretanha. Embarcou em um avião da KLM que o deixou em Bristol. De lá, foi transferido a Londres, onde passou seis semanas na cadeia. Quando saiu, tirou o bigode. "Eu sempre havia sofrido com uma aparência ridiculamente juvenil; desta vez, enfim, meu rosto denunciava minha idade".[2]

Um norte-americano justo

> O céu da Europa, em noites escuras, em raros e breves momentos, abre estreitas lucarnas, sempre aleatórias, na coação dos toques de recolher e dos *ausweis* [salvo-condutos].
>
> David Rousset

Na tarde de 14 de agosto de 1940, um homem na casa dos trinta anos apresenta-se na recepção do Hôtel du Louvre et de la Paix, na Canebière, em Marselha. Ele é jovem, magro, usa óculos de aros finos e armação metálica. Pede para falar com o senhor ou a senhora Mahler. Esse foi o sobrenome utilizado por Franz Werfel e sua esposa no momento da hospedagem.

Desde a chegada eles se escondem. Os alemães da Comissão de Armistício percorrem a cidade. Quando aparecem, o porteiro adverte o casal; então os Werfel se trancam no quarto e não saem.

– Quem gostaria? – pergunta o recepcionista.

– Varian Fry. Diga a eles que sou norte-americano.

– Dá para ver!

Poucos minutos depois, Fry entra no quarto dos Werfel. Franz está de roupão e pantufas. Alma bebe licor Bénédictine. Varian Fry tem dificuldade de imaginar que esse quinquagenário suado e ofegante e essa mulher um tanto gorda foram heróis para toda uma geração de admiradores.

– Vim dos Estados Unidos – explica. – Fui enviado pelo Emergency Rescue Committee.

Em inglês, com um sotaque horrível, Werfel pergunta do que se trata esse comitê. Fry explica que é uma associação fundada por alguns intelectuais alemães refugiados nos Estados Unidos, entre os quais Albert Einstein, Hermann Broch, Thomas Mann e sua filha Erika. O objetivo do Emergency

Rescue Committee é ajudar artistas e políticos ameaçados pelos nazistas.

Alma Mahler esboça um esgar cético.

– E quem é o senhor?

– Um ex-jornalista formado em Harvard – responde Fry. – Enviado pelo Emergency Rescue Committee para realizar esta missão secreta.

Ele conhece a Alemanha nazista por ter viajado ao país alguns anos atrás. Ao retornar aos Estados Unidos, testemunhou contra Hitler e seus déspotas. Também levantou fundos para ajudar na luta contra as Seções de Assalto (SA).

– Como nos encontrou? – indaga Werfel.

– Depois de uma escala nos Açores, cheguei a Portugal. Encontrei sua irmã em Lisboa.

Explica a missão de que foi encarregado. Os refugiados das nações europeias em Nova York criaram uma lista de duzentas personalidades ameaçadíssimas, que Varian Fry deve ajudar a fugir. Elas irão a Nova York. As autoridades vão apoiá-las.

– Que autoridades?

– A primeira-dama Eleanor Roosevelt é muito ativa. Ela tem influência…

– Mas, enquanto isso, precisamos partir – suspira Alma.

Eles têm um visto para os Estados Unidos, retirado na embaixada, além de uma infinidade de cartas de autoridades diversas pedindo aos diplomatas da Espanha e de Portugal para facilitarem a passagem. Algumas personalidades católicas francesas chegaram a escrever em seu favor, bem como o cônsul tcheco, que garante que Franz dará conferências nos Estados Unidos. Todavia, isso não é o bastante: a França lhes nega um visto de saída. Apesar de todos os documentos que as autoridades norte-americanas forneceram, a insistente pedido de Thomas Mann.

– Como fazer?

– Não sei ainda – responde Varian Fry.

À noite, jantam no restaurante do hotel. Com a ajuda da champanhe, Franz Werfel acaba fazendo algumas confidências.

Alma o interrompe apertando-lhe o joelho. Em alemão, pede para o marido ser mais discreto: apesar de tudo, nada prova que o jovem norte-americano que está à sua frente não seja um traidor enviado pelo Terceiro Reich. Varian Fry sorri, tira os óculos e responde, em um alemão perfeito:

– Não tenham medo. Podem confiar em mim.

Werfel quase se engasga de vergonha. Alma abre um sorriso amarelo. Fry se esquiva: tem trabalho a fazer.

O Centre Américain de Secours, fachada legal e marselhesa do Emergency Rescue Committee, instala-se no Hôtel Splendide, próximo à estação. Fica no quinto andar, final do corredor. Nos dias seguintes à fundação, Varian Fry escreveu a todas as pessoas inscritas em suas listas. A notícia de sua chegada espalhou-se como rastilho de pólvora. Ele se tornou uma espécie de messias. De todas as cidades do Sul, chegam hordas de refugiados. Extenuados, estão à procura de dinheiro, ajuda, passaporte, vistos mágicos... Fry recebe a todos. Uma bondosa secretária bate à máquina de escrever – instalada no bidê que há no quarto – nomes, endereços, datas de nascimento. Aos mais necessitados, Fry distribui uma parte dos três mil dólares que recheavam seus bolsos no dia de sua chegada. Ele os instala em abrigos provisórios, quartos de bordel ou cômodos desocupados cedidos por amigos generosos. Para os mais desesperados, garante os serviços de um psicólogo. Fry conta com a ajuda de duas norte-americanas: Miriam Davenport e Mary Jayne Gold. Esta é uma pessoa singularíssima: jovem, deslumbrante, milionária. Ela fora para a Europa pilotando o próprio avião, um Vega Gull, para conhecer a beleza de Paris e Veneza. Quando da declaração de guerra, decidiu ficar. Acomodada no quarto de Varian Fry, faz mil perguntas aos refugiados na tentativa de ajudá-los: têm dinheiro? Pessoas para ajudar? Na França? No exterior? Em qual país? Seus documentos são legais? Se são falsos, isso é visível?

Não há salvação sem passaporte. O mais importante é conseguir um. Com dinheiro, se consegue. Todavia, um passaporte sem visto não serve para nada. Deve-se ter uma autorização para emigrar para um país que aceite abrir as portas.

Os Estados Unidos dão exílio, mas com parcimônia. Fry não para de telegrafar a Nova York pedindo aos membros do Emergency Rescue Committee para ajudá-lo a encontrar garantias em favor daqueles que desejam partir. Por mais que Eleanor Roosevelt tenha aberto seu coração, as autoridades não demonstram boa vontade. É preciso manter boas relações com o governo de Vichy. Em Marselha, o cônsul norte-americano age com prudência para preservar a concórdia. Ele não adere à causa defendida por seu compatriota Fry. Por isso, o melhor é se dirigir ao vice-cônsul, que já fez muito por Lion Feuchtwanger.

De manhã, desde o alvorecer, centenas de refugiados esperam nos jardins do consulado. O lugar é como um ponto de convergência para o qual acorrem as almas perdidas. Aqueles ali reunidos se apertam as mãos sem alegria, o que entristece o escritor alemão Alfred Döblin:

> Não existe solidariedade entre nós, exilados. Já no passado, levávamos nossa vida particular de maneira muito privada; agora nos recolhemos de modo todo especial [...] Guardávamos segredo. Por desconfiança, por medo de que outro se dirigisse ao mesmo lugar e passasse antes de nós.[1]

Eles falam sobre os fracassos e calam sobre as esperanças. Têm medo dos nazistas, têm medo um do outro. Em quem confiar? Por que confiar?

Quando um funcionário chega, os refugiados se precipitam. Ele atende atrás de uma mesa, em uma sala cujas portas permanecem abertas. Pergunta àqueles que querem sair se têm amigos ou conhecidos nos Estados Unidos. Com frequência, os dispensa; às vezes, pede que voltem; raramente ordena a uma secretária, instalada em uma sala vizinha, para datilografar o abre-te sésamo. De resto, este só é válido por um período de seis meses. Quando o prazo expira, é preciso deixar o país.

– Está disposto a prestar juramento?

Eles juram. O importante é partir. Depois, *in loco*, se vê.

Quando os Estados Unidos demonstram resistência, pode-se tentar bater à porta de outros países. Mesmo os ocupados pela Alemanha, como a Tchecoslováquia e a Polônia: enquanto aguardam o fechamento programado das embaixadas, alguns funcionários ajudam. Caso contrário, o Congo, a China e Cuba também dão exílio. O México é muito generoso para com republicanos espanhóis e antigos voluntários das Brigadas Internacionais.

Deve-se tomar cuidado com os golpistas, que vendem vistos falsos. Se forem bem parecidos, os riscos não são grandes. Do contrário, a deportação é uma preocupação.

Espanha e Portugal não oferecem asilo. Entretanto, como Lisboa é o único porto que serve as linhas norte-americanas, os exilados insistem. Para ter uma chance de ser recebido no consulado de Portugal, convém ir à noite. E esperar. Para obter um visto, é preciso um cartão de embarque ou uma passagem. Apenas com essa condição as autoridades deixam passar: não querem clandestinos em seu país.

Os postulantes que desconheciam essa disposição específica saem das filas de espera e vão à Canebière, onde está a maioria das companhias de navegação. Generosa, a agência Cook oferece cartões de embarque pela módica quantia de três mil francos. Ainda por cima, trata-se apenas de um adiantamento sobre o preço de um bilhete, que deverá ser pago em dólares, moeda que não se encontra. Também é possível se satisfazer com um bilhete falso vendido um pouco mais barato. Contudo, existe um risco: não é certo que as autoridades portuguesas permitam a saída de viajantes com uma passagem para a China ou para o Congo: Lisboa não é necessariamente o melhor lugar de partida para esses países. Por outro lado, um fiscal da alfândega portuguesa que lesse mandarim descobriria em alguns vistos uma menção esclarecendo que "é proibido ao detentor do documento pisar em solo chinês".

Aqueles que passaram com sucesso pelas primeiras etapas de uma gincana infernal devem em seguida se apresentar às portas do consulado espanhol. O governo de Madri mostra-se relativamente generoso para com os viajantes que têm um visto de trânsito para o território português. É recomendável ter também um visto de saída emitido pelas autoridades francesas – isso era o mais difícil, pois Vichy não expedia nada – ou documentos válidos apenas por uma semana, o que obriga os privilegiados que dispõem de um a recomeçar tudo quando o prazo expira. Por fim, uma vez obtidas as autorizações, deve-se obter dinheiro. Quando pais e amigos não respondem aos telegramas com pedidos de ajuda, se a Cruz Vermelha e organizações humanitárias se esquivarem, como fazer?

Extenuada, a maioria dos candidatos à viagem decide partir de qualquer maneira, assumindo o risco de atravessar as fronteiras clandestinamente.

Essa é a solução que Varian Fry oferece aos Werfel algumas semanas depois de visitá-los. Os dois refugiados bateram em todas as portas na tentativa de obter um visto de saída do território francês. Em vão. Cogitaram recorrer a um certificado de dispensa semelhante ao utilizado por Arthur Koestler. No entanto, Franz não tem nem a energia nem a juventude de um militar, mesmo que estivesse desesperado. Assim, decide realizar a travessia dos Pirineus proposta pelo norte-americano.

Eles não serão os únicos. Heinrich Mann, sua mulher e seu sobrinho Golo (filho de Thomas) também farão a viagem. Lion Feuchtwanger iria junto, mas na última hora os espanhóis decidiram fechar as fronteiras aos apátridas. Werfel, que é tcheco, passará, assim como os Mann, destituídos da nacionalidade alemã, mas cidadãos honorários da Tchecoslováquia. Feuchtwanger partirá mais tarde.

Em 12 de setembro de 1941, às cinco horas da manhã, o pequeno grupo se encontra em frente à Gare Saint-Charles. No dia anterior, Franz ateou fogo a suas anotações e a alguns documentos comprometedores. Alma preparou as malas, uma dúzia delas. Sem contar a bolsa preta que estreita cuidadosamente contra si e que contém suas últimas joias. Está usando sandálias leves inadequadas para o trajeto. Contudo, é tarde demais para mudanças.

Varian Fry observa com inquietação esses estranhos viajantes: duas mulheres mais acostumadas aos tapetes dos salões do que à caminhada nas montanhas sob um sol escaldante; dois homens que respiram com dificuldade, um deles (Heinrich) com setenta anos.

Eles entram no trem. Primeira etapa: Perpignan. Como em Marselha, os refugiados abarrotam as ruas da cidade. Também ali, contrabandistas e mercadores de ilusões oferecem guias, carros, barcos para outros lugares. Os viajantes não cedem ao canto das sereias. Aguardam interminavelmente um trem que deve levá-los a Cerbère. Chegam a essa cidade à noite. A salvação está a menos de dez quilômetros. Port-Bou. Entre as duas cidades, passa a fronteira.

Tentam a sorte com os fiscais da alfândega. Por vezes, estes fazem vistas grossas a documentos suspeitos. Mas não desta vez. Só Fry, que tem um visto de saída, está autorizado a deixar a França.

Dormem no hotel e tentam de novo no dia seguinte. Os fiscais se mostram outra vez irredutíveis. À tarde, reunidos em um quarto, formam um conselho de guerra. Deveriam partir ainda naquele dia, uma sexta-feira 13? A objeção é afastada com um suspiro. Fry cuidará das malas, levando-as consigo no trem. Vai aguardar os fugitivos na estação de Port-Bou.

Heinrich Mann – Heinrich Ludwig nos documentos – livra-se de toda a papelada que poderia revelar sua identidade. Raspa suas iniciais inscritas em letras douradas no forro do chapéu. Todos se preparam para a escalada. Não conhecem os caminhos das montanhas, mas não têm escolha: será preciso improvisar.

Quando tudo está pronto, os fugitivos deixam suas malas na estação. Em seguida, compram pacotes de cigarros com os quais esperam amolecer os fiscais da alfândega ou as forças da ordem que porventura encontrarem.

Enquanto Varian Fry carrega as malas – dezessete – para o trem que o levará à Espanha, os artistas perseguidos avançam rumo a um cemitério, contornam seu muro de proteção e encaram as primeiras ramificações da cadeia de montanhas. De início, a operação não é muito difícil: basta seguir as trilhas. Além disso, a paisagem é magnífica, os cheiros, inebriantes. Pouco faltaria para que se sentissem em uma competição campestre. Logo, porém, o sol começa a bater com mais força sobre as cabeças. As sendas desaparecem. A vegetação fica mais ameaçadora. Ninguém mais sabe que direção seguir. Heinrich está esgotado; devem carregá-lo. Golo sacrifica-se. Franz ofega. Alma não contribui: está a um triz de dar meia-volta. Amaldiçoa aquele deplorável norte-americano em quem depositou sua confiança e que os arrastou para uma provação que poderia acabar de modo trágico.

Depois de duas horas de caminhada, todos estão prestes a compartilhar esse ponto de vista. Ainda mais porque, na contraluz de um cume, despontam dois quepes. É tarde demais para se esconder. Os fugitivos avançam corajosamente ao encontro dos guardas. Se capturados, serão levados a Marselha e entregues aos nazistas. A viagem terminará ali, a poucos metros de uma Espanha que ainda lhes parece um refúgio e um paraíso.

Contudo, um milagre acontece. Os guardas franceses de patrulha aceitam os cigarros oferecidos e indicam o caminho a seguir para atravessar a fronteira. De modo que, poucos minutos depois de acreditarem que estavam perdidos, os viajantes avistam o posto da alfândega.

Nova preocupação, nova sorte: um dos fiscais espanhóis reconhece Golo Mann.

– Admiro muito seu pai – diz, abrindo a cancela.

Estão salvos. Na estrada de Port-Bou, reencontram Varian Fry, que, preocupado com a demora, fora procurá-los.

Na estação da fronteira, são interrogados, depois investigados. Por fim, embarcam em um trem que vai levá-los a

Barcelona. Viajam em composições sacolejantes de terceira classe, espremidos entre uma multidão de camponeses que se dirige para os mercados da cidade. No entanto, é melhor do que qualquer vagão-leito que faça o percurso Berlim-Viena. E a paisagem, devastada pela guerra civil – mar de um lado, ruínas do outro –, vale todas as Bundesautobahn e todos os portões de Brandemburgo do mundo. Eles conseguiram salvar suas vidas. Não têm mais nada, precisam reconstruir tudo, mas estão vivos. Longe dos campos em que tantos companheiros perecem. Longe dos locais de tortura e dos paredões de execução. A caminho desse eldorado que, um ano antes, os atraía bem pouco: os Estados Unidos.

Dormem em Barcelona, na casa de moradores generosos. No dia seguinte, partem para Madri. Mais três dias e estão em Lisboa, onde em breve Feuchtwanger irá encontrá-los. Para eles, a guerra acabou.

A rota Líster

> Quando nasci, ocorreu aos meus pais que, talvez, eu pudesse me tornar escritor. Seria bom, então, que nem todos percebessem de saída que eu sou judeu.
>
> Walter Benjamin

Enquanto Varian Fry volta a Port-Bou, Walter Benjamin chega a Port-Vendres. Em Marselha, amigos lhe falaram de uma jovem mulher que ele conheceu na Alemanha e que, com o marido, ajuda os refugiados a cruzar clandestinamente a fronteira.

Em 25 de setembro, ele bate à porta dela. Lisa Fittko abre. Ela é morena, cheia de vida, extremamente corajosa. Após deixar a Alemanha em 1933, foi para a Tchecoslováquia e, em seguida, para a França. No início da guerra, como todos os estrangeiros de origem alemã em Paris, fora detida e presa no Velódromo de Inverno. Depois, foi enviada para o Campo de Gurs, nos Pirineus Atlânticos, onde também estava Martha Feuchtwanger. O campo fora construído em 1939 pelos antigos membros das Brigadas Internacionais e pelos republicanos espanhóis que fugiam da ditadura franquista. A partir de maio de 1940, Gurs acolheu os alemães e os austríacos que foram soltos depois que a Wehrmacht rompeu as linhas francesas. Lisa então reencontrou Hans, seu marido, em Marselha. Ambos decidiram ajudar os refugiados que, como eles, estavam presos na França. Um ano antes, haviam se envolvido em uma atividade semelhante, ajudando opositores do nazismo que fugiam da Alemanha para a Holanda a cruzar clandestinamente a fronteira.

Quando Walter Benjamin pede ajuda, Lisa está em Port-Vendres. Esse vilarejo, próximo de Banyuls, fica a dezesseis quilômetros de Cerbère, onde passar pela fronteira tornou-se muito arriscado: agora os controles de fiscalização são mais frequentes. Os nazistas da Comissão de Armistício estão rondando.

O prefeito de Banyuls, sr. Azéma, um homem de esquerda, falou com Lisa e Hans Fittko a respeito de uma passagem outrora utilizada por contrabandistas e, mais recentemente, pelo general Líster com seu exército durante a Guerra Civil Espanhola. Essa passagem apresenta a vantagem de ser totalmente invisível do alto. A desvantagem: é muito mais árdua do que o caminho Cerbère–Port-Bou atravessado pelos Mann e pelos Werfel.

Walter Benjamin não tem escolha. É verdade que sofre de um problema cardíaco, mas isso é uma ninharia diante das sevícias a que os nazistas o submeteriam se o apanhassem.

– Vamos tentar a passagem – declara, com firmeza.

Explica a Lisa que deseja levar consigo uma amiga e o filho dela.

Na mesma tarde, são recebidos pelo sr. Azéma. Ele tranca a porta, rabisca um mapa em uma folha de papel e leva os visitantes até a janela.

– Vou deixar o mapa com vocês – diz. – Olhem…

Ele estende a mão em direção aos vinhedos, aponta o dedo para uma cabana isolada.

– Vocês devem ir por lá.

Sua mão se movimenta para a direita.

– Sigam até uma clareira cercada por sete pinheiros. Depois virem à esquerda, caminhem até um vinhedo e chegarão ao cume. Ali, vocês descerão pelo lado espanhol. São seis horas para chegar à fronteira.

Ele os adverte contra os touros e os contrabandistas. Por fim, dá um conselho precioso: realizar uma trilha de reconhecimento para conhecer bem o local e fazer o percurso de uma só vez no dia seguinte.

Uma hora depois, Lisa Fittko, Walter Benjamin, a amiga e o filho desta se misturam aos viticulores que se deslocam para fora do vilarejo. Eles não conversam. Benjamin levou consigo a pasta com seu manuscrito. Desde Marselha, e mesmo antes, não desgrudou dela. É o seu único bem. De qualquer maneira, o sr. Azéma foi muito claro: nada de bagagens. O mais importante é passar despercebido.

Eles sobem. A subida é dificílima. Benjamin caminha devagar, mas em ritmo regular. De vez em quando para, leva a mão ao coração, como se quisesse fortalecê-lo. Em seguida, recomeça. Ele não pede nada, nem se queixa. Limita-se a confessar a Lisa que não poderia fazer o mesmo esforço duas vezes. E quando, três horas de caminhada depois, chegam à clareira mencionada pelo prefeito, Benjamin recusa-se a descer outra vez. Está esgotado. Prefere dormir a céu aberto, correr o risco de se deparar com touros e contrabandistas. Ele se deita no chão.

– Vou esperá-los aqui até amanhã – murmura debilmente.

Fecha os olhos. Os outros voltam a descer.

No dia seguinte, quando o grupo chega à clareira, Walter Benjamin os recebe com um sorriso amável. Ele recobrou a polidez impassível que é sua marca pessoal. Seu coração está bem. Ele dormiu como convém. Está pronto para partir.

Eles se embrenham pelos arbustos. Com a ajuda do mapa desenhado pelo sr. Azéma, eles avançam, retornam, se perdem, se acham, caminham para o norte, para o sul, para a direita, para a esquerda... Walter Benjamin sofre, mas não fala nada. Sua mão está pálida, crispada na alça da pasta. Ao fim de seis horas de esforços, chegam enfim ao cume da montanha. A Espanha está embaixo. Port-Bou os aguarda. Lisa Fittko os abraça e refaz o caminho: outros refugiados precisam dela.

O pequeno grupo desce até o posto da alfândega. Ninguém sabe ainda que o governo espanhol acaba de ordenar o fechamento das fronteiras a quem não detém visto de saída do território francês. Essa medida será flexibilizada pouco tempo depois. Contudo, naquele dia, ela atinge em cheio o coração de Walter Benjamin. Ele não terá forças para recomeçar.

– Vocês devem retornar para a França – ordenam os fiscais.

Benjamin se afasta. Do lado francês. Porém, não vai longe. Abre a pasta, que não contém apenas seu último manuscrito: nela o escritor também guardou a dose de veneno cuja metade ofereceu a Arthur Koestler.

Ele apanha o frasco. Engole o veneno. Deita-se. Fecha os olhos.

Também para ele a guerra acabou.

Outras rotas

A emigração é uma doença grave.
Alma Werfel Mahler

Um mês depois da morte de Walter Benjamin, Lisa e Hans Fittko viajam até Marselha para encontrar Varian Fry. O Comité de Secours decidira explorar a rota Líster. Por mais de seis meses, ela foi utilizada por dezenas de refugiados vindos de Marselha e de outros lugares. Quando chegavam em Banyuls, os Fittko iam buscá-los na estação. Eles deviam apresentar metade de uma folha de papel, cujo outro fragmento estava em posse dos guias. Os fugitivos às vezes eram artistas, outras, políticos, outras ainda aviadores ou paraquedistas ingleses. A regra era a mesma para todos: nada de bagagens (só mais tarde, graças ao prefeito de Cerbère, que tinha uma empresa de transportes, as bagagens puderam ser despachadas para a Espanha); apenas vistos de trânsito, coragem e resistência. Os mais velhos e os mais cansados tinham direito a tratamento preferencial: por uma quantia substancial, um maquinista aceitava levar um ou dois passageiros a bordo, fazendo-os descer no meio de um túnel por onde passava a fronteira: os interessados embarcavam na França e desciam na Espanha, a poucos metros do posto da alfândega.

Quando os Fittko não podiam bancar a passagem, algumas boas almas os substituíam. Como a modelo preferida do escultor Aristide Maillol, Dina Vierny ("linda, lasciva, de voz quente"[1]), que, logo vigiada pela polícia, precisou sair da jogada.[2]

Em Marselha, Varian Fry explorava outras rotas de fuga. Depois da saída dos Mann e dos Werfel, o gargalo se fechou na fronteira espanhola. A travessia passou a ser mais difícil. Ora Madri e Lisboa deixavam os fugitivos passar, ora os detinham sem explicação. A partir de dado momento, o Consulado de Portugal exigia vistos legítimos dos países anfitriões, e não mais autorizações do Congo, do Sião ou da China. Por fim, embora México e Cuba ainda aceitassem expedir vistos de entrada, a maioria dos países da América Latina havia fechado suas fronteiras.

Fry recorreu aos certificados de dispensa vendidos por soldados que não tinham mais necessidade deles e que cediam também a farda. Essa solução convinha aos homens ainda jovens. Eles precisavam decorar o histórico de serviços inventado graças ao qual podiam chegar a Casablanca. Porém, a partir de outubro, o ardil foi desmascarado e uma vez mais foi preciso buscar outra saída.

Os reiterados ataques desferidos pelas autoridades não impedia os refugiados de acorrerem ao Centre de Secours. Varian Fry logo se cercou de novos colaboradores, Jean Gemähling e Daniel Bénédite. Também contratou um médico e um advogado: Gaston Defferre. Um comitê de apoio desempenhava a função de blindar Fry e sua equipe dos diferentes serviços de polícia que às vezes procuravam confusão. Ele era composto por diferentes personalidades como Pablo Casals, François Charles-Roux, Léon Brunschvicg, Georges Duhamel, L.O. Frossard, Emmanuel Mounier, Aristide Maillol, Jean Schlumberger e Henri Matisse.[3]

Mary Jayne Gold ajudava financeiramente essa empresa altruísta, assim como Peggy Guggenheim e alguns outros. Tais contribuições permitiram que a organização se mudasse: primeiro para a Rue Grignan, depois para um antigo salão de beleza no Boulevard Garibaldi.

Às vezes, o próprio Varian Fry se deslocava para oferecer ajuda aos artistas ameaçados. Foi assim que visitou Chagall, refugiado em Gordes. De início, o pintor se recusou a deixar um país que lhe oferecera naturalização. Após a votação das leis antissemitas, aceitou seguir Fry. Enquanto se preparava para partir, foi detido durante uma batida em um hotel de Marselha. O norte-americano interveio junto ao governo de Vichy para soltá-lo.

Raoul Dufy, internado em uma clínica em Montpellier, recusou-se a partir: como fosse totalmente apolítico e se afirmasse como tal, acreditava que nada tinha a temer.

O mesmo pensava André Gide, refugiado perto de Grasse, aniquilado pela derrota, doente, apoiado com firmeza em seu desejo de nunca colaborar com Vichy: ele esperava que sua notoriedade o protegesse.

Morando em Roquebrune com Josette Clotis, que enfim tomara o lugar de Clara*, Malraux havia decidido ficar na França.

Entretanto, o escultor Jacques Lipchitz e o pintor Max Ernst aceitaram a ajuda de Fry. Este teve menos sorte com algumas das grandes figuras da oposição ao nazismo que tentou desesperadamente salvar, em particular os ex-ministros Hilferding e Breitscheid, que serão levados a Arles pelos sectários de Vichy e presos em Paris para serem entregues aos alemães. Hilferding vai ser encontrado enforcado em uma cela da prisão de la Santé, e Breitscheid sucumbirá no campo de Buchenwald. Já Largo Caballero, o ex-primeiro-ministro da República Espanhola, será preso a pedido de Madri e em seguida deportado pelos alemães, sem que Fry e seus amigos possam interceder. O norte-americano nunca se consolou com isso, mesmo que Emanuele Modigliani, o irmão do pintor e importante figura da esquerda italiana, tenha sido salvo graças a ele.

E não foi o único.

---

* Ver *Paris libertária, op.cit.*

Villa Air-Bel

Um rumor que corre: Pétain nos prega o retorno à terra. Aos 85 anos, ele bem poderia dar o exemplo.

Jean Galtier-Boissiere

Na manhã de 3 de dezembro de 1940, dois camburões e alguns carros pretos param diante dos portões de uma propriedade situada nas colinas de Marselha: a Villa Air-Bel. Uns seis inspetores à paisana empurram a porta e se lançam em uma aleia cuja subida leva até uma imponente residência do século XIX. Um piso térreo, mais dois andares, dezoito cômodos. Um piano impera na sala. Em cima da moldura da lareira, um relógio de ponteiros parados indica 11h45. As paredes da sala de jantar são revestidas com couro falso. Perto de uma grande pia de pedra, um fogão arde na cozinha.

Esses senhores mandam que a faxineira peça para os anfitriões descerem.

O primeiro a aparecer é um norte-americano de óculos: Varian Fry. Ele exige dos guardas a apresentação de um mandado. Entregam-lhe um papel timbrado da Justiça ordenando a busca em todos os locais capazes de abrigar ativistas comunistas.

– Por que comunistas se esconderiam aqui? – indaga Fry.

Boa pergunta. Os ocupantes do lugar seriam antes opositores declarados do comunismo. Contudo, para admiti-lo, seria preciso um mínimo de cultura política, o que não parece ser o caso desses funcionários.

Cinco minutos se passam. Um primeiro homem surge na porta da sala. Está na casa dos cinquenta anos, tem estatura mediana, uma testa grande, o rosto barbeado e os traços finos. Usa óculos.

– Nome, sobrenome, nacionalidade, profissão?

Victor Lvovitch Kibaltchich, vulgo Victor Serge. Nascido na Bélgica de pais russos. Bolchevique ligado à oposição de esquerda. Considerado trotskista pelos stalinistas. Preso a primeira vez em Moscou em 1928, a segunda em 1933. Deportado para os montes Urais. Solto graças a uma campanha orquestrada na França por intelectuais, sobretudo André Gide.

– Anarquista?

– Pode-se dizer…

– O senhor está sozinho?

– Minha noiva está aqui. E meu filho, Vladi.

– Quantos anos tem Vladi?

– Vinte.

– Mande descer.

Victor Serge obedece.

Depois do interrogatório de rotina, a porta da sala se abre para outro morador. Está acompanhado de uma mulher loira, muito bonita, cujo cabelo é decorado de flores e pequenos espelhos coloridos. Uma menina a acompanha: Aube Breton, cinco anos.

– Nome, sobrenome, nacionalidade, profissão?

André Breton. Francês. Escritor, poeta, fundador do movimento surrealista, ex-médico. Mobilizado em setembro de 1939, enviado a Poitiers entre janeiro e julho de 1940 como médico militar. Desmobilizado em 1º de agosto. Nesse ínterim, tentou em vão publicar sua mais recente obra: *Antologia do humor negro.* Estava afastado de Paris, como todos os surrealistas que se dispersaram pelos quatro cantos da França, da Navarra e dos Estados Unidos. Reencontrou a esposa Jacqueline em Martigues. Ela vinha de Royan, onde passava as férias na residência de Picasso e Dora Maar, última noiva do pintor, de quem é amiga. Picasso ajudou Breton, oferecendo-lhe uma de suas obras para vender: o poeta não tem mais dinheiro.

– O que o senhor está fazendo em Marselha?

– Estou esperando – responde Breton.

Ele espera um navio para os Estados Unidos. Nenhuma outra saída lhe parece possível. A imprensa de Vichy não para de atacá-lo. A censura o impede de publicar. Aos 45 anos, não cogita nem por um segundo a ideia de se alistar no exército. Já serviu entre 1914 e 1918, na Primeira Guerra Mundial. Uma carnificina. O surrealismo nasceu nos lamaçais de um pântano em que a maioria se recusa a pisar novamente. Os pintores Tanguy e Matta já cruzaram o Atlântico. Eles se esforçam para obter a ajuda necessária para trazer o amigo e sua família. Em Nova York, o Museu de Arte Moderna o reivindica. Ele tem todas as garantias financeiras e morais necessárias. Só precisa de um visto de saída. Felizmente, Varian Fry está ali. Assim como Victor Serge, André Breton depositou todas as esperanças na capacidade de improvisação e de relacionamento do norte-americano.

O terceiro homem a entrar na sala onde os policiais fazem perguntas é muito jovem. Chama-se Daniel Bénédite, é assistente de Varian Fry, que descobriu o casarão e o alugou para o Centre Américain de Secours. Mary Jayne Gold o ajudou. Quando é a sua vez de entrar, André Breton vai até ela, curva-se, pega sua mão e a toca com os lábios, segundo um ritual que encanta a jovem norte-americana, cujo coração foi conquistado por um tratante marselhês.

Durante esse tempo, de costas para a lareira, Fry tenta queimar alguns papéis comprometedores. Victor Serge olha para o lado, fingindo desinteresse. André Breton resmunga. Mary Jayne se diverte.

Três policiais descem da escada com um espólio dos mais comprometedores: uma máquina de escrever – de Serge; um pequeno revólver – de Breton. Os dois homens fornecem as explicações pedidas. Seja como for, elas não têm qualquer importância: eles teriam sido levados de qualquer maneira.

Os moradores da Villa Air-Bel são levados nos dois camburões estacionados na entrada. São conduzidos até Évêché – a sede da polícia de Marselha –, onde se juntam a desconhecidos detidos mais cedo em outras batidas. As horas passam. Recém-chegados saem de camburões que tornam a partir em um segundo. O balé dura a noite toda. Em seguida, os camburões são enfileirados. Os detentos voltam para a estrada. Direção: porto. Descem em frente a um velho navio mercante, o *Sinaia*, que Varian Fry conhece por ter embarcado nele para outro sentido: de Nova York para a Europa.

Entretanto, não há partidas. O barco está e continuará ancorado. Ele e os outros foram transformados em centros de detenção provisórios para acomodar cerca de vinte mil internos administrativos sujeitos a perturbar a ordem pública. Pétain virá a Marselha, e as autoridades não querem manifestações de hostilidade. Nada de gritos. Nada de atentados. Nada de tumulto. A cidade deve ser expurgada de seus agitadores. Por isso todos os prisioneiros sobem em passarelas vigiadas dos dois lados por filas de guardas com capacete. Os homens vão para a entreponte, as mulheres, para as cabines. Todos observam, estupefatos, o porto se adornar do machado de dois gumes e das três cores surrupiadas, símbolos do governo de Vichy. Todos contam as horas, então os dias que os separam da liberdade, que têm certeza de que será concedida. Todos retornam por fim a seus esconderijos e abrigos temporários depois da saída do marechal, três dias de uma visita sem riscos.

Fry, Bénédite, Gold, Serge, Breton e a família de ambos logo retornam para os cômodos frios da Villa Air-Bel – rebatizada "Villa Espère-Visa" por Victor Serge, em homenagem à espera por vistos de seus moradores. Eles leem na biblioteca ou se encontram nos quartos, todos equipados com um armário e uma cama de casal. Serge e Breton se refugiam em seus respectivos cômodos quando as discussões saem de controle. O primeiro zomba do segundo por seu conhecimento baseado nos textos e não nas lutas de uma revolução muito salonesca. Moscou, Stalin, os campos... Victor conhece. E também Trotski, com quem rompeu depois que o comandante-chefe do Exército Vermelho esmagou, através da violência, a revolta de Makhno e dos anarquistas ucranianos.

A isso, Breton reage mal. Ele adora Trotski. Melhor, venera-o. "O Velho" é a única pessoa frente a quem o papa do surrealismo já se inclinou. Conheceram-se em 1938, no México, quando o surrealista foi enviado para lá pelo Ministério das Relações Exteriores a fim de realizar uma série de conferências sobre a pintura e a literatura europeia. Jacqueline e Aube foram com ele. Hospedaram-se em Veracruz, na casa do pintor Diego Rivera. A mulher dele, Frida Kahlo, também pintora, jovem, bela, enferma, tinha um caso com o velho líder bolchevique. Diego não sabia. Natalia sofria. Breton não se preocupava. Ele e Trotski conversavam sobre arte e política. Pecavam. Caminhavam e admiravam a natureza. A companhia do poeta francês afastava (temporariamente) o revolucionário russo dos terríveis demônios que o assombravam: seus amigos e companheiros, aniquilados e depois fuzilados ao longo dos macabros processos de Moscou; seu filho, Lev Sedov, assassinado algumas semanas antes em Paris; sua esposa e ele, sob constantes ameaças, apesar dos guardas, dos cães, das metralhadoras de proteção ao redor.

Por certo, Breton e Trotski não concordavam em tudo – longe disso. "Como é possível preferir Zola a Lautréamont?", desesperava-se o surrealista. Por qual mistério um líder político tão extraordinário como Leon Trotski, amigo de Lenin, organizador de 1917, fundador do Exército Vermelho, podia se comover diante de um cão e demonstrar por ele tantos sentimentos quanto por um ser humano?[1]

Entretanto, para além de algumas incompreensões e desavenças secundárias, Breton admirava a coragem de Trotski, sua oposição definitiva ao stalinismo. Mais ainda, estimava-o (caiu em prantos em 21 de agosto de 1940, ao saber de sua morte) e não escondia isso. Esse entusiasmo incomodava bastante o fundador do Exército Vermelho, que via tais exultações como uma deferência, um ardor indesejável. Todavia, isso não o impediu de fundar com seu visitante a Federação Internacional da Arte Revolucionária Independente (FIARI), da qual redigiram juntos o manifesto que Diego Rivera assinou no lugar de Leon Trotski. Esse movimento tinha por objetivo fazer frente à Associação dos Escritores e Artistas Revolucionários (AEAR), criada alguns anos antes mas dominada por Moscou.

Uma das primeiras manifestações da Federação Internacional da Arte Revolucionária Independente fora a publicação de um opúsculo que se pretendia uma resposta ao Acordo de Munique e oferecia o seguinte slogan, muito simbólico do posicionamento dos surrealistas diante dos acontecimentos: *Nem sua guerra, nem sua paz!*

De volta a Paris, Breton criara a revista *Clé*, órgão da FIARI. Dois números foram lançados no início de 1939 e defendiam os pacifistas presos. Todavia, a publicação não foi para frente. Os acontecimentos se encarregaram de pôr um fim na aventura. De qualquer forma, faltavam colaboradores. A maioria dos mosqueteiros do surrealismo se afastara, fugindo do rigor de Breton. Soupault, Crevel, Tzara, Prévert, Éluard, Desnos não faziam mais parte do movimento.

Estes, por conta das divergências, não passavam pelos jardins da Villa Air-Bel, onde vinham alguns visitantes amigos e quase fiéis, convidados aos domingos para participar de jogos surrealistas: Marcel Duchamp, que também esperava o embarque para um sonho americano; René Char, vizinho provençal; Hans Bellmer, Marc Chagall, Jean Arp, Óscar Domínguez, Victor Brauner (cujo olho foi vazado pelo precedente durante uma "alegre bebedeira"[2]), André Masson, Adamov, Pierre Herbart (que em breve será da resistência), Jean Malaquais, Jacques Hérold... Um dos visitantes mais assíduos era Benjamin Péret, fiel entre os fiéis, também em trânsito, cuja vocação libertária o conduzira do Sindicato dos Corretores às brigadas espanholas do Partido Operário de Unificação Marxista (POUM), depois à coluna de Durruti, antes que um pacifismo intempestivo o levasse à prisão por distribuição de panfletos antiguerra. Os franceses o jogaram na cadeia; os alemães o soltaram. Inepto, Péret fez a apologia daqueles que o libertaram. Em Marselha, retratou-se. Dentro em pouco, partirá para o México.

Enquanto aguardavam o exílio, que todos esperavam estar próximo, os inquilinos do casarão se ocupavam com distrações *in loco.* Passeavam pelo jardim à francesa, admiravam as estufas onde cresciam magníficas palmeiras, tomavam banhos em banheiras de verdade, munidas de água quente, fria e de torneiras.

Quando fazia tempo bom, abriam algumas garrafas que bebiam em volta de mesas montadas no jardim. Às vezes, organizavam exposições para as quais os amigos eram convidados. Cantarolavam canções libertinas, prelúdios a confissões íntimas de caráter sexual – segundo o costume surrealista. Entre uma sessão e outra de jogos surrealistas (papéis colados, cadáveres esquisitos), preocupavam-se um pouco com a guerra. Não podiam esquecê-la: o café nacional, à base de bolotas e adoçado com sacarina, lembrava que os tempos eram difíceis. Contudo, havia muitos passatempos. Bastava que André Breton mostrasse sua coleção de insetos ou se dispersasse em uma lengalenga brilhante para que as moças norte-americanas ficassem de boca aberta, impressionadas. Também apreciavam o espetáculo dos sapos e das rãs, de que descobriam os hábitos nas poças do jardim. Também nisso, Breton tinha participação: ele adorava observar o comportamento dos batráquios. Teria adorado converter a filha a seu gosto, mas esta preferia reclamar em outros lugares e em voz alta. Alguns a achavam insuportável. Mal-educada, pelo menos. O pai não negava que, alguns meses antes, sentado a uma mesa do Deux Magots, ameaçara levar a filha à igreja Saint-Germain-des-Prés se ela não se comportasse.[3]

Breton havia descartado a Guerra Civil Espanhola, recusando-se a se alistar "por causa de uma bebezinha, a minha, que acaba de nascer e que não tem como viver sem mim".[4] Agora estava menos preocupado com a filha do que com Jacqueline, sua segunda esposa. Entre eles, o amor louco havia acabado. O casal brigava, se engalfinhava um pouco, se perguntava o que aconteceria. Esperavam muito de Varian Fry e dos Estados Unidos, que, talvez, viriam a ser o novo eldorado das paixões.

Enquanto os meninos se distraíam, seu messias trabalhava. Ele obteve um visto do México para Victor Serge e um visto dos Estados Unidos para André Breton. No início de 1941, uma esperança pareceu brilhar do lado das colônias. Na verdade, Vichy entregara aos nazistas as vítimas exigidas. Aquelas que sobraram não interessavam mais ninguém. Por que manter em território nacional bocas inúteis que roubavam o pão dos bons cidadãos? Que fossem embora! Que fossem para o inferno – isto é, para longe. O caminho das colônias estava outra vez aberto. Com uma inegável vantagem em relação a outros destinos: não era preciso visto para ir às Antilhas francesas. Desde então, o problema dos vistos de trânsito espanhol e português não estava mais na ordem do dia. Bastava chegar são e salvo ao porto e, de lá, partir para os Estados Unidos ou para a América do Sul.

Ao perceberem como essa mina de ouro podia enriquecer seus cofres, as companhias marítimas puseram a mão na massa: desancoraram navios que não sabiam o que era água havia meses. E de repente tudo se tornou muito simples. Em fevereiro, um primeiro navio partiu para a Martinica. Pouco depois, Varian Fry reuniu os ocupantes da Villa Air-Bel: a próxima partida seria a deles.

Eles se prepararam. Em março, o norte-americano descobriu um vapor fretado pela Companhia de Transportes Marítimos para a Martinica: o *Capitaine Paul Lemerle*. No dia 25, monitorados por uma tropa de guardas que separava os viajantes dos amigos e parentes que vieram acompanhá-los, os inquilinos da Villa Air-Bel enfim embarcaram. O velho navio não inspirava confiança. Trezentas e cinquenta pessoas dividiam duas cabines, sete beliches e estrados com colchões de palha alinhados nas profundezas dos porões. Banheiros grosseiros foram construídos a bombordo e a estibordo. Homens de um lado, mulheres do outro. No convés, André Breton conheceu um antropólogo já célebre convidado pela New School for Social Research de Nova York: Claude Lévi-Strauss. Este se divertiu com a aparência de seu novo amigo: "vestido de pelúcia, parecia um urso azul".[5]

Os passageiros viajariam em condições precárias de higiene. Mas pouco importava: sabiam que dentro de um mês chegariam a Fort-de-France. Longe do inferno e da Europa em chamas. Essa perspectiva compensava alguns dissabores. Apesar dos pesares, haviam conseguido salvar a pele.

O pintor e a milionária

Temíamos, agora esperamos.
TRISTAN BERNARD

Alguns dias após a saída dos primeiros ocupantes da Villa Air-Bel, dois novos convidados chegaram: Consuelo de Saint-Exupéry e Max Ernst. Eles ocuparam os quartos vagos por Victor Serge e André Breton, que no passado acalentava uma paixãozinha pela esposa de Antoine e uma verdadeira amizade pelo pintor alemão, apesar de um mal-estar moral causado pelo triângulo entre ele, Paul Éluard e sua amada Gala.*

Max Ernst tem cinquenta anos. Cansado pelas querelas surrealistas a respeito do comunismo, do trotskismo, do traidor Aragon e do renegado Éluard, afastou-se de Breton e do movimento. O que não o impedia, quando o papa do surrealismo estava presente, de participar das exposições de caráter surrealista nos jardins do casarão, onde seus quadros eram pendurados nas árvores.

Ele veste uma capa preta das mais românticas. Seus cabelos são muito brancos, seus olhos, muito azuis. Eles mexeram com o coração bicéfalo de Gala na época em que ela ainda estava com Paul Éluard, depois com os sentidos de Marie-Berthe Aurenche, com quem ele se casou em 1927. Por ora, recupera-se da partida de Leonora Carrington, que conheceu em Londres três anos antes. Ele ficou fascinado com a independência dessa artista de família burguesa, pintora e escritora, que em todas as circunstâncias fazia pouco-caso de suas origens.

Ela fora expulsa de todas as instituições de ensino em que seus pais a matricularam – incluindo um convento de

* Ver *Paris boêmia*. Tradução de Hortencia Santos Lencastre. Porto Alegre, L&PM: 2015.

onde fugira fazendo muita gritaria. Frequentava a corte da Inglaterra, onde fazia escândalo. Diante de convidados petrificados, tirava os sapatos e banhava os pés na mostarda. Em Paris, para onde foi levada por Max Ernst logo depois de se conhecerem, seduzia os círculos surrealistas. Adotaram-na. Max deixou Marie-Berthe Aurenche.

Um ano antes da declaração de guerra, o pintor se mudou para Saint-Martin-d'Ardèche, perto de Avignon, para uma casa comprada por Leonora Carrington. Ali restauravam ruínas cujas fachadas pintavam.

Em setembro de 1939, como todos os indivíduos alemães, Max Ernst foi preso e internado no campo de Les Milles. Dois meses depois, Éluard conseguiu soltá-lo. Em maio de 1940, foi interrogado de novo. Leonora sofreu como uma louca. Durante várias semanas, não quis se alimentar. Pressionada por uma amiga que implorava que fugisse antes da chegada dos alemães, ela cedeu sua casa ao dono do Hôtel du Touriste, em Saint-Martin-d'Ardèche, e fugiu para a Espanha. Refugiada na embaixada inglesa em Madri, urrava que assassinaria Hitler. Foi internada na Espanha por algumas semanas.

Já Max Ernst percorreu o mesmo périplo de seus compatriotas: deslocamento até Lourdes, transferência ao campo de Saint-Nicolas, perto de Nîmes, fuga, Marselha. Graças à generosidade de Marie-Berthe Aurenche, que concordou em manter o divórcio em segredo, ele obteve uma permissão de residência.

Em Marselha, seu caminho se cruzou com o de Peggy Guggenheim – a herdeira da linhagem do mesmo sobrenome –, que, após deixar seu Talbot em Megève, também havia tomado as estradas do Sul.

Peggy fora à França no ano anterior para se recuperar de um aborto. Durante a Guerra de Mentira, graças a Marcel Duchamp – que introduziu em seu coração o gosto pelos ateliês da *rive gauche* –, havia aumentado a sua coleção de obras contemporâneas comprando alguns bronzes de Brâncusi, diversas telas de Kandinsky, miogramas de Man Ray, um Dalí, três Max Ernst, um Léger… Com a aproximação dos alemães, empenhou-se em proteger sua coleção de obras contemporâneas, que a Reunião dos Museus Nacionais se recusara a resguardar. De Vichy, ela mandara transferir seus tesouros para o Museu de Grenoble. Guardara-os em caixas, que um transportador especialista em exportação de obras de arte aceitou enviar aos Estados Unidos. Peggy pagara parte dos riscos oferecendo-se, para deleite do transportador.

Ele não fora o primeiro.

Quando conheceu Max Ernst, a sobrinha de Solomon Guggenheim – com 43 anos, encanto, pedigree e fortuna – já tinha uma consolidada reputação de devoradora de homens. Teria o mesmo apetite do pai, que morrera nos braços de uma jovem amante nas águas do oceano durante o naufrágio do *Titanic*? Ou compensaria com uma existência de aventuras e liberdades um complexo que alimentava desde a infância, ela que havia sofrido por não ser uma "verdadeira" Guggenheim até o momento em que, por conta da maioridade, pusera as mãos na herança paterna?

De posse do dinheiro, colecionou viagens, festas e amantes.

O primeiro lhe deu dois filhos: foi ele quem ela reencontrou em Megève para tentar embarcá-lo para os Estados Unidos.

O segundo era alcoólatra. Acompanhou sua amante em Paris, Londres e Veneza, na Riviera e em todas as boates da moda, antes de sucumbir ao vício.

O terceiro era próximo do Partido Comunista britânico. Quando o casal quebrava os pratos, ele chamava a companheira de trotskista. Aceitou o dinheiro dela apenas para o benefício da causa: Peggy fazia doações aos comunistas britânicos.

O seguinte era alto e magro. Peggy o conheceu em Paris, em 1937. Apaixonou-se por seus olhos verdes e os levou para casa, na Rue de Lille, depois de um jantar regado a álcool. O anfitrião era James Joyce; o amante, Samuel Beckett. Ele bebia muito: uma champanhe a cada abraço.

Seu gosto pela liberdade desagradava a amante, que desejaria retê-lo para (quase) sempre. Contudo, Beckett escapava o tempo todo. Quando ela insistia em vê-lo, ele oferecia um dos amigos. A história durou pouco.

Peggy consolou-se nos braços de Tanguy. Do que a mulher do pintor não gostava.

Em seguida, relacionou-se com Roland Penrose, pintor e fotógrafo inglês (futuro marido de Lee Miller), um grande colecionador de obras surrealistas, apreciador de práticas sadomasoquistas que não encantavam a norte-americana.

Ela defendeu a Espanha republicana de mãos dadas com um pintor inglês que a iniciou na causa.

Em Grenoble, enquanto esperava a chegada de sua coleção, distraiu a mente e o corpo com um cabeleireiro da cidade. Ligou-se ao escultor Jean Arp, alsaciano violentamente antinazista que desligava o rádio quando tocava Beethoven e Mozart.

Em Grenoble, ela recebeu um pedido de ajuda de seu círculo de relações norte-americanas em prol de seis pessoas: Max Ernst; André Breton, sua esposa e sua filha; o pintor Victor Brauner; e um médico próximo dos surrealistas.

Foi uma primeira vez para Marselha, onde se encontrou com Varian Fry e lhe deu dinheiro. Além disso, esbarrou com seu antigo professor de russo, por quem fora apaixonada: Jacques Schiffrin. Quando ele criou as edições da Pléiade, ela contribuiu pagando a gráfica. Também dessa vez prestou apoio, intercedendo junto a Varian Fry para que este o ajudasse a partir.

De volta a Grenoble, escreveu a Max Ernst para informá-lo de que aceitava pagar a sua viagem em troca de um quadro. Ele lhe enviou a foto de uma obra que aceitava ceder. Ela preferiu outra.

Quando retornou para Marselha, Breton e sua família haviam acabado de partir. Peggy se reconciliou com Max Ernst, que não via fazia dois anos. Conhecia sua pintura e havia comprado algumas de suas telas quando ele estava no Camp des Miles. Ele lhe mostrou suas novas obras. Ela adquiriu alguns quadros por dois mil dólares. Max lhe deu mais algumas colagens e uma coleção de livros. Eles passaram uma primeira noite no hotel, depois uma segunda e uma terceira… Ao fim de dez dias, Peggy voltava para Megève, onde seu primeiro marido, a esposa deste e seus filhos a esperavam. Ela estava apaixonada pelo pintor alemão.

Voltou a encontrá-lo alguns dias depois. Desta vez, ela fora para Marselha na companhia de sua família para a grande viagem: esperava retornar para Nova York o mais depressa possível. Como o visto de Max Ernst não fosse mais válido, ele precisava esperar. Enquanto seus filhos e seu ex-marido partiam para Portugal, Peggy permaneceu com o amante. Este reencontrou uma antiga conquista, Leonor Fini, por quem ainda parecia nutrir alguma paixão.

Eles acabaram deixando a Villa Air-Bel, em seguida a França. Lisboa lhes abriu os braços. Todos se reencontraram lá, recebidos por Leonora Carrington, que havia muito se refugiara na cidade. Peggy Guggenheim acompanhava com um olhar furioso as idas e vindas de Max Ernst, que passava os dias na companhia daquela que ele chamava de a "Noiva do Vento" e a abandonava à noite, quando Leonora se encontrava com um mexicano com quem tinha um caso. Em sua companhia, ele parecia a Peggy um avô… o que não a impedirá de se casar com o vovô após a chegada em Nova York, em julho de 1941.

Oito dias após sua partida, André Masson embarcava para o mesmo destino. Outros refugiados seguiram o mesmo caminho, todos ajudados, apoiados, incentivados pelo Centre de Secours. A maioria tinha alguma razão para acreditar que seu trabalho e sua vida estavam ameaçados. Judeus, antinazistas ou qualificados como degenerados pelo regime nazista – tendo visto suas obras proibidas ou queimadas durante autos de fé –, escolheram se exilar. Duchamp, Tanguy, Mondrian, Matta, Zadkine, Lipchitz, Chagall, Léger, Maritain, Péret, Malaquais, Green, Jules Romain, Jouvet, Duvivier, Jean Renoir, René Clair, Gabin, Michèle Morgan,

Jean-Pierre Aumont, Dalio… Eles trocaram a Europa enlutada pelo continente americano. Muitos se salvaram graças a Varian Fry e sua organização.

Infelizmente, Fry logo se depararia com inúmeras dificuldades ligadas à política do departamento de Estado norte-americano, que acabou considerando que o centro prejudicava as boas relações que Washington desejava manter com Vichy. Alguns meses depois da partida de Max Ernst, um novo embaixador foi nomeado, recusando-se a renovar o passaporte de Varian Fry. Em março de 1941, o governo de Vichy deu o golpe de misericórdia na organização. Foi promulgada uma lei que ordenava a evacuação dos estrangeiros próximos das zonas de fronteira, a começar por aqueles que viviam do lado da fronteira espanhola. No porto de Marselha, os alemães da Comissão de Armistício foram encarregados de cuidar do rigoroso cumprimento das novas leis.

Em agosto de 1941, Varian Fry foi preso, sendo de imediato conduzido à fronteira espanhola. Coagido e forçado, teve de tomar por sua vez o caminho para Lisboa, pelo qual havia conduzido tantos fugitivos. Pouco depois, Mary Jayne Gold e Miriam Davenport também deixaram a França ocupada. Em seguida foi a vez de Lisa Fittko e seu marido.

Os assistentes de Varian Fry, Daniel Bénédite e Jean Gemähling, continuaram o trabalho do Centre Américain de Secours até 2 de junho de 1942. Nessa data, a polícia fechou em definitivo as salas de uma organização altruísta que, em um ano, auxiliara materialmente mais de seiscentas pessoas e salvara em torno de duas mil.

A rede de Varian Fry foi sem dúvida a primeira a se opor com eficácia à onda nazista. Como Victor Serge escreveu, ela constituiu a primeira forma de resistência. Mesmo que a palavra ainda não fosse empregada.

II

Ocupações

Uns e outros

> Temo que os judeus estejam um pouco afastados, eles que estavam por todos os lados, nos mais altos cargos. Isso é o que dá abusarem, se acharem os donos do dia de amanhã, por exemplo o ministério Léon Blum, com seus 35 judeus, nada menos do que isso.
>
> Paul Léautaud

Vichy, 3 de outubro de 1940.

Nós, marechal da França, chefe do Estado francês, o conselho dos ministros consultado,
Decretamos:

Artigo 1 – É considerado judeu, para a aplicação da presente lei, qualquer pessoa descendente de três avôs/avós de raça judaica ou de dois avôs/avós da mesma raça, se seu próprio cônjuge for judeu.

Artigo 2 – O acesso e o exercício das funções públicas e mandatos enumerados a seguir são proibidos aos judeus:
1. Chefe do Estado, membro do Governo, Conselho de Estado, Conselho da Ordem Nacional da Legião de Honra, Corte de Cassação, Tribunal de Contas, Corpo dos Engenheiros de Minas, Corpo dos Engenheiros de Pontes e Estradas, Inspeção Geral das Finanças, Cortes de Apelação, Tribunais de Primeira Instância, Justiças de Paz, todas as jurisdições de ordem profissional e todas as assembleias resultantes de eleição.
2. Agentes ligados ao departamento de Relações Exteriores, secretários-gerais de departamentos ministeriais, diretores-gerais, diretores das administrações centrais dos

ministérios, prefeitos, subprefeitos, secretários-gerais das prefeituras, inspetores-gerais dos serviços administrativos do Ministério do Interior, funcionários de todas as patentes relacionadas a todos os serviços de polícia.
3. Diplomatas, governadores-gerais, governadores e secretários-gerais das colônias, inspetores das colônias.
4. Membros de corpos docentes.
5. Oficiais e suboficiais do exército, da marinha e das forças aéreas. [...]
6. Administradores, diretores, secretários-gerais em empresas beneficiárias de concessões ou de subsídios concedidos por uma coletividade pública, cargos de nomeação do governo em empresas de interesse geral.

Artigo 3 – O acesso e o exercício de todas as funções públicas não enumeradas no artigo 2 só estão abertos aos judeus se eles puderem preencher uma das seguintes condições:

a) ser titular da carteira de combatente 1914-1918 ou ter sido citado durante a campanha 1914-1918;

b) ter sido citado na ordem do dia durante a campanha 1939-1940;

c) ser condecorado com a Legião de Honra como militar ou com a Medalha Militar.

Artigo 4 – O acesso e o exercício das profissões liberais, das profissões autônomas, das funções destinadas aos funcionários ministeriais e a todos os auxiliares da Justiça são permitidos aos judeus, a menos que regras de administração pública tenham fixado para eles uma proporção determinada. Neste caso, as mesmas regras determinarão as condições sob as quais serão eliminados os judeus a mais.

Artigo 5 – Os judeus não poderão, sem exceções, exercer qualquer uma das seguintes profissões:

Diretores, gerentes, redatores de jornais, revistas, agências ou periódicos, com exceção de publicações de caráter estritamente científico.

Diretores, administradores, gerentes de empresas voltadas à produção, à impressão, à distribuição, à exibição de filmes cinematográficos; encenadores e diretores de fotografia, cenógrafos, diretores, administradores, gerentes de salas de teatro ou de cinema, produtores de espetáculos, diretores, administradores, gerentes de todas as empresas ligadas à radiodifusão.

Regras de administração pública fixarão, para cada categoria, as condições em que as autoridades públicas poderão garantir o cumprimento, pelos interessados, das proibições declaradas no presente artigo, bem como as sanções associadas a essas proibições.

A linha dura desejada por Vichy e pelas autoridades de ocupação começou a partir de julho. Abrangeu os judeus, os homens de esquerda, os refugiados. Foi assim que o cineasta René Clair (cujo verdadeiro nome era René Chomette), o escritor-diplomata Saint-John Perse (Alexis Léger), o jornalista Pierre Lazareff e os franceses que haviam deixado o território foram destituídos da cidadania francesa.

Em setembro, Georges Huisman, diretor-geral da Escola Nacional Superior de Belas-Artes, René Cassin, professor da Faculdade de Direito de Paris, e Jean Cassou, há pouquíssimo nomeado curador-adjunto do Museu de Arte Moderna, foram exonerados.

O historiador Marc Bloch, cofundador com Lucien Febvre dos *Annales d'histoire économique et sociale*, professor na Faculdade de Estrasburgo, posteriormente na Sorbonne, também foi afastado da função pública. Seu apartamento em Paris foi requisitado, e seus livros, confiscados pelos alemães.

A limpa seguiu em todas as áreas da vida social e cultural. Os funcionários e os membros das profissões visadas pelo texto de 3 de outubro de 1940 foram obrigados a assinar um papel em que juravam não pertencer nem à "raça judaica" nem a uma sociedade secreta. Os diretores de teatro foram obrigados a apresentar uma declaração de arianidade, a expulsar seus funcionários judeus e a submeter às autoridades os programas das próximas temporadas: autores e atores judeus estavam proibidos. Na Comédie-Française, ao fim de uma longa batalha, o administrador Jacques Copeau, fundador do Théâtre du Vieux-Colombier, substituiu Édouard Bourdet, considerado próximo demais da antiga Frente Popular. De início apoiado por Charles Dullin e Louis Jouvet, diretores teatrais da Comédie-Française, Copeau foi reprovado por eles quando se subordinou a Vichy, solicitando a arbitragem do ministro da Educação Nacional. Essa atitude provocou a saída de dois eminentes membros do Comitê de Administração: Pierre Dux e Fernand Ledoux. Em 11 de novembro de 1940, depois de se "esquecer" de baixar a cortina de seu teatro durante uma manifestação estudantil contra o nazismo, Jacques Copeau foi destituído pelos alemães e substituído por Jean-Louis Vaudoyer, crítico de arte e ex-curador do Museu Carnavalet.

Na área musical, os artistas também foram obrigados a declarar sob juramento que não eram judeus nem franco-maçons. Os direitos autorais dos músicos judeus foram confiscados. A mesma medida valia para aqueles que haviam fugido, como Darius Milhaud.

Idem para o cinema. Desde outubro de 1940, os judeus foram proibidos de produzir, distribuir, dirigir e organizar: não podiam mais ser técnicos, roteiristas, operadores, produtores, administradores... As salas que lhes pertenciam foram fechadas (reabririam sob o controle de administradores temporários). Os nomes dos colaboradores judeus foram removidos dos créditos. Para entrar nos estúdios, devia-se apresentar uma carteira profissional indicando que o detentor não era judeu.

Produtores (como os irmãos Hakim, Jacques Haïk, Simon Schiffrin), cineastas (Anatole Litvak, Max Ophüls...), atores (Jean-Pierre Aumont, Marie Dubas, Pierre Dac...) foram banidos. E outros, porque eram antinazistas declarados (Erich von Stroheim, Charles Boyer), porque atuaram em filmes norte-americanos (Marlene Dietrich), porque se casaram com judias (René Clair, Julien Duvivier).

A partir do verão de 1940, os filmes antigermânicos foram proibidos assim como todas as obras filmadas durante os anos da Frente Popular (os filmes anglo-americanos seriam os próximos a sofrer sanção, em maio de 1941). A bandeira da França não devia mais aparecer nos telões. Algumas cenas foram cortadas pela censura (e às vezes refilmadas), sobretudo quando interpretadas por atores judeus ou por inimigos do novo regime. Assim, as passagens com Dalio foram cortadas do *Entrée des artistes* (filme de Marc Allégret); bem como as de Erich von Stroheim em *Ciladas* (de Robert Siodmak, com Maurice Chevalier e Marie Déa); em *Macau: inferno do jogo* (de Jean Delannoy), ele foi substituído por Pierre Renoir.[1] Mais de duzentos filmes foram retirados dos circuitos de distribuição. Alguns ficaram alegres com isso, como Claude Autant-Lara e Marcel L'Herbier, que chegou a afirmar que nunca vira condições de trabalho mais agradáveis nem mais livres.

Não era o caso de Harry Baur. Esse grande ator de teatro e de cinema, que atuara em filmes dos maiores cineastas do pré-guerra (Abel Gance, Julien Duvivier, Marcel L'Herbier, Maurice Tourneur), foi acusado pela imprensa de direita de ter ocultado suas origens judaicas. Tratava-se de um "crime" ainda mais grave na medida em que o ator havia filmado na Alemanha. O jornal *Aujourd'hui* até o mostrara ouvindo um discurso do Führer em Berlim. Harry Baur publicou uma retificação nas colunas do *Je suis partout*. Para provar sua qualidade de gói patenteado, aceitou um papel em um filme produzido pela companhia alemã Continental (*O assassinato do Papai Noel*, de Christian-Jaque). Entretanto, não conseguiu erradicar a "calúnia". Em maio de 1942, foi preso. Solto quatro meses depois, terrivelmente debilitado, morreu em abril de 1943. Tinha 63 anos.

As galerias de arte foram controladas a partir do verão de 1940. As coleções dos marchands judeus foram saqueadas e enviadas para a Alemanha. As galerias Bernheim-Jeune, Granoff, Loeb, Rosenberg e Wildenstein foram fechadas. Daniel-Henry Kahnweiler escapou do confisco transferindo sua galeria para Louise Leiris, sua enteada que se passava por cunhada.

No meio editorial, as editoras judaicas – como Calmann-Lévy e Fernand Nathan – foram desmembradas. Dois meses depois da entrada em Paris, os alemães exigiram que o Sindicato Nacional dos Editores franceses se encarregasse da proibição de toda literatura antigermânica, incluindo a escrita por autores refugiados. Em agosto, a Lista Bernhard, estabelecida na Alemanha, bania 143 obras. A Lista Otto viria a seguir.

De resto, e para alguns, tudo ia bem. Sem dúvida Paris havia mudado de figura. A circulação de carros era rara, o combustível – mistura de álcool e gasolina – não era de primeira qualidade, era preciso uma autorização para trafegar com um veículo motorizado, os ônibus serviam mais à periferia do que à Place de la Concorde.

Contudo, as bicicletas e bicicletáxis fervilhavam. É verdade que o preço era caro, mas menos do que o dos fiacres. A cidade ganhava em silêncio; a qualidade do ar era melhor.

Sem dúvida, o toque de recolher – fixado para as nove horas em junho de 1940, para as onze em julho e para a meia-noite em novembro – obrigava os parisienses a ficar em casa até as cinco da manhã. Além disso, devia-se ter cuidado para que as luzes dos apartamentos não fossem percebidas pelos policiais que circulavam pelas ruas.

Todavia, para os privilegiados, bastava permanecer na rua. Algumas casas noturnas se recusavam a despachar uma clientela que tinha mais o que fazer do que voltar para casa quando dava meia-noite. Em seu cabaré La Vie Parisienne, Suzy Solidor, por exemplo, havia se acertado com um funcionário do correio autorizado a circular à noite: por dinheiro vivo, o bravo homem deixava os noctívagos na frente de casa no horário desejado. Assim eles não corriam o risco de ser apanhados em via pública, delito que podia levar meros retardatários a vestir o terrível uniforme de prisioneiro.

A maioria da população tinha frio, comia mal, fumava tupinambor, artemísia ou tília. A partir de agosto de 1940, os preços subiram 25 por cento. O pão, o açúcar e as massas foram racionados. Depois foi a vez da batata, dos ovos, da carne, do peixe, dos queijos e das frutas. As pessoas faziam fila para conseguir algumas rutabagas ou um parco pedaço de pão. Comiam gato, tubarão, legumes novos e inomináveis.

Felizmente, para alguns escolhidos, havia os restaurantes. O pato prensado do La Tour d'Argent continuava famoso. Perto da Place de la Madeleine, Larue oferecia aos seus melhores clientes torradinhas com caviar. Na Champs-Élysées, o Fouquet's vivia lotado. O Lapérouse, o Drouant, o Grand Véfour, o Maxim's recebiam tanto ocupantes quanto ocupados. A essa clientela particularíssima, que se abastecia no mercado negro, nada faltava. Ela não precisava apanhar as guimbas de cigarro nos terraços dos bistrôs nem traficar para conseguir o número suficiente de tíquetes-alimentação. "Com grana, muita grana, sempre é possível se esbaldar", constatava com alegria o jornalista Jean Galtier-Boissière (fundador do *Crapouillot*, sua pena polêmica servira ao *Canard enchaîné*, ao *Merle blanc*, ao *La Flèche* e ao *Aujourd'hui*). Gourmet, acrescentava: "Os bifes proibidos são escondidos sob ovos fritos".[2]

As noites escuras, iluminadas pelas lâmpadas azuladas dos postes, não incomodavam esses suspeitos privilegiados. Pouco lhes importava que o último metrô passasse às onze horas. Quase não precisavam ler as grandes placas de madeira indicando as direções familiares em alemão: conheciam todos os locais de diversão e na maioria das vezes iam para eles ao lado de oficiais alemães. Passavam em frente ao Grand Palais, transformado em oficina para os caminhões alemães, não muito longe do Jardim de Luxemburgo, quartel-general da Luftwaffe, perto do Hôtel Majestic, que se tornara a sede da administração militar. Os sentinelas de capacete que montavam guarda diante dos prédios por vezes se empertigavam diante da aproximação dessas pessoas importantes.

Aonde iam?

À Ópera, onde *A condenação de Fausto* fora retomada apenas dois meses após a entrada dos nazistas em Paris. E onde Hitler esteve em junho de 1940, Goebbels, em julho, recebidos com toda a reverência por Serge Lifar, que dançava na ponta dos pés.

À sala Pleyel, onde Alfred Cortot tocava com genialidade as teclas de seu piano cáqui.

Aos concertos da Pasdeloup e da orquestra da Sociedade dos Concertos do Conservatório, muito concorridos.

Aos camarotes aveludados, diante dos quais Herbert von Karajan, jovem maestro da Staatskapelle de Berlim, regia *Tristão e Isolda* (ao contrário de Wilhelm Furtwängler, grande regente da Orquestra Filarmônica de Berlim, que se recusou a tocar em Paris, cidade que amava e respeitava).

Ao Alcazar, na Rue du Faubourg-Montmartre, cujo nome fora mudado para Palace em respeito aos franquistas de Toledo que não podiam mais dançar desde que os republicanos espanhóis haviam lhes dificultado a vida.

Ao Folies-Bergère, ao Théâtre des Variétés, ao Théâtre des Deux Ânes, aos cabarés e aos music-halls parisienses, onde Noël-Noël, Charles Trenet, Édith Piaf, Fréhel, Django Reinhardt, Maurice Chevalier e Mistinguett encantavam seus adoradores.

Ao Cassino de Paris, cujo acesso era proibido aos cães e aos judeus.

À Drouot ou a outras salas de leilões, onde os colecionadores afortunados podiam fazer bons negócios.

Ali e acolá, na cidade ocupada onde a maioria morria de fome e de pobreza, onde os judeus não tinham direito aos espetáculos, onde os comunistas eram perseguidos. Em uma cidade onde a Resistência ainda não existia, embora, nos muros, semelhantes a sinais de esperança, alguns "V" de vitória desabrochassem ao lado das primeiras cruzes de Lorena, símbolo do movimento França Livre.

Cortinas abertas

> Digamos que somos alunos externos monitorados.
>
> Jean Cocteau

De um lado, havia aqueles que sofriam e não aceitavam. De outro, aqueles que sofriam e aceitavam.

Havia também aqueles que aceitavam sem sofrer, como a minoria dos pétainistas, doriotistas, hitleristas, que prestariam contas cinco anos mais tarde. E aqueles, em grande número, que decidiram "se acomodar", aceitando se mover na pequena área concedida pelo invasor. Nem de todo desprezíveis, nem heroicos, de modo algum. Fazendo concessões para viver quase como antes, quando não melhor. Em todo caso, expondo, publicando, se apresentando, fechando os olhos para as misérias e as tragédias dos vizinhos.

Um dos grandes mestres dessa escola para quem tudo ia bem era o diretor do Théâtre de la Madeleine: Sacha Guitry.

A Guerra de Mentira o encontrara em Dax, onde o artista descansava. O ano havia sido complicado. Complicadíssimo. Pela terceira vez, precisou se divorciar. Como as separações são um convite para novos noivados, passou a aliança para o dedo de Geneviève de Séréville, promovida a quarta esposa.

Extenuante.

Também havia interpretado em Londres para Suas Majestades, o rei George e a rainha Elizabeth. Em Paris, fora eleito para a academia Goncourt. Dera à luz três comédias. Almoçara com o presidente Albert Lebrun. Recebera das mãos do príncipe Luís de Mônaco a medalha de comendador da Ordem de Saint-Charles. Em Joinville, nos Studios Pathé, filmara *Ils étaient neuf célibataires*. Marcara presença no Théâtre de la Madeleine durante a estreia de sua peça

Florence. Em Bruxelas, no Théâtre Royal du Parc, fizera uma série de apresentações. Em Dax, em 28 de junho de 1940, escondera-se atrás das janelas de seu quarto de hotel quando os alemães chegaram.

Depois, assim como Henri Bergson – que estava junto –, quis partir.

Após hesitar algumas horas entre sua mansão em Cap-d'Ail, sua propriedade de Saint-Cyr e seu casarão parisiense, Sacha Guitry finalmente escolheu o último programando uma escala na segunda. Foi sem demora até a prefeitura, sala das diligências, e entrou na fila. Quando chegou a sua vez, abriu um largo sorriso para a pessoa que o recebia:

– Bom dia, senhora. Gostaria de dois salvo-condutos para ir a Paris.

– Em nome de quem, por favor?

– Henri Bergson e Sacha Guitry.

Evidentemente, a mulher nunca havia ouvido falar nem de um, nem de outro.

– São refugiados? – perguntou.

– Não – respondeu Guitry.

Ele, que adorava interpretar os grandes homens no cinema (Luís XIV, Luís XV, Napoleão III), estava relegado à condição de uma pessoa comum.

– Então não posso fazer nada. Os salvo-condutos são concedidos apenas para os refugiados.

– Ah, como sou tonto! – exclamou o ator. – Claro que somos refugiados!

Com os documentos em mãos, foi para o Hôtel Splendid, cercado havia algumas horas pelos homens da Kommandantur. Ali, os nomes desses dois viajantes eram conhecidos. Um oficial lhe deu dois salvo-condutos redigidos em alemão, assim como um vale-combustível de cem litros renováveis até Paris.

Enquanto Henri Bergson entrava em seu próprio carro para ir a seu apartamento no Boulevard Beauséjour (onde em breve morreria), Sacha Guitry se acomodava no banco forrado de seu potente e chamativo automóvel norte-americano.

Em 2 de julho de 1940, às onze horas da manhã, buzinava diante do portão do jardim de sua propriedade em Saint-Cyr. O portão foi aberto por alemães uniformizados. Ó, raiva, ó, desespero! Uma companhia inteira ocupava o lugar. O artista viu-se reduzido a uma rápida meia-volta que o levou, uma hora depois, à frente de um casarão na Avenue Élisée-Reclus.

O seu casarão.

Seu pai, Lucien Guitry, também ator, mandara construir a residência em 1911. Os dois homens haviam dividido muitas aventuras amorosas; uma delas, quase comum, chamava-se Charlotte Lysès. O pai a adorava, mas foi com o filho que ela se casou. A desavença que se seguiu desapareceu em definitivo quando Sacha desposou Yvonne Printemps, em 1919. Além de Lucien Guitry, assinaram como testemunhas de casamento Sarah Bernhardt, Tristan Bernard e Feydeau.

A casa da família era uma caverna de Ali Babá repleta de tesouros. Sacha se gabava de ela ser conhecida no mundo inteiro. No centro do jardim, um busto feminino esculpido por Rodin saudava os visitantes. No interior, quadros de mestres estavam expostos em todas as paredes. No escritório, uma biblioteca abarrotada de preciosos livros fazia frente a uma mesa sobre a qual havia algumas fotos emolduradas: Claude Monet, Lucien Guitry, Benito Mussolini – esta última com uma dedicatória. Os cinzeiros estavam espalhados ao lado das primeiras edições das obras de Molière e sob uma aquarela de Rembrandt. Três telefones tocavam com alegria. Ora Sacha atendia, ora a secretária. Lápis na mão, ela anotava todas as palavras do artista: ações, diálogos, ideias…

O autor era prolífico. Aos dezesseis anos, escrevera sua primeira opereta, encenada no Théâtre des Mathurins: *Le page*. Três anos depois, interpretava seu primeiro papel no teatro. Desde então, encadeara um sucesso atrás do outro, sem parar de atuar, escrever, encenar, filmar… Sem contar a pintura, que praticava com assiduidade, e a direção teatral, à qual se sacrificava com prazer. Apresentava-se em todo canto do mundo – na Europa, na Ásia, nos Estados Unidos.

Seu escritório testemunhava a riqueza e a diversidade de um homem nascido há 55 anos, em São Petersburgo.

Já o quarto de dormir era quase o de um monge. Acima do dossel, fora feito um buraco que lembrava um passa-prato. A cama de sua quarta esposa ficava do outro lado da parede. "Um pouco apertado para vocês, mestre!", exclamou certo dia um visitante bastante bajulador. "É preciso pagar de alguma maneira a honra de ser a sra. Guitry!", respondeu com toda a amabilidade a penúltima escolhida. O anfitrião se contentou em olhar seu mindinho, no qual brilhava um enorme anel gravado com as suas iniciais: S.G.

Depois de dar a volta em seu domínio, Sacha Guitry decidiu cometer um ato de resistência. Entrou de novo no carro e tocou para o Museu Rodin. Ali comprou um busto de Clemenceau esculpido por Auguste. Quando voltou para casa, colocou-o no centro de seu gabinete de trabalho, "testemunhando assim a afeição e veneração que tenho pelo homem que salvou a França e venceu a Alemanha".[1]

No primeiro horário da manhã seguinte, vestiu a camisa de presidente da Union des Arts. Deu telefonemas, folheou as cadernetas de endereços, foi bater às portas mais oficiais. Por fim, após obter o consentimento da Propagandastaffel, preparou a reabertura de seu teatro.

O Théâtre de l'Œuvre o precedera, sendo o primeiro a abrir as cortinas com uma peça de Jean Bassan criada em 1938: *Juliette.* Duas semanas depois, o Théâtre des Ambassadeurs apresentava *Trois heures de fou rire* (a época se prestava para risadas). Em novembro, Jean-Louis Barrault interpretava *O Cid* na Comédie-Française. Logo seriam encenados Molière e Musset. E Daudet no Odéon. Charles Dullin preparava *O avarento* no Théâtre de Paris. Gaston Baty se encarregava de *Os caprichos de Marianne* para o Théâtre Montparnasse. No Théâtre de l'Athénée, Louis Jouvet preparava-se para retomar *A escola de mulheres.*

Clássicos, mais clássicos e ainda mais clássicos: a censura – que verificava os textos uma primeira vez nos livretos e uma segunda durante o ensaio geral – não podia suspeitar que Molière, Corneille, Racine, Labiche e Feydeau tivessem escrito contra a Alemanha!

O mesmo não valia para Sacha Guitry. Em 31 de julho de 1940, ele reabriu o Théâtre de la Madeleine com uma peça criada em 1919: *Pasteur*. A escolha da obra não era aleatória: nela o autor exaltava a grandeza dos cientistas franceses e a desconfiança do maior deles em relação à Alemanha durante a guerra de 1870. De resto, ninguém se iludiu: nem o público, que fez da estreia um sucesso; nem a censura, que pediu ao autor algumas modificações.

Quinze dias depois, no mesmo teatro, Sacha Guitry projetava um documentário mudo: *Ceux de chez nous*. Tratava-se de um documentário filmado em 1915 em que apareciam Monet, Renoir, Saint-Saëns, Rostand, Mirbeau, Lucien Guitry, Anatole France e Sarah Bernhardt. Depois de onze sessões, a Propagandastaffel pediu a Sacha para retirar os trechos com Sarah Bernhardt ou interromper as projeções: embora batizada, a atriz era judia.

Guitry preferiu desistir. Transcorrido um ano, submeteu o mesmo filme à censura. Todavia, na carta de intenções anexada ao pedido, citou todos os artistas que apareciam na película, menos Sarah Bernhardt. Operação bem-sucedida: "Eu me orgulho de tê-la mantido, apesar de tudo, no meu filme". Depois do sim da Propagandastaffel, *Ceux de chez nous* voltou ao Théâtre de la Madeleine.

Embora muito inserido nos meios da colaboração, Sacha Guitry não estava protegido de todos os perigos. Em setembro de 1941, o jornal *Le Pilori* escreveu que o dramaturgo na verdade se chamava Wolff e que sua mãe era russa (o que era verdade) e judia (o que era mentira). Em seu camarote no Théâtre de la Madeleine, Guitry recebeu a visita de um enviado da Propagandastaffel que viera lhe perguntar se ele era ariano. De acordo com a própria versão, Guitry se recusou a responder. Pouco depois, foi convocado por um oficial alemão a quem precisou garantir que não era judeu. Ao fim de algumas semanas, *La France au travail* retomava as "acusações" do *Le Pilori*. Convocado outra vez, Guitry jurou que era ariano. Para provar, teve de reunir as certidões de nascimento e todos os documentos que comprovavam que ele estava acima de qualquer suspeita. Faltava um: a certidão de batismo de sua avó materna, irmã do bispo de Le Mans. Na ausência desse documento – e ainda de acordo com sua versão –, ele foi ver o rabino (não especifica qual), a quem perguntou:

– Eu sou judeu?

– Infelizmente não – respondeu o outro.

Ainda segundo sua versão, o gói saiu da sinagoga com um certificado legítimo de arianidade...

Em 1941, Guitry processou *La France au travail* na 12ª Câmara Correcional. A disputa terminou com um acordo: o jornal publicou uma retratação, pediu desculpas (!) e o ofendido retirou a queixa.

Durante a Ocupação, uma charge circulava secretamente. Ela mostrava o vestiário de um grande restaurante em que estavam penduradas várias dezenas de capacetes pertencentes a soldados alemães. Havia apenas um chapéu, e com as iniciais S.G. Essa charge mostra o quanto – apesar de suas contorções – aquele que Paulo Léautaud chamava de "Molière em miniatura" tinha, para muitos, escolhido seu lado. Sem dúvida, como todos os artistas que trabalharam bem e bastante durante a Ocupação, Guitry precisou burlar a censura, imaginar réplicas de sexto sentido capazes de inflamar silenciosamente as multidões patriotas, vestir o disfarce do momento e imaginar as raias do amanhã, isto é, as justificativas. Sim, ele deu dinheiro para as obras e os artistas necessitados; sim, ele defendeu os prisioneiros; sim, ele conseguiu tirar da cadeia o amigo Tristan Bernard ("esquecendo-se" de que Arletty o auxiliara em sua solicitação) e Maurice Goudeket, marido de Colette, ambos judeus (Tristan Bernard para sua esposa, quando chegaram ao campo de Drancy: "Minha querida, nossa posição está melhorando: ontem vivíamos na angústia, a partir de hoje viveremos na esperança...”[2]). Sim, ele também recusou que suas obras fossem apresentadas na Alemanha, pôde se orgulhar de ter encenado durante um ano uma peça de duplo sentido: *Vive l'Empereur!* (os alemães recusaram o título original: *Le Soir d'Austerlitz*)... Porém, ele se apresentou em Vichy. Porém, ele escreveu um livro cujo título fala por si só: *De Jeanne d'Arc à Philippe Pétain.* Porém, ele foi recebido pelo marechal Göring. Porém, ele era amigo do crítico de *Je suis partout*, Alain Laubreaux, e também do escultor Arno Breker. Porém, ele foi denunciado em agosto de 1942 pela revista *Life*, que publicou uma lista de artistas franceses prometidos à pena de morte depois da guerra: Maurice Chevalier, Céline (“o prodigioso Céline, esplêndido algoz de Israel”, segundo Rebatet) e Sacha Guitry.

Por todas essas razões, o ator foi preso em 1944. Passou dois meses na cadeia. Entretanto, em 1945, o comissário do governo decidiu encerrar o processo, afirmando que as acusações feitas contra Sacha Guitry eram infundadas. Ele foi então absolvido de toda a acusação. Sobretudo a de antissemitismo. O que, segundo sua argumentação, era mais do que justo:

> Me chamar de antissemita – quando em 1939 eu tinha como advogado Pierre Masse, como médico Wallich e como produtor Sandberg! Me chamar de antissemita quando, em suma, eu confiava minha saúde, meus interesses e minha honra a três judeus. [3]

Sim. Os melhores amigos de Sacha Guitry eram judeus...

Livros

> Em 1940, observei bem de perto o que aconteceu, e é inegável, a menos que se aja de má-fé, que os alemães, depois de sua vitória, poderiam ter nos tratado pior.
>
> Marcel Jouhandeau

Em 27 de agosto de 1940, às oito horas da manhã, policiais franceses batem às portas das editoras, livrarias e bibliotecas da Zona Ocupada. São supervisionados por destacamentos da Geheimpolizei, polícia secreta do Reich especializada em contraespionagem. Esses homens levam uma lista de livros para destruir: a Lista Bernhard. Esta, criada em Berlim antes da invasão à França, compila as obras hostis à Alemanha e alguns agitadores das letras francesas malvistos pelo Reich – como Aragon, Duhamel e Malraux. Ela é passada aos responsáveis pelos estabelecimentos visitados: estes são convidados a entregar as obras incriminatórias às autoridades. No fim do dia, vinte mil livros serão retirados de circulação nas livrarias parisienses e empilhados em uma garagem na Avenue de la Grande-Armée.

Primeira missão cumprida. A polícia nazista se felicitará pelo zelo de sua homóloga francesa, subordinada e cooperativa.

O segundo ato de apropriação e controle das livrarias francesas ocorre um mês depois, orquestrado pela Embaixada da Alemanha, sediada na Rue de Lille, e pela Propaganda-Abteilung (Departamento de Propaganda), instalada no Hôtel Majestic. A Propaganda-Abteilung faz parte da Wehrmacht e obedece às ordens do ministro da Propaganda, Goebbels. Suas diferentes seções (ou *Staffeln*) têm base em Angers, Bordeaux, Dijon, Saint-Germain e Paris (após a invasão da Zona Sul, Lyon contará com a sua). Seu papel consiste em perseguir os inimigos da nação alemã, em obter todas as informações úteis, em controlar a opinião pública e em difundir uma imagem paradisíaca do ocupante. É ela que em 28 de setembro publica uma nova lista de obras proibidas: a Lista Otto. Mais de mil títulos escolhidos pelos funcionários alemães apoiados pelo responsável do Departamento de Distribuição da Librairie Hachette, Henri Filipacchi, forçado a cooperar. Assim, põe-se fim a certo número de autores que apresentem ao menos um defeito hereditário (judeu, marxista, germanófobo, destituído de cidadania alemã), quando não vários, quando não todos: Aragon, Barbusse, Benda, Béraud, Blum, Carco, Claudel, Dorgelès, De Gaulle, Einstein, Freud, Loti, Kessel, Malraux, Thomas e Heinrich Mann, Marx, Maurois, Serge, Trotski, Werfel, Zweig... Sem esquecer o próprio Adolf Hitler, autor de *Mein Kampf*, cujo texto integral fora publicado pelas edições Sorlot, muito embora o Führer tivesse proibido a tiragem de versões que não tivessem suprimido passagens desfavoráveis e insultuosas a respeito dos países tradutores. Uma questão de imagem...

A Lista Otto foi impressa em quarenta mil exemplares e entregue aos editores. Estes foram convidados a depurar por conta própria seus acervos e a entregar os livros proibidos às portas da garagem na Avenue de la Grande-Armée, que já havia recebido os volumes da Lista Bernhard. Caminhões foram disponibilizados para aqueles que não dispunham de nenhum meio de transporte, com prisioneiros de guerra se encarregando da administração. Assim, em um hábil passe de mágica, os alemães se livraram de parte de suas prerrogativas confiando a execução a suas vítimas. Esse panorama regeria as relações entre o ocupante e os editores durante toda duração da guerra. As editoras eram responsáveis por seus acervos e suas publicações: cabia a elas tanto destruir as obras sujeitas a desagradar a Propaganda ou a embaixada quanto não publicar aquelas que, pelas mesmas razões, provocariam a fúria dos ocupadores. Em 28 de setembro, era assinada uma convenção de censura entre o chefe da

Administração Militar Alemã na França e o presidente do Sindicato dos Editores. O artigo 1º dizia:

> Cada editor francês é totalmente responsável por sua própria produção. Por isso, o editor deve tomar cuidado para que os livros publicados por ele:
> a) Não possam, nem abertamente, nem sob nenhuma forma dissimulada, prejudicar o prestígio e os interesses alemães;
> b) Não sejam de nenhum autor cujas obras são proibidas na Alemanha.
>
> Artigo 2:
>
> Em aplicação às diretrizes enumeradas acima, uma ação foi realizada para a eliminação das obras indesejáveis.
> Os editores franceses assumem o compromisso de examinar outra vez e com todo o cuidado possível seus catálogos e estoques, incluindo os estoques ocasionais nas sedes de seus tipógrafos e encadernadores.
> As obras a eliminar após novo exame serão entregues, acompanhadas de uma lista, à Propagandastaffel.
>
> Artigo 3:
>
> Os editores franceses são obrigados a apresentar à Propagandastaffel (Seção de Publicações, Gruppe-Schrifttum) dois exemplares, para arquivo, de todas as suas reimpressões e lançamentos.

A Lista Otto será ampliada pela primeira vez durante o verão de 1941. Os lançamentos anglo-americanos serão proibidos, assim como a reimpressão de obras escritas em inglês e publicadas depois de 1870. Uma terceira lista datando da primavera de 1942 e uma quarta redigida um ano depois refinarão as duas primeiras, proibindo em particular as biografias dedicadas a judeus e as obras traduzidas do russo e do polonês. Além disso, corrigirão um erro cometido contra autores antes equivocadamente considerados judeus (Blaise Cendrars, Luc Dietrich, Daniel Halévy), restaurados em sua integridade e em seus plenos direitos – do ponto de vista nazista, claro está.

Na Zona Norte, mais de dois milhões de obras foram retiradas das livrarias, editoras e bibliotecas. Era um primeiro passo. Durante toda a guerra, os alemães realizaram inspeções nas livrarias, esbarrando na maioria das vezes em uma oposição surda dos livreiros que, em sua maioria, recusavam-se a colocar nas vitrines as obras "recomendadas".

Na Zona Sul, as novas publicações passavam pelo crivo dos escritórios de censura estabelecidos em Vichy e em Clermont-Ferrand. Eram em seguida submetidas ao controle alemão para uma publicação na Zona Norte.

Uma vez resolvido o problema das proibições, os alemães se voltaram para uma única questão complementar: como promover a literatura sadia? Independentemente da boa vontade dos próprios editores, que miravam a troca de correspondências entre Wagner e Liszt, o teatro de Goethe, as obras de Ernst Jünger – lido e estimado pelos franceses –, em suma, o que agradasse o ocupante, o Instituto Franco-Alemão, amparado por seu diretor (o francófilo Karl Epting), encarregou-se de reunir alguns funcionários vindos da Alemanha e uma comitiva de editores franceses. Os primeiros entregaram aos segundos uma nova lista de obras, algumas para traduzir, que convinha distribuir do modo mais amplo possível: a Lista Matthias. Ela abrangia cerca de mil notáveis penas escolhidas no celeiro da colaboração, sumidades do prestígio de Jacques Benoist-Méchin, autor de uma sólida *Histoire de l'armée allemande* (obrigado, Albin Michel) e de *Le Maréchal Pétain* (obrigado, Berger-Levrault); de Pierre de Béarn e seu *De Dunkerque à Liverpool* (obrigado, Gallimard); de Abel Bonnard e de Georges Blond (obrigado, Grasset); de Robert Brasillach e seu grande sucesso *Notre avant-guerre* (obrigado, Plon); de Adolf Hitler e seus *Discours* (obrigado, Denoël); e também de Pierre Benoit, de Henry de Montherlant, de Jean Giono, de Jacques Chardonne, de Lucien Rebatet. Cerca de mil títulos de uma centena de autores que se beneficiaram não só dos favores da censura e da imprensa subordinada, como também das benesses dos distribuidores de papel.

Sim, porque a matéria-prima estava em falta. O papel era concedido pelo Escritório Central de Distribuição de Produtos Industriais, que repassava todo mês certa quantidade às editoras. As mais ricas dispunham de estoques muitas vezes consideráveis, que datavam do pré-guerra. Porém, só tinham o direito de utilizar uma ínfima parte deles – prova, como se ainda fosse necessário, de que a cota de papel permitia aos alemães exercerem outra censura sobre a publicação. Os distribuidores ofereciam mais aos demandantes que dessem provas de submissão, escolhendo, por exemplo, obras cujos critérios satisfizessem os desejos dos alemães. Assim, após uma primeira tiragem de vinte mil exemplares de *Décombres*, de Lucien Rebatet, Denoël obteve um adicional de papel que lhe permitiu imprimir mais 65 mil exemplares. Razão pela qual os inúmeros admiradores do autor puderam se deleitar com passagens como:

> Nunca havia tocado em um [fuzil automático] F.M.4. Tão logo apoio no ombro a maravilhosa arma me sinto um homem, novo, invencível. Ó metralhadora tantas vezes acalentada em sonho, diante dos ignóbeis bandos da Frente Popular, das tribunas de Blum, de Thorez, de Daladier, de La Rocque, dos guetos dourados e das Sodomas das festas tipicamente parisienses! Cem fuzis automáticos bem apontados...[1]

Nada a acrescentar. A obra *Les Décombres* foi um dos maiores sucessos da Ocupação.

A escassez de papel obrigou os editores a diminuírem o número de títulos publicados e a reduzirem as tiragens. Situação paradoxal: embora o mercado do livro estivesse crescendo, embora os pedidos feitos pelas livrarias nunca tivessem sido tão grandes (leu-se muito durante a guerra), as editoras não podiam fazer frente. Quando alguns autores escolheram publicar na Suíça (como Malraux e *Les Noyers de l'Altenburg*, primeira parte de *La Lutte avec l'ange*), onde o papel não era limitado, a situação tornou-se claramente alarmante. Vichy decidiu então entrar em ação. Por assim dizer.

Em abril de 1942, o governo do marechal Pétain criou uma Comissão de Controle do Papel, composta por autores e editores. Toda nova publicação – jornais, revistas e livros – devia ser submetida ao controle. Como a tarefa fosse de considerável amplitude, a comissão recrutou por volta de quarenta leitores escolhidos entre um contingente de autores propostos pelo Sindicato dos Editores, pela Biblioteca Nacional e pela Academia de Paris. Entre eles, Brice Parain, Paul Morand, Ramon Fernandez, Dionys Mascolo e a srta. Donnadieu, então sra. Antelme, mais tarde conhecida pelo pseudônimo Marguerite Duras.

Depois da leitura, a comissão emitia um parecer a respeito da publicação da obra submetida. Ela transmitia esse parecer junto com um pedido de papel à Propaganda, que aceitava ou recusava – após consulta eventual do comando militar alemão.

Assim, por meio de diversas medidas, o mercado editorial logo se encontrou à mercê do ocupante. A maior parte dos editores tentou salvar o que podia. Alguns resistiram – podiam ser contados nos dedos de uma mão. A grande maioria se comportou, nem mais, nem menos, como as pessoas de teatro, de cinema, de espetáculos musicais, como os músicos, pintores, donos de galerias. Tratava-se prioritariamente de salvar a própria fonte, com possibilidade de vaga e mútua ajuda quando certos limites eram extrapolados. Tudo era uma questão de se chegar a um acordo sobre o limite e seu tamanho.

Salve-se quem puder!

> A colaboração é: dê-me seu relógio, e eu lhe direi que horas são.
>
> Jean Galtier-Boissière

Em outubro de 1940, algumas semanas depois de se estabelecer nas instalações do Hôtel Majestic, a Propaganda exigiu o fechamento de algumas editoras: as Éditions de la Nouvelle Revue Critique, censuradas por terem publicado demasiadas obras antialemãs; as edições da *Nouvelle Revue Française*, acusadas de serem judias, franco-maçons e de esquerda; além, é claro, de todos os estabelecimentos cujos nomes traíam origens insuportáveis: Ferenczi, Calmann-Lévy, Fernand Nathan. Depois do afastamento de seus gestores, essas editoras deviam ser dirigidas por comissários-gerentes.

Em outubro de 1940, prevendo o futuro, Fernand e Pierre Nathan tentaram salvar sua empresa. Venderam-na a uma associação de tipógrafos, papeleiros e editores (entre os quais Hachette, Larousse, Armand Colin, Gautier-Languereau e Masson) que se comprometia a restituí-la aos proprietários no final da guerra. Por azar, a Propaganda ouviu falar da manobra e se recusou a homologar a venda. Seguiu-se uma série de acordos ao fim dos quais as edições Nathan foram compradas pelo grupo inicialmente escolhido, agora encabeçado por um acionista majoritário: Albert Lejeune, administrador de inúmeros jornais e colaboracionista dedicado dos Herren da embaixada. A editora tornou-se a "Ancienne Librairie Fernand Nathan".

Calmann-Lévy foi arianizado com um método parecido. Em 1940, incentivadas pelo Sindicato dos Editores, as nove maiores editoras francesas propuseram comprar essa pérola das letras nacionais, fundada em 1836. Diante da recusa das autoridades alemãs, cada um tentou realizar a operação por conta própria. Gallimard e Fayard sugeriram o mesmo diretor – Paul Morand, muito apreciado pela Propaganda, pois tivera uma atitude raríssima para a época: presente nos serviços da embaixada da França em Londres, em 1940, recusara-se a atender o general De Gaulle e exigira voltar para a França.

Sua candidatura foi recusada. Apoiado pela embaixada, Albert Lejeune também fez uma proposta. Contava com o apoio de alguns participantes de peso, sobretudo o grupo Hibbelen, que agia sub-repticiamente para aumentar sua influência sobre o mercado editorial e a imprensa francesa. Ele foi aceito. Sem que o Sindicato dos Editores percebesse de fato a realidade da situação, as edições Calmann-Lévy passaram para controle alemão e foram renomeadas edições Balzac.

Longe de se satisfazer com essa pesca para eles milagrosa, os nazistas tentaram se apoderar de outros grupos, joias do mercado editorial francês. Atacaram a Hachette: utilizaram mil intermediários, fizeram-se ora sedutores, ora ameaçadores, brandiram os fantasmas do confisco, da estatização, recorreram a pessoas na imprensa subordinada para difamar a empresa cobiçada. Em vão. Os dirigentes da Hachette amarraram o jogo com tanta astúcia que arruinaram todos os planos dos adversários, conseguindo estender a partida até a Libertação.

Nessa competição, as edições Denoël demonstraram muito menos habilidade. Em 1940, foram lacradas as portas de uma editora considerada inimiga em razão de um catálogo que reunia grande número de autores contrários à Alemanha. A presença de Céline não compensava a de Duhamel. Ela já havia provocado a saída de Bernard Steele – até então sócio da editora da Rue Amélie –, que, recusando-se a compactuar com o antissemitismo do autor de *Viagem ao fim da noite*, saíra em 1937. Desde então, a situação financeira da Denoël era delicada. Amputando um terço de seus títulos, a Lista Otto a colocava na obrigação de recapitalizar ou fechar as portas. A recapitalização foi habilmente conduzida por um editor alemão que injetou na empresa novos fundos de investimento que os órgãos financeiros nacionais recusaram investir. Andermann ficou com 49% de participação da Denoël. Alguns meses depois, nascia uma filial, as Nouvelles Éditions Françaises, que desenvolvia uma coleção inédita: "Les Juifs en France". Em novembro de 1940, era publicado o primeiro título, *Comment reconnaître le Juif?* Em dezembro, o segundo circulava: *La Médecine et les Juifs*. Em breve, chegariam as obras de Rebatet e os discursos de Hitler.

Enquanto em agosto, em Vichy, René Julliard também criava uma coleção – "La France nouvelle" –, Bernard Grasset sonhava com a sua. Ele perambulava pelos corredores de uma estação termal onde a água turva pingava de todas as torneiras. Havia deixado Paris à frente de uma pequena caravana que era finalizada com um caminhão que levava contratos, arquivos e funcionários. Desde então, um único desejo o animava: voltar; reencontrar uma editora que ele havia fundado em 1907, aumentar ainda mais o prestígio de um catálogo no qual Proust, Radiguet e Louis Hémon dividiam espaço com Cocteau, Mauriac, Maurois, Malraux, Chardonne, Morand – e muitos outros.

O sonho de Bernard Grasset teria sido ser recomendado por Vichy junto aos alemães. Ele pregava uma "anistia de espírito", pela qual os editores concordariam em se submeter à censura dos vencedores apenas na esfera da política. Em troca, poderiam recusar as ordens de publicação. Aparentemente bastante ingênua, a solicitação supunha uma aliança ideológica com o ocupante, o que não afligia Bernard Grasset. Escrevendo para um conselheiro da embaixada alemã para oferecer seus serviços, esclarecia:

> Tenho um sentimento muito próximo do que inspira os atos de seu governo [...] Tenho o mesmo desprezo por esse regime de desordem que levou a França ao abismo.[1]

Razão pela qual, dirigindo-se dessa vez a Alphonse de Châteaubriant – prêmio Goncourt de 1911, prêmio de melhor romance da Academia Francesa em 1923, católico fervoroso que quase desmaiara de emoção diante de Hitler –, Grasset lhe propôs retomar o semanário modelo da colaboração que o outro acabava de criar, *La Gerbe*:

> Como sabe, meu caro Châteaubriant, sou um francês autêntico, sem nenhuma dessas miscigenações malsãs que a Alemanha condena com razão.[2]

Por sua vez, Bernard Grasset criou uma coleção nova. Intitulada "À la recherche de la France", propunha-se a publicar obras dedicadas à "ordem francesa", e ele mesmo tornou-se o trovador, abrindo os trabalhos com um volume reunindo seus próprios artigos. Chardonne, Drieu la Rochelle, Abel Bonnard e Doriot vieram em seguida. Bem direcionado em um caminho cuja estrada conhecia perfeitamente, Grasset escreveu ao editor alemão do dr. Goebbels para lhe sugerir que publicasse em francês o livro do chefe da propaganda nazista, *Vom Kaiserhof zur Reichskanzlei*:

> Acabo de concluir a leitura do livro do dr. Goebbels: Do Kaiserhof à Chancelaria. Desnecessário dizer que tive um grande interesse nessa leitura e que estou convencido de que esse diário, escrito em pleno combate, acrescentará muito. Por isso, serei com prazer o editor da versão francesa.

Apesar de uma oferta financeira impensável para a época (adiantamento pago sobre dez mil exemplares), o acordo não foi concluído. Em um sobressalto inesperado e imprevisível, Bernard Grasset se recusou a ir para Weimar em outubro de 1941, por ocasião de um Congresso Nacional dos Escritores que contou com a presença de Drieu la Rochelle, Abel Bonnard e Brasillach (que será fuzilado após a guerra). Os alemães não perdoaram essa deserção. Vingaram-se retirando seu carro; depois, no ano seguinte, requisitando sua casa, em Garches. O editor trocou o campo pela Rue de l'Estrapade, no 5º arrondissement de Paris. Todas as manhãs, indo a pé até seu escritório, causava espanto nos pedestres com quem cruzava. Muitos mudavam de calçada. Para sua infelicidade, Bernard Grasset usava um bigode ralo e uma franja que caía sobre a testa. Parecia o próprio Hitler.

O 11 de novembro do Sonderführer

> Se era preciso encontrar uma desculpa ou ao menos uma explicação para a "colaboração", conviria dizer que ela foi, também, um esforço para dar um futuro para a França.
>
> Jean-Paul Sartre

Às cinco horas da manhã de 9 de novembro de 1940, na Gare du Nord, um homem desce de um trem vindo de Berlim. Sua cabeça está um pouco pesada: no dia anterior, ele comemorou seus 31 anos. Para se recuperar da viagem e celebrar a nova etapa vida que o espera, entra em uma brasserie da estação e pede um conhaque. Nas plataformas, homens jovens se oferecem para levar as malas dos viajantes de volta do êxodo, primeiro até o metrô e depois até suas casas: é assim que se alimentam os desempregados.

O homem se depara com a Paris da Ocupação. A cidade está silenciosa. Não há mais táxis, nem carros, nem ônibus nas ruas. Algumas bicicletas passam. Saint-Germain e Passy estão vazios: nos bairros burgueses, os parisienses ainda não voltaram de suas casas de campo. Os alemães andam em grupos. No metrô – que não pagam –, ocupam os vagões de primeira classe. As restrições ainda não conturbaram as relações entre eles e os parisienses.

No início do expediente, o homem cruza a porta do número 52 da Avenue des Champs-Élysées, sede da Propagandastaffel. É recebido por seu superior hierárquico, que lhe explica o que esperam dele: deverá supervisionar as atividades dos editores franceses, conceder ou não as autorizações de publicar, distribuir o papel com base em critérios ideológicos simples – quem são nossos amigos, onde estão nossos inimigos? –, cuidar para que os autores judeus, franco-maçons e antialemães sejam reduzidos ao silêncio, exaltar os encantos da grande Alemanha nos círculos culturais autorizados…

Ao longo de toda a guerra, o Sonderführer Gerhard Heller será o grande mandachuva das letras francesas sob controle alemão. Apoiado e enquadrado pelo Instituto Alemão e pelos serviços da embaixada, vai navegar nas brumas da censura e da propaganda.

Ele foi escolhido por seu conhecimento de francês: estudou literatura na Faculdade de Toulouse, conhece as pessoas influentes de Paris, é tão francófilo quanto Otto Abetz, embaixador do grande Reich. O que, é claro, não impede o rapaz de ter ingressado no partido nazista em 1934 e de ser de uma fidelidade a toda prova (ainda que fosse, dirá mais tarde, esclarecida) para com seu país, seu povo, seu Führer. *Sieg Heil!* [Viva a vitória!] Aliás, como sinal de seu ferrenho patriotismo, assim que acabaram as apresentações com a equipe de seu serviço, o Sonderführer se dirigiu à Câmara dos Deputados. Não para honrar essa França que tanto ama, e sim para participar de uma cerimônia em homenagem ao *putsch* de Munique, perdido por Hitler dezessete anos antes. Como é de natureza sensível, derrama uma lágrima diante dos estandartes nazistas entreabertos no hemiciclo. Não porque estejam ali: porque sente falta das três cores francesas.

Dois dias depois, *herr* Heller vai dar uma prova de seu grande amor pela França. Em 11 de novembro, os estudantes parisienses decidiram comemorar a vitória de 1918. Embora qualquer aglomeração tenha sido proibida e ainda que as autoridades tenham se recusado a considerar o 11 de novembro como feriado, a juventude marcou encontro na Place de l'Étoile. Não há líderes, nem bandeirolas, nem porta-vozes. Uma passeata avança pela Avenue Victor-Hugo atrás de uma bandeira francesa. Outros grupos se formam na Champs-Élysées. Os policiais franceses, *pelerines* enroladas em volta do braço, tentam dispersar a manifestação. Não conseguem.

Heller apanha um panfleto do chão e lê:

Estudante francês.

O 11 de novembro continua sendo para você uma data de comemoração nacional.
Apesar da ordem das autoridades opressoras, será dia de concentração.
Você vai honrar o Soldado Desconhecido às 17h30.
Você não assistirá a nenhuma aula.
O 11 de novembro de 1918 foi o dia de uma grande vitória.
O 11 de novembro de 1940 será o prenúncio de uma maior ainda.
Todos os estudantes são solidários para que

Viva a França.

Copie essas linhas e passe adiante.

Em frente a um cinema, cerca de vinte alunos de liceu cantam a "Marselhesa". Outros entoam a "Canção da partida". Gritam "Viva a França!", "Viva De Gaulle!", "Abaixo Pétain!". Pela primeira vez desde a entrada dos alemães na cidade, os estudantes se manifestam em peso. Reagrupam-se ao longo das avenidas que levam ao Túmulo do Soldado Desconhecido. O Sonderführer observa, desconcertado. Vê os caminhões das tropas nazistas despontarem nas ruas adjacentes, os carros avançarem sobre as calçadas para dispersar as aglomerações. Os soldados alemães empunham cassetetes e a coronha dos fuzis. Ali e acolá, metralhadoras são dispostas em bateria. Os jovens continuam gritando, punhos em riste. Eles fogem, eles voltam. A situação dura longas duas horas. Tiros são disparados para o chão. Heller sofre sem poder fazer nada. "Meu coração, que os compreende, bate cada vez mais forte à medida que as detenções ocorrem mais depressa.[1]"

Os justiceiros do número 52 brotam das paredes da Propaganda. Dão uma mão aos companheiros e prendem a rodo. Um grupinho de estudantes é entregue ao Sonderführer. Com forte escolta, os jovens são empurrados para dentro do elevador: Heller vai interrogá-los no quinto andar. No terceiro, não aguenta: pede que o ascensorista pare o elevador. Manda abrir as portas.

– Caiam fora! – ordena aos patriotas.

Sua consciência está tranquila.

No fim da guerra, esse homem de grande coração tentará se absolver e ser absolvido pelos homens de letras. Assegurará ter protegido a literatura francesa, ter salvado alguns de seus mais eminentes representantes, defendido os mais pobres…

É principalmente ele que ajudará a banir por volta de setecentos autores judeus dos catálogos, dezenas de antinazistas, comunistas após a ruptura do Pacto Germano-Soviético. Que autorizará Albert Camus a publicar *O mito de Sísifo*, em 1942, contanto que remova um capítulo dedicado a Franz Kafka. Que dará a mesma opção aos editores de Saint-Exupéry, depois que eles se comprometerem a suprimir uma alusão maldosa a Hitler em *Piloto de guerra* ("Hitler desencadeou essa guerra insana") e contanto que a obra não tenha uma tiragem superior a 2,1 mil exemplares – e que voltará atrás para não atiçar o ódio dos jornais de extrema direita. Que também dará carta branca a Aragon, uma vez eliminadas as passagens a respeito do caso Dreyfus em *Les voyageurs de l'impériale*. Que, enfim, ao passar certo dia de novembro de 1938 em frente a uma sinagoga incendiada em Berlim, exclamou:

> O que está acontecendo afinal com a Alemanha? Como podemos chegar a esse ponto? Que gigantesco erro, que loucura atacar assim uma religião que é uma das próprias fontes da nossa cultura![2]

Em suma, um amigo.

Assim se pretendia.

"Uma isca", corrigiu Jean Giraudoux.

O outro "grande amigo" da França ocupada era o embaixador Otto Abetz. Ex-professor de arte no liceu de Karlsruhe, ingressara na SS em 1934, depois no partido nazista. Sua esposa era francesa. Ele havia fundado o Comitê França-Alemanha, que pregava a amizade entre os dois povos e reunia eminentes e conscientes elementos: Robert Brasillach, Jacques Bainville, Charles Maurras, Henry de Montherlant, Henry Bordeaux, ao quais convém acrescentar Bertrand de Jouvenel e alguns excelentes escritores da não menos famosa publicação *Je suis partout*. Em 1939, Otto Abetz fora expulso da França por atividades e discursos antinacionais.

Então voltou em 1940 com os panzers. Acomodou-se na Rue de Lille, nas instalações da antiga embaixada da Alemanha. Reportava-se diretamente ao ministro das Relações Exteriores, Joachim von Ribbentrop, o que não o impedia de entrar em conflito com os amigos de Goebbels e Göring, que reprovavam o embaixador por conduzir uma política considerada gentil demais em relação aos círculos culturais franceses. Era provável que se referissem aos banquetes mundanos da Rue de Lille, para onde corriam muitos colaboracionistas que manejavam com mais prazer a pena do que a metralhadora. Seja como for, Abetz foi chamado uma vez em Berlim: o Führer em pessoa lhe puxou as orelhas, e esse foi seu maior título de glória (o que não o impediu de ser condenado, durante a Libertação, a uma pena de vinte anos de trabalhos forçados por crimes de guerra). Em suma: assim como Gerhard Heller e Karl Epting (o diretor do Instituto Alemão), ambos considerados grandes francófilos, sem dúvida Otto Abetz amava a França. Porém, a França de direita e da derrota.

O eremita de Fontenay

Léautaud tem pouco a dizer, às vezes nada, mas o diz bem.

MAURICE MARTIN DU GARD

Em 3 de dezembro de 1940, um homem acorda em uma pequena casa em Fontenay-aux-Roses. Está com quase setenta anos e vive ali desde 1911. É secretário de redação do *Mercure de France*, conhecido por sua crítica afiada, suas resenhas teatrais impiedosas e por um romance publicado em 1903 que teve certa repercussão no meio literário e que ele alega querer reescrever há quarenta anos: *Le Petit Ami*. Paul Léautaud é sobretudo o autor de uma obra em andamento, seu *Journal littéraire*, no qual, entre 1893 e 1956, registrará tudo relacionado à sua existência e à vida cultural da época.

Como, por exemplo: "Sonhei essa noite que fazia cunilíngua na Praga [...] Fiquei surpreso ao encontrar na minha boca tanto cabelo, um cabelo lanoso, muito macio".

A Praga, sra. Cayssac no registro civil, é sua velha amante. Contudo, o cabelo debaixo de sua língua não é dela, e sim o pelo de um de seus gatos, que dormem sobre seu travesseiro. Os outros se espreguiçam debaixo das cobertas. Um cachorro cochila ao pé da cama. A cadela está no sofá, a macaca sobre o aquecedor. Para lutar contra o frio – ainda mais terrível neste inverno congelante porque as restrições tornaram o carvão um item raro – Léautaud reuniu toda a família no quarto: 25 bichinhos. Por sorte, o bode se foi, e o macaco morreu um pouco antes das galinhas, dos patos e dos gansos. O jardim é um verdadeiro cemitério de animais. É preciso um mapa para se achar e meditar.

Léautaud ama os animais. Mais do que os seres humanos, incluindo as amantes. Um domador morto por um leão o deixa em um estado de êxtase. O espetáculo do êxodo o tocou sobretudo pelos animais abandonados pelas pessoas em fuga. Em particular os gatos, "pobres criaturas".[1] Alguns anos antes da guerra, ao ler nos jornais que um agricultor que desejava se livrar de seu gato errou a mira e matou seu filho, ele pegou sua pena para expressar seu mais íntimo pensamento ao assassino: "Ao querer matar um gato, o senhor matou seu filho. Estou feliz. Estou satisfeito, acho isso perfeito. Isso vai ensiná-lo a ser tão cruel com um pobre animal. Outra vez, todas as minhas felicitações".

Depois, para si mesmo: "Esse filho morto? Provavelmente igual ao pai, farinha do mesmo saco. Não é uma grande perda".[2]

Léautaud é irascível, desdenhoso, corajoso em seus escritos, menos diante do adversário. A presença dos alemães não o incomoda de modo algum: gosta de sua elegância e admira sua tez fresca, sinal de energia e saúde. Nos primeiros tempos, abordava-os ao redor do Jardim de Luxemburgo, indicando os bons lugares em Paris, confeitarias, livrarias... Embora alegue não ser de direita nem de esquerda, aliou-se aos franquistas durante a Guerra Civil Espanhola, "por ódio e nojo de tudo o que vem de baixo".[3] Após a assinatura do armistício, afirmava que deveriam ter fuzilado "os Daladier, os Reynaud, os Mandel e companhia, canalhas e incapazes juntos". E que "o interesse da França é a colaboração, o entendimento, o acordo com a Alemanha". Lamenta um pouco pelos judeus, mas menos do que pelos gatos.

Este é o homem que, na manhã de 3 de dezembro, veste-se para ir para às edições do Mercure de France. Ele enfia papel de jornal entre a camisa e o casaco, enrola um trapo depois uma echarpe de musselina de seda amarela ao redor do pescoço, coloca dois ternos gastos um sobre o outro, ajusta os óculos, põe um chapéu de palhaço rasgado, um casaco esburacado, sapatos envernizados, se despede de seus bichos e parte rumo a Paris. Anda de cabeça baixa para não ser contrariado pela visão de algum conhecido: não gosta de cumprimentos.

No metrô, cruza com três soldados da Wehrmacht enfiados de modo impecável em suas fardas. Eles passam em frente a um francês, aparentemente um soldado desmobilizado. Ele tem "o semblante estúpido, completamente embriagado". Então:

> O vício do populacho francês é o alcoolismo. Essa necessidade que as pessoas comuns têm de ir a cada instante beber um trago. Todo seu indivíduo se ressente: o semblante do rosto, a má conduta, o cheiro que exalam e, em seguida, os filhos que fazem.[4]

Na sede do *Mercure de France*, na Rue de Condé, as pessoas têm uma conduta melhor. Até mesmo o motorista do caminhão que para em frente à editora. Ele é precedido por um jovem oficial que fala perfeitamente francês, ainda que com sotaque, observa Léautaud. Trata-se de Gerhard Heller, que veio buscar os volumes do último livro de Georges Duhamel, autor da *Chronique des Pasquier: Lieu d'asile.*

– Por quê? – perguntam.

Heller explica que, apesar de ter sido defensor de uma aproximação franco-alemã antes da guerra, Duhamel passou para o lado inimigo quando se posicionou contra o Acordo de Munique. Tornou-se um adversário da Alemanha. O fato de Jacques Bernard, diretor do *Mercure*, ter com tanta amabilidade proposto publicar excertos de *Mein Kampf*[5] não altera em nada a situação: ele deveria ter respeitado a regra decretada no acordo assinado entre os editores e a autoridade de ocupação, e não publicado.

Os livros, armazenados no último andar do casarão, são jogados escada abaixo. Paul Léautaud observa o espetáculo, sorrindo por dentro. "Duhamel deveria estar aqui. Poderia exibir mais uma vez sua 'triste figura'." No térreo, Heller abre uma caixa de livros, apanha três para sua coleção pessoal, antes de supervisionar o embarque dos volumes, que vão se juntar aos títulos da "biblioteca proibida" na garagem na Avenue de la Grande Armée.

Antes de partir, o Sonderführer cumprimenta Paul Léautaud. Quando o conhecer melhor, vai apreciar este "boêmio rabugento e às vezes imundo".[6] Sobretudo quando souber que esse boêmio admira Ernst Jünger. Entretanto, no momento, Heller não tem tempo para travar contato com o funcionário do *Mercure*, pois é aguardado em outro lugar. Para ser exato, no número 5 da Rue Sébastien-Bottin. Sede das edições Gallimard.

Gilles

> Adoraria ver a cara das pessoas da NRF, do Figaro, da radicalha, da judaria, de todos os que me humilharam e me magoaram.
>
> Pierre Drieu la Rochelle

Os nazistas acreditam que as edições Gallimard causaram um dano irreparável à imagem que os franceses têm da Alemanha. Por uma razão muito simples: os autores publicados são muitas vezes de esquerda, judeus, franco-maçons. Consideram que não é por acaso que a editora situada na Rue Sébastien-Bottin seja a que conta com mais obras proibidas. A imprensa colaboracionista confirma essa evidência: ela não para de atacar os odiados escritores da Gallimard – Aragon, Breton, Cassou, Éluard, Gide, Malraux, Romains…

Gaston Gallimard voltou a Paris no final de outubro de 1940. Os alemães lhe propuseram uma participação a fim de controlar sua editora: 51% seriam comprados por uma empresa alemã. Gallimard recusou. Em 9 de novembro, policiais alemães vieram lacrar a porta da empresa. Três semanas mais tarde, depois de sair da sede das edições do *Mercure de France*, Gerhard Heller manda parar seu Citroën Traction Avant em frente ao número 5 da Rue Sébastien-Bottin. Ordena que abram as portas. Sobe as escadas, empurra a porta de uma sala e telefona a Pierre Drieu la Rochelle.

– Estou na Gallimard – diz. – Pode vir: a editora está reaberta.

Essa decisão foi tomada por seu antecessor, o dr. Kaiser. Em 28 de novembro, este escrevia a Gaston Gallimard:

> Baseado no passado de sua editora e sobretudo em virtude da altíssima produção e no seu gênero particularmente venenoso e antigermânico, as autoridades

alemãs viram-se na obrigação de fechar sua editora em 9 de novembro e, por consequência, de verificar com o senhor que garantias pode oferecer para que, no futuro, não saia mais de sua editora nenhuma produção inadmissível aos interesses da colaboração entre os dois povos e do Reich alemão, firmada entre o Führer da Grande Alemanha e o Chefe de Estado francês [...] Neste ínterim, fomos informados de que o senhor se declarou disposto, no andamento das tratativas [...], a reservar, por um período de cinco anos, ao sr. Drieu la Rochelle, o editor de sua publicação, poderes estendidos para toda a execução da produção espiritual e política de sua editora [...]
Nós o informamos também que a sua editora será nova e imediatamente aberta e que, por isso, o senhor pode retomar outra vez todas as suas funções.[1]

Essa carta dá claramente a entender que a reabertura das edições Gallimard foi negociada em troca da presença de Drieu la Rochelle não só à frente da *NRF*, como também dentro da própria editora, como garantia de uma política editorial favorável à Alemanha.

Pierre Drieu la Rochelle. Um loiro alto e elegante, de aparência muito britânica. Neurastênico e orgulhoso. Segundo opinião própria, melhor escrevendo do que falando, a ponto de nos perguntarmos, ao lê-lo, se não compensou uma capacidade de corar e silenciar diante de uma ofensa com uma pena imersa no tinteiro do ódio e da corrosão.

Seu fascismo não vinha de longa data. Ferido durante a Primeira Guerra Mundial, Drieu se uniu ao dadá, depois ao surrealismo. Levou ao grupo seu amigo Emmanuel Berl. Ajudou a escrever as maiores páginas do movimento: o processo Barrès, com Péret e Tzara; a redação de *Un cadavre*, quando da morte de Anatole France, ao lado de Breton, Éluard, Delteil, Soupault, Aragon; as colaborações literárias nos jornais dirigidos por Breton e seus amigos…*

---

* Ver *Paris boêmia, op.cit.*

> Conheci essa prodigiosa trupe de jovens e poetas que, acredito firmemente, é o grupo mais vivo no mundo atual. Vocês devem imaginar que falo de André Breton, Louis Aragon, Paul Éluard e seus amigos. Este para mim foi um encontro, um acontecimento tão grande como o de Rimbaud para Claudel, como o da morte para a guerra.[2]

Drieu la Rochelle era sobretudo o melhor amigo de Aragon. Eles dividiram seus dias, suas noites, algumas mulheres, prazeres, inúmeras cumplicidades. Trocaram dedicatórias: Drieu dedicou seu primeiro livro – *L'homme couvert de femmes* – a quem lhe homenageara em seu *Libertinage.* Emmanuel Berl testemunhou a admiração que seu amigo e ele próprio tinham por Aragon, virtuose da escrita, capaz de começar um capítulo de extrema complexidade, tomar banho e voltar à mesa de trabalho para concluir a passagem iniciada sem uma única correção.[3]

Durante dez anos, Aragon foi o principal confidente de um homem louco por mulheres, sedutor renomado, amante apaixonado capaz de pensar em suicídio (e desistir) por causa de uma ou outra, talvez uma e outra, já que muitas vezes conduzia uma relação dupla, quando não tripla. Ele conheceu Colette Jeramec, filha de um banqueiro judeu, que garantiu cama, mesa e dinheiro a esse marido antissemita que ela sustentou por muito tempo depois do divórcio. Além de Olesia, Victoria, Christiane (a esposa de Louis Renault) e outras... Também teria sido apaixonado por Denise Naville – prima de Simone Breton –, que Aragon amou louca (e platonicamente) antes de emprestar a ela os traços de Bérénice em *Aurélien* (obra-prima escrita durante as horas mais escuras da obra-prima de guerra)? Provavelmente não. Ainda que Aragon reconhecesse que o personagem Aurélien fora em parte inspirado em Drieu, era menos o Drieu sedutor do que o homem que retornou de Verdun, o veterano de guerra incapaz de encontrar o seu lugar em uma sociedade pacificada.

Na época em que Aragon escreveu *Aurélien*, os dois amigos estavam brigados. Questão sentimental – ou sexual –, diziam: Aragon fora amante de uma mulher por quem Drieu havia se apaixonado. Questão política acima de tudo, iniciada no momento da Guerra do Rife, depois que os surrealistas se aproximaram dos comunistas. Aragon teria então detectado o fascismo nascente de seu companheiro?

A transformação não ocorreu de uma vez só. Por muito tempo, Drieu la Rochelle buscou uma síntese improvável entre direita e esquerda.

> É, em parte, o que também me prendeu diante do comunismo, há alguns anos: em tese, vejo a necessidade atual das Internacionais; mas, na prática, materialmente, permaneço no estágio das pátrias.[4]

Ele defendia o desenvolvimento de uma base comum firmada no fortalecimento da Europa, na abolição do parlamentarismo, no desenvolvimento de forças conjuntas postas ao serviço de um chefe. Este devia ser uma mistura de Déat, de Doriot e do coronel de La Rocque. Apenas a força salvaria a Europa decadente.

Drieu encontrava-se em Berlim com Bertrand de Jouvenel, admirando os desfiles das Juventudes hitlerianas, enquanto Gide e Malraux tentavam obter do novo chanceler Hitler a soltura do comunista búlgaro Dimitrov, acusado de ser o mandatário do incêndio do Reichstag. Alguns meses mais tarde, Marcel Jouhandeau cruzou com ele na Place de la Concorde, no meio das ligas de extrema direita que atacavam a República. Naquele dia, Drieu la Rochelle se voltou de modo definitivo para o lado do fascismo. Transcorridos dois anos, ingressava no Partido Popular Francês, fundado por Jacques Doriot, prefeito de Saint-Denis, depois da expulsão deste do Partido Comunista. Havia enfim encontrado o chefe tão esperado: um filho do povo adversário da democracia e do sistema parlamentar. "Esse é homem de verdade!", exclamou na presença de Maurice Martin du

Gard.[5] O único que parecia capaz de derrubar a democracia e o capitalismo.

Na França, pois na Alemanha Drieu la Rochelle já havia encontrado seu mestre. Em 1935, em Nuremberg, assistira ao congresso do Partido Nacional-Socialista. Brasillach também estava presente. Bem como um novo amigo, que lhe facilitaria muito a vida dentro de alguns anos: Otto Abetz.

Hitler o fascinou tanto quanto o congresso. Nunca Drieu havia visto uma cerimônia tão grandiosa, tão exaltante, tão inebriante – a serviço de um único chefe. No dia seguinte, visitou o campo de concentração de Dachau. Não comentou nada a respeito. Na semana seguinte, chegava à União Soviética. De volta à França, escolhera em definitivo seu lado.

Ele cobriu a Guerra Civil Espanhola do lado franquista. Foi a favor do Acordo de Munique. Deixou o Partido Popular Francês em 1939 (mas retornou em 1942). Em 10 de maio de 1940, enquanto os holandeses, belgas e franceses desciam às pressas para o Sul, ele anotava em seu *Diário*: "A guerra enfim começa na frente ocidental".[6] Acabava de publicar *Gilles*, talhado pela censura; vai reeditá-lo em 1942, desta vez sem os brancos impostos pelos cutelos dos supervisores-gerais da literatura.

Quando Otto Abetz assumiu como embaixador da Alemanha em Paris e lhe propôs retomar a *NRF* a fim de estabelecer uma ponte entre o novo regime e os intelectuais franceses, Pierre Drieu la Rochelle escrevia para *La Gerbe* e para *Je suis partout* (Lucien Rebatet, no mesmo jornal, considerava que Drieu estava "envolvido de corpo e alma com a revolução nacional-socialista"). Ele ainda não havia ido a Weimar na companhia de Jouhandeau, de Brasillach, de Chardonne e de alguns outros, mas para isso faltava um pequeno passo que, diante da postura geral, não mudaria muito no caso de Drieu. Ele que, no final de 1942, prestava homenagem à sua primeira esposa, Colette Jeramec, em palavras escolhidas:

> Eu odeio os judeus. Sempre soube que os odiava. Quando me casei com Colette Jeramec, sabia o que estava fazendo e que imundície estava cometendo. Nunca fui capaz de transar com ela por causa disso.

Todavia, ele viveu no conforto graças a ela. Uma governanta preparava as refeições em seu apartamento no nono andar da Avenue de Breteuil, para onde corria a nata da colaboração, encabeçada por Heller e Abetz. E, quando não recebia convidados, o anfitrião saía: ele tinha um *ausweis* [salvo-conduto] que o autorizava a andar à noite.

Rue Sébastien-Bottin

Eles me estimam pela metade e me detestam por inteiro.

Pierre Drieu la Rochelle

Às vésperas da Primeira Guerra Mundial, o escritor Paul Bourget declarava que três potências dirigiriam a Europa: a Academia Francesa, o Vaticano e o estado-maior alemão. Segundo Jean Paulhan, o embaixador Otto Abetz teria retomado a frase, atribuindo três governos à França: o comunismo, os grandes bancos e a *NRF*.

Sabemos o que aconteceu com o comunismo e os grandes bancos: o primeiro foi combatido de modo violento, os segundos, saqueados. Já a *NRF*, passando para as mãos de Drieu la Rochelle, foi posta a serviço da colaboração.

Antes da guerra, a *NRF* era a mais prestigiosa das publicações literárias francesas. Fundada em 1908 por André Gide, Jacques Rivière, Jean Schlumberger, Jacques Copeau, Henri Ghéon, Michel Arnauld e André Ruyters, havia reunido em suas colunas as mais brilhantes penas dos primeiros quarenta anos do século: Claudel, Fargue, Alain-Fournier, Larbaud, Giraudoux, Proust, Valéry, Roger Martin du Gard... A *NRF* não era só uma revista. Era também um polo de criação, de reflexão e de trocas que girava em torno de dois lugares: o Théâtre du Vieux-Colombier e a abadia de Pontigny, onde, uma vez por ano, autores franceses e estrangeiros reuniam-se para colóquios.

Em 1911, a revista criara as edições da NRF, que se tornaram Librairie Gallimard oito anos depois.

Após a Primeira Guerra Mundial (e quatro anos de interrupção), a *NRF* reaparecera sob a direção de Jacques Rivière. Proustiano convicto, tentara libertar a revista da influência de seus fundadores, sobretudo de Gide. Implantara uma linha de redação que logo faria sua reputação: uma curiosidade insaciável em matéria de literatura, uma neutralidade ideológica e religiosa a toda prova, um viveiro potencial para todos os autores que Gaston Gallimard desejava capturar em suas redes.

Com a morte de Rivière, em 1925, o secretário da revista, Jean Paulhan, passou a ser o redator-chefe. Em seguida diretor, dez anos mais tarde. Era membro de longa data do Comitê de Leitura das edições Gallimard. Gaston lhe confiara diversas coleções, em particular a "Bibliothèque des Idées" (fundada com Bernard Groethuysen em 1927). Ele reunira ao seu redor escritores da nova geração, sobretudo Marcel Arland, Benjamin Crémieux, Henry de Montherlant, Louis Guilloux, André Malraux, Jean Giraudoux, Georges Duhamel, Ramon Fernandez e muitos outros, que ele atraía para a Gallimard publicando excertos das obras em suas colunas, como Julien Green, André Maurois, Julien Benda. A linha oficial da revista era defendida em suas páginas por Jean Guérin, pseudônimo opaco do próprio Paulhan, às vezes também utilizado por Arland, Benda ou Crémieux.

O êxodo lançara a equipe da Rue Sébastien-Bottin para as estradas. Em setembro de 1940, Drieu la Rochelle encontrou Gaston Gallimard em Vichy. Unido à causa do ocupante, o fascista não tinha nenhuma estima pelo editor. Acusava-o de ser covarde e de ter colocado à frente da *NRF* "um letradozinho, um funcionariozinho pusilânime e dissimulado, que oscilava entre o surrealismo histérico e o racionalismo gagá da *République des professeurs*": Jean Paulhan. Em seu reinado na editora, ele esperava colocar nos trilhos não apenas o patrão, como também a "aglomeração de judeus, pederastas, surrealistas tímidos, escrevinhadores franco-maçons" que abarrotavam o local e que ele sonhava ver "desaparecer pelos corredores, com o rabo entre as pernas".[1] Pensava particularmente em Louis Daniel-Hirsch, diretor comercial da editora desde 1922, em Jacques Schiffrin, em Benjamin Crémieux (que será deportado por atos de resistência e morrerá no Campo de Buchenwald) e em alguns outros que as leis antijudaicas logo se encarregariam de afastar durante todo o período da guerra.

Gaston Gallimard consultou Gide, Martin du Gard e, em especial, Paulhan, a alma da revista, a respeito da retomada da publicação. Todos deram seu aval. Contudo, Paulhan recusou a codireção proposta: não queria dirigir uma publicação que rejeitava escritores judeus. Para os outros, lembrou que em janeiro de 1940 Drieu o reprovara por publicar Aragon e Elsa Triolet, o que não pressagiava nada de bom. Porém, aceitou desempenhar um papel que lhe convinha perfeitamente: o de eminência parda.

Drieu passou em revista os possíveis redatores: não só os que simpatizavam com a colaboração, como também os que contribuiriam para uma boa imagem da nova *NRF*. De acordo com sua preferência, excluiu sem discussão Mauriac, "pérfido" e indulgente demais para com os comunistas, Duhamel, "meloso e hipócrita", Morand, "anglomaníaco", Malraux, comunista demais, Aragon, Benda, Montherlant, corajoso mas "fingido". Estava fora de cogitação cooptar Brasillach, pederasta e em parte judeu. No entanto, aqueles que ele considerava frouxos – Brice Parain, Thierry Maulnier – poderiam convir, bem como Giono e Céline, que se entenderiam bem com os alemães.

Em 1º de dezembro de 1940, era publicado o primeiro número da *Nouvelle Revue Française* padrão Drieu la Rochelle. A França era homenageada: citada em todas as páginas. Os signatários: Jacques Chardonne, Charles Péguy, Audiberti, Marcel Aymé, Marcel Jouhandeau, Paul Morand, Jean Giono, Ramon Fernandez, Alain, Georges Auric... O texto de Chardonne, "L'été à la Maurie" [O verão em La Maurie], causou escândalo: ele apresentava alemães simpaticíssimos recebidos por camponeses de Charentes, que lhes ofereciam conhaque.

"Opróbrio de fraqueza e de bajulação"[2], comentou Paulhan.

Que, em uma carta enviada a Francis Ponge em 20 de novembro de 1940, fazia o seguinte inventário:

A NRF conserva: Gide, Jouhandeau, Valéry, Audiberti etc.
perde seus judeus: Benda, Suarès, Éluard, Wahl etc.
e seus antinazistas: Claudel, Bernanos, Romains etc.
adquire alguns nazistas: Fabre-Luce, J. Boulenger, Bonnard, Châteaubriant.[3]

Marcel Arland contribuiu mais tarde, assim como Lucien Combelle, Léon-Paul Fargue, Flenri Thomas, Paul Valéry, Kléber Haedens, Paul Léautaud, Henry de Montherlant... Gide, depois de criticar o artigo de Chardonne no *Figaro*, afastou-se bem depressa, e Malraux se recusou a colaborar. Introduzido por Jean Paulhan, Maurice Blanchot foi cooptado como secretário de redação: seu currículo solidamente pontuado pela extrema direita no pré-guerra contava a seu favor. Ele assumiu essa função durante três meses sem conseguir aumentar a distribuição da revista, fragilizada por uma queda no número de assinaturas. Drieu la Rochelle tentou em vão trazer Jean Paulhan para seu lado, publicando em novembro de 1941 e em janeiro de 1942 dois estudos de seu livro *Les fleurs de Tarbes* (lançado em 1941). Apesar de todos os esforços, nunca conseguiu fazê-lo escrever em suas páginas.

Depois de dois anos de bons e leais serviços, Drieu ficou farto. Quis renunciar ao cargo. Essa perspectiva deixou em pânico Gaston Gallimard, para quem Drieu representava uma garantia para a editora poder seguir suas atividades. Ele lhe propôs permanecer diretor-titular, mas sem exercer a função, que seria assumida por um Comitê de Redação composto por Arland, Giono, Jouhandeau, Montherlant e Paulhan. A *NRF* passaria a ser estritamente apolítica, limitando-se a abordar as artes e a literatura. Atrairiam escritores alemães (é claro) e analisariam a literatura inglesa, russa, norte-americana.

Paulhan não aceitou a presença de Montherlant, cuja assinatura aparecia nas páginas de jornais colaboracionistas: “Eu com certeza não sou capaz, nem nossos amigos, de lhe apertar a mão". Aceitou cuidar da criação da revista, contanto que Gide, Valéry, Claudel e Fargue participassem de um Conselho de Direção no qual ele também teria um lugar. Sondou os interessados – e alguns outros. Valéry aceitava Gide, mas não Montherlant, nem Jouhandeau, nem Drieu. Mauriac e Duhamel concordavam em tomar parte, mas sem Drieu. Guéhenno recusava qualquer participação em uma revista que pregava a neutralidade.

A negociação continuou com os alemães. Submeteram inúmeras propostas ao tenente Heller. Este considerou que Gide, Claudel e Valéry seriam bem-vindos, mas vetou de maneira categórica a possível presença de Aragon ou de um autor judeu.

Por fim, diante da complexidade da situação, pressionado pelos alemães, que o incentivavam a prosseguir neste "trabalho inferior" pela beleza do gesto colaboracionista, Drieu la Rochelle permaneceu no cargo ainda alguns meses.

Em junho de 1943, decidiu dar um basta definitivo à revista. Durante todos esses anos, de acordo com sua própria confissão, apoiou-se completamente em Jean Paulhan, cuja sala ficava ao lado da sua. Era Paulhan quem corrigia os artigos, cuidando assim da boa apresentação da revista. Paulhan, de quem Drieu dizia: "O cômico é que ele é comunista e que eu desejo sua colaboração".[4]

Jean Paulhan que, manipulando nos bastidores uma publicação protegida pelos alemães, empregava o resto do tempo em tarefas mais nobres, mais perigosas e menos literárias.

Um livre-pensador

> Sobre o marechal: suponho que de vez em quando ele fale para Hitler: "Se é assim, vou embora". Ao que Hitler responde: "Se empregar esse tom, tiro minhas tropas e o senhor estará bem encrencado".
>
> Jean Paulhan

Jean Paulhan é um homem com vida dupla, até tripla, quando não quádrupla. Do tipo complexo e indiscernível. Uma espécie de furão dissimulado atrás das pilhas de livros, das braçadas de manuscritos, para uma coorte de visitantes que recebe, sem hora marcada, em sua sala na Gallimard. Alguns esperam sentados em cadeiras enquanto outros terminam de conversar com ele; nada confortável, sobretudo para aqueles que preferem a discrição, mas assim é Jean Paulhan: adora deixar seus interlocutores em um dilema. Aliás, é a situação de que mais gosta. Para ele e para os outros. "Jean Paulhan, o subterrâneo", segundo Paul Éluard.

É natural de Nîmes. Filho de um filósofo fundador da escola francesa de psicologia científica. Família republicana e franco-maçom.

Aos 24 anos, licenciado em letras e em filosofia, parte para ensinar em Tananarive. No entanto, não se limita a lecionar francês, latim, grego, filosofia, história e educação física aos alunos. Recruta um pequeno grupo e, descendo os rios em busca de pepitas preciosas, torna-se garimpeiro. Como a atividade não desse para o sustento, volta para a França. No círculo de Malraux, alguns alegarão que ele fugiu de Madagascar depois de matar um homem, algo que parece improvável e permanece totalmente infundado. Seja como for, o tempo das aventuras fica para trás. Em Paris, Jean Paulhan ingressa como professor de malgaxe na Escola Nacional de Línguas Orientais. Participa da guerra pelo 9º Regimento dos

Zuavos, uma vez que os alistadores confundiram Madagascar e Argélia. Após o armistício, é contratado como burocrata no Ministério da Instrução Pública.

Quando entra para a *NRF* como secretário de Jacques Rivière, põe de lado uma carreira literária que havia começado com a publicação (por conta do autor) de *Guerrier appliqué* e seguirá com *Les fleurs de Tarbes* e algumas obras notáveis sobre a linguagem. Gallimard lhe abre um caminho ao qual ele vai dedicar sua vida: editor. À frente da *NRF*, mas colaborando com outras revistas, membro incontestável do comitê de leitura da editora da Rue Sébastien-Bottin, mas apresentando livros para editores concorrentes… Em alguns anos, Jean Paulhan torna-se um personagem incontornável do panorama literário francês.

É estimado tanto quanto temido. Suas opiniões são esperadas como oráculos. Nem sempre são compreendidas, porque muitas vezes ele adota um estilo sinuoso, começando com um extraordinário elogio que termina em uma bordoada. Ou ainda: tergiversa a discussão assumindo um posicionamento inesperado. Ele desestabiliza. A Jean-Paul Sartre, que veio vê-lo pela primeira vez, explica que uma obra só se sustenta por suas páginas cinzentas, até mesmo enfadonhas, que acabam ressaltando os momentos fortes – e que, nesse aspecto, *A náusea* é admirável.

A Simone de Beauvoir, que o visita em casa, na Rue des Arènes, para ouvir sua opinião a respeito de seu romance *Legítima defesa* (que se tornará *A convidada*), ele reprova um estilo considerado "neutro demais". E lhe sugere reescrever todo o livro!

> – Isso seria impossível para mim – *exclamou Simone de Beauvoir.* – Já passei quatro anos em cima da obra!
> – Ó! – prossegue Paulhan. – Nesse caso, publicaremos assim mesmo. É um excelente romance.
> Não compreendi se era um elogio ou se ele entendia que meu romance era daqueles considerados comercialmente bons[1] – *concluiu a autora.*

Paulhan ataca, fere. Uns até chegam a acusá-lo de sadismo. Etiemble, Francis Ponge e alguns outros sofrem com a severidade de seus pareceres. Os mais humilhados são os que responderam de modo afirmativo a uma pergunta que ele faz muitas vezes: "Você conhece Piovick Grassinovitch?".

É uma cilada: Piovick Grassinovitch não existe.

Ele estima, rompe, reata. Guardou das práticas surrealistas uma exaltação cuja violência pôde ser medida – provavelmente mais do que qualquer outro – por André Breton: igual à deste. Os dois se conheceram no final da Primeira Guerra Mundial. Embora sempre tenha mantido distância do movimento, Paulhan aparece no quadro de Max Ernst, *Uma reunião de amigos*. Está em boa companhia: Crevel, Soupault, Péret, Aragon, Desnos, De Chirico e, entre outros, o seu melhor amigo na época, Paul Éluard.

Em 1927, nas colunas da *NRF*, é publicado um artigo assinado por Jean Guérin. Escondido atrás dessa identidade que permite expor as posições oficiais da revista, Paulhan se apropria de uma desavença entre Antonin Artaud e os surrealistas para criticar estes:

> Uma única certeza permanece comum aos surrealistas e a seus mais violentos adversários: o ódio ou o desprezo pela literatura [...] Mesmo quando tratam do comunismo, é no campo da literatura que os surrealistas fazem inicialmente a pergunta. É deste campo que se trata, para eles, de fugir.[2]

Assim, Paulhan acusa Breton e seus amigos de desprezar a literatura. Censura-os sobretudo pela aproximação com os comunistas. Breton responde por meio de uma carta insultuosa em que chama Paulhan de *idiota* e *covarde*, de *podridão*, de *francês enrabado*. Paulhan envia suas testemunhas. Breton se esquiva: por que se bateria contra *uma merda velha com bidê na cabeça e ejaculada por uma grande pirocada*? O duelo não ocorrerá. Dez anos depois, Paulhan lhe estenderá de novo a mão.

Ele é ardorosamente anticomunista. Disposto a romper com seus amigos que, como Gide, louvam a pátria do Paizinho dos Povos. Com outros, recusa-se a conversar sobre política. Caso de Bernard Groethuysen, ex-professor de sociologia na Alemanha, filósofo marxista naturalizado francês em 1937 ("uma das melhores mentes metafísicas da Europa"), que Paulhan hospeda em 1939 em sua residência de Châtenay-Malabry e com quem evita abordar a questão do Pacto Germano-Soviético, da proibição do Partido Comunista e da deserção de Maurice Thorez.

Na juventude, sua simpatia tendia antes ao anarquismo. Convivia com Jean Grave, que tinha uma sapataria na Rue Mouffetard. Nos anos 30, era antifascista. Abriu as colunas da *NRF* para aqueles que, como Malraux, Benda ou Suarès, atacavam os defensores de Mussolini e Hitler. Opôs-se por muito tempo aos pacifistas, sobretudo a seu amigo Jean Guéhenno, que os apoiava na revista *Europe*. Notava uma contradição em relação a Eugène Dabit, válida a seus olhos a todos os pacifistas: "Não se *pode* ser ao mesmo tempo revolucionário *e* pacifista (...), querer (apesar de tudo) certo massacre e recusar os ataques".[3]

Em dezembro de 1939, publicou na *NRF* um artigo de Jean Giono contra a guerra. O texto era bastante pueril, e Paulhan acrescentou um comentário homicida: "simplista" e "irritante".

Respeitava apenas os pacifistas que estiveram na linha de frente na Primeira Guerra Mundial e os escritores que se declaravam contra a guerra com o peito coberto de condecorações militares: eles, ao menos, já haviam empunhado uma arma na carnificina de Verdun. Para ele, um pacifista não se recusava sistematicamente a guerrear; apenas "quer escolher a guerra em que lutará".[4] Ressaltava que os pacifistas de 1914 mudaram de opinião em 1939, Romain Rolland em primeiro lugar: queriam agora combater o fascismo (embora Rolland, que morreria em 1944 com quase oitenta anos, tenha permanecido em silêncio durante toda a guerra).

Apoiou a Frente Popular. Chegou a ser eleito conselheiro municipal em Châtenay-Malabry em uma lista da Seção Francesa da Internacional Operária (SFIO) conduzida por Jean Longuet, o neto de Karl Marx. Após a derrota da esquerda, censurou-a por não ter ajudado a República Espanhola e fez uma constatação desiludida dos anos de Blum:

> Vê-se com bastante clareza que a Frente Popular conseguiu em todas as áreas exatamente o contrário do que buscava.
> As duzentas famílias* enriquecidas (pela especulação em duas desvalorizações) e as classes baixas empobrecidas.
> Os Estados fascistas infinitamente fortalecidos [...] Os Estados democráticos ou não fascistas infinitamente enfraquecidos (Espanha, Áustria, Inglaterra).[5]

Apesar disso, até o Acordo de Munique, ele manteve com cautela a *NRF* afastada do barulho e do furor políticos. A ponto de a publicação passar por reacionária a quem defendia um ponto de vista de esquerda, e marxista a quem louvava a direita com as ligas e a associação Croix de Feu. Jean Paulhan reivindicava uma linha que Gide poderia ter qualificado de *extremo centro*. A literatura, primeira causa a defender, prevalecia sobre tudo.

Contudo, o Acordo de Munique o revoltou. Ele abriu as colunas da revista a todas as penas que iam de encontro a uma covardia ainda assim aprovada pela maioria da população francesa: de acordo com uma das primeiras pesquisas feitas na França, 57% das pessoas eram favoráveis à entrega da Tchecoslováquia a Hitler, 37% contra (6% de indecisos). Benda, Schlumberger e Petitjean abriam fogo contra o acordo. Francis Ponge aprovou a nova linha editorial; Emmanuel Berl e Thierry Maulnier se chocaram (o primeiro colocará sua pena a serviço de Pétain, o segundo já a entregara havia muito à

---

* Os maiores acionistas do Banque de France durante o entreguerras. (N.T.)

extrema direita); Roger Martin du Gard, contrariado em suas convicções pacíficas, afastou-se. Em 1940, quando Paulhan publicou Aragon – excertos de *Les voyageurs de l'impériale* e depois alguns poemas lançados no ano anterior –, Drieu la Rochelle bateu a porta. Sabemos por que expediente ele voltará.

Após se recusar a dirigir uma revista que excluísse judeus, Jean Paulhan desempenha um papel secundário. De bastidores. Ele não deseja que a grande obra de Rivière, a que deu continuidade, caia na abjeção total. Instalado na sala ao lado daquela de Drieu, cuida do plantio. Estranha semeadura. De um lado, incentiva Marcel Jouhandeau a escrever na *NRF*, apoia a candidatura de Maurice Blanchot – cujas simpatias pela extrema direita são conhecidas – ao cargo de secretário da revista. De outro, aconselha alguns autores – Queneau, Malraux, Wahl – a publicar em outro lugar.

Tem uma relação bem próxima com Marcel Jouhandeau, antissemita notório. Janta com o tenente Heller. Frequenta todos os salões onde a Paris ocupada brinda com os alemães mundanos. Colabora com as edições Colbert, bem-vistas pela Propagandastaffel, chegando a colocar um de seus amigos resistentes na editora, o escritor Jean Blanzat, filho de carteiro, socialista (que receberá o Grande Prêmio do Romance da Academia Francesa em 1942 por *L'Orage du matin*, publicado pela Grasset).

Ao mesmo tempo, continua amigo de André Malraux e Bernard Groethuysen. Põe sua casa (mora na Rue des Arènes, 5º arrondissement, desde 1940) à disposição dos companheiros resistentes, que vão para lá e mimeografam as páginas dos primeiros folhetos rebeldes. O próprio Paulhan escreve contra os autores a quem pediu artigos para a *NRF*. Ele é cara e coroa. Muito estimado pelos alemães e pelos colaboracionistas, vai entretanto se tornar um dos pivôs da oposição intelectual ao nazismo. Assim é Jean Paulhan: discreto, dividido, dissimulado, indiscernível. À pergunta feita por Proust em seu questionário: "O que é para você o cúmulo da miséria?", ele respondia: "Estar em evidência".

Resistência

> Desde que estás "ocupado", eles desfilam em tua desonra. Vais ficar contemplando? Interessa-te antes pelas vitrines. É muito mais emocionante porque, do modo como eles enchem os caminhões, em breve tu não acharás mais nada para comprar.
>
> Jean Texcier

A primeira forma de resistência é um episódio no campo das letras. Poucos dias após a chegada dos alemães, o "V" de vitória aparece nos muros das grandes cidades. O Grupo Valmy, que reúne professores, cola cartazes contrários ao invasor nos corredores do metrô parisiense. Panfletos são colocados nas caixas de correio, debaixo das portas de entrada, ou abandonados em lugares públicos. *O novo alfabeto francês* diverte os literatos – e todos – que o recebem:

A nação A.B.C. [*abaissée* = abaixada]
A glória F.A.C. [*effacée* = apagada]
As praças-fortes O.Q.P. [*occupées* = ocupadas]
As províncias C.D. [*cédées* = cedidas]
O povo E.B.T. [*hébété* = atordoado]
As leis L.U.D. [*éludées* = enganadas]
A justiça H.T. [*achetée* = comprada]
A liberdade F.M.R. [*éphémère* = efêmera]
O preço dos alimentos L.V. [*élevé* = elevado]
A ruína H.V. [*achevée* = terminada]
A vergonha V.Q. [*vécue* = vivida]
Mas a esperança R.S.T. [*est resté* = permaneceu]

Desde julho de 1940, o jornalista socialista Jean Texcier, futuro cofundador do movimento de resistência Libertação-Norte, escreve seus *Conseils à l'occupé*. Trata-se de uma folha datilografada na qual o autor recomenda aos leitores algumas regras elementares de desinteligência com o inimigo: falar-lhe o mínimo possível, fingir ignorar sua língua, recusar convites, boicotar os comerciantes que convivem com ele, aproveitar o toque de recolher para voltar para casa e ouvir a Rádio Londres... Esses conselhos, escritos de maneira magnífica, serão reproduzidos e distribuídos em milhares de exemplares, depois, em agosto de 1940, publicados em uma pequena brochura. Eles constituem a primeira obra clandestina publicada sob a Ocupação.

Outras vão aparecer em breve. Ali e acolá, nos círculos artísticos e intelectuais (os que abordamos neste livro), alguns grupos se formam. Uma das primeiras sociedades literárias se reúne na Rue de l'Abbaye, na sede da editora dos irmãos Émile-Paul, que publicam *Le grande Meaulnes.*

"Os Amigos de Alain-Fournier" podem ser contados nos dedos das duas mãos: Claude Aveline (escritor, ex-jornalista), Jean Cassou (ex-curador-adjunto do Museu de Arte Moderna), Marcel Abraham (inspetor da Educação Nacional), Simone Martin-Chauffier, Agnès Humbert e alguns espíritos livres... como Jean Paulhan.

Sentado na sala das edições Émile-Paul, sob a espreita de um relógio que os editores se recusaram a acertar de acordo com o horário alemão, esse punhado de rebeldes redige e distribui panfletos enquanto visa a criação de um jornal clandestino. Por ora, trata-se de um desejo emergente de um embrião tão somente em formação: energia e boa vontade estão presentes, mas ainda faltam as estruturas e o material.

Agnès Humbert vai estabelecer a ligação entre "Os Amigos de Alain-Fournier" e outro grupo, que trabalha a alguns metros da Rue de l'Abbaye. A moça é historiadora no Museu Nacional das Artes e Tradições Populares. Ela conhece Jean Cassou, e também Paul Rivet, diretor do Museu do Homem. Antes, este era presidente do Comitê de Vigilância dos Intelectuais Antifascistas. Em maio de 1935, foi eleito conselheiro municipal do 5º arrondissement de Paris, em uma lista de união da esquerda que prenunciava a Frente Popular.

Desde a ocupação de Paris, abre as portas a todos aqueles que organizam ações nos porões de seu estabelecimento.

Ele disponibilizou para sua equipe o mimeógrafo elétrico que servia nos anos 30 para a reprodução de textos hostis aos integrantes das ligas e da Cagoule, movimentos de extrema direita, muitos dos quais buscavam agora cargos no poder. O diretor do Museu do Homem não ignora que Yvonne Oddon, bibliotecária, Jacqueline Bordelet, secretária, René Creston, sociólogo, Anatole Lewitsky, antropólogo, trabalham na resistência sob o comando de um linguista também ligado ao museu.

Boris Vildé.

Este, embora jovem, sabe de longa data qual o seu lado. Vildé nasceu na Rússia alguns anos antes da revolução. Viveu em Berlim, onde suas ideias antinazistas, declaradas em alto e bom som, valeram-lhe a prisão. Deixou a Alemanha depois que Hitler assumiu o poder. André Gide o alojou em um quarto de empregada independente no Vaneau. Vildé se formou em língua japonesa pela Escola Nacional de Línguas Orientais, e em alemão pela Sorbonne. A Frente Popular lhe concedeu cidadania francesa. Em 1937, Paul Rivet o encarregou do Departamento das Civilizações Árticas no Museu do Homem. Antes da guerra, suas missões conduziram-no para a Estônia e a Finlândia. Feito prisioneiro pelos alemães nas Ardenas em junho de 1940, ele fugiu, voltou para Paris, onde sem esperar criou o Comitê Nacional de Salvação Pública. Este em breve vai se tornar a rede do Museu do Homem e entrar para história com esse nome. O primeiro grupo estruturado da Resistência. O primeiro a cair.

Em agosto de 1940, Boris Vildé e seus companheiros imprimem e distribuem panfletos, compostos de extratos de discursos de Churchill e Roosevelt. Paul Rivet faz a tradução; sua secretária bate à máquina e mimeografa; todos os membros da rede distribuem e buscam correspondentes a fim aumentar o movimento. As livrarias parisienses são as mais visadas caixas de correio.

Vildé e Lewitsky fazem viagens. Eles recrutam na Zona Livre, na Zona Norte e na Bretanha. Buscam informações de ordem estratégica que seus correspondentes em breve lhes fornecerão: mapas de instalações militares, portuárias e submarinas, imediatamente enviados a Londres. Graças a inúmeros cúmplices, conseguem passar pela Espanha, depois pela Inglaterra, soldados sobreviventes, agentes britânicos, voluntários da França Livre. A baronesa Edwina Halsey de Kerdrel esconde fugitivos em seu castelo na Bretanha e em seus apartamentos em Paris. A condessa Elisabeth de La Bourdonnais põe à disposição da rede suas propriedades do Sul da França. O professor Debré, médico e acadêmico eminente, redige alguns panfletos distribuídos por Vildé. Todos abrem o bolso.

Com o decorrer dos meses, a rede cresce. Novos voluntários se unem aos habitués do museu situado na Place du Trocadéro, aos quais se juntaram Germaine Tillion, os advogados André Weil-Curiel e Léon-Maurice Nordmann, o fotógrafo Pierre Walter, que trabalha para o serviço secreto inglês.

Em 6 de janeiro de 1941, em uma clínica mantida por um psiquiatra de Châtenay-Malabry que adora reunir amigos e conhecidos no jardim, Boris Vildé e Anatole Lewitsky encontram Jean Paulhan. Os três homens se conhecem: em 1938, Paulhan encomendou aos dois russos do Museu do Homem obras que desejava publicar na *NRF*.

O linguista sonda o editor. Bastam apenas alguns minutos para recrutá-lo: Jean Paulhan entra no conselho editorial do jornal *Résistance*, cujos dois primeiros números foram publicados bem pouco tempo antes.

Résistance apresenta-se como o boletim oficial do Comitê Nacional de Salvação Pública. O veículo nasceu do encontro entre os grupos de Claude Aveline e de Boris Vildé, e tem Agnès Humbert como secretária de redação. Yvonne Oddon, Anatole Lewitsky e Boris Vildé são responsáveis pela capa; Marcel Abraham, Jean Cassou e Claude Aveline cuidam das outras três páginas. Fica estabelecido entre eles que o jornal é independente de qualquer partido político, que não deve refletir nenhuma opinião específica além da partilhada por todos: a luta contra o invasor. Os artigos baseiam-se nas informações enviadas ao Museu do Homem pelos correspondentes da rede. Abordam também a imprensa colaboracionista, transmitem algumas informações ouvidas nas ondas curtas da França Livre, atacam os nazistas e seus servidores. O primeiro número termina com uma estrofe da "Marselhesa". A tiragem é de quatro mil exemplares.

O conselho editorial se reúne na casa de Simone Martin-Chauffier. Os estênceis são perfurados por voluntários. O jornal é impresso no mimeógrafo do Museu do Homem, que, para a ocasião e por medida de segurança (a máquina é barulhenta), foi desmontado e transportado na caminhonete do museu até um apartamento vazio. As páginas são montadas nos porões do museu localizado na Place du Trocadéro e entregues aos distribuidores e simpatizantes. Os estênceis servem também para outra tiragem realizada em um mimeógrafo complementar armazenado em um aeroclube de Aubervilliers. Os membros do clube imprimem, montam, reúnem os jornais em pacotes de 25, distribuindo-os a simpatizantes de que têm o endereço.

O segundo número de *Résistance* sai em 30 de dezembro de 1940. Também termina com uma estrofe da "Marselhesa". Provavelmente os redatores esperavam continuar por muito tempo esse trabalho clandestino. Isso não vai acontecer. Em 31 de dezembro, no momento em que os simpatizantes se encontram no aeroclube de Aubervilliers para garantir a impressão e a distribuição do terceiro número do jornal, os vizinhos desconfiam desses jovens que parecem carregar pacotes pesados. Eles alertam as autoridades. A polícia cerca o aeroclube, descobre listas de endereços, incluindo os de Léon-Maurice Nordmann e Paul Rivet. Este é alertado. Embora exonerado da universidade (como Jean Cassou e Agnès Humbert, afastados respectivamente do Museu de Arte Moderna e do Museu das Artes e Tradições Populares), o diretor do Museu do Homem mantivera a residência do cargo, localizada no último andar do prédio. Sai dali às pressas, esconde-se e procura uma saída para fugir para a América do Sul. Vai encontrá-la e se salvará. Será um dos raros da rede a não ser capturado.

Léon-Maurice Nordmann é o primeiro a ser preso. Depois será a vez de Yvonne Oddon, a bibliotecária, da condessa de La Bourdonnais, de Weil-Curiel e de Agnès Humbert (esses quatro salvarão a pele). A seguir o fotógrafo Pierre Walter, antes de Anatole Lewitsky, que havia substituído Boris Vildé, refugiado na Zona Livre. Vildé, embora sabendo que as garras se fechariam sobre ele, fizera questão de voltar a Paris a fim de não deixar seus amigos sozinhos.

Antes de cair nas mãos dos alemães, o chefe da rede havia pedido às tropas ainda livres para garantir a publicação do quarto número de *Résistance*. Imaginava que, ao demonstrar que a produção do jornal podia acontecer sem eles, esse exemplar inocentaria os acusados.

Na véspera de sua prisão, pressentindo a tragédia, Lewitsky ordenou a transferência do mimeógrafo. O aparelho foi desmontado mais uma vez e colocado, com as peças separadas, dentro da caminhonete do Museu do Homem. Depois, foi transportado, retirado e remontado no segundo andar de uma casa na Rue des Arènes: a de Jean Paulhan.

Pierre Brossolette, que tinha uma livraria em frente ao liceu Jeanson de Sailly, foi nomeado às pressas redator-chefe do jornal. Ele assumiu sozinho a redação do quinto número. Foi o último. Em março de 1941, denunciada por um traidor infiltrado, a rede do Museu do Homem era decapitada.

Rue des Arènes

> Resistir! É o grito que sai do coração de todos vocês, na angústia em que o desastre da Pátria os deixou. É o grito de todos vocês que não se resignam, de todos vocês que querem cumprir seu dever.
>
> *Résistance*, 15 de dezembro 1940

Em uma quinta-feira de maio de 1941, um Citroën Traction Avant para em frente à casa de Jean Paulhan, no número 5 da Rue des Arènes. Um grupo de alemães manda abrir a porta e sobe as escadas. Não lançam um único olhar para os quadros de Ernst, Klee, Masson, Fautrier e Michaux pendurados nas paredes. Não dizem uma palavra para Germaine Pascal, a segunda mulher de Paulhan, que devido ao mal de Parkinson está deitada em seu quarto. Eles procuram um mimeógrafo. Por sorte, por milagre, o aparelho não está mais ali. Pressentindo o perigo, Paulhan recorrera ao amigo e vizinho Jean Blanzat, forte como uma rocha. Das janelas da casa de um, podem-se ver as do outro. Eles combinaram que um lenço vermelho pendurado atrás do vidro sinalizaria perigo.

Ao primeiro sinal, Blanzat acorrera. Os dois amigos haviam desmontado a máquina e jogado as peças no Sena.

Depois de três horas de busca – infrutífera –, os nazistas levam Paulhan até uma divisão da Gestapo, na Rue des Saussaies. Um capitão o interroga:

– Onde está a máquina?

Paulhan não sabe do que ele está falando.

– Conhece Anatole Lewitsky?

Paulhan desconhece o nome e o sobrenome, logo, de quem se trata.

– Sabemos que Lewitsky escondeu em sua casa o mimeógrafo que servia para imprimir o jornal *Résistance*.

Paulhan nunca havia lido, nem visto, nem ouvido falar dessa publicação.

– Sabemos também que o senhor não escreveu nenhum artigo. Dei a minha palavra de oficial a Lewitsky de que o senhor estaria livre assim que soubéssemos onde está a máquina.

– Não tenho nada a dizer – insiste Paulhan.

É levado para um corredor. Ali, um homem toca seu ombro. Ele se vira: é Lewitsky. O antropólogo tem o rosto marcado. Explica que tentou fugir durante uma transferência, foi recapturado e espancado.

– Confessei e assumi tudo – sussurra o russo. – O senhor não corre perigo. Confesse em relação ao mimeógrafo. Não é uma falta muito grave, e eles me prometeram soltá-lo...

Paulhan tem suas dúvidas. Julga que seu silêncio vai ajudar os membros da rede que estão presos. Então se cala. À noite, é conduzido para a prisão de la Santé. Fica alguns dias em uma solitária. Sem nenhum sofrimento específico. Muito pelo contrário:

> A provação... Devo confessar que me deixou boas lembranças. Não é de modo algum uma punição me colocar em uma cela, ao contrário.[1]

Transcorrida uma semana, pede para falar com o capitão que o interrogou na Rue des Saussaies. Ele pensou melhor: além de avaliar que a receptação de um mimeógrafo não seja de fato uma falta grave, acredita que, confessando, não prejudicará Lewitsky, uma vez que este está preso e já é considerado culpado.

Reconhece, assim, que guardou um mimeógrafo em casa e que o jogou no Sena após a prisão de Lewitsky. É solto imediatamente. Assim que volta para casa, escreve um bilhete para Drieu la Rochelle:

> Meu caro Drieu,
> Acredito que seja apenas por sua causa que pude voltar tranquilamente para minha casa na Rue des Arènes. Então, obrigado. Um abraço.[2]

Jean Paulhan não está enganado: foi mesmo o diretor da *Nouvelle Revue Française* que conseguiu sua liberação. E que, dessa maneira, provavelmente lhe salvou a vida. Em certo dia de 1941, Drieu la Rochelle dissera ao tenente Heller, que recebia para um jantar em sua casa:

> Cuide para que nada aconteça com Malraux, Paulhan, Gaston Gallimard e Aragon, independentemente das alegações que venham a recair sobre eles.[3]

Em março de 1941, Gerhard Heller ainda não conhece pessoalmente a eminência parda da *NRF*. No início do ano, autorizou a publicação de *Les fleurs de Tarbes*, mas só vai conhecer Jean Paulhan seis meses depois de sua soltura da prisão de la Santé. As apresentações serão feitas pelos dois Marcel: Arland e Jouhandeau.

O editor e o Sonderführer almoçam juntos no Père Louis, na Rue de Ponthieu, onde Paulhan troca depressa o capacete de resistente pela cartola dos colaboracionistas sentados às melhores mesas. Ele é assim: espírito livre que gira em torno de suas próprias convicções. Antinazista ao mesmo tempo que ferrenho defensor de sua revista.

Seu interlocutor está longe de saber que o homem que almoça à sua frente é mestre na arte da mudar de roupa. Heller só conhece o personagem que brilha em um meio de que ele mesmo deseja descobrir os segredos, os hábitos, os costumes e os protagonistas. Qual teria sido sua reação se descobrisse que Paulhan (claro, protegido pelo anonimato) era o autor de algumas linhas mordazes escritas no último número de *Résistance* sobre autores publicados pela *NRF* (Fabre-Luce, Bonnard e Chardonne)?

> Do pueril ao ignóbil, do ingênuo ao cínico, esses exemplos representam muito bem a qualidade do que é para nós o pensamento colaboracionista. No entanto, percebemos a todo momento que esses senhores caem em contradição. Cabe à Sua Excelência Abetz escolher entre os seus depoimentos e decidir se os franceses são ao mesmo tempo tão inteligentes e tão tolos, tão covardes e tão arrojados, cabe à propaganda nazista fazer a representação da França segundo um ou outro. (Mas será que essa pequena nação degenerada vale semelhante esforço?) Sabemos, para nós, o que a França continua sendo e o que ela se torna cada dia com mais certeza. Ela está em todos os lugares onde não consentimos.[4]

Segundo Gerhard Heller, formou-se pouco a pouco um verdadeiro idílio entre o executor do trabalho sujo de Goebbels e o escritor-editor. Eles trocavam presentes. Encontravam-se para almoçar ou jantar em restaurantes proibidos ao populacho, às vezes na mesquita de Paris, pertinho da Rue des Arènes. Com frequência, iam sozinhos. De vez em quando, convidados se juntavam a eles: Paul Valéry, Bernard Groethuysen, Marcel Jouhandeau… Conversavam sobre arte e literatura. O jovem alemão estava fascinado pela prodigiosa cultura do mais velho, capaz de proezas culturais extraordinárias: latim, grego, malgaxe, chinês, história, filosofia… Heller, em suas confidências escritas muito tempo depois da guerra, acaba se esquecendo que o melhor no elogio beira muitas vezes o pior. Queria ele, retrospectivamente, melhorar a imagem que desejava deixar para a posteridade? A de um amigo das letras francesas que teria agido pensando no melhor dos interesses culturais do país que ele tinha por missão subjugar? O que acima de tudo admirava em Paulhan era "esse respeito, esse amor pela língua, pelas palavras, não só pelo que significam, mas também por sua própria existência, pelo corpo, pela carne viva, colorida e sonora delas".[5]

Última confidência: "Aprendi tudo com ele. Ele foi meu mestre, ao mesmo tempo exigente e malicioso, irônico e afetuoso".

Um mestre que às vezes se mostrava incapaz de chamar seu aluno à razão. Pois, apesar de suas inúmeras negações, este ainda assim obedecia a uma ideologia cujos fundamentos estavam muito distantes das exigências de um Jean Paulhan. Gerhard Heller permanecia um antissemita notório. Por certo, mais tarde, jurou que reprovava vagamente os abusos do nazismo. Isso não o impedia, então, de considerar que os judeus mereciam plenamente o que lhes acontecia. Em Berlim, como explicou certo dia a seu grande amigo francês, eles haviam colonizado tanto a vida cultural que era hora de pôr um fim a seus excessos. Paciente, Paulhan explicou, lançou mão de contra-argumentos e acabou mostrando o caminho correto para o rapaz:

> Foi apenas progressivamente e muito devido à influência de Paulhan que pude me libertar de todo vestígio de antissemitismo.[6]

Apenas até certo ponto: Heller nunca autorizou que os autores judeus pusessem outra vez os pés na Rue Sébastien-Bottin. Para desgosto, evidentemente, de seu "mestre".

O silêncio do mar

Eu desenhava como quem escreve seu testamento.

VERCORS

Em 23 de dezembro de 1940, um homem caminha pelo Boulevard Saint-Germain. Um pouco depois do Boulevard Raspail, seu olhar é atraído para um grupo de pessoas que olha um cartaz. Todos parecem sérios. O homem se aproxima. Descobre o primeiro anúncio de execução em duas línguas colado pelos alemães: Jacques Bonsergent, 28 anos, engenheiro, foi condenado à morte em 6 de dezembro pelo tribunal militar alemão por ter agredido um soldado do exército alemão; ele foi fuzilado na mesma manhã. Mais adiante, o cartaz está furado por algumas flores, homenagens silenciosas de parisienses anônimos.

O homem não conhece Jacques Bonsergent. Desconhece que, em 10 de novembro, o engenheiro voltava de um casamento com alguns amigos quando uma patrulha alemã os parou. Bonsergent foi espancado, preso, transferido para a Prison du Cherche-Midi.

Os primeiros momentos de convivência aceitável acabaram. A época da temporização e das gentilezas ficou completamente para trás. Desde o outono, as lojas estão vazias. É preciso tíquetes-alimentação para se conseguir rutabagas murchas, alguns gramas de pão, um pouco de açúcar... Os alimentos indispensáveis tornaram-se escassos e são dados primeiro às tropas de ocupação, cujo sustento é pago pelo Estado. Esses custos arruínam o país tanto quanto o saque das riquezas e matérias-primas enviadas para a Alemanha. A população tem frio, morre de fome, está subjugada por inteiro.

Os estudantes foram os primeiros a ir à luta. Três dias antes da manifestação de 11 de novembro na Place de l'Étoile, reuniram-se em frente ao Collège de France para protestar contra a prisão de Paul Langevin, exonerado junto com Paul Rivet e muitos professores judeus ou suspeitos de antigermanismo. A universidade foi fechada. Pouco depois, o país inteiro aplaudiu a demissão de Laval, considerado o representante de Hitler em Vichy. O número de folhetos e panfletos hostis se multiplicou. Diante da escalada das tensões, o ocupante decidiu usar de violência para mostrar sua força. Jacques Bonsergent pagou por todos. Foi o primeiro inocente fuzilado em Paris.

O homem se afasta. Como os outros curiosos, pensou em arrancar o cartaz. Um aviso o dissuadiu: *A Polícia informa que a laceração ou a danificação de cartazes da autoridade de ocupação será considerada ato de sabotagem e punida com as condenações mais severas.*

Se é preciso lutar, melhor fazê-lo com armas mais perigosas.

Sim, mas quais?

O homem tem 38 anos, chama-se Jean Bruller e é formado em uma escola de engenharia. Antes da guerra, era desenhista e trabalhava com publicidade. Em 1935, elaborou um livro ilustrado (publicado em 1936) que anunciava, com dois dias de diferença, a data da ofensiva alemã e sua estratégia de ataque. Como conseguira essa proeza? Bastava um pouco de reflexão – a que lamentavelmente faltou aos estrategistas do Ministério da Guerra. Bruller estimava então que Hitler precisaria ainda de quatro ou cinco anos para concluir o rearmamento da Alemanha; ele atacaria nas estações de tempo bom, entre a primavera e o verão; evitaria mandar seu exército de encontro às fortificações da Linha Maginot, escolhendo passar pela Bélgica, menos bem defendida; surpreendido por uma ofensiva que imaginava que viria de outro lugar, o exército francês se vergaria perante o assalto. Assim, cinco anos antes da invasão, Jean Bruller escrevera: "Em 12 de maio de 1940, durante a defesa de Bapaume, o enésimo batalhão de infantaria francês será batido".

Menos de cem quilômetros separam Bapaume da fronteira belga.

Até a Guerra Civil Espanhola, Bruller estava mais para pacifista. Desenhava para *Vendredi*, o jornal de Martin-Chauffier, Chamson e Guéhenno. Era envolvido, mas não engajado. Em junho de 1938, um acontecimento serviria para fazê-lo mudar de ideia. Ele ia a Praga com a delegação francesa do Pen Club. Claude Aveline, Benjamin Crémieux, Jules Romains e alguns escritores participariam de um congresso internacional criado por esse grupo apolítico que pregava a paz, a tolerância e a liberdade. A escolha de Praga como lugar de encontro era bastante corajosa, pois todos sabiam que, depois da Áustria, era a Tchecoslováquia que Hitler queria abocanhar. A minoria alemã dos Sudetos pedia sua anexação ao Reich.

Eles passaram pela Alemanha, tomada de cruzes gamadas. A atmosfera em Praga era de empolgação. Parecia que a ameaça nazista estava um pouco distante. Era feriado nacional. Além disso, o congresso do Pen Club não trazia ao país senão amigos fiéis a Benès e contrários aos nazistas. Aliás, não se tratava de uma coincidência estes definirem o evento como "congresso dos gângsteres".

As primeiras moções foram votadas com unanimidade. Elas condenavam os autos de fé praticados na Alemanha, a censura e as violências cometidas contra os intelectuais que se opunham ao regime. Em seguida, um escritor propôs adotar uma nova resolução condenando o antissemitismo. Seus colegas aprovaram com efusão. Exceto um: H.G. Wells. O autor de *A máquina do tempo*, presidente de honra e representante da Grã-Bretanha, tinha um peso considerável sobre a sociedade. Ele subiu à tribuna para explicar que o Pen Club defendia todas as opiniões, incluindo a sua. Depois que retornou ao seu lugar, todos aqueles que o sucederam expressaram uma posição contrária. Contudo, Wells voltou à tribuna para dizer que, se a moção fosse aceita, ele renunciaria no mesmo momento.

Tal deserção, se ocorresse, forneceria um extraordinário argumento aos nazistas. Eles estariam em situação favorável para afirmar em seguida que mesmo um escritor da estatura de Wells havia se recusado a condenar o antissemitismo – e, portanto, o regime hitleriano.

Foi a vez de Jules Romains, presidente em exercício do Pen Club, pedir a palavra. Não conseguindo demover o escritor inglês de sua decisão, propôs-lhe redigir de próprio punho a resolução que preservaria a liberdade de expressão tão cara a seu coração. Wells aceitou. Esses discursos semânticos, que ocuparam parte dos debates, escandalizaram muitos participantes. Devia-se passar por todos esses circunlóquios para responder às exigências de uns e de outros? Era esse o preço da paz?

Já meio desapontado, Jean Bruller ficou ainda mais depois da assinatura do Acordo de Munique. Para ele, o pacifismo não era mais oportuno.

Ele guerreou, foi desmobilizado, refugiou-se com a família em uma casa em Charentes, perto de Saintes. Tornou-se carpinteiro durante o dia, escrevendo e desenhando à noite. De vez em quando, voltava a Paris. Enojado com as contemporizações dos círculos literários e artísticos, fugia das brasseries da moda, Lipp e Flore, onde se encontravam, entre outros, os escritores cujas assinaturas apareciam na imprensa vichysta ou colaboracionista: Colette, Léautaud, Fargue, Jacques Laurent, Blondin, Kléber Haedens… Não tinha nenhum respeito pelas 140 editoras que aceitaram se autodisciplinar sob o jugo nazista – isto é, para ele, todas, com a gloriosa exceção da dos irmãos Émile-Paul. No dia em que se deparou com o anúncio da execução de Jacques Bonsergent, viu como um consolo o fato de transeuntes anônimos terem colocado buquês de flores sob os cartazes. Era um sinal. Mostrava que o povo não aceitava mais se sujeitar. Os franceses levantavam a cabeça. Nem todos, mas talvez um número suficiente para tornar possível uma ação coletiva.

Jean Bruller foi bater à porta de seu amigo Pierre de Lescure. Em 1935, Lescure publicara sob pseudônimo romances policiais pela Gallimard. Ele conhecia Giono, Paulhan e a maioria dos célebres escritores da Rue Sébastien--Bottin. Vindo da direita nacionalista, Lescure se aproximara da revista *Commune* e do Comitê de Vigilância dos Intelectuais Antifascistas. Seu filho François dirigirá a Federação dos Estudantes Comunistas.

Desde 1940, Lescure fizera contato com os ingleses do serviço de inteligência britânico. Era um dos raros intelectuais parisienses a conhecer a atividade da rede do Museu do Homem. Sua tarefa era transmitir informações militares a Londres e repatriar agentes e pilotos britânicos presentes na França. Jean Bruller aceitou ajudá-lo nesta última atividade.

Entretanto, não seria ajudando os ingleses a atravessar a fronteira que ele correria os maiores riscos e entraria diretamente para a história da Resistência intelectual. Quis o acaso que Pierre de Lescure lhe mostrasse uma folha clandestina, *Pantagruel*, cujas quatro páginas não faziam senão apelos à resistência e críticas à Ocupação. Ele lhe deu outra publicação, *La Pensée libre*, cinquenta folhas abertamente escritas por simpatizantes do Partido Comunista. Então era possível, na França subjugada, publicar e distribuir secretamente folhas que, por certo, não eram jornais, mas que ofereciam a algumas centenas de leitores uma expressão independente?

Durante o inverno, Jean Bruller recebeu uma carta do prefeito de Villiers-sur-Morin, comunidade situada na região de Brie, onde ele tinha uma casa. A mensagem informava que os alemães que haviam requisitado seu domicílio se preparavam para deixá-lo. O desenhista era convidado a voltar para uma residência que lhe pertencia desde 1931.

Quando atravessou o portão, Bruller cruzou com o oficial que havia ocupado os cômodos de sua casa. O alemão estava de mudança. Demonstrou uma perfeita civilidade. Explicou ao proprietário que lamentava ter de partir e esperava que ele e seus homens não tivessem danificado o lugar.

Bruller arrumou um trabalho de carpinteiro. Durante o dia, colocava parquês. À noite, escrevia. Aquecia-se graças a um aquecedor Godin dentro do qual, na falta de carvão, utilizava achas de lenha. Estas geravam monóxido de carbono, que provocava enxaquecas intensas. Bruller se tratava à base de aspirina e rutabaga.

Todos os dias, entrava na fila sob neve e frio para conseguir um pouco de comida em troca de seus tíquetes-alimentação. Todos os dias, cruzava com o oficial da Kommandantur. Ao contrário dos moradores do vilarejo, que se adaptavam com bastante naturalidade à presença dele, o carpinteiro se recusava a cumprimentá-lo. Às vezes, arrependia-se de ofender aquele homem. Todavia, nunca voltou atrás na decisão tomada e nunca respondeu ao cumprimento do oficial alemão.

Todas as semanas, Bruller encontrava Jean de Lescure em Paris. A ideia de uma publicação se materializava aos poucos na mente de ambos. Por que não entravam em contato com a equipe de *La Pensée libre*, trazendo textos que Lescure pediria aos escritores da Gallimard que ele conhecia? E por que eles próprios também não escreviam?

De volta a Villiers-sur-Morin, Bruller leu um livro de que a imprensa colaboracionista e os meios literários falavam com êxtase: *Jardins et routes*, de Ernst Jünger. Tratava-se do diário de campanha de um jovem oficial aparentemente amável e bem-educado, que amava a França, seu povo, sua cultura, seus jardins e suas estradas. O livro era perigoso na medida em que apresentava um personagem aberto e simpático capaz de dar a entender que uma convivência harmoniosa era possível entre ocupantes e ocupados. O perfil de Jünger lembrou a Bruller o daquele oficial alemão que trabalhava na Kommandatur e com quem ele cruzava regularmente pelas ruas de Villiers-sur-Morin sem nunca cumprimentar.

Jünger e esse oficial serviram de inspiração para Jean Bruller na história de *O silêncio do mar*, na qual um alemão tenta sem sucesso despertar a amizade de um homem e sua sobrinha dentro da casa que ele ocupa. Apesar de todos os seus esforços, ele não consegue quebrar o silêncio de seus "anfitriões": estes não caem na armadilha da propaganda que desejava promover a amizade entre os dois povos.

Bruller escreveu a novela em algumas semanas. De volta a Paris, sugeriu a Jean de Lescure publicá-la na *Pensée libre*. Só que o tipógrafo da revista acabava de ser preso. Essa circunstância drástica levou os dois amigos a juntar seus talentos e a pensar na criação de uma editora. Pierre de Lescure cuidaria da parte editorial, enquanto Jean Bruller se encarregaria da técnica: tendo trabalhado com publicidade antes da guerra, tinha conhecimentos de impressão, fotogravura e tipografia.

Ele vasculhou o restrito círculo de seus antigos contatos profissionais. Sua primeira visita foi ao tipógrafo com quem colaborava no passado. Ernest Aulard empregava por volta de cinquenta pessoas na sua gráfica perto da Place de la Contrescarpe. Bruller lhe perguntou se aceitaria imprimir meia dúzia de exemplares de alguns contos de Allan Poe. Como o outro o encarasse sem entender, o desenhista que se tornou carpinteiro e depois autor clandestino justificou o pedido por um problema material:

– Venderei para leitores esclarecidos. Assim colocarei manteiga nas rutabagas.

– Sem problema – respondeu Aulard.

Conversaram sobre a guerra, a Ocupação, Londres e a Resistência. Depois, julgando que podia ir um pouco mais longe, Jean Bruller perguntou timidamente ao outro se aceitaria receber alguns de seus amigos que planejavam publicar textos mais subversivos de Edgar Allan Poe.

– Que tipo de textos?

Bruller se fez entender.

– Posso ajudá-los – respondeu Aulard.

– Impossível – objetou Bruller, apontando para os trabalhadores que se apressavam em volta das prensas rotativas. – O senhor emprega muita gente. Nossa atividade deve permanecer em segredo.

– *Sua* atividade?

Bruller silenciou.

– Qual seria a primeira publicação?

– Uma longa novela, que deve ter umas cem páginas e uma edição impecável. Caracteres bonitos, papel bom, uma bela capa. Ela precisa se distinguir de todos os outros escritos clandestinos. Deve ser um acontecimento: o renascimento da edição livre.

– Quantos exemplares?

– Trezentos, para começar.

O dono da gráfica anotou alguns números em um caderno.

– Posso fornecer o papel. O da primeira obra publicada é por minha conta.

Fez uma soma, duas multiplicações, uma divisão e acrescentou:

– As demais custarão três mil francos por obra. Não vou ficar com nenhuma margem de lucro, é claro.

– Antes me encontre um tipógrafo discreto que aceite meus textos e seu papel.

– Volte daqui a oito dias.

Oito dias depois, os dois se encontraram sob os estandartes da suástica do hospital da Pitié-Salpêtrière. O lugar fora requisitado pelos alemães. Ali tratavam seus feridos.

– Vocês não encontrarão disfarce melhor – declarou Aulard ao interlocutor estupefato.

Atravessaram o Boulevard de l'Hôpital. Em frente, cravado entre duas lojas, achava-se um estabelecimento minúsculo com uma placa em cima: GRÁFICA.

– O nome do meu colega é Georges Oudeville. Normalmente, ele trabalha com convites. Mas os dias normais ficaram para trás há muito tempo.

Entraram. Oudeville trabalhava sozinho em uma pequena prensa. Precisaria de um trimestre para imprimir folha por folha um livro de cem páginas. Os três homens estabeleceram um plano de ação. Aulard forneceria o papel. Oudeville faria a composição tipográfica e em seguida imprimiria. Toda semana, Bruller levaria oito páginas do primeiro livro da editora. Corrigiria as que sairiam das prensas depois as levaria de bicicleta até o Comité d'Organisation du Bâtiment, situado no Boulevard Raspail, onde uma amiga de Lescure as guardaria. Mais tarde, viria uma amiga de

Bruller, Yvonne Desvignes, que apanharia, dobraria, juntaria e costuraria as folhas.

– Por que não sua esposa? – perguntou Aulard.

– Ela não deve saber.

– Qual será o primeiro livro de sua editora?

– O autor ainda não nos informou o título.

– Quem é o autor?

– Um homem do interior – se esquivou Bruller.

Ainda não sabia nem o título de seu livro, nem o pseudônimo sob o qual se esconderia. Recusara que sua esposa cuidasse da brochagem, pois, ao ler o romance, reconheceria tudo e identificaria no ato o autor.

– Quem paga?

– Um banqueiro.

Referia-se ao seu.

Rapidamente desmascarado, o Comité d'Organisation du Bâtiment foi substituído por um bistrô perto do hospital da Pitié-Salpêtrière, onde logo as folhas se empilharam. Durante três meses, Bruller foi toda a semana até a gráfica de Oudeville. Ele levava a cópia nova, corrigia e, em seguida, apanhava a da vez anterior. Colocava esta na parte de trás da bicicleta e levava até os porões do cúmplice proprietário do bistrô.

Quando todas as folhas foram impressas, um amigo as levou de carro para a casa de Yvonne Desvignes, perto do Trocadéro. Três jovens mulheres se encarregaram da brochagem. Usando conhecimentos adquiridos na carpintaria, Bruller fabricava a cola na cozinha do apartamento. Só Pierre de Lescure conhecia o pseudônimo que Bruller havia escolhido, em memória de um maciço montanhoso que ele atravessara com sua unidade no início da guerra: Vercors. Já o nome da editora devia sua escolha a dois títulos de obras, um de Georges Duhamel – *La Confession de minuit* –, outro de Pierre Mac Orlan – *La Tradition de minuit.*

As Éditions de Minuit acabavam de nascer.

Watt

> E essa pobre velha piolhenta terra velha, minha e de meu pai e de minha mãe e do pai de minha mãe e do pai da mãe de meu pai e da mãe do pai de minha mãe...
>
> Samuel Beckett

No momento em que nasciam as Éditions de Minuit, dois futuros e célebres autores se encontravam pela primeira vez.

Dez anos depois, Nathalie Sarraute e Samuel Beckett se tornariam os pilares dessa escola chamada de Nouveau Roman [Novo Romance] por um crítico literário. Em 1942, escondiam-se em uma pequena casa no vale de Chevreuse. Nathalie Sarraute, russa, judia, advogada banida dos tribunais pelas leis nazistas, fora a primeira a chegar com o marido e os filhos. Beckett veio em 1942, fugindo de Paris e dos alemães.

Samuel Beckett estava na França muito antes da declaração de guerra. Poderia ter aproveitado sua nacionalidade irlandesa para fugir em 1939. Não o fez. Havia ido a Paris pela primeira vez em 1926. Voltou dois anos depois. Era então estudante de uma universidade irlandesa, Trinity College, que firmara um convênio com a Escola Normal Superior: ela enviaria um de seus melhores alunos para assumir como professor leitor de inglês durante dois anos, ao fim do que ele retornaria à Irlanda para ensinar francês.

Samuel Beckett foi assim nomeado leitor de inglês na Escola Normal Superior, em 1928. Conheceu James Joyce, que era 25 anos mais velho do que ele e o fascinou. Uma estranha relação se criou entre os dois homens, feita de admiração e dependência. Joyce utilizava seu compatriota em tarefas bem diversas. Beckett fazia as compras, a leitura (Joyce estava cego), alguns trabalhos de tradução e trazia seu conhecimento recente da Irlanda a seu compatriota, que extraía daí os elementos de que precisava para escrever *Finnegans Wake.*

Dentro de um núcleo de admiradores fiéis, Beckett logo se tornou um dos mais próximos da família. Ainda mais porque a filha de Joyce, Lucia, apaixonou-se por ele. Paixão não correspondida por Beckett, que teve muita dificuldade para se desvencilhar. A moça o perseguia com obstinação tenaz, incentivada pelo pai, que via com bons olhos uma união entre sua filha querida e aquele que passava por seu discípulo. Na época, Beckett estava tão fascinado pelo autor de *Ulisses* que se vestia como ele, falava como ele, conservava silêncios semelhantes – hábito que manteve a vida inteira, respondendo com um silêncio pesado a todos os seus detratores. Como os ataques de Lucia se tornassem insuportáveis, ele a repeliu, causando na moça uma depressão que a mergulhou em um estado de angústia e aflição. Joyce colocou seu compatriota na rua.

Ao final de dois anos em Paris, Beckett regressou à Irlanda. Com crescente abatimento, cumpriu sua missão no Trinity College. Sofria de ataques de pânico e de diversos problemas (sobretudo furunculoses agudas) que o levaram a iniciar uma psicanálise na Inglaterra. Ele quebrou o contrato com o Trinity, o que lhe valeu um rompimento com a família. Sem recursos, escreveu um ensaio sobre Proust, que foi publicado em seu país em 1931, mas não na França: parecia impossível a seu autor traduzir para a própria língua um escritor tão fundamental como Marcel Proust.

Beckett retornou a Paris. Reencontrou Joyce, que lhe pediu para ajudá-lo a corrigir as provas de *Finnegans Wake.* Em 1933, após a morte do pai, Beckett tornou-se financeiramente dependente da mãe, que lhe atribuía uma renda mensal insuficiente. Ele tentava incrementar seus ganhos mensais traduzindo poemas. Ia e voltava entre a França e seu país. Em 1934, começou a escrever seu primeiro livro, *Murphy*, que foi rejeitado por 42 editores antes de ser aceito pelo 43º, que o publicou em Londres. Raymond Queneau desaconselhou a Gallimard a traduzir a obra, considerando que a tarefa era impossível (o próprio Beckett vai se encarregar disso um pouco mais tarde).

Na noite de Natal de 1937, enquanto jantava com a família Joyce no Fouquet's, Beckett conheceu Peggy Guggenheim. Ela se apaixonou à primeira vista por esse homem alto e magro, um tanto curvado, malvestido, cujos olhos verdes falavam mais e melhor do que a boca, desesperadamente fechada. Ela o levou para a cama, o embebedou com champanhe, e eles ficaram juntos o tempo necessário para as bolhas evaporarem. Dividiram alguns dias de bebedeira, depois Beckett foi embora, cansado do temperamento explosivo da herdeira.

Em 1938, em circunstâncias bem insólitas, conheceu aquela que se tornaria sua esposa. Abordado por um cafetão que lhe oferecia uma parceira por algumas moedas, Beckett recusou. Como o outro insistisse, ele o empurrou, fazendo-o cair. O gigolô se levantou e apunhalou o escritor. Uma mulher passava: Suzanne. Ela chamou uma ambulância, que levou Beckett ao hospital. A lâmina o atingira no peito. Suzanne era professora de piano e sete anos mais velha do que o irlandês. Ela se apaixonou, venceu a rival – e cuidou dele a vida inteira.

Beckett escreveu poemas em francês, entre os quais alguns serão publicados na revista *Les Temps modernes* após a guerra. A pedido do editor Jack Kahane, começou a traduzir *Os 120 dias de Sodoma.*

Em 1940, ofereceu-se voluntariamente para ser maqueiro. O pedido foi negado. De braços dados com Suzanne, trocou Paris por Vichy, onde Joyce e a esposa haviam se refugiado. Beckett não tinha mais um centavo. Joyce escreveu um recado a seu tradutor, Valery Larbaud, pedindo-lhe para ajudar o amigo. Larbaud recebeu o futuro prêmio Nobel sentado em uma cadeira de rodas. Estava paralítico e mudo. Sua esposa falava em seu lugar. Ele emprestou uma quantia considerável para o visitante, que a devolveu para ele muito mais tarde.

Beckett e Suzanne reencontraram Marcel Duchamp em Arcachon. Os dois homens jogaram xadrez até que o segundo fugisse para os Estados Unidos e o primeiro voltasse a Paris. Foi então que Beckett entrou para a Resistência. Como já lera *Mein Kampf*, conhecia bem a ideologia nazista. Combateu-a se unindo à rede Gloria, liderada por Jeannine Picabia, a filha do pintor. Sua tarefa era receber as mensagens que lhe chegavam de toda a França, indicando a situação das tropas alemãs, suas posições e seus movimentos. Ele traduzia, datilografava essas mensagens e as transmitia a um agente, que as microfilmava. Elas passavam em seguida para as mãos da mãe de Jeannine, Gabrielle Buffet-Picabia, sexagenária esperta que as levava para a Zona Sul, de onde seguiam para Londres.

Em janeiro de 1941, em Zurique, Joyce morreu de uma úlcera duodenal perfurada. Seis meses mais tarde, a rede Gloria caía. Marie Reynolds, a amante de Duchamp, escondeu Beckett e Suzanne em Paris, antes de eles encontraram refúgio junto à família Sarraute, na pequena casa no vale de Chevreuse.

As relações entre os dois futuros autores das Éditions de Minuit não foram das mais cordiais. Incompatibilidades de ritmos e de humor. Levantando-se tarde, Beckett e Suzanne atravessavam a sala de jantar da família no horário de almoço, ambos levando baldes com suas necessidades para esvaziá-los no fundo do jardim. As fragrâncias se misturavam mal. Nathalie acusava o futuro prêmio Nobel de uma frieza que beirava a arrogância, e este considerava a futura laureada do Grande Prêmio Nacional das Letras francesas tagarela e desagradável.

Por isso, era preciso partir.

Disfarçado com um bigode e de posse de documentos falsos, Beckett cruzou a Linha de Demarcação e se refugiou com Suzanne em Roussillon, perto de Apt. Declarou-se como cidadão de um país neutro (a Irlanda não escolhera nenhum lado), o que o protegia. Trabalhou como lavrador, alugou uma pequena casa e recomeçou a escrever um livro iniciado em Paris: *Watt*. Essa seria a última obra que escreveria em inglês.

Em Roussillon, Beckett conheceu Henri Hayden, pintor judeu de origem polonesa, que também se escondia. Tornaram-se amigos inseparáveis.

O vilarejo ficava incrustado em uma paisagem de cavernas e montanhas inacessíveis. Ele tornou-se a base de retaguarda dos maquis do Lubéron. Os resistentes escondiam ali armas e suprimentos. Em maio de 1944, Samuel Beckett se juntou aos *maquisards* que faziam emboscadas para os alemães. É um dos raros artistas estrangeiros a ser condecorado com a Cruz de Guerra e com a Medalha do Reconhecimento francês.

O Castor e o maridinho

> Eu admitia enfim que minha vida não era uma história que eu me contava, mas um compromisso entre o mundo e mim.
>
> Simone de Beauvoir

Enquanto Vercors publica clandestinamente *O silêncio do mar*, e Nathalie Sarraute e Samuel Beckett se escondem, Simone de Beauvoir janta na casa dos pais. Nesta noite, pretende voltar cedo para reler as páginas de *A convidada* escritas durante o dia no Dôme. Ela começou esse livro em outubro de 1938 e espera concluí-lo ao longo do próximo verão.

Estamos em março de 1941. A Ocupação pesa sobre os ombros da jovem professora de filosofia, mas não muito. O tempo está muito frio (ela usa collants de esqui sob as calças), ela come pouco e mal, Sartre foi feito prisioneiro na Alemanha, mas Simone tem um trabalho e, portanto, um pouco de dinheiro: oito horas de aula por semana no liceu Camille-Sée em troca de um salário integral.

Segundo um hábito bem arraigado, ela vive em um hotel: Rue Vavin, Hôtel du Danemark. Muitas vezes divide o quarto com uma de suas ex-alunas, Nathalie Sorokine, que caiu nos encantos de sua professora (e a quem será dedicado *O sangue dos outros*). Ela não é a primeira nem será a última. Em Rouen, por volta de dez anos antes, Olga Kosakiewicz já havia "sucumbido": uma loira linda que esperava sua filósofa preferida na saída das aulas para acompanhá-la até seu quarto de hotel...

Já nessa época Simone de Beauvoir causava escândalo. E não apenas em razão de seus amores sáficos... Ela ensinava Gide e Proust – invertidos! – aos alunos. Não exigia que lessem obras de filosofia. Falava sobre psicanálise, aconselhava-os a visitar o centro hospitalar Sainte-Anne e outros hospitais psiquiátricos. Bebia, fumava, trabalhava em cafés, atrevia-se a afirmar que uma mulher amamentando a repugnava. Além disso, era jovem, bonita – embora malvestida, usando meias furadas e um turbante. Com uma cultura e um saber fascinantes, era capaz de dar aulas durante duas horas sem nenhuma anotação; com frequência pedia que seus alunos fizessem exposições, algo até então nunca visto... Em suma, dava motivos para atiçar a ira dos pais conservadores.

Um pouco mais tarde, no liceu Molière (Paris), ela conheceu uma judia polonesa, Bianca Bienenfeld, que também se apaixonou por sua professora. Elas dormiram juntas no final do ano letivo. Jean-Paul Sartre, que estava de passagem, seduziu por sua vez a moça enquanto Simone se consolava nos braços de Jacques-Laurent Bost, ex-aluno de Sartre da época em que ele lecionava em Havre. Ela tinha 29 anos, ele, 21. O caso permaneceu secreto, uma vez que Bost era o namorado oficial de Olga Kosakiewiez, ciumenta por natureza.

Sartre ficou apaixonadíssimo por Olga. Como nunca conseguiu seduzi-la, consolou-se com a irmã desta, Wanda. Relutante no início por conta de sua feiura, a moça cedeu após dois anos de intensivo cortejo. A inteligência de Sartre quase sempre acabava superando os obstáculos criados por sua aparência física. Compensando aqui o que faltava ali, ele conquistava pelo magnetismo que exercia sobre o público. Nesta época, apenas um homem era capaz de reunir à sua volta séquitos tão fiéis, tão fascinados: Picasso.

O casal funcionava em triângulo. Às más línguas que alegavam que Simone de Beauvoir se rebaixava por Sartre, ela objetava que só queria protegê-lo da tristeza que lhe causava a própria feiura. Ele era pequeno; tinha perdido o uso do olho direito na infância; os cabelos apresentavam falhas; era nervoso, cheio de tiques; vestia-se mal... Porém, com uma voz metálica e cativante, era capaz de arroubos retóricos excepcionais. Era de uma cultura prodigiosa, de uma inteligência extraordinária. A própria Simone de Beauvoir confessava: quando cruzou com ele pela primeira vez nos corredores da Sorbonne, achou-o feio. Na época ela era cortejada por um colega de Sartre e de Nizan na Escola Normal Superior, situada na Rue d'Ulm: René Maheu (foi ele, e não Merleau-Ponty, que atribuiu à futura autora de *O segundo sexo* o apelido de Castor, *Beaver* em inglês, que ela carregaria a vida inteira – em homenagem a esse animal conhecido por sua grande capacidade de trabalho). Sartre, que foi o primeiro homem que ela beijou na boca, triunfou sobre o rival graças à sua incrível sedução intelectual. Como muitas outras, Simone sucumbiu a seu encanto, ela que, no entanto, não tinha por que invejá-lo neste quesito: no concurso de 1929, ela havia ficado em segundo lugar e ele em primeiro, com dois pontos a mais (Nizan foi o quinto), embora se dissesse que o júri havia invertido a classificação não apenas porque Sartre era um homem (na época, o topo era em geral ocupado por eles), como também porque sua obstinação era prova de sua seriedade (ele havia fracassado na primeira tentativa e seguido o pré-preparatório, o curso preparatório para a Escola Normal, a Escola Normal, ao passo que ela vinha única e diretamente da Sorbonne).

Seja como for, ela conquistou – e manteve – o primeiro lugar na escolha de suas amantes. Eles não dormiam mais juntos havia muito tempo, o que evitava os ataques de ciúme. Desde o início de sua história, decidiram que seu relacionamento, fundamental e necessário, não impediria os amores casuais, e que eles se contariam tudo, sem esconder nem mentir.

Com todas as que passaram, mais as que passariam um dia, eles formavam uma família. Sartre e Beauvoir assumiam todos os planos: intelectual e financeiro. Depois que Olga fracassou nos exames de medicina, eles lhe ensinaram filosofia. Ela, sua irmã – Wanda –, Bianca, Nathalie, Jacques-Laurent Bost... todos ficavam hipnotizados pelo casal generoso, brilhante, que não pouparia esforços para ajudar e apoiar um dos seus. Uma família, mas uma família escolhida.

Antes da guerra, eles moravam sob o mesmo letreiro, isto é, sob os mesmos hotéis. A mobilização havia mudado um pouco os hábitos. Em 2 de setembro, Simone ajudou Sartre a encontrar sua mochila e seu calçado militar: ele fora transferido para Nancy, em uma estação meteorológica. Às quatro horas da manhã, passaram em frente ao Dôme, ocupado por uma clientela uniformizada. Despediram-se na Gare de l'Est. Simone voltou para Montparnasse com o coração pesado. Para se consolar, entrou em uma sala de cinema. Em cartaz: *Branca de Neve.* Comentários: "Sem graça".[1]

Sartre participou da Guerra de Mentira acompanhando a direção dos ventos. Sua tarefa era lançar balões meteorológicos, segui-los com binóculo e então telefonar para os oficiais de artilharia a fim de informá-los a respeito da trajetória. Ele passava o resto do tempo escrevendo: a Bianca, a Wanda, a Simone... Quando voltava a Paris, antes de deixar a cidade, redigia com antecedência algumas cartas, numerava-as e pedia a seus camaradas para enviá-las àquelas que ignoravam suas licenças militares.[2]

Encontrava-se com Simone de Beauvoir em uma brasserie da Avenue du Maine, onde lia a obra que estava escrevendo – o primeiro volume de *Os caminhos da liberdade* –, conferia as correções que ela fizera nas folhas enviadas por ele via correio, em seguida informava as atividades que faria durante as horas de liberdade: romper com Bianca, viajar alguns dias com Wanda...

Tudo isso pesava bem menos na comparação com as responsabilidades de Simone, que deveria consolar Bianca, convencer Olga (grávida de um amante ocasional) a abortar, não magoar Nathalie Sorokine (que Sartre chamava de Natacha: ficava tão bonito em russo), dormir com Bost sem que ninguém soubesse... Uma Guerra de Mentira, de fato...

Em maio, a ofensiva alemã balançou esse equilíbrio. Quando as aulas foram suspensas, Simone deixou Paris com Bianca. Em 21 de junho, descobriu que Sartre fora feito prisioneiro e que a convenção de armistício estipulava que os presos permanecessem na Alemanha até o final da guerra. Ela retornou a Paris no final do mês, depois de realizar parte da viagem na caçamba de um caminhão alemão (os soldados lhe pareceram amáveis e elegantes). Voltou ao Dôme e a Montparnasse, foi morar na casa da avó, depois na Rue Vavin, no Hôtel du Danemark. Bost, ferido em maio, hospedou-se com Olga em um hotel na Rue Jules-Chaplain, onde Wanda se juntou a eles. Nathalie Sorokine forçou a porta de Simone, obrigando-a a ficar com ela depois do toque de recolher. Ela logo organizou um contrabando de bicicletas, vendendo para uns as que roubava dos outros nas ruas desertas. Ensinou Simone a andar de bicicleta. Sentada no selim, Simone passava uma vez por semana das colinas de Montparnasse às de Montmartre, onde se encontrava com Bost em um hotel discreto. Com as aparências salvas, podia almoçar todos os dias com ele sem estar nos centros das atenções dessa pequena família rapidamente recomposta.

Sentia saudade de Sartre, mas lhe escrevia todos os dias, enviava livros, tabaco, tinta, corrigia e datilografava as folhas manuscritas que ele enviava. Confinado em um *stalag* [campo de prisioneiros de guerra] perto de Tréveris, ele começara a escrever *O ser e o nada*. Simone ia todos os dias à Biblioteca Nacional, na Rue de Richelieu, onde relia Hegel e Heidegger a fim de ajudar seu companheiro a escrever essa obra que ela pressentia que seria um marco importante na história da filosofia. Para estar totalmente disponível, havia interrompido a redação de seu próprio romance.

No *stalag*, Sartre sofria o julgamento dos tchecos e dos poloneses. Os primeiros acusavam os franceses de tê-los abandonado em 1938, os segundos os desprezavam por sua incúria militar. Ele descobria a vergonha secreta que atormentava os prisioneiros:

> Seus sofrimentos eram secos e mordazes, desagradáveis, envenenados pelo sentimento de que estavam onde estavam por terem merecido. Eles tinham vergonha perante a França. Mas a França tinha vergonha perante o mundo. É doce chorar um pouco. Mas como poderíamos encontrar autocompaixão quando estávamos cercados pelo desprezo dos outros?[3]

Ele se consolava filosofando e escrevendo peças de teatro. Aprendia boxe e bridge. Jogava xadrez. Enviava com regularidade, a Simone e a Wanda, cartas em que assinava "seu maridinho". Contava-lhes as mil e uma ocupações do *stalag*. Tudo ia bem. Estava plenamente satisfeito com seu destino. Sua única dúvida era saber a data de sua libertação: quando chegaria? Essa pergunta, toda a família fazia.

Conscientização

> A ocupação não estava apenas na presença constante dos vencedores em nossas cidades: estava também em todos os muros, nos jornais, na imagem imunda que queriam nos passar de nós mesmos.
>
> Jean-Paul Sartre

Certa noite de março de 1941, Simone de Beauvoir jantava na casa de seus pais. Quando voltou ao hotel, um bilhete a esperava: *Estou no Café des Trois Mousquetaires.*

Ela se dirigiu para o café na mesma hora.

Sartre estava lá.

Ao contrário do que rezava a lenda, ele não havia fugido. Ao contrário das calúnias que não tardariam, não havia entrado nos vagões dos nazistas. Com um atestado médico falso (feito por um prisioneiro) que declarava que ele sofria de problemas de equilíbrio causados por seu olho doente, passara por uma junta médica que o havia liberado por razões de saúde. Nem mais nem menos.

De resto, nada havia para contar que ela já não soubesse: eles haviam trocado longas correspondências.

Mas e ela? E a família? E a vida em Paris?

Ela lhe contou tudo. Ele a repreendeu muito, em particular por aproveitar as vantagens do mercado negro oferecidas por Nathalie Sorokine. E, sobretudo, por ter sido reintegrada ao liceu Camille-Sée depois de assinar a declaração aviltante pela qual assegurava não ser nem judia nem franco-maçom.

Ela se defendeu dizendo que sem esse documento não teria obtido o cargo, logo tíquetes para o racionamento de alimentos; estava sem recursos, ela que, nada tendo publicado, não era conhecida por ninguém.

Ele entendia?

Ele se revoltou.

Entretanto, ele também recuperou o posto de professor de filosofia no liceu Pasteur, em Neuilly, onde ensinava antes da guerra. Na retomada das aulas em outubro, passou a integrar o liceu Condorcet como professor do Curso Preparatório para a Escola Normal, encarregado de preparar alunos para os exames. Sucedia Ferdinand Alquié, nomeado para os liceus Henri IV e Louis-le-Grand. Um ano antes, Alquié substituíra temporariamente Henry Dreyfus-Le Foyer, sobrinho do capitão Dreyfus, desligado em virtude do primeiro Estatuto dos Judeus promulgado pelo governo de Vichy e que, desde então, havia entrado para a Resistência.

Conforme sua versão, Sartre não precisou assinar a declaração aviltante: um inspetor-geral da Educação Nacional, membro da Resistência, teria dispensado o filósofo de semelhante abdicação.[1] Essa tese, que permanece, ainda hoje é questionável: ninguém nunca encontrou o inspetor resistente.

Seja como for, se quisesse, sua reputação lhe teria permitido deixar o ensino. Em 1941, era muito mais conhecido do que Simone de Beauvoir. Em 1938, enquanto seu colega Nizan publicava *A conspiração*, ele lançava *A náusea* (livro dedicado ao Castor). Ventilaram-se os dois títulos para o prêmio Goncourt. Um ano depois, circulava a compilação de contos *O muro* (dedicada a Olga). Paulhan enviara o manuscrito a André Gide, acompanhado deste comentário: "Leu *O muro*, de Sartre? Será alguém".[2]

Sartre, antes da guerra, era um escritor falado em todos os círculos literários. De volta do *stalag*, se não tivesse retomado o cargo de professor, teria evitado as críticas de que seria alvo durante e depois da guerra. Vladimir Jankélévitch, entre outros, repreendeu-o por nada ter feito para proteger seus colegas judeus, por não ter se preocupado com o destino deles quando milhares de cargos "vagos" pelas leis racistas deixavam um buraco na Educação Nacional que nenhum professor podia ignorar (Jankélévitch acreditava que o engajamento frenético de Sartre depois da guerra visava a compensar seus silêncios durante os sombrios anos da Ocupação).

Da mesma forma, nem ele nem Beauvoir se preocuparam com o destino da amiga e amante de ambos, Bianca Bienenfeld, que abandonaram sem muito escrúpulo durante esses anos trágicos:

> Naquele momento, o triângulo estava desfeito por completo. Eu estava lamentavelmente abandonada, e essa dupla execução ocorria em 1940. À derrocada do país sob o peso do exército hitleriano, à submissão abjeta das autoridades de Vichy às leis nazistas, respondia, no plano pessoal, uma tentativa deliberada de me aniquilar moralmente. Agora que tantos anos se passaram sobre essa ferida, o que posso dizer é que, apesar das aparências, apesar da possibilidade que eu tinha de me "restabelecer" e construir uma existência nova, carreguei por toda a minha vida o peso desse abandono.[3]

Por certo, ao descobrir as leis antissemitas e os cartazes que proibiam os judeus de ter acesso a certas instituições, Beauvoir censurou-se por ter uma vez declarado à amiga Bianca que os judeus não existiam: ela considerava que não havia senão seres humanos. "Como fui abstrata!", reconheceu. A ponto de nunca tomar medidas concretas para ajudá-los ou de empunhar a pena para denunciar as perseguições que eles sofriam.

Deve-se admitir que ela tampouco havia ajudado os refugiados alemães, espanhóis e italianos que vieram para a França antes da guerra para escapar das ditaduras. Conforme sua própria confissão, Beauvoir fora cega a toda política durante os anos 30. As revoltas da extrema direita em 6 de fevereiro de 1934? Passaram despercebidas. O fascismo se espalhando pelos quatro cantos da Europa? Ela não se alarmou, vivendo "na paz eterna".[4] Os conflitos e as classes sociais? Distantes, tão distantes… Enquanto Hitler vociferava, ela visitava a Alemanha com Sartre. E a Itália de Mussolini, e a Grécia de Metaxás. Eles foram para a Inglaterra, Espanha, esquiaram na Saboia, conheceram o País Basco, regatearam no mercado de pulgas, dançaram na casa Bal Nègre, na Rue Blomet, devoraram Faulkner, Hemingway e Dos Passos. Enquanto isso, Gide, Malraux, Guéhenno, Simone Weil subiam nas tribunas dos comitês de vigilância antifascistas, atacavam Hitler, Franco, Mussolini, pegavam em penas ou em armas para defender a República Espanhola… Já Sartre e Beauvoir permaneciam em silêncio. A tragédia que se desenrolava do outro lado dos Pirineus mexeu com eles, mas nem por um segundo pensaram em partir: "Nada em nossa vida nos predispunha a essa loucura".[5] Sartre acreditava que o Acordo de Munique era um erro, mas não abriu a boca para condená-lo. Beauvoir, embora estivesse em Paris, não participou de nenhuma manifestação que reunia alunos e professores contra a expulsão de Paul Langevin, nem foi para a Place de l'Étoile em 11 de novembro de 1940. Sartre e ela eram ainda, como ela reconheceu, intelectuais pequeno-burgueses "sinceros e aplicados"; funcionários protegidos e desprovidos de obrigações familiares, vivendo com o dinheiro ganho sem muito esforço. Até a guerra, sua "teimosia esquizofrênica da felicidade" resultante dos resquícios de um idealismo burguês os impediu de se mobilizar. De resto, Sartre mostrou-se tão econômico em posicionamentos e em escritos subversivos que seu nome não aparece na Lista Otto.

De volta do *stalag*, ele encontrou um povo que rompera todo o laço com o passado. As tradições, os costumes não existiam mais. Não havia mais carros, nem transeuntes: a vida, o mundo se modificaram.

Um pouco de vida interiorana se prendera aos cantos da capital; restava um esqueleto de cidade, pomposo e imóvel, demasiado longo e demasiado grande para nós: demasiado longas as ruas que avistávamos a perder de vista, demasiado grandes as distâncias, demasiado vastas as perspectivas: os parisienses se perdiam nisso, ficavam em casa ou levavam uma vida de bairro, por medo de circular entre esses grandes palácios severos que todas as noites mergulhavam em trevas totais.[6]

Nada daquilo lhe convinha. O discurso dos colaboracionistas, presente em todas as mentes, enojava-o. Esse discurso defendia que era preciso reconhecer os erros e ser um bom perdedor: antes da guerra, vítima de seus vícios, a França estava em plena decomposição.

Assim que levantávamos a cabeça, encontrávamos dentro de nós os verdadeiros motivos de remorso. Assim vivíamos, na pior das angústias, infelizes sem nos atrevermos a confessar, envergonhados e repugnados com a vergonha.[7]

A Ocupação lhe parecia pior do que a guerra. Esta permitia expressar uma oposição; aquela proibia *agir* e até *pensar*. Diante dessa impossibilidade, dessa vergonha que se colava ao país e aos homens, Sartre propunha que cada um assumisse "no mais total isolamento, o seu papel histórico". Que cada um, por meio de sua própria liberdade, escolhesse a liberdade de todos.

Em suma, ele não aguentava mais as ilusões e as mentiras que haviam governado sua existência até então. Certa manhã, anunciou a Simone que decidira criar um grupo de resistência; estritamente do ponto de vista ético, eles não podiam agir de outro modo: "Sua nova moral, baseada na noção de autenticidade, e que ele se esforçava para colocar em prática, exigia que o homem 'assumisse' sua 'situação'; e a única maneira de fazê-lo era ultrapassá-la engajando-se em uma ação".[8]

Como?

De acordo com Sartre, tornando-se resistente: "Os melhores de nós entraram na Resistência por necessidade de resgatar o país".

Por certo, tratava-se de soluções individuais que, a seus olhos, não mudariam na essência o curso dos acontecimentos: “Sem ela [a Resistência], os ingleses teriam vencido a guerra; com ela, teriam perdido se fosse para perder. Ela tinha acima de tudo, aos nossos olhos, um valor simbólico”.[9]

Essa frase, amplamente contestada depois da guerra, vale sobretudo pela importância que Beauvoir e Sartre davam a seu próprio engajamento: ele foi apenas simbólico. No máximo.

Uma agradável sensação de aventura

> Não se deve deixar os intelectuais brincarem com fósforos.
>
> Jacques Prévert

Sartre marcou encontro com um professor do 13º arrondissement em um café na Rue Gay-Lussac. Ele se chama Maurice Nadeau, e ainda não é conhecido por ninguém como o jornalista e o grande editor que se tornará. Por ora, e é isso o que interessa a Sartre, é um militante trotskista, membro da Federação Internacional da Arte Revolucionária Independente (FIARI), logo, próximo dos surrealistas. E os surrealistas Sartre gostaria de trazer à sua causa.

– Sobretudo Paul Éluard – especifica.

Nadeau, que nunca havia se encontrado com o poeta, promete que tentará.

– Mas o que devo dizer a ele?

– Que estamos montando um grupo de resistência que reúne escritores e professores.

– Intelectuais?

– Sim, intelectuais.

Sartre se inclina para não ser ouvido por orelhas indiscretas.

– A primeira coisa que faremos será nos posicionar contra Vichy e contra os alemães. Depois, vamos nos organizar.

Sartre não sabe ainda o que fazer, mas conhece o método:

– Formaremos grupos herméticos de cinco pessoas. Cada um conhecerá os outros quatro indivíduos que formam seu grupo, nada além disso.

Nadeau aquiesce. Sartre pede então para ele não tentar contatá-lo:

– Sou eu que vou procurá-lo.

Ele o faz, de fato, alguns dias mais tarde. Assim, certa noite, Maurice Nadeau vai se encontrar em um quarto de hotel onde Beauvoir e Sartre reuniram o embrião da rede que desejam criar. Além do núcleo "familiar", estão presentes Jean Pouillon, um ex-aluno de Sartre, Jean Toussaint Desanti e sua esposa Dominique, François Cuzin, Jean Kanapa e alguns outros.

Sobre o que conversam? Pautas do dia: situação política e militar, Churchill, De Gaulle, Roosevelt, Stalin, o que fazer e como.

– Em um ano – diz Sartre –, devemos ter elucidado a natureza do Estado edificado por Vichy.[1]

Nadeau se espanta:

– Pouco importa a natureza do Estado de Vichy! Pétain e Laval estão longe, ao passo que os alemães estão aqui.[2]

Sem dúvida.

Retomaremos o assunto quando chegar a hora.

O grupo se denomina "Socialismo e Liberdade". Funde-se com outra organização, "Sob a bota", fundada por Merleau-Ponty, professor da Escola Normal Superior (ele sucederá Sartre no liceu Condorcet).

Em pouco tempo são cerca de cinquenta intelectuais em busca de uma terceira via entre os comunistas e os gaullistas: trata-se de inventar uma doutrina nova para a esquerda.

Uma bela manhã, Maurice Nadeau encontra um bilhete enfiado por baixo de sua porta: *Encontro cancelado. Entrarei em contato. Amigavelmente, J.-P.S.* Então, deixa de participar das reuniões em que os membros do "Socialismo e Liberdade" fazem planos estratosféricos sobre o pós-guerra, datilografam programas que mimeografam nos bastidores da Escola Normal Superior, escrevem panfletos que Natacha/Nathalie Sorokine esconde nos cestos pendurados à sua bicicleta. Os amigos de Sartre adorariam transmitir informações cruciais aos ingleses, mas não têm informações cruciais e não sabem ao certo como se comunicar com os ingleses.

Contudo, Sartre não poupa esforços. Por intermédio de Alfred Préon, professor no liceu Buffon, conhece o filósofo Jean Cavaillès, fundador do movimento Libertação (ele morrerá fuzilado em fevereiro de 1944). Encontram-se pela primeira vez na Closerie des Lilas, uma segunda vez no Jardim de Luxemburgo. Sartre queria fazer mais, participar de ações de sabotagem, tornar-se um *verdadeiro* resistente. Todavia, não querem saber dele. É conhecido demais. Fala demais. Vai a cafés que os alemães frequentam. Ninguém pode garantir que não cederia no primeiro interrogatório. Além do mais, para os comunistas, Sartre é antes e acima de tudo amigo de Paul Nizan, o traidor que rompeu com o partido depois da assinatura do Pacto Germano-Soviético.

Porém ele insiste. E, como nada acontece, decide tomar uma decisão, cruzar a Linha de Demarcação. Simone recepta de Nathalie Sorokine duas bicicletas que são preparadas e têm os pneus enchidos, antes de serem carregadas e enviadas a Roanne de trem. Depois, durante o verão de 1941, Simone e Jean-Paul passam para a Zona Sul a fim de lançar a segunda etapa de seu projeto de resistência. Esperam entrar em contato com outros movimentos e bater à porta de dois escritores célebres e silenciosos, que o casal tem esperança de ganhar à causa: Gide e Malraux.

Tomam o trem até Montceau-les-Mines. Ali descem, entram em um café onde permanecem uma tarde inteira observando as idas e vindas dos consumidores. Simone experimenta "uma agradável sensação de aventura".[3] Uma mulher se oferece, por um preço razoável, para ajudá-los a cruzar a Linha de Demarcação naquela mesma noite. Eles aceitam. Passam e se veem no outro lado, em um albergue onde outros viajantes clandestinos se reuniram. "Porque infringi uma proibição, tinha a impressão de ter reconquistado a liberdade", confidenciará Simone.

Eles apanham as bicicletas na estação de Roanne, depois partem para a aventura. As bicicletas estão enferrujadas, os pneus carecas e rachados, mas é mais divertido do que andar a pé. Sartre vai na frente. Simone se cansa nas subidas. Ele a espera em terreno plano, e pedalam lado a lado nas descidas. Às vezes, caem. Ela está tão feliz por ter reencontrado seu homem que os hematomas nem sequer a fazem sofrer.

No primeiro dia percorrem quarenta quilômetros. Esgotados, param em um hotel. No dia seguinte, tornam a partir. Nunca se afastam dos vilarejos porque a fumaça dos bistrôs os revigora. Ela lhes lembra as nuvens do Dôme. Aliás, Sartre escreve nas mesas dos cafés sem nenhum problema de adaptação. Tem mais dificuldade, em contrapartida, em montar a barraca emprestada por Bost: as lides de camping não são o seu forte. Já a comida lhes parece mil vezes pior do que a da Zona Ocupada. Deve-se dizer que Sartre detesta tomates, encontrados em abundância nos mercados.

Param em Lyon, onde assistem a filmes norte-americanos. Em seguida, partem para Marselha, onde veem três sessões por dia. Entre uma projeção e outra, Sartre conhece Daniel Mayer, representante do Partido Socialista. Na etapa seguinte, encontra-se com o professor de filosofia Pierre Kaan, que declina se associar ao grupo "Socialismo e Liberdade" (ele será deportado em 1943). Eles seguem em direção a Gide, que esperam ver em Vallauris e que encontram por fim em um café em Grasse.

No entanto Gide, que foi até a guerra o Voltaire de seu século, se tornou um velho. Tem 72 anos. Trocou seu Vaneau parisiense pela costa do Mediterrâneo, acompanhado pelos seus: Catherine, sua filha de dezoito anos, Elisabeth, a mãe, filha da Pequena Senhora, a amiga fiel do escritor, Pierre Herbart, o ex-amante de Gide que se tornou marido de Elisabeth… Em suma, uma família estranha, decomposta, recomposta em todos os sentidos*, um pouco como a de Sartre e Beauvoir, com o acréscimo dos filhos…

Depois de acreditar em Pétain (apenas por alguns dias), Gide se afastou. Apesar da insistência de Gaston Gallimard, que veio fazer pressão pessoalmente e inúmeras vezes, ele

* Ver *Paris libertária, op.cit.*

clamou um "não" definitivo a Drieu la Rochelle e a suas tentadoras tentativas de aproximação (o que surpreendeu muito Emmanuel Berl, que pensava que o antissemitismo de Gide o levaria para os caminhos da colaboração). Em um artigo publicado pelo *Figaro*, ele expressou sua recusa em escrever nas colunas da "nova" *NRF*.

O encontro com Jean-Paul Sartre: vinte minutos em um café, duas linhas nos cadernos mantidos com cuidado por Maria van Rysselberghe, vulgo Pequena Senhora, nenhuma alusão em seu *Diário*. Em suma, um episódio sem importância.

Sim, André Gide envelheceu muito. Ele travou tantas batalhas que esta, que poderia ser a última, não ocorrerá. Em maio de 1941, transcorridos dois meses da visita de Sartre, ele tentará fazer uma conferência sobre o escritor Henri Michaux, por quem tem admiração, no Hôtel Ruhl, em Nice. Algumas horas antes de tomar a palavra, receberá uma carta com ameaças enviada por um grupo de ex-combatentes. Lerá essa carta em uma sala abarrotada, antes de se retirar sem falar de Michaux. Um ano depois, trocará a França pela Tunísia, onde permanecerá até o final da guerra.

Depois de Gide, é a vez de Malraux. Dele, pode-se esperar uma resposta mais positiva. Em primeiro lugar, é jovem: está apenas na casa dos quarenta. Além disso, participou de todas as batalhas antifascistas, foi um herói na Espanha, um comandante engajado, uma das primeiras figuras da esquerda intelectual dos anos 30. Embora de olhos abertos para os caprichos do grande Stalin, recusou-se a condenar publicamente a assinatura do Pacto Germano-Soviético, a fim de não enfraquecer este lado. Fiel aos seus engajamentos, interessou-se pelos refugiados espanhóis internados nos campos franceses. Em 1940, foi convocado em Provins como soldado raso em uma unidade de carros de combate, ele que fora coronel no exército republicano espanhol. Capturado pelos alemães em junho, conseguiu fugir em novembro. Em poucas palavras, um herói.

Nosso casal de aventureiros vai de bicicleta até Cap-d'Ail, perto de Saint-Jean-Cap-Ferrat, onde vivem André e Josette Clotis – a sucessora de Clara.* Malraux os recebe na casa em que areja e toma sol com a noiva e o filho: Pierre Gauthier, vulgo Bimbo, nasceu em outubro. Eles admiram o mar das espreguiçadeiras do jardim, conversam um pouco sobre literatura, depois passam à mesa. São servidos por Luigi, o faz-tudo da casa, que veste um uniforme branco. Graças a ele, podem comer quase como convém: à noite, ele sobe em sua bicicleta, atravessa a fronteira italiana e volta carregado com salames e tesouros inencontráveis nas regiões submetidas à autoridade de Vichy. Em matéria de bebidas, a adega está bem provida: André comprou os estoques das casas vizinhas, em sua maioria abandonadas. Não que nade em dinheiro – ao contrário. Porém, Gallimard paga o necessário, a *Life* às vezes encomenda linhas bem remuneradas, e Varian Fry intercedeu junto à Random House, a editora norte-americana de Malraux, para melhorar a situação.

No dia em questão, Luigi põe sobre a mesa um frango grelhado à americana. Josette serve de maneira amável seus hóspedes, com mais frieza o pai de Gauthier. Sartre e Beauvoir percebem uma tensão, mas são incapazes de explicá-la. A razão é que a bela Josette é de um ciúme doentio. Não suporta que seu grande homem não lhe dê o que no passado ofereceu a Clara: o casamento. Porque, para se casar, ainda é preciso se divorciar, e nessa questão André se mostra no mínimo indeciso. Em Paris, havia encarregado o dr. Maurice Garçon para cuidar do caso, depois, por insistência de Josette (preocupada com os lentos avanços), escolheu um novo advogado: Gaston Defferre, de Marselha. Ora, ele acaba de decidir que ainda não é hora para uma separação oficial. Seu argumento: não se pede divórcio de uma Goldschmidt em plena Ocupação. Isso Josette pode entender. Ainda assim, por que ter deixado a situação se arrastar? E por que Clara permanece tão presente quando o relacionamento com

* Ver *Paris libertária*, *op.cit.*

Malraux já não existe há tantos anos?! Apesar disso, ela envia fotos da filha deles, Florence! Ela reivindica objetos aos quais Josette há muito tempo se apegou! Além do mais, ela queria partir para Nova York com a filha, e o pai se opusera! Quanto egoísmo!

Em suma, a despeito do frango à americana, tudo não vai às maravilhas no melhor dos mundos conjugais.

– Mas e a guerra? – pergunta Sartre.

– Ah, a guerra! – geme Malraux.

Acende um cigarro feito à base de guimbas misturadas com flores secas do jardim.

– Me falam muito da guerra…

Em Roquebrune, onde morava antes (na casa dos pais de Josette) e para onde em breve vai voltar, alguns visitantes foram lhe fazer a mesma pergunta: deseja se juntar a uma Resistência, ainda embrionária, é verdade, mas que cresce todos os dias? Boris Vildé, Roger Stéphane, Emmanuel d'Astier de La Vigerie, Claude Bourdet… A todos, expôs o ponto de vista que defende mais uma vez diante de seus visitantes: esta guerra não é café pequeno; de um lado, existem os tanques soviéticos, do outro, aviões norte-americanos. O que temos a lhes oferecer?

– Nada… Vocês têm armas?

– Não – responde Sartre.

– Então repito o que disse aos que vieram me procurar antes: retornem quando tiverem armas.

Passar bem, senhores.

Rejeitados de novo, Sartre e Beauvoir sobem nas bicicletas. Eles, que dentro de alguns meses vão se tornar, e por muito tempo, as figuras de um engajamento jamais desmentido, foram rechaçados por aqueles cujo lugar, em breve, irão ocupar.

Enquanto André Malraux relê as últimas páginas de *La lutte avec l'ange* (que logo será publicado na Suíça), nosso casal de professores toma a estrada dos Alpes em direção à amiga Colette Audry. Entenderam que a missão fracassou e que, de volta a Paris, serão obrigados a anunciar à família a morte do "Socialismo e Liberdade". Tristes e decepcionados, preparam-se para voltar ao lar. Param no alto de um desfiladeiro, fazem uma pausa em um café onde bebem um cálice de vinho branco. Tornam a partir. E então, ploft, Simone cai da bicicleta. Último clarão: "Então é assim, a morte!".[4]

Ela não morreu: "Quando abri os olhos, eu estava em pé, Sartre me segurava por um braço, eu o reconheci, mas estava tudo escuro em minha cabeça".

Ele a levou até uma casa e lhe deu um copinho de cachaça para beber, o que a restabeleceu quase de imediato. Seu rosto no espelho a assustou: ela havia perdido um dente, ganhado um olho inchado e novas equimoses.

Eles cruzaram a Linha de Demarcação na Borgonha, pararam em Auxerre, onde uma contribuição de amigos os esperava. Algo para se sustentar antes de tomarem o trem para Paris.

Onde Simone tirou a última conclusão do périplo de resistência nas seguintes palavras: "Eu havia passado por uma experiência cujo efeito devia se prolongar durante dois ou três anos: eu havia tocado a morte".[5]

Convidados

> Produziu-se em mim um suave e pacífico *desprendimento*.
>
> Roger Martin du Gard

André Malraux não achou por bem informar Sartre e Beauvoir de que, embora ele não resistisse ao ocupante, outros de seu círculo estão envolvidos, e com alguma nobreza. A começar por Clara Malraux, que leva panfletos e documentos falsos da Zona Sul para a Zona Norte. E seus dois irmãos, Claude e Roland Malraux, que trabalham para a Special Operations Executive (SOE) britânica. Roland, por quem Josette tem um apreço especial, porque graças a ele Pierre Gauthier não é filho de pai desconhecido: Roland o reconheceu no lugar do irmão André, impedido porque casado.

Josette também gosta muito de Drieu la Rochelle, o padrinho da criança. Ele lhe obteve as autorizações necessárias quando, depois de dar à luz, ela precisou cruzar a Linha de Demarcação para se juntar a seus pais. Além disso, acha-o bonito e agradável. Mais jovem, pelo menos, que os frequentadores da casa: todos velhos!

André Gide é o mais assíduo. Quando ele vem, é preciso se comportar bem. Respeitável, o Grande Homem deve ser respeitado. Está fora de cogitação rir quando ele faz pose, ou seja, o tempo todo. Ele escreve seu *Diário* em qualquer canto, plantado no jardim, apoiado a uma porta, à mesa, sempre que uma ideia, como uma mosca, zumbe ao seu redor. Ninguém responde quando lança um desafio diante de um público desconcertado. Por exemplo, quando, mostrando um terno vermelho-tijolo sob o sobretudo aberto de maneira ágil, ele declara:

– Presente de Stalin!

Antes de acrescentar, dois tons acima:

– Antes da publicação de meu *De volta da URSS*, claro!

Eles passam à mesa. No cardápio: salsichão ao molho de trufas, garoupa... O Grande Convidado conversa com o Grande Anfitrião. Ninguém entende nada do que dizem. Um é todo ouvidos, o outro fuma um cigarro atrás do outro, agita-se de tique em tique, fazendo os mais exaltados comentários a respeito de tudo e nada, política, cultura, filosofia, literatura, artes primitivas, Clara e sua filha, a guerra vista de sua porta... Tudo isso de modo muito peremptório e sem dar nem tempo de os outros respirarem, como testemunha a Pequena Senhora:

> Passou por tudo: o que ele fez, o que suportou, o que viu, o que ouviu, as noções técnicas, ideológicas, a experiência pessoal, as reações gerais, tudo isso categórico demais, claro demais, sem hesitação nem incerteza possíveis, como filtrado pela inteligência e apresentado pela artista, ilustrado por episódios bem amarrados, sem repetições, que parecem inventados pela necessidade, mas na linha com os fatos.[1]

Em seguida, o café. Depois Malraux lê para Gide algumas passagens das obras que está escrevendo, *Les Noyers de l'Altenburg* (obra que colocava em cena seu pai e seu avô), ou trechos de uma biografia sobre T.E. Lawrence, por quem tem fascínio desde que leu *Os sete pilares da sabedoria* (o texto nunca será publicado). Gide não gosta muito, mas não emite uma só palavra. Prefere Michaux, o que irrita Malraux.

– Não se morre por Henri Michaux! – clama, reprovando Gide por ter arriscado a pele por esse autor de segunda linha.

Provavelmente Josette Clotis se recorda de um episódio relatado a ela por não lembra mais qual convidado. Certo dia, Malraux, Drieu la Rochelle, Gide e Giono almoçaram juntos em um restaurante parisiense. Os dois primeiros se envolveram em uma discussão que deixou os outros dez passos para trás. A altercação se estendeu até as seis, sete horas da noite.

Giono e Gide não pronunciaram uma única palavra. Exceto para avaliar a situação, no final da experiência.

– Não entendi nada do que disseram – confessou Giono.

– Eu também não – admitiu Gide.

Em seguida, depois de um breve silêncio:

– E, na minha opinião, eles também não.

Quando não é Gide, Malraux recebe Manès Sperber, que vem de Cagnes (ele partirá em breve para a Suíça); os Martin-Chauffier; Lacan, que chega de Nice com uma antiga atriz do Grupo Outubro nos primeiros meses de gestação: Sylvia Bataille, ex de Georges Bataille e futura sra. Lacan; Emmanuel Berl e sua esposa Mireille, cantora; ou ainda Roger Martin du Gard. Este é o mais velho entre os velhos. Autor de *Os Thibault*, prêmio Nobel, o que não faz mal a ninguém. De esquerda antes da guerra, desencantado desde então, após ter aceitado *momentaneamente* Vichy. Ele se atormenta por uma passividade que sente por todos os lados, a começar por si, sobretudo a respeito do *problema judaico*.

> O que pode um solitário como eu? Escrevi a vários amigos. Estou disposto a romper o meu silêncio e a me juntar a um protesto direto e respeitoso, medido e solene, dirigido pessoalmente ao marechal, que talvez não saiba como são executadas as suas ordens.[2]

A grande preocupação de Roger Martin du Gard, além do *problema judaico*, está perfeita e minuciosamente registrada em seu *Diário* a partir de 25 de fevereiro de 1941:

> Acabo de receber uma bordoada. Desde o semestre passado, registrava certo e leve enfraquecimento das funções urinárias. Pouca coisa: diminuição da força de expelir. Frequência um pouco maior das ejaculações de urina…

Duas semanas depois:

> Vivi todos esses dias, desde 25 de fevereiro, tentando me acostumar à ideia de que eu não escaparia do meu destino.
>
> Transcorridos oito dias:
>
> E, de repente, o doloroso pesadelo está completamente dissipado! Imagino o que deve sentir o náufrago que afundou e, brusca, repentinamente, de uma só vez, como uma bolha de ar, sobe para a superfície e respira de novo…

O médico acaba de verificar que o exame não apresentava problema e que tudo estava normal ao toque: "O senhor não tem absolutamente nada na próstata!".

André Gide e Maria van Rysselberghe haviam ficado preocupados:

> Apesar de nossa inquietação não ser tão disparatada quanto a dele, estamos assustados diante da ideia dos estragos que o medo dos sofrimentos mentais e físicos deve lhe causar.[3]

Nessas condições, de fato, como guerrear?

Alfred e o cinema

> Tal é o método de repressão dos alemães que em breve não haverá um só francês que não se sinta em dívida para com os judeus e com os comunistas, presos, fuzilados para nós, verdadeiras hóstias do povo.
>
> Jean Guéhenno

Havia muita diversão na Côte d'Azur nesses tempos de ocupação. Não todos, é claro, mas alguns privilegiados ainda dançavam no Boulevard de la Croisette ou bebiam drinques nas poltronas de veludo do Hôtel Négresco. Uma garrafa de champanhe custava o preço de várias bicicletas, o que não impedia Maurice Chevalier de brindar à saúde de Tino Rossi com Charles Trenet e Édith Piaf. Suzy Prim aplaudia a eleição de Miss Cinema antes de se juntar a Abel Gance e a Raimu em um chá-dançante organizado na Promenade des Anglais. A sétima arte desertara a capital para ganhar as margens do Mediterrâneo. Até abril de 1941, nenhum certificado profissional era exigido na Zona Sul, os banidos da Zona Ocupada podiam ter esperanças de encontrar um trabalho lá. Em Paris e ao norte da Linha de Demarcação, os alemães controlavam de fato toda a produção cinematográfica. As autorizações de filmagem eram emitidas pelo Comitê de Organização da Indústria Cinematográfica (dirigido por Raoul Ploquin, especialista em coproduções franco-alemãs no pré-guerra), após consulta da sinopse do filme, do orçamento, da lista de técnicos e de atores. Nenhuma exibição em salas era possível sem o aval da nação ocupante, que ameaçava os proprietários de fechamento em caso de problemas da ordem imposta; acontecia de os espectadores expressarem reações hostis às notícias alemãs apresentadas em cada sessão. Já as notícias francesas raramente arrebatavam o público: nenhum cineasta talentoso aceitara tornar-se o panegirista da propaganda nazista.[1]

A Continental-Films, produtora alemã, era dirigida por Alfred Greven. Este, produtor da Universum Film Aktien Gesellschaft (UFA) antes da guerra, podia se orgulhar de pelo menos um título de sucesso: a produção de *O judeu Süss*. Assim como Otto Abetz e Gerhard Heller, ele passava por um francófilo convicto.

A política da Continental havia sido traçada pelo dr. Goebbels. Era clara: a Alemanha devia promover um cinema local de má qualidade ("filmes leves, vazios e, se possível, estúpidos"[2]), o mais afastado possível de um nacionalismo condenável. Cabia à Continental fazer cumprir o programa decretado em Berlim.

A produtora dominava grande parte da produção dos filmes franceses. Apropriava-se das melhores películas, pagava caro àqueles que aceitavam colaborar com ela. Era financiada graças aos encargos de ocupação. Através de empresas filiais de projeção, ela havia comprado por volta de quarenta salas em toda a França. Assim, Alfred Greven encontrava-se no centro de uma gigantesca teia de aranha em que alguns cineastas foram apanhados. No entanto, estes representam uma minoria; a sétima arte permaneceu no todo contrária ao nazismo.

Algumas obras-primas foram produzidas durante a guerra, entre elas *O Boulevard do Crime* e *Os visitantes da noite* (Marcel Carné); *Lumière d'été* e *Le ciel est à vous* (Jean Grémillon); *Mãos vermelhas* (Jacques Becker); *Além da vida* (Jean Delannoy e Jean Cocteau); *Pontcarral, colonel d'Empire* (Jean Delannoy); *Sombra do pavor* (Henri-Georges Clouzot). Estranhamente, o período de guerra foi muito profícuo. Filmou-se muito durante a Ocupação: 220 filmes foram produzidos (incluindo trinta pela Continental, e apenas uma dúzia de inspiração claramente colaboracionista).[3] Os roteiros não tratam de sua época, fugiam do real, esqueciam a guerra para se deter em períodos antigos ou visitar universos oníricos: assim escapavam da censura.

Jean-Pierre Aumont, Jean Gabin, Victor Francen, Michèle Morgan, René Clair, Julien Duvivier, Jean Renoir deixaram a França e foram para os Estados Unidos. Jacques Feyder refugiara-se na Suíça. Essas deserções – somadas às dos técnicos e às, coercitivas, dos judeus impedidos de trabalhar – permitiram a uma nova geração ocupar os lugares vagos. Assim surgiram autores e diretores até então pouco conhecidos – Claude Autant-Lara, Jacques Becker, Robert Bresson, André Cayatte, Henri-Georges Clouzot, Christian--Jaque, Louis Daquin – que, em alguns casos, devem seus primeiros títulos de sucesso a Alfred Greven e à Continental. De fato, esta produziu filmes tão importantes como *O paraíso das damas* (André Cayatte), *O assassinato do Papai Noel* (Christian-Jaque), *Les Inconnus dans la maison* (Henri Decoin), *O assassino mora no 21* e *Sombra do pavor* (Henri--Georges Clouzot).

Alfred Greven usou de todos os meios de que dispunha para recrutar a nata dos roteiristas, diretores e atores do momento. Por amor e ingenuidade, Danielle Darrieux caiu em sua rede. Aos 25 anos, era uma estrela conhecida no mundo inteiro: atuara em filmes de Anatole Litvak, Billy Wilder, Robert Siodmak, Maurice Tourneur e de seu primeiro marido, Henry Decoin. Sob direção deste, participou de um filme produzido pela Continental (*Premier Rendez-Vous*). Em 1942, casou-se pela segunda vez com um diplomata dominicano, playboy inveterado acusado de espionagem contra o Reich e preso na Alemanha. Greven usou essa situação para pressioná-la e obrigá-la a atuar em dois filmes produzidos por sua produtora: *Caprices* (Léo Joannon) e *La Fausse Maîtresse* (André Cayatte). Danielle Darrieux foi para Berlim ao mesmo tempo que Suzy Delair, Viviane Romance, René Dary, Junie Astor e Albert Préjean, obteve a soltura de seu marido e, em seguida, rompeu com Greven. Ele a manteve em prisão domiciliar em Megève, e ela foi proibida de atuar.

Edwige Feuillère também foi vítima das pressões de Alfred Greven. Antes da guerra, a atriz havia assinado um contrato com uma produtora de cinema que foi adquirida pela Continental. Greven convocou Edwige Feuillère e seu empresário:

> Nós nos deparamos com uma espécie de fantoche de grande burguês, que nos recebeu com uma cortesia fria e, tomando de imediato certa distância, me assegurou que eu não tinha nenhum meio "jurídico" de me livrar do contrato que estava em sua posse [...] ele me deu a entender que havia na Alemanha excelentes refúgios para os "incompreensíveis" da minha espécie.[4]

Edwige Feuillère foi obrigada a atuar em *Mam'zelle Bonaparte*, de Maurice Tourneur, com Raymond Rouleau.

Usando argumentos pecuniários, a Continental contratou Christian-Jaque, Maurice Tourneur, André Cayatte, Fernandel, Pierre Fresnay, Louis Jouvet. Outros artistas fizeram-se de rogados antes de recusar. Alguns não usaram de subterfúgio para torcer o nariz e continuar o seu caminho. Como Marcel Pagnol, que Alfred Greven sonhava converter a suas ideias.

Desde *César* (1936), *Regain* (1937) e *A mulher do padeiro* (1938), Pagnol era muito popular na Alemanha. Greven acalentava uma esperança pequena: por que Pagnol aceitaria rodar na Alemanha quando seus próprios estúdios, com sede em Marselha, empregavam atores tão famosos como Jouvet, Raimu, Fresnay e Fernandel, que serviam admiravelmente suas próprias obras?

Em maio de 1940, Pagnol havia começado a filmar *La fille du puisatier*. Precisou interromper a gravação em agosto, mas a retomou algumas semanas mais tarde, depois de modificar o roteiro para que contemplasse os acontecimentos surgidos com a guerra. Assim, Raimu, Fernandel e os atores do filme interpretariam papéis familiares aos espectadores. Aliás, não estavam enganados: *La fille du puisatier*, exibido na Zona Sul no final de 1940, fez um grande sucesso.

Alfred Greven tinha outra boa razão para tentar se aproximar de Marcel Pagnol: este dispunha de uma infraestrutura invejável. Enquanto os Studios de la Victorine, em Nice, não tinham equipamentos de montagem, Pagnol podia rodar dois filmes ao mesmo tempo em suas próprias locações, registrar as bandas sonoras em seu auditório, revelar as películas em seus laboratórios, mixar, montar e até distribuir, graças à sua própria empresa de distribuição. Esse equipamento havia lhe permitido retomar as gravações de seus filmes na época em que a produção nacional ainda continuava parada (reiniciará apenas em novembro de 1940, na Zona Sul, e em fevereiro de 1941, na Zona Norte). Além disso, a France-Actualités lhe confiava a revelação de suas bobinas.

Em 1941, quando Pagnol começou a filmar *La prière aux étoiles* (com Pierre Blanchar, Julien Carette, Pauline Carton), Greven o solicitou. A manobra durou alguns meses, sendo abortada no momento em que o diretor decidiu abandonar o filme. Em seguida, acreditando que a melhor maneira de se proteger contra as pressões era deixar a área, ele vendeu os estúdios, os laboratórios e sua empresa de distribuição para a Gaumont. Depois, comprou um campo na comuna de La Gaude (o Domaine de l'Étoile), incentivou os técnicos de seus estúdios a se tornarem horticultores (o que evitou que fossem transferidos para a Alemanha compulsoriamente através do Serviço de Trabalho Obrigatório, STO) e esperou o fim da guerra para se plantar de novo atrás de uma câmera.

Alfred Greven também tentou a sorte com o ex-assistente de René Clair e de Jacques Feyder, Marcel Carné. Esboçado com brio por Henri Jeanson como "turbulento, teimoso, agitado, ligeiro e indiscreto", este filho de Montmartre com "ar de um mecânico endomingado" que, "se eclodisse a guerra, nem sequer perceberia"[5] havia visto seus filmes serem proibidos por Vichy. O cineasta, de fato, tinha um defeito duplo: além de seus produtores serem judeus, os principais atores de seus últimos filmes – sobretudo Jean Gabin e Michèle Morgan – haviam se exilado nos Estados Unidos. *Trágico amanhecer* finalmente fora autorizado depois que a censura cortou uma cena de Arletty nua no chuveiro.

Marcel Carné aceitou a proposta de Greven com duas condições: que ele continuasse livre para escolher os temas dos filmes e que estes fossem filmados na França. Negociaram durante algumas semanas, o tempo suficiente para que entrassem em desacordo sobre todas as pautas propostas. Desolado, Greven desistiu de tomar de assalto a fortaleza que produzira *Família exótica*, *Cais das sombras* e *Trágico amanhecer*.

Os visitantes da noite

> Há grandes poças de sangue no mundo. Para onde vai todo esse sangue derramado? Será a terra que o bebe e com ele se embriaga?
>
> Jacques Prévert

A fortaleza Carné contava com um trovador de natureza insolente que, depois de ser reformado por ansiedade, palpitações, hiperemotividade, espasmos gástricos e intestinais, exoftalmia, astenia, emagrecimento, taquicardia e bócio, havia deixado Paris em grupo apenas algumas horas antes da chegada dos alemães. Prévert levou consigo a nova namorada, a primeira esposa, três amigos húngaros – Brassaï, Alexandre Trauner e Joseph Kosma (os dois últimos eram, respectivamente, o cenógrafo e o músico de Marcel Carné) –; em seguida, com a mala em uma mão e a coragem na outra, embarcara com toda a pequena comitiva para um destino dos mais aleatórios: o Sul.

Eles haviam partido a pé e chegado a Jurançon, perto de Pau, onde já estavam Consuelo de Saint-Exupéry, Jacques Lacan e Sylvia. Mundano, brilhante, Lacan aproveitava o status de médico para andar a toda entre Paris e Marselha dentro de seu Citroën, cuidava ao mesmo tempo de sua futura ex-mulher e daquela com que estava, ambas grávidas, e era entusiasta demais dos líderes e ditadores para pensar em se envolver com a Resistência.[1]

Depois, Jacques Prévert chegara às margens do Mediterrâneo, para onde havia fugido a maioria de seus amigos do cinema. Dera um jeito de encontrar abrigo para Joseph Kosma e Alexandre Trauner. O primeiro era compositor, ex-pianista na trupe de Bertolt Brecht, maestro demitido da Ópera de Berlim, refugiado na França desde 1933. O segundo, pintor e cenógrafo. Ambos judeus, húngaros, amigos fiéis de Marcel Carné.

Eles se hospedaram de início em um hotel em Cannes, depois Jacques Prévert levou seus protegidos um pouco mais para o norte, perto de Saint-Paul-de-Vence e Tourette--sur-Loup. Como estavam proibidos de trabalhar e eram obrigados a se esconder, Kosma e Trauner viviam graças à generosidade do amigo, que aceitou inúmeros trabalhos de roteirista para sustentar a turma. Eles sobreviviam com mais dificuldade do que Henri Alekan, ex-assistente de Eugen Schüfftan (e futuro grande diretor de fotografia do cinema francês), que trabalhava nos Studios de la Victorine com documentos falsos; e provavelmente não muito melhor do que Max Douy – cenógrafo de Max Ophüls e de Jean Renoir –, que restaurava quadros, ou do que Jean-Paul Le Chanois, pseudônimo de Jean-Paul Dreyfus, roteirista e assistente de Julien Duvivier, Alexander Korda, Maurice Tourneur e Jean Renoir, obrigado a ganhar a vida vendendo radiadores.[2]

Quando a miséria apertava demais, Kosma ia até Marselha embalar caramelos para a Croque-Fruit. Criada por membros provenientes do Grupo Outubro, tratava-se de uma cooperativa de trabalhadores que ajudava os rebeldes e os fugitivos sem recursos. Havia sido fundada por Sylvain Itkine, filho de imigrantes judeus lituanos que se tornou ator (atuou em *Gula de amor*, de Jean Grémillon, e em *La vie est à nous*, *A cadela*, *O crime do sr. Lange* e *A grande ilusão*, de Jean Renoir).

Itkine fazia parte da turma de Prévert. Também anarquista, militante durante as greves dos trabalhadores de 1936, dono de sua própria trupe, O Diabo Escarlate, cúmplice dos surrealistas, amigo de Francis Lemarque, Paul Éluard e Max Ernst, ele praticava *agitprop* – abreviação de agitação e propaganda – quando esse termo ainda era pouco propagado. Em 1940, havia circulado pelos corredores da Villa Air-Bel. Em Marselha, no Porto Velho, cruzara com apátridas, refugiados, fugitivos de todas as ditaduras que tentavam em vão uma rota de fuga. Foi quando lhe ocorreu uma ideia. Uma ideia estranha em tempos de guerra: fabricar caramelos. Estavam nas margens do Mediterrâneo, região das amêndoas, tâmaras, nozes e avelãs – o terreno era propício.

Conversou com seu irmão, que era químico. Juntos criaram o caramelo que daria nome à cooperativa, "Le fruit mordoré", também batizado de "Croque-Fruit". Bastava variar os produtos, as medidas e as misturas para se obter guloseimas de sabores diferentes, todas dotadas desta riqueza que estava brutalmente em falta: calorias. Uma embalagem atrativa chamaria a atenção do consumidor. O ilustrador Jean Effel ficou encarregado dessa missão.

Itkine tomou emprestado o dinheiro necessário para alugar um pequeno apartamento na Rue des Treize-Escaliers. Uma máquina foi armazenada lá. Ela permitia a fabricação das primeiras guloseimas. Depois de experimentar e embalar, organizaram uma sagaz campanha de boca a boca: "Croque-Fruit, o alimento saboroso, a guloseima nutritiva".

Com o sucesso imediato, eles aperfeiçoaram: mil caramelos por hora. Eles contrataram: salário fixo e suficiente para viver com muita decência. Duzentos funcionários trabalharam nessa cooperativa de linha particular, que empregava uma mão de obra que falava todos os idiomas, escritores e pintores, atores, músicos sem documentos, judeus perseguidos... Kosma não foi o único a enrolar, partir, separar, embalar os Croque-Fruits. Trabalhou ao lado de Sylvia Bataille, Pierre Brasseur, Loleh Bellon, José Corti... Infelizmente, em 1942, quando os alemães ocuparam Marselha, foi necessário fechar o negócio. Sylvain Itkine rumou para Lyon, onde entrou para a Resistência. A Gestapo o matou em 1944.

Kosma e Trauner estavam escondidos em Tourrette-sur-Loup, a cerca de dez quilômetros de onde Prévert e Claudy Carter, sua jovem companheira (25 anos mais nova do que ele, que já passava dos quarenta), fixaram residência: um hotel perto de uma pequena pousada que em breve se tornaria célebre: a Colombe d'Or.

Em seu quarto, Prévert retomara alguns de seus hábitos parisienses. Trabalhava ouvindo música, escolhendo de preferência Vivaldi ou os poemas de *Carmina Burana* (musicados por Carl Orff). Anotava seus encontros da semana em sete grandes folhas fixadas com tachinhas na parede, cada uma decorada com um desenho diferente. Quando dava meio-dia, assobiava para Dragon, um cão preto da raça *bouvier des Flandres*, e ia encontrar os amigos na pousada do vilarejo.

Não distante dali, em um hotel no cabo de Antibes, Marcel Carné irá encontrá-lo certo dia de 1942. Sem conseguir produzir *Juliette ou la clé des songes*, que teria Jean Marais de protagonista e diálogos de Jean Cocteau, ele procurava um papel para um ator que descobrira no Théâtre de l'Atelier: Alain Cuny. Fora para o Sul com um rolo de película no qual registrara os ensaios do rapaz. Prévert ficou entusiasmado. De imediato, o cineasta e o roteirista foram em busca de um tema. Para dobrar a censura, deveria remontar a uma época longínqua. A Idade Média atraía Prévert sem desagradar Carné. Assim, decidiram que a ação de *Os visitantes da noite* se desenvolveria no século XV, que os personagens principais seriam o diabo (Jules Berry) e dois de seus emissários (Arletty e Alain Cuny). Com a ajuda de um auxiliar crítico de cinema (Pierre Laroche), Prévert começou a trabalhar. Carné voltou a Paris, convenceu o produtor André Paulvé – coproprietário dos Studios de la Victorine, em Nice – a abrir o bolso e retornou para a Provença a fim de medir o progresso dos trabalhos.

Fiel aos amigos e à sua convicção, Prévert exigiu que o cenógrafo de *Os visitantes da noite* fosse o mesmo de *Família exótica*, *Cais das sombras* e *Trágico amanhecer*: Alexandre Trauner. Quanto à música, ninguém comporia melhor do que Joseph Kosma. Assim foi formado o quarteto que havia produzido e iria produzir tantas obras-primas do cinema francês.

Existia, no entanto, uma dificuldade a contornar, e das grandes: judeus, clandestinos, Trauner e Kosma não tinham o direito de entrar em um estúdio. Como fariam para trabalhar se lhes era impossível deixar Tourette-sur-Loup, assinar contratos, ser vistos em um set de filmagem?

Eles precisavam encontrar testas de ferro. Discutiram alguns nomes. Após tomar novo trem para Paris, Carné agiu como intermediário dos banidos. Perguntou ao cenógrafo Georges Wakhévitch – que havia trabalhado com Jean Renoir em *La Marseillaise* e *A grande ilusão* – se aceitaria cobrir o seu colega, aparecendo e assinando em seu lugar. Wakhévitch aceitou, contanto que, por razões de segurança, as maquetes do filme fossem armazenadas em seu ateliê. Já Joseph Kosma foi protegido pelo compositor Maurice Thiriet; estava acordado que Charles Munch gravaria a partitura.

Assim, Wakhévitch construiu os cenários do castelo de *Os visitantes da noite* de acordo com os modelos de Trauner em um terreno adjacente aos Studios de la Victorine. Além de Jules Berry, Arletty e Alain Cuny, Marcel Carné contratou Marie Déa e Fernand Ledoux. Para os papéis secundários, sobretudo os de pajens e princesas, escolheu figurantes entre os quais alguns davam os primeiros passos: Roger Blin, François Chaumette, Jean Carmet, Alain Resnais e uma moça loira de olhos claros, com quem o diretor esbarrara no Flore: Simone Signoret.

As filmagens começaram em abril de 1942. Não sem dificuldades. Devido a uma estação mais chuvosa do que o normal, Marcel Carné atrasou em três semanas a data prevista para a primeira tomada. Jules Berry, que interpretava simultaneamente três papéis em três filmes diferentes, chegava exausto ao set sem saber o texto. Além disso, como não estava sendo produzido pela Continental, e sim por uma produtora francesa, faltavam recursos ao filme. Os figurantes deviam ser filmados em plano aberto para esconder a péssima qualidade dos tecidos dos trajes (a seda fora reservada para os papéis principais). A mistura utilizada para substituir o estuque dos cenários (gesso e grama em vez de gesso e crina) revelava-se frágil. Por falta de revestimento impermeável à umidade, manchas redondas apareciam, e era preciso repintar entre as tomadas. A pintura do chão cedia com o calor dos projetores, de modo que as solas deixavam pegadas cada vez mais profundas e mais visíveis. Por fim, famintos, os atores e os figurantes atiravam-se sobre os pratos e os cestos de frutas trazidos para os banquetes, criando movimentos descontrolados no set e crises de desespero entre os administradores, que não sabiam mais o que fazer. Acabaram injetando seringas contendo purgante nas refeições, tornando-as impróprias para o consumo. Fizeram o mesmo com os pães – cujas cascas apresentavam buracos de dedos, usados para retirar o miolo até o fim –, deixados sobre a mesa só com as carcaças.

Certa noite se apresentou no set um jovem vindo de Roma. Os coprodutores italianos o enviaram para que ajudasse Marcel Carné na direção. Os membros da equipe o dissuadiram de chegar a fazer o pedido: Carné não suportava imposições. Confiaram-lhe tarefas secundárias, e o rapaz permaneceu, silencioso e tranquilo. Seu nome era Michelangelo Antonioni.[3]

O filme *Os visitantes da noite* foi lançado em Paris em dezembro de 1942, fazendo um sucesso considerável e desconcertando a crítica e o público. A obra recebeu o Grande Prêmio do cinema francês. Durante um ano, permaneceu em cartaz no cinema Madeleine.

Esse sucesso não agradava o homem da Continental. Uma obra-prima que não havia sido feita por sua produtora! Alfred Greven chegou a acreditar que, se persistisse em aplicar as ordens do Führer, o cinema europeu escaparia provavelmente da dominação que ele havia se esforçado para estabelecer desde o início da guerra. Acabou admitindo que era bem mais difícil do que parecia abrir mão dos artistas e técnicos judeus, dos Kosma, Trauner, Alekan, Douy, Le Chanois excluídos dos sets por motivos raciais. E ainda mais, talvez, de todos os produtores que levaram o cinema mundo afora. Sem falar dos atores proibidos de atuar que, por conta da necessidade, haviam dado lugar a desconhecidos (François Périer, Serge Reggiani, Alain Cuny, Simone Valère,

Danièle Delorme, Suzy Delair, Raymond Bussières, Paul Meurisse etc.) e a vedetes já consagradas antes da guerra (Michel Simon, Raimu, Danielle Darrieux, Louis Jouvet). Privando-se dessa maneira de talentos condenados ao exílio ou ao silêncio, não reduziria a chama da Continental, que devia inflamar o mundo todo com a força produtiva alemã, mas que, transcorridos três anos de atividade, não produzira senão por volta de trinta filmes?

Mudando ligeiramente de opinião, Alfred Greven recorreu a Jean Aurenche, o roteirista de Claude Autant-Lara (e irmão de Marie-Berthe), pedindo-lhe para acrescentar alguns colegas talentosos, judeus se fosse preciso, à equipe da Continental. Greven não teria ligações com eles e pagaria um valor aceitável. Eles não apareceriam em nenhum crédito, e, se alguém lhe perguntasse, Greven diria que não, é claro: nenhum judeu trabalhava para ele.

De olhos fechados e bico calado, contendo um desgosto irreprimível, Greven contratou um punhado de judeus que aceitaram entrar na Continental para bichar a fruta: em matéria de locações, nenhum posto de observação e de espionagem era melhor do que aquele. Assim, Jean-Paul Le Chanois fez sua entrada no santuário da colaboração cinematográfica.

Lá encontrou Henri-Georges Clouzot, que acabava de rodar *Sombra do pavor* (com roteiro de Louis Chavance, e com Ginette Leclerc e Pierre Fresnay como protagonistas). Este filme, desprezado pela imprensa clandestina por sua perfídia e pela péssima imagem que passava de um pequeno vilarejo francês submetido às cartas ameaçadoras de um anônimo que assinava O Corvo, valerá uma suspensão da atividade para o autor, em 1945.

Essa promiscuidade não era a única inevitável para um homem que estava claramente engajado na Resistência. Na Continental, Le Chanois cruzava às vezes com o ferrenho antissemita Robert Le Vigan. No pré-guerra, o ator havia participado de filmes de Gance, Duvivier, Carné, Renoir. Em 1943, ingressou no Partido Popular Francês de Doriot e defendeu a causa do ocupante em vários programas de propaganda favoráveis à colaboração. Também ele, mas por razões objetivas, pagará seu quinhão na Libertação.

Em 1936, Jean-Paul Le Chanois realizara *Le temps des cerises*. Havia sido assistente de Jean Renoir em *La vie est à nous* e em *La Marseillaise*. Amigo de Jacques Prévert desde os idos tempos do Grupo Outubro, era um homem de esquerda. A guerra não havia mudado suas opiniões. Em setembro de 1941, após reunir inúmeros amigos, criara o Comitê de Salvação Pública do Cinema Francês. Enquanto trabalhava como roteirista para a Continental, militava clandestinamente nas fileiras do Partido Comunista. Distribuía panfletos, colava cartazes e reunia fotos úteis aos aliados, fazendo-as chegar a Londres.

O cineasta Louis Daquin o ajudava. Com um punhado de técnicos simpatizantes do Partido Comunista, eles fundaram o departamento de cinema da Frente Nacional.* As reuniões ocorriam na residência de Max Douy. Por serem muitas vezes conhecidos demais a ponto de arriscar um reconhecimento perigoso, os atores não compareciam. Porém, Jacques Becker, Jean Grémillon, Jean Painlevé e outros encontravam-se com Daquin e Le Chanois. Sua principal tarefa era tentar impedir que os colegas trabalhassem para os alemães. Eles estavam em contato com os movimentos embrionários da Zona Sul.

O diretor de fotografia Henri Alekan, que trabalhava nos Studios de la Victorine, havia criado uma rede que fornecia documentos falsos aos judeus e resistentes. Ele desenhava os carimbos oficiais, mandava-os reproduzir, roubava tíquetes-alimentação. Sob o pretexto de atividades profissionais, levava suas câmeras para as proximidades da fronteira italiana e filmava eventuais alvos ou pontos estratégicos capazes de interessar aos aliados.

---

* Frente Nacional de Luta para a Libertação e a Independência da França (1941-1949), partido de resistência criado pelos comunistas. Ao longo do livro, todas as menções à Frente Nacional referem-se a esse partido. (N.T.)

Henri Alekan acabou ingressando em um maqui, onde Le Chanois já havia se refugiado. Ajudado por meia dúzia de técnicos, este conseguiu filmar os *maquisards* do maciço de Vercors (*Au coeur de l'orage*), único testemunho direto desses homens das montanhas.

A resistência dos artistas do cinema, ainda que organizada aos poucos, nem se compara com a dos círculos literários. A clandestinidade, de fato, não impedia os autores de escrever nem os gráficos de imprimir. Ela tornava a tarefa mais complicada, sem contudo os privar de seu meio de expressão. O cinema, ao contrário, exigia uma coletividade humana e recursos materiais impossíveis de se obter sem levantar suspeitas. A aglomeração de pessoas que a gravação de um filme envolve era *per se* perigosa. Vercors pôde criar as Éditions de Minuit durante a guerra: um punhado de colaboradores foi o suficiente; os leitores descobriam as obras de modo individual, sem precisar se reunir para sessões de leitura públicas. Nenhum produtor conseguiu agrupar em um set clandestino atores, técnicos, artistas e artesãos necessários para a realização de um filme; nenhum público, de qualquer maneira, fora autorizado a entrar em uma sala para assistir a uma obra proibida. O mesmo valia para o teatro. Nesse segmento também houve refratários à ordem nazista. André Clavé, por exemplo, fundador em 1936 da companhia Comédiens de la Roulotte, foi um grande resistente, membro da rede Brutus. Com o acréscimo de Jean Vilar, bem que tentou agir com sua trupe dentro da associação Jeune France, fundada em dezembro de 1940 pelo governo de Vichy. Porém a Jeune France – assim como a escola de Uriage dirigida pelo capitão Dunoyer de Segonzac e como todas as organizações "culturais" criadas por Vichy – logo revelou o que era: um trampolim estritamente pétainista.

Alfred Cortot, Raymond Rouleau, Pierre Schaeffer e muitos outros se perderam ali. Emmanuel Mounier quase perdeu a alma. O fundador da revista *Esprit* acreditava nos clubes e aglomerações ideológicos. Viu na Jeune France um meio de influenciar a política de Vichy. Antes mesmo da criação da associação, Mounier havia concordado em republicar a *Esprit* na Zona Sul. Após obter as autorizações necessárias, defendeu pontos de vista de acordo com o ar viciado da época. Em setembro de 1940, escreveu um relatório sobre os movimentos de juventude que exaltava o trabalho, a disciplina, os alegres agrupamentos. Publicado por sua revista em janeiro de 1941, esse relatório combinava bastante bem com escritos anteriores nos quais Mounier criticava a democracia, o espírito de resistência ("Aprendamos primeiro a virtude do silêncio") ou a esperança de uma paz vinda de Londres ("Seria melhor, meus caros franceses, erguer poemas vivos com as nossas mãos, com a nossa coragem, com a nossa lealdade [...] do que buscar por trás de um botão de rádio o milagre que apenas a nossa resolução pode realizar"[4]).

Após demonstrar submissão, Mounier tentou aproveitar seu status para insuflar opiniões menos complacentes em aglomerações que escutavam sua palavra. Resultado: foi excluído da Uriage e da Jeune France, e a *Esprit* foi suspensa. Mounier retornou para a Zona Norte, entrou para a resistência, foi preso em 1942, solto algumas semanas depois. Em seguida, renunciou a inflar manifestações públicas nas quais, evidentemente, era impossível pronunciar qualquer palavra de resistência. Então afastado delas, viu a Jeune France e a Uriage serem implodidas em 1942, sem que tivessem permitido nada além do nascimento ou do encontro de pessoas de boa vontade.

Isso prova que a Resistência foi de início uma ação individual de pessoas bem-intencionadas que procuravam umas às outras, ávidas por se unirem em uma luta que, com exceção dos homens de letras, não passava necessariamente por sua ferramenta habitual de expressão.

III

Dia a dia

Operação Barbarossa

> Se não dormimos, é para espreitar a aurora
> Que provará que enfim vivemos no presente.
>
> Robert Desnos

Em 30 de março de 1941, às onze horas, na sala do Conselho da Chancelaria em Berlim, Hitler reunia os principais generais do exército, da marinha e da força aérea para lhes anunciar que atacaria a União Soviética em 22 de junho. Ordenou que a guerra fosse conduzida rapidamente, que fosse impiedosa, uma vez que o combate contra Moscou era acima de tudo de natureza ideológica.

Em 6 de junho, escreveu uma carta confidencial que devia ser comunicada de modo oral aos comandantes das tropas quando chegasse a hora: na luta que o Reich travaria contra o bolchevismo, era inútil esperar que o inimigo se comportasse humanamente; por conseguinte, os soldados alemães não precisavam respeitar o direito internacional.

Durante todo o mês de março, as unidades da Wehrmacht avançaram para o Leste. As divisões estacionadas na Europa ocidental colocaram-se em marcha. Progrediam em estradas abarrotadas, em vias férreas engarrafadas. Esse tráfego chamou a atenção dos agentes estrangeiros. As embaixadas aliadas advertiram Moscou de um perigo iminente. Stalin não deu ouvidos. Considerou esses alertas como manobras orquestradas pelas nações capitalistas para desestabilizar as relações entre Berlim e Moscou. Pensava que seu aliado nunca se voltaria contra ele antes de colocar a Inglaterra de joelhos. As informações recebidas provinham de agentes duplos.

As fronteiras soviéticas não foram protegidas. Pior ainda: ordenou-se que as divisões do Exército Vermelho se afastassem a fim de evitar ceder às provocações. Os aviões da Luftwaffe que penetravam no território para fotografar os futuros alvos não foram incomodados, tampouco os regimentos de assalto que, uma vez posicionados, preparavam-se para a guerra.

Alguns dias antes da data fixada por Hitler, Stalin concordou em declarar estado de alerta: seu embaixador em Londres havia sido informado pelas autoridades britânicas de que o ataque ocorreria entre 22 e 29 de junho. Entretanto, o Pai dos Povos considerava que, em caso de agressão flagrante, a diplomacia resolveria a questão.

No dia 22, às três horas da manhã, da Finlândia até o mar Negro, três milhões de homens se lançavam em um ataque à União Soviética. Nas ruas de Berlim, milhares de alto-falantes emitiam a mensagem do Führer:

> Povo da Alemanha! Nacional-socialistas! Chegou a hora! Sobrecarregado por sérias preocupações, condenado a dez meses de silêncio, posso enfim falar com vocês abertamente. Hoje decidi colocar o destino e o futuro do Reich alemão nas mãos de nossos soldados. Que Deus nos ajude neste combate!

Em uma linha de cerca de 2,5 mil quilômetros, 190 divisões apoiadas por cinco mil aviões e quinhentos tanques cruzavam a fronteira e se embrenhavam na estepe como uma faca na manteiga. A guerra entrava em uma nova fase. Os comunistas de todos os países enfim poderiam se dar as mãos.

O MAIS BELO ANOITECER DO MUNDO

> Trotski assassinado no México. Distingo – escuto com uma acuidade alucinante – os borborigmos de felicidade gorgolejar na cloaca que, em Stalin, ocupa o lugar da alma.
>
> JEAN MALAQUAIS

Neste 22 de junho, no Sul da França, um rapaz está sentado na poltrona de um ônibus movido a gasogênio que o leva de Villeneuve-lès-Avignon a Angles, aonde em breve chegará Louis Aragon. O motorista se vira para ele e, com um sorriso, passa a notícia: os alemães acabam de entrar na Rússia.

O rapaz desata a chorar. Porém, as lágrimas são sinais de alegria: ele sabe que é só uma questão de tempo para os nazistas perderem a guerra.

O rapaz se chama Pierre Seghers. Ainda desconhecido, está prestes a se tornar um dos maiores editores de poesias clandestinas.

A cerca de cem quilômetros dali, o escritor Jean Malaquais aguarda Galy, sua noiva. Ele acaba de voltar da propriedade de Jean Giono. Este, "que idealiza seus camponeses a ponto de representar que são colecionadores de arte e leitores de Ariosto"[1], confessou-lhe que seus trabalhadores o odiavam a ponto de denunciar o Contadour como um antro de nudistas. Também relatou a última visita de Darius Milhaud, que viera com o filho. Antes do almoço, ele lhes mostrou alguns carneiros. Depois do almoço, ele lhes mostrou carneiros. Na hora do café, ele lhes mostrou carneiros. Em seguida, apresentou a sra. Giono, que estava grávida. O filho de Darius Milhaud apontou para a barriga dela e exclamou: "Vai ser um carneiro!".[2]

Jean Malaquais encontra-se no porto de Marselha. Retira um livro do bolso: é a tradução húngara de seu único romance publicado na França, prêmio Renaudot de 1939, *Les Javanais* [*Os javaneses*]. Em húngaro: *Javaban történ.* Acaba de receber o exemplar por meios escusos. Folheia-o e encontra uma palavra que não consta nem do manuscrito original nem de nenhuma edição: *Trotski.* Intrigado, vira as páginas. O nome do líder russo assassinado por Stalin em 1940 aparece com frequência. Acaba enfim entendendo. Na época da tradução do romance, Budapeste e Moscou eram aliadas. De modo que, para agradar as autoridades, a editora fez uma troca no livro: substituiu *Stalin*, criticado pelo autor, pelo renegado trotskista.

Jean Malaquais fecha o livro, consulta o relógio e acende um cigarro, ganho em um jogo de xadrez no porto de Marselha.

Em seguida, sai. Sua noiva, Galy Yurkevitch, é de origem russa, ou seja, desde algumas horas uma inimiga da Alemanha. Ele próprio, judeu polonês, não está em situação muito melhor. Ainda assim, *Malaquais* soa melhor do que *Malacki.* Seu sobrenome e o prêmio Renaudot o protegem do regime "putainista*", como ele diz. Por enquanto.

Vai até Évêché, a sede da polícia marselhesa. Lá descobre que os russos foram apanhados em uma batida e presos no *Providence*, ancorado no porto. Malaquais vai voando até o Emergency Rescue Committee, situado no Boulevard Garibaldi. Nessa época, embora André Breton e seus companheiros de Villa Air-Bel estivessem longe, a equipe de Varian Fry continuava no lugar.

No comitê, Malaquais pede para que lhe façam uma falsa carteira de médico, apanha uma braçadeira da Cruz Vermelha, um estetoscópio, um kit de primeiros socorros e corre para o porto. Avista o *Providence*, sobe a bordo, empurra os passageiros, descobre Galy, agarra-a pelo braço e ordena àqueles ao redor para se afastarem: a moça está com

---

* Trocadilho com Pétain e *putain* (puta). (N.T.)

varíola, doença muito contagiosa, e fugiu do hospital em que a tratavam. "O tempo necessário para abrirmos caminho por entre a multidão e desaparecermos no mais belo anoitecer do mundo."[3]

Prevendo dias difíceis, Malaquais volta para o ferro-velho em que estão alojados, Galy e ele, e guarda seus documentos em uma caixa de lata, que enterra no jardim. Ao cair da noite, após fazer um gato de uma antena de rádio ao longo de uma calha, liga o rádio e procura, nas ondas da Europa em guerra, notícias do front russo.

Um ano depois, com Galy em seus braços, trocará Marselha pela Venezuela.

Em Paris, nesse 22 de junho de 1941, Paul e Nusch Éluard comemoram a notícia na casa de Youki e Robert Desnos. Sentados ao redor de uma longa mesa retangular que costuma acolher por volta de quinze convidados, brindam à vitória próxima. Ninguém tem dúvida de que a abertura de um segundo front ao Leste, somada ao poder do Exército Vermelho, obrigará a Alemanha a capitular. Trata-se de uma questão de tempo para que a Operação Barbarossa marque o fim do grande Reich.

Os convidados bebem algumas garrafas compradas no pré-guerra e guardadas com cuidado para celebrar um acontecimento dessa natureza. Os sonhos acordados, a escrita automática, todos os jogos que reuniam no passado os companheiros surrealistas ficaram para trás, mas Éluard e Desnos, que nunca romperam entre si, redescobrem o arrebatamento de sua juventude para comemorar a esperança.

Depois do jantar, alguns amigos chegam. Entre eles, Georges Hugnet, poeta surrealista em rota de colisão com os jovens do movimento. Sua biblioteca, localizada no Boulevard Montparnasse, abriga inúmeros panfletos clandestinos, quando não serve de caixa de correio para alguns resistentes.

Por uma medida de segurança, fecharam as cortinas pretas e acenderam velas. Éluard, com a mão trêmula por conta de velhas garrafas bebidas em grande quantidade e depressa demais, recita poesias. Desnos, olhos cor de ostra atrás de seus grossos óculos de míope, assinala alguns aforismos enquanto faz carinho em seu gato, Jules. Youki ("Neve Rosa"), assim apelidada por Foujita, seu companheiro antes de Desnos, passa de um para outro, magnificamente elegante, como sempre.

Mesmo durante esse período negro, a residência dos Desnos sempre se manteve acolhedora. Situa-se no segundo andar de um prédio na Rue Mazarine, perto do Flore e do Deux Magots – onde Sartre escreve com a mão direita *O ser e o nada* e com a esquerda segura a de Simone de Beauvoir –, a alguns metros da Rue des Grands-Augustins, onde Picasso expõe e trabalha.

Duas grandes telas de Foujita estão expostas na sala: uma mostra Youki nua ao lado de um leão, a outra é uma natureza-morta. Em outros lugares, encostados nas paredes, Klee, Malkine, Miró e outros Foujita cochilam enquanto esperam ser pendurados. Na vasta biblioteca que sobe até o teto, além dos volumes raros e com dedicatórias, empilham-se objetos que Desnos garimpa no mercado de pulgas: garrafas, estrelas-do-mar, bustos, estatuetas... Uma coleção de cachimbos de ópio reflete gostos passados e coletivos. Muitos discos. Muitas séries ilustradas, com preferência para aquelas apreciadas por Apollinaire, que tanto inspirou os surrealistas: *Fantômas*, *Les Pieds Nickelés*, *Nick Carter*...

Com exceção de Éluard e alguns outros, a residência dos Desnos recebe todos os parisienses das artes e dos espetáculos representantes do espírito *nem-nem*: nem muito colaboracionistas, nem muito resistentes. Resignando-se com algum embaraço ao que se passa com os mais bem instalados, com um pouco de desgosto com os menos bem acomodados, em um dilema em relação aos demais.

O mais jovem de todos ainda não tem vinte anos. Marcel Mouloudji é o gaiato da turma. Em 1940, tirou seu destino no cara ou coroa. Coroa, ele partia para a Inglaterra. Cara, permanecia na França.

Deu cara.

Desde antes da guerra, vive aqui e ali, em função das portas abertas pelos amigos ou dos empregos que encontra. Com seu irmão André, cantou em festas populares e manifestações comunistas. Conhece a "Internacional" na ponta da língua. Evidentemente, mantém o hino na surdina. Nesses dias que correm, faz o que pode. Ele que, na infância e na adolescência, participou de uma dezena de filmes, incluindo títulos de Marcel Carné e Christian-Jaque, perambula por Paris sem emprego e sem um tostão. Seus amigos Jacques Prévert e Marcel Duhamel migraram para o Sul, e os camaradas do Grupo Outubro se dispersaram aos quatro ventos. Quando se sente sozinho, vai para a casa de Youki e Robert, que o conhecem desde que tinha uns dez anos e adormecia na cama de Youki, com o polegar na boca. Hoje bebe com os outros, canta baixinho e procura um pouco de dinheiro ou um emprego. Já fez de tudo e aceita aumentar a lista. Trabalhou com manutenção, foi vigia noturno, professor de mímica, figurante, dublê de luz, modelo, dançarino... Interpretou o papel de um leão em um filme, substituiu Serge Reggiani – alguns meses mais velho –, foi escolhido por Henri Decoin para interpretar um personagem em *Les Inconnus dans la maison*, posou como Apolo sem gordura nem músculos... Tornou-se amigo de Jean-Louis Barrault depois que este o contratou para interpretar o papel de uma criança em uma peça adaptada de um romance de Faulkner, *Enquanto agonizo*. Morou em seu ateliê, na Rue des Grands-Augustins, depois na casa em Neuilly, onde o diretor vive com Madeleine Renaud.

Esse casal já lendário se conheceu em 1936, no set de um filme de Jean-Benoît Lévy. Ela, a grande burguesa que vivia em um casarão na Rue Desbordes-Valmore, sócia da Comédie-Française, casada, um filho, um amante. Ele, mais jovem, anarquista oriundo das barricadas do Grupo Outubro. O proletário e a burguesa.

Eles caíram logo nos braços um do outro e não se desgrudaram mais. A "régia Renaud" (como Madeleine será chamada nos bastidores da Comédie-Française) aos poucos fez a faxina, dispensando os dois homens de sua vida: o amante Pierre Bertin e o marido Charles Granval. Ela se divorciou para se tornar a esposa de Jean-Louis. Casaram-se em junho de 1940 na prefeitura de Boulogne-Billancourt. Três meses depois, Jean-Louis entrava na Comédie-Française.

Também eles frequentam a residência de Robert e Youki Desnos. Assim como Sartre e Beauvoir, André Masson, Picasso e Dora Maar, Henri Jeanson…

Todas essas personalidades eram presenças confirmadas já antes da guerra. Assim como Antonin Artaud, de quem todos sentem saudade. Ele declamava de modo prodigioso, parava de repente para registrar um verso no caderno que vivia no bolso de seu casaco, cantarolava desenhando, gemendo, chorando, tripudiando por um pouco de láudano.

Na residência de Robert Desnos, ele conheceu o dr. Ferdière, próximo dos surrealistas e psiquiatra no hospital de Rodez. Desnos conseguiu que o amigo fosse transferido para lá, na esperança de que seria mais bem tratado do que nos estabelecimentos anteriores, onde nenhum médico conseguira curá-lo dos problemas nervosos de que sofria desde a infância. Robert ignorava que Ferdière o submeteria à tortura do eletrochoque, insistindo apesar das súplicas desesperadas do paciente. Essa "terapia" ignóbil destruiu Antonin Artaud.

Ele também comparecia nos tempos felizes em que a residência dos Desnos abria suas portas para todos. Bebia com os outros, usava talvez um pouco de cocaína, e até heroína, às vezes ópio. Youki abastecia as necessidades de todos. E assim continua, embora o fornecimento tenha se tornado mais difícil. Com frequência, busca substâncias nas proximidades do Flore e do Deux Magots. De vez em quando, encontra. Contudo, falta dinheiro. Quando os bolsos estão vazios, ela apela para o farmacêutico, que lhe consegue um pouco de éter, ou para o cabeleireiro, que lhe oferece xampus compostos à base da mesma substância. Ela inala escondida de Robert.

A maioria dos amigos vai embora alguns minutos antes do toque de recolher. Aqueles que moram longe demais e perderam o último metrô dormem por ali. Almofadas e colchões são empilhados na sala. Youki vai para a cama. Robert sobe até o mezanino que mandou construir acima da biblioteca. Precisa desse espaço para se reconciliar consigo mesmo, isto é, para escrever algumas linhas pessoais. Uma obrigação que se impôs. Assim, todas as noites antes de dormir, lava os tinteiros de concessões nos quais, durante o dia, mergulha sua pena de poeta.

A Parker de Robert Desnos

> Era a amizade, a fraternidade, a generosidade em pessoa... A solidão, a penúria, o abatimento nunca puderam apagar o sorriso de seus lábios nem impedir sua voracidade de viver.
>
> Brassaï

É preciso sobreviver. Desnos sente uma responsabilidade particular em relação a Youki, que Foujita lhe confiou dez anos antes, quando deixou a França para fugir do fisco. Na época ela vestia Schiaparelli, andava em um Delage conversível dirigido por um motorista, morava em uma casa própria ao lado do Parc Montsouris. Os tempos mudaram. Quando estava mobilizado, o sargento Robert Desnos enviava cartas tranquilizadoras para a esposa: ela não devia se preocupar, a guerra não duraria muito, ele encontraria trabalho assim que voltasse... Também implorava para que se afastasse do Café de Flore e suas viciantes tentações. Ele mesmo abandonara o ópio, que consumia desde seu amor platônico por Yvonne George, uma cantora de cabaré que ele amou sem ser correspondido até a morte dela, em 1930.

Pouco depois tomou Youki em seus braços. Ele, que conhecera poucas mulheres antes dela, havia tentado em vão lhe oferecer tudo o que Foujita lhe dera. Porém, os costureiros não eram mais tão grandes, e as noites nas casas noturnas da moda se tornaram mais raras. Na linha de um front imóvel e invisível, Desnos temia que sua mulher cometesse alguma bobagem enquanto o esperava. E mesmo que não o esperasse – ele, que a amava loucamente e sofria tanto ao imaginá-la em outros braços além dos seus.

Com o fim da Guerra de Mentira, ele retomou a situação matrimonial. O que podia fazer? Começou procurando na área do rádio: eles quase estrearam juntos, nos anos 20 e 30, quando sua voz, inconfundível, fazia a alegria dos primeiros ouvintes da Rádio Paris. Ele criava esquetes e slogans publicitários. Nos anos precedentes à declaração da guerra, trabalhava em uma agência, a Information et Publicité, que produzia campanhas publicitárias. A mais famosa de todas foi criada para o *Petit Journal*. Chamava-se *La complainte de Fantômas*. Kurt Weill, que, fugindo do nazismo, vivia então em Paris, compôs a música. Alejo Carpentier, que Desnos conhecera em Havana, era o responsável pela direção musical. Antonin Artaud interpretava o papel de Fantômas, cujas deixas escrevia com Robert Desnos. O programa devia causar medo no ouvinte. Foi um enorme sucesso. Na época, toda a França havia cantado os lamentos do personagem de Souvestre e Allain.

Desnos em seguida deu vida a um programa diário que divertia milhares de ouvintes. Esse programa era baseado em jogos de palavras, trocadilhos, exercícios humorísticos que o poeta havia aprimorado ao longo dos anos surrealistas. Ele criava cenas, adicionava música, lançava slogans publicitários com uma linguagem extremamente inventiva.

Até a declaração de guerra, foi responsável por um programa semanal, "La clé des songes" [A chave dos sonhos], no qual os ouvintes contavam seus sonhos. "La clé des songes" acabou junto com a mobilização de seu principal apresentador.

Aos 39 anos, Robert Desnos imaginou que podia escapar do alistamento em razão de sua idade e também devido a uma miopia incompatível com o serviço militar. Contudo, foi enviado para a Linha Maginot. Onde, sem disparar um único tiro, foi festejado como herói: todos conheciam sua voz.

De volta ao lar, fez um levantamento da imprensa nacional. Ele havia colaborado com o *Paris-Soir*, onde impressionara os datilógrafos pela velocidade com que ditava seus artigos, improvisando chistes e tiradas que se tornariam sua marca registrada.

Porém, o *Paris-Soir*, do grupo Prouvost, batera em retirada para a Zona Sul. O mesmo título, passado à colaboração, era publicado na Zona Norte sem a autorização dos proprietários.

L'Aube, *L'Intransigeant*, *Le Populaire* haviam encerrado as atividades. *Le Matin*, *Le Petit Parisien* (cada um com tiragem de 500 mil exemplares) haviam se submetido, assim como *L'Illustration*. *L'Œuvre* (197 mil exemplares) era comandado pelo sr. Marcel Déat, que colocava na capa de seu jornaleco: "Todos que não quiseram morrer por Danzig lerão *L'Œuvre*".

La Gerbe [O vômito], de Alphonse de Châteaubriant, representava de maneira admirável seu nome. Financiado diretamente pela embaixada da Alemanha, fervoroso partidário da colaboração, o jornal abria suas colunas para Ramon Fernandez, Paul Morand, Marcel Aymé ("admirável e delicioso"[1], nas palavras de Rebatet), Jean Giono, Jean Cocteau, Charles Dullin, Marcel L'Herbier e Henry Poulaille. Entre outros.

Le Pilori era oficialmente antissemita, assim como *Je suis partout*, renomeado *Je chie partout** por Jeanson e Desnos. Fundado em 1930 por Arthème Fayard (que foi, segundo Luicen Rebatet, "um comerciante de papel muito engenhoso e muito hábil"), *Je chie partout* era em sua origem um órgão de direita. Extinto do cenário alguns anos após ser criado, estava de volta às bancas em 1941. Seus padrinhos eram Robert Brasillach, Alain Laubreaux, Robert Courtine (vulgo La Reynière, futuro crítico gastronômico do *Monde*), Lucien Rebatet, o acadêmico e ministro vichysta Abel Bonnard (Emmanuel Berl observava com humor que Laubreaux tinha barriga, que a Rebatet faltava envergadura, que Bonnard tinha voz de falsete, e que tudo isso bem pouco correspondia aos padrões da estética ariana!).

Do lado dos semanários, um pequeno periódico ainda novo renascia: *Comœdia*. Outrora diário cultural, fechado

---

* Trocadilho com o título do jornal: *Je suis partout* [Eu estou em todos os lugares] e *Je chie partout* [Eu cago em todos os lugares]. (N.T.)

em 1937, reaparecia em junho de 1941 como um semanário dedicado na íntegra às artes e aos espetáculos. Ali não se falava de política, e sim de cultura. Ali se vangloriava a Europa, a Alemanha e seus autores. Não se dizia com clareza que o Instituto Alemão financiava a publicação. Cultivava-se uma sábia ambiguidade. Haviam proposto a direção literária a Jean Paulhan, que recusara, incentivando Marcel Arland a assumir o cargo, o que ocorreu. Por conta disso, contribuíram artistas tão diversos quanto Jean Cocteau, Jacques Copeau, Colette, Charles Dullin, Léon-Paul Fargue, Jean Giraudoux e Jean Paulhan. Este encorajava alguns autores a escrever para *Comœdia*, algo a que Jean Guéhenno e François Mauriac se recusavam com obstinação. Para muitos, todavia, colaborar com o *Comœdia* não significava traição ou grande compactuação.

Havia também *Aujourd'hui*, cujo comando fora assumido por Henri Jeanson a partir de 1940 – ele só permaneceu por dois meses. *Aujourd'hui* havia sido fundado a pedido de Otto Abetz. Tratava-se, para os alemães, de apresentar uma vitrine brilhante, aberta e magnânima. Ao ler *Aujourd'hui*, os franceses ocupados respirariam um perfume de pré-guerra graças ao qual ainda se acreditariam bastante livres. Descobririam artigos um pouco insolentes, um pouco zombeteiros, um pouco engraçados. Para que o projeto emplacasse, Abetz recorreu a Jeanson, que apresentava muitas vantagens: roteirista conhecido por seu humor sarcástico, preso no início da guerra, antigo colaborador do *Crapouillot* e do *Canard enchaîné* (ambos encerrados). Além de tudo, amigo da nata das artes e das letras de Paris.

Henri Jeanson havia aceitado, contanto que escolhesse a equipe, trabalhasse com toda a liberdade e recebesse os recursos da França, e não da Alemanha.

Abetz consentira.

Jeanson recrutara Jean Galtier-Boissière, Marcel Aymé, Léon-Paul Fargue, Marcel Carné e Robert Desnos. Além de uma crônica diária, Desnos era responsável pela crítica literária e musical. Aproveitava seus espaços para soltar cascas de banana no caminho da Kommandantur:

Outubro de 1940: Mais uma vez, e insistiremos neste fato: nos prometiam uma revolução, nos oferecem uma reação... Mais uma vez, como nos dias seguintes de 1870, estamos sob o domínio da Ordem chamada de moral por eufemismo.

Trata-se apenas de privar a França de um direito que os romanos lhe haviam reconhecido e que é o da justiça. [...] A justiça será humana ou não será justiça.

Ao fim de dois meses e meio de insolências públicas, após se recusar a comemorar o encontro de Hitler e Pétain em Montoire e não aceitar publicar artigos antissemitas, Henri Jeanson foi demitido. Robert Desnos permaneceu. Defendeu cada vez mais os discos de jazz, malvistos e ainda mais mal ouvidos, porque vinham dos Estados Unidos, nação inimiga. Atacou os escritores colaboracionistas, como Henry Bordeaux e, mais grave, Louis-Ferdinand Céline.

Resposta do interessado:

Por que o sr. Desnos não solta o grito de seu coração, aquele que o confrange, atravessado: "Morte a Céline e viva os judeus!"? Tenho a impressão de que o sr. Desnos faz uma campanha philoyoutre*...

Vítima da imprensa de extrema direita e seus cúmplices, Desnos acabou assinando cada vez menos crônicas, embora sempre incendiárias. Em 1941, teve seus textos boicotados. Sem nenhum outro meio de ganhar a vida, continuou contribuindo com o *Aujourd'hui* por meio de desenhos anônimos. Alguns, como Vercors, que sabiam de suas atividades profissionais, recusavam-se a cumprimentá-lo. Outros, que também sabiam, cuspiam nele, como Alain Laubreaux,

* Insulto formado a partir de "philo", abreviação de filosofia, e "youtre". "Youtre" é uma das injúrias mais racistas da língua francesa para designar judeu. (N.T.)

eminente crítico de *Je suis partout*. Em resposta, Desnos o esbofeteou. Esperou testemunhas que nunca vieram. Certa noite de 1941, ao entrar em um bistrô ao lado de Dominique Desanti, avistou o secretário de Laubreaux lendo o jornal, sentado sob uma lamparina. Desnos lançou-se sobre ele, insultando-os, ele e seu chefe: "Seu *Je chie partout* polui seu cérebro, meu velho!".[2]

Vercors estava enganado (como reconhecerá depois da guerra). O trabalho para o *Aujourd'hui* não impedia Desnos de agir ao lado de Éluard e de publicar clandestinamente – sob os pseudônimos de Cancale, Pierre Andier ou Valentin Guillois – textos no *L'Honneur des poètes* e nas Éditions de Minuit. Também não o impedia de esconder em casa um rapaz (Alain Brieux), insurgente ao Serviço de Trabalho Obrigatório (STO). Esse moço às vezes recebia das mãos do anfitrião documentos que devia fotografar (de cabeça para baixo, para que continuasse sem saber o conteúdo), revelar e fazer cópias, antes de destruir os negativos. Tudo isso durante a noite, para que Youki não percebesse nada.

Antes da guerra, Desnos havia ingressado no Comitê de Vigilância dos Intelectuais Antifascistas, ao lado de Nizan, Aragon, Romain Rolland. Apoiara a Frente Popular. Era amigo de Federico García Lorca. Após o assassinato deste, havia confidenciado a alguns amigos íntimos que sabia a partir daquele momento que os fascistas queriam a morte dos democratas e que o dever de todo homem livre era combatê-los.

O que fazia durante a guerra. Ele trabalhava para a rede Agir, ligada ao movimento Combat e dirigida por Degliame--Fouché. Entregava documentos militares que sua posição no *Aujourd'hui* lhe permitia interceptar. Escondia-os dentro de livros da Biblioteca Nacional francesa e assinalava os títulos para os seus correspondentes, que os apanhavam em seguida.

Em 19 de fevereiro de 1944, reencontrou o jornalista (e futuro escritor) Roger Vailland em um café na Rue du Louvre. Os dois se conheciam da época áurea do surrealismo. Nos últimos três meses, planejavam a criação de um jornal clandestino nos moldes do *Canard enchaîné* e cujo nome seria *Les Nouveaux Taons*, referência satírica e crítica a *Les Nouveaux Temps**, folha colaboracionista dirigida por Jean Luchaire. Haviam divido as tarefas: Vailland se encarregaria de encontrar recursos, Desnos recrutaria colaboradores.

Vailland, perfil de águia, olhar penetrante, clandestino havia muitos meses, recebeu Desnos com estas palavras:

– Tenho tudo: dinheiro, papel, gráfica.

Ao que Desnos, rosto redondo e olhar vago, respondeu:

– Não tenho ninguém. Os jornalistas e os desenhistas se esquivam: têm medo de ser reconhecidos pelos boches.

Constatou que ninguém estava interessado neles e tirou da pasta um dossiê. Passou o material para as mãos de Roger Vailland.

– Você vai ver. É o boneco do primeiro número. Fiz sozinho.

– E os artigos?

– Também.

O jornal não vingou. Roger Vailland escreveu depois da guerra:

> Desnos não fez resistência por brincadeira. Ele também havia compreendido que existem épocas em que mesmo um poeta não pode deixar de tomar partido. Odiava e desprezava tudo o que fosse fascista.[3]

Na manhã de 22 de fevereiro de 1944, o telefone tocou na casa dos Desnos. Robert atendeu. Alguém do jornal o alertou de que os alemães acabavam de deixar o prédio rumo à Rue Mazarine. Desnos ordenou que o insurgente ao STO que ele abrigava desaparecesse no mesmo instante. Deu-lhe alguns documentos para jogar de passagem no primeiro bueiro que encontrasse.

Ele já esperava. Um mês antes, havia se livrado de todos os livros proibidos de sua biblioteca. Youki implorou

---

* Em francês, os sons são idênticos: "taons" [mutucas] e "temps" [tempos]. (N.T.)

para que fugisse. Temendo que a levassem em seu lugar, ele se recusou. Esperou os alemães sem arredar pé. Presenciou as buscas. Ficou sem ar quando descobriram um papel contendo nomes dentro de um livro que ele havia esquecido de esconder. O primeiro entre eles era o de Aragon. Tentou despistar falando de uma lista de críticos de arte. Porém, não lhe deram ouvidos. Aconselharam que pegasse uma roupa quente, pois as noites seriam longas e frias.

– Para onde o estão levando? – perguntou Youki.

Vestia um quimono sublime, e seu olhar brilhava de lágrimas contidas.

– Gestapo, Rue des Saussaies.

Antes de sair, Robert Desnos apanhou sua caneta Parker no bolso interno do casaco e a entregou à esposa, dizendo:

– Guarde para mim, querida. Voltarei para pegá-la.

O poeta foi levado para Compiègne, e de lá para Auschwitz, para Buchenwald, para Flöha, para Terezín, para Boêmia, onde morreu em 8 junho de 1945, convencido de que fora denunciado pelo crítico Alain Laubreaux. Em julho, o jornal tcheco *Svobodné-Noviny* anunciava sua morte. Um poema acompanhava o obituário: "Eu sonhei tanto contigo".

Sonhei tanto contigo,
Caminhei tanto, tanto conversei,
Deitado com teu fantasma
Que não me resta mais talvez,
E ainda assim, ser senão um fantasma
Entre os fantasmas e cem vezes
Mais sombra do que a sombra que passeia
E passeará alegremente
Pelo quadrante solar de tua vida.*

* J'ai tant rêvé de toi,/ Tant marché, tant parlé,/ Couché avec ton fantôme/ Qu'il ne me reste plus peut-être,/ Et pourtant, qu'à être fantôme/ Parmi les fantômes et plus ombre/ Cent fois que l'ombre qui se promène/ Et se promènera allègrement/ Sur le cadran solaire de ta vie.

EK

A pintura de vanguarda era como uma voz da Resistência.

Ernest Pignon

Em 27 de maio de 1943, as pessoas que circulam pelo Jardim das Tulherias seguem com o olhar uma fumaça preta, envolvente, que causa irritação. Alguém poderia pensar em um incêndio ou em uma repetição do funesto mês de junho de 1940, quando os tanques de petróleo queimavam ao redor de Paris. Contudo, não se trata disso. Trata-se *apenas* de um auto de fé organizado pelos alemães nos jardins internos do museu Jeu de Paume, entre o Jardim das Tulherias e a Place de la Concorde. Depois de quebrar os quadros e rasgar com punhais as obras dos artistas qualificados por eles como "degenerados", reuniram todos e atearam fogo. Assim, nessa bela tarde primaveril, queimam quinhentas telas de artistas tão infames, corrompidos e pervertidos como Kisling, Klee, Léger, La Fresnaye, Picabia, Picasso, Mané-Katz, Max Ernst, Miró, Valadon...

Nos primeiros dias de sua conquista da Europa, os nazistas interessaram-se pelas obras de arte dos países ocupados. E estes, como a França fizera durante a conferência de Munique, depois em 1940, tentaram colocar seus tesouros culturais ao abrigo dos bombardeios e das cobiças. A Tchecoslováquia, a Polônia, a Bélgica, os Países Baixos e a Inglaterra transferiram, esconderam ou enterraram suas maiores obras.

Com exceção da Inglaterra, os nazistas as desenterraram.

No início da guerra, o dr. Goebbels, ministro da Propaganda do Reich, pedira ao dr. Kümmel, diretor do museu de Berlim, e a seus colaboradores para estabelecer uma lista das obras de arte que Berlim exigiria dos países conquistados. Essa lista deveria conter não só os bens indevidamente subtraídos da Alemanha ao longo de cinco séculos (pelas guerras ou inúmeras manobras diplomáticas), como também os que tinham uma relação histórica com o país. Se tivessem desaparecido dos museus, seriam substituídos por outros, escolhidos de modo unilateral.

O dr. Kümmel havia levantado um catálogo completíssimo – e secretíssimo – dos produtos que os nazistas esperavam colocar em seus sacos. Artigos made in Dinamarca, Noruega, Luxemburgo, Hungria, Grécia, Holanda, Bélgica, União Soviética e França. Heinrich Hoffmann, fotógrafo oficial de Hitler e um de seus principais conselheiros artísticos, havia inspirado o ritmo e método: ele visitava os museus dos países conquistados em uma cadeira de rodas movida por um motor, diminuindo nas curvas, acelerando nas retas dos corredores, apontando com um dedo os quadros que seu séquito tinha missão de levar.[1]

Em junho de 1940, Hitler ordenou que os objetos de arte, tanto os de propriedade dos Estados quanto os de coleções particulares, fossem "postos em segurança" (eram os termos empregados). Joachim von Ribbentrop, ministro das Relações Exteriores, ficou encarregado de transmitir a mensagem. Na França, a ordem caiu sobre a mesa do embaixador, Otto Abetz. Esse grande francófilo fora professor em uma escola de belas-artes. Desnecessário dizer que se entregou de corpo e alma à missão. Como colecionador distinto, respeitador do país em que também cravava suas garras, começou exigindo que proprietários de obras com valor superior a cem mil francos as declarassem ao ocupante. Em seguida, organizou a apropriação das coleções fechadas nos museus de Paris e do resto da França. Ao descobrir a existência dos depósitos em que a Reunião dos Museus Nacionais havia escondido suas peças mais valiosas, exigiu que estas voltassem aos locais originais. Pediu listas com o inventário preciso do conteúdo dos castelos, museus e bancos. Por fim, comunicou à Gestapo e a outras seções militares e policiais os nomes e endereços dos quinze maiores marchands judeus parisienses.

Rosenberg, refugiado em Nova York, escondera 160 obras (Bonnard, Braque, Corot, Degas, Matisse, Monet, Picasso, Cézanne, Gauguin, Ingres, Renoir, Van Gogh) em um banco em Libourne, e uma centena de outras em um castelo em Floirac.

Wildenstein confiara mais de trezentos objetos de grande valor ao Banque de France e abrigara uma centena debaixo da asa do Louvre; outros ainda estavam em sua galeria na Rue La Boétie ou em sua casa de campo.

Os Bernheim-Jeune esconderam alguns Cézanne, mas a maioria de suas coleções ainda se encontrava nos apartamentos que eles, ao fugirem, haviam deixado desocupados.

Os Rothschild haviam confiado parte de sua fortuna ao Louvre, e o restante estava disperso pelas propriedades da família.

Otto Abetz não tirava os olhos dessas fortunas. Assim como de outras, as de Alphonse Kahn, Seligmann, Schloss, David Weill… Uma parte delas encontrou asilo dentro das paredes da embaixada alemã, situada na Rue de Lille. No entanto, para grande desespero do mecenas francófilo (e espoliador), elas não permaneceram lá, porque tanta riqueza atraía, como se imagina, muita cobiça.

A ordem de Hitler sobre "pôr em segurança" obras de arte não foi só endereçada a Ribbentrop e a seus subordinados; também foi transmitida ao gabinete do chefe do comando militar de Paris, que a repassou ao conde Franz Wolff-Metternich, descendente do estadista de mesmo sobrenome, historiador da arte, ex-curador do museu da Renânia-Vestfália e, o mais importante, chefe da Comissão de Proteção das Obras de Arte – o Kunstschutz – no estado-maior da Wehrmacht. O conde Metternich também passava por mecenas e francófilo. Sem dúvida mais do que Otto Abetz, uma vez que, após ser informado das ações e dos excessos do embaixador, dedicou-se para que fosse cumprida a Convenção de Haia, que exigia o respeito da propriedade privada pelas forças armadas. Proibiu assim que as obras de arte fossem transferidas sem o seu consentimento. Em seguida, entrando em conflito aberto com a embaixada, enviou o exército à Rue de Lille a fim de resgatar os tesouros que se encontravam no prédio. Uma vez retomados, mandou que fossem armazenados no Louvre, em três grandes salas do piso térreo.

Paradoxalmente, ao menos por um tempo, o exército alemão salvara centenas de quadros, tapeçarias, joias e móveis raros da ganância de seus líderes.

Por um tempo apenas.

Como as salas do Louvre se mostrassem muito pequenas para abrigar as obras duplamente recuperadas, as autoridades de ocupação decidiram colocá-las em um museu cuja principal e única atribuição seria definida por esta magnífica função: receber todos os objetos roubados dos judeus.

A escolha foi pelo museu Jeu de Paume.

Onde o conde Metternich perdeu a queda de braço para Alfred Rosenberg, o chefe de sua própria seção – a Einsatzstab Reichsleiter Rosenberg (ERR) [Equipe de Intervenção do Reichsleiter Rosenberg] –, encarregado de se apoderar dos bens detidos pelos judeus.

Para justificar tais roubos, Rosenberg e sua equipe utilizavam um argumento nazista extravagante, extraído por esses especialistas em judaísmo dos textos do Talmude – conforme afirmavam. Proposição 1: para os judeus, os não judeus não são nada; logo, seus bens devem ser tomados. Proposição 2: estamos em guerra contra os judeus; logo, temos o direito de utilizar as mesmas armas que eles, a começar pela retaliação. Proposição 3: espoliemos.

Os bens escondidos pelos judeus não podiam passar despercebidos pelos nazistas por muito tempo. Aqueles que estavam nos apartamentos eram passíveis de ser apreendidos da noite para o dia, sem qualquer aviso prévio. Aqueles que os colecionadores haviam confiado aos museus, na esperança de uma proteção de ordem tutelar, estavam protegidos tanto quanto os bens nacionais. A partir do momento que os alemães obtiveram a lista dos depósitos e se deslocaram até lá, foi o fim as coleções, independentemente do que fossem: nacionais ou particulares. Assim, os bens dos judeus caíram na algibeira dos nazistas.

Foram então reunidos no Jeu de Paume.

As "obras degeneradas" (*Entartete Kunst*, ou *EK*) foram agrupadas em uma sala isolada do museu: Braque, Cézanne, Dalí, Gauguin, Matisse, Manet, Monet, Picasso, Renoir, Soutine... Estava fora de cogitação que entrassem na Alemanha, salvo se fosse para ali permanecerem pelo tempo de uma troca. No final da guerra, como Hitler descobrisse um repentino interesse pelos impressionistas, Courbet, Degas, Manet e Monet puderam passar pela portinhola. As obras dos outros pintores foram vendidas para financiar o esforço de guerra alemão, trocadas por diamantes brutos trazidos de Portugal ou por obras que agradassem os dignitários do Terceiro Reich. Dessa maneira, o Reichsmarschall Göring se desfez notoriamente de um lote incluindo um Cézanne, um Corot, um Degas, três Matisse e um Picasso por um retrato masculino da escola italiana do século XVI e uma tela de Jan Weenix.[2]

O comandante-chefe da Luftwaffe (força aérea), também ministro da Aviação, primeiro-ministro da Prússia, presidente do Reichstag, Conservador das Florestas, Monteiro-Mor do Reich, instigador do incêndio do Reichstag, sucessor designado do Führer, era ao mesmo tempo o número dois da grande Alemanha e incontestavelmente o maior ladrão do reino.

Sua primeira esposa, a condessa Carin von Kantzow, oriunda da nobreza sueca, havia lhe transmitido o gosto pelas coisas belas. Também fora a inspiradora do reino de Carinhall, na Prússia oriental, pequeno pavilhão de caça que se tornou vasto como o Palácio de Versalhes, onde o Reichsmarschall adorava receber os diplomatas e os chefes de Estado estrangeiros. Vestido como um sultão ou um caçador, com os dedos repletos de pedras preciosas, o sátrapa mostrava aos visitantes a extensão de suas riquezas roubadas em toda a Europa. Antes da guerra, quando ainda não era o primeiro-ministro da Prússia, Göring estava acostumado a receber dinheiro e presentes por parte de solicitantes que trocavam a feliz coincidência de um cargo por essas doações em espécie, que o nazista se abstinha de transmitir ao Estado. Recebeu contribuições que lhe permitiram aumentar suas propriedades para pendurar nas paredes obras muito variadas, que denunciavam uma preferência das mais ecléticas. Amava de paixão Cranach e Dürer, muito Rubens e Van Gogh, um pouco Degas, Renoir e Boucher, nada Braque e Picasso. Apreciava joias, em particular as esmeraldas, sempre carregando um punhado no bolso para brincar com elas como se fossem pedras de um jogo da bugalha. Realizou saques na Áustria, depois na Polônia, nos Países Baixos e na Bélgica. Na França, a partir de novembro de 1940, comparecia ao Jeu de Paume, onde suntuosas exposições eram organizadas em sua homenagem. Ele olhava por um longo tempo, escolhia e mandava repatriar as obras roubadas em dois vagões adicionados a seu trem especial, que esperava os carregamentos na Gare du Nord. Vinte vezes, durante a guerra, Göring voltou ao museu. Vinte vezes saqueou as coleções Rothschild, Seligmann ou Wildenstein. Como não desejava que sua predileção imoderada pelas obras de arte fosse divulgada, ou melhor, que seus pecados de gula na matéria fossem descobertos, exigira que as manobras fossem mantidas em segredo e fizera com que o museu Jeu de Paume fosse guardado por homens da Luftwaffe, da qual era o chefe.

A partir de 1942, perdeu um pouco esses benefícios para Alfred Rosenberg, em seguida o próprio Hitler colocou o nariz nos assuntos artísticos da Europa ocupada.

A bem da verdade, o Führer havia começado bastante cedo, enviando alguns amigos íntimos – como Martin Bormann – para conferir as salas e os depósitos. Hitler tinha um sonho: criar em Linz, cidade de sua juventude que lhe trazia boas recordações, um museu com reputação mundial. O edifício contaria com vários anexos que abrigariam não só quadros, como também estátuas. A partir de 1942, o Führer exigiu ver pessoalmente cada obra destinada a seu museu. Empregou valores enormes para a construção desse estabelecimento que abrigaria oito mil quadros no final da guerra. Ao contrário de seu ministro da Aviação, Hitler pagava pelos bens ilícitos; porém, como os recursos provinham das rapinas organizadas nos países ocupados, a moralidade nazista estava salva.

Às vezes, os dois principais personagens do Estado competiam pelas boas obras. Assim houve um pequeno litígio quanto à coleção Schloss, escondida nas profundezas de um castelo situado perto de Tulle, que o museu de Linz acabou recuperando: trezentos quadros holandeses e flamengos, Bruegel, Rembrandt…

Também Ribbentrop tinha algumas preferências e muitos desejos em matéria de obras de arte. Ele organizou algumas trocas, tentou recuperar em prol dos museus de Berlim telas que acabariam por retornar a Paris depois de uma breve viagem pela Alemanha.

Uma vez controlados ou obtidos os quadros, os nazistas confiscaram os bens mobiliários encontrados nas casas que pertenciam a judeus. Em outubro de 1943, atacaram os apartamentos. Setenta e uma mil portas foram arrombadas, trinta mil só em Paris.[3] A operação de M-Aktion (Plano Mobiliário) havia começado. Continuou até o final da guerra. Os nazistas saquearam tudo o que encontraram nos lares desertos – roupa de cama, louça, lâmpadas, indumentária, móveis. Todos os dias, as empresas de mudança francesas colocavam à disposição do ocupante 130 caminhões e 1,2 mil funcionários. A restauração dos objetos danificados era passada à mão de obra especializada de trabalhadores e artesãos judeus. Os bens roubados eram reunidos no museu Jeu de Paume, antes de partirem para o leste.

Desde o primeiro dia, a Direção dos Museus Nacionais tentara proteger os tesouros deixados sob sua responsabilidade. Por diferentes canais ligados à Resistência, o sr. Jaujard, diretor dos museus, fizera chegar até Londres um mapa sinalizando a localização dos depósitos onde as obras foram escondidas. Assim, como vimos, ele conseguiu proteger os locais vulneráveis dos bombardeios.

Apoiado por Jaujard, Rose Valland, curadora do Jeu de Paume, quis estabelecer um inventário dos bens que passavam pelo museu. Como os alemães se opusessem, ela agiu secretamente. Durante quatro anos, anotou de maneira escrupulosa tudo o que viu e ouviu: as obras, os autores, a identidade dos espoliadores, os lugares para onde enviavam o fruto dos roubos...

Enfim, as equipes dos Museus da França lançaram mão de todas as evasivas administrativas possíveis para retardar ou impedir a transferência dos bens. Jogaram com direitos de preempção falsificados, utilizaram documentos falsos para antedatar doações imaginárias, pressionaram o governo de Pétain para que se opusesse ao roubo do patrimônio nacional. Em várias ocasiões, Vichy se impôs diante dos alemães como administrador de bens que podiam ser considerados como sequestrados, na medida em que os proprietários legais, em razão de sua fuga no início da guerra, haviam sido destituídos da cidadania francesa e de seus direitos (leis de 23 de julho e de 5 de outubro de 1940). Contudo, nunca as autoridades oficiais condenaram os confiscos. Chegaram até a censurar Jaujard por sua "boa vontade", e este só permaneceu no cargo porque os curadores ameaçaram pedir demissão se o chefe fosse exonerado.

A resistência dos museus da França baseava-se em um elemento bem particular: ela supunha uma presença física e notória nos próprios locais da ocupação. Para ser eficazes, os curadores eram obrigados a permanecer a postos. Não podiam sabotar nada, apenas impedir e buscar a informação. O maqui lhes era estranho. A resistência não era para eles. Paradoxalmente, nesse período negro, fizeram como a maioria dos artistas cujas obras protegiam: permaneceram. Para eles, era a única maneira de resistir.

Os pintores, por sua vez, encontravam-se diante de uma dificuldade quase intransponível: seu traço era identificável com facilidade. No início da Ocupação, quando os alemães ainda se mostravam amáveis, eles puderam organizar algumas exposições. Assim, na primavera de 1941, em Paris, *Vinte jovens pintores de tradição francesa* exibiram obras de vanguarda que se opunham aos cânones alemães da "arte degenerada": Bazaine, Beaudin, Berçot, Bertholle, Bores, Coutaud, Desnoyer, Gischia, Lapicque, Lasne, Lucien Lautrec, Legueult, Le Moal, Manessier, André Marchand, Pignon, Suzanne Roger, Singier, Tal Coat e Charles Walch.

O título da exposição fora escolhido para não chamar a atenção das autoridades: a *tradição francesa* era um cânone vichysta. Correspondia também à definição que os artistas reivindicavam para si, porque consideravam que a arte vista e atacada como "degenerada" pelos nazistas era a de uma tradição francesa que defendiam: Cézanne, Matisse e Picasso, "judeu-marxistas" comprovados.

Alguns meses depois, organizaram uma nova exposição na Galerie de France. Desta vez, a imprensa de extrema direita não se deixou levar, recebendo-os com os insultos habituais. Depois disso, assim como os escritores silenciosos, os pintores que não aceitavam se submeter se proibiram de expor.

Alguns se reuniram ao redor de Pignon, de Fougeron e de Goerg em um Comitê dos Artistas, que organizou a resistência das Artes Plásticas. Eles forneceram ilustrações a folhetos clandestinos e criaram um jornal, *L'Artiste français*. Em 1944, Amblard, Aujame, Fougeron e Goerg editaram um livro coletivo, *Vaincre*, verdadeira proeza técnica, na medida em que era composto de várias litografias produzidas na clandestinidade.

Ernest Pignon era o principal líder da Frente Nacional dos Artistas. Membro do Partido Comunista, participava da Resistência desde 1940. Alguns meses depois da entrada dos alemães em Paris, distribuíra a brochura que Georges Politzer redigira em resposta ao discurso pronunciado na Câmara dos Deputados pelo Reichsleiter Rosenberg, dignitário nazista que havia discorrido por longo tempo contra os valores da

Revolução Francesa. Pignon vivia no Bois de Boulogne, na antiga casa do escultor Lipchitz, que se mudara para os Estados Unidos no início da guerra. Ali escondia resistentes de passagem e o material que permitia realizar *L'Artiste français.*

Nas colunas do jornal, Pignon, Fougeron, Gruber e Goerg não poupavam ataques aos pintores e escultores colaboracionistas que haviam aceito os convites de Goebbels na Alemanha. Entre eles, o antigo fauvista Maurice de Vlaminck, que Pignon admirava e que avistara certo dia na Galerie de l'Élysée vestindo uma calça xadrez, brindando alegremente com oficiais nazistas. Foi um baque. Vlaminck, é verdade, não negava um brinde. Ele que, nos anos de Bateau-Lavoir, colocava o anarquista Ravachol nas nuvens, tinha não só virado a casaca, como também mergulhado a pena no tinteiro deletério da colaboração. Desde 1940, abria fogo contra seu ex-companheiro de cavalete: Pablo Picasso.

No Catalan

> A vida em Paris é, em 1941, mais cômoda do que nunca e do mais agradável silêncio, encanto, frescor. As moças andam de bicicleta. Uma catástrofe nacional deu vida a um conto de fadas.
>
> Um cronista parisiense, citado por Jean Paulhan (*Résistance* nº 4)

Quando o gato Jules não tinha mais nada para comer, Robert Desnos saía de casa, percorria a Rue Mazarine, virava à esquerda no sentido Saint-Michel, tomava a Rue des Grands-Augustins e entrava no Catalan. Era um bistrô frequentado no pré-guerra por trabalhadores da construção civil. O proprietário não era muito rigoroso em relação aos tíquetes-alimentação. Nesses tempos de penúria, a comida parecia boa a todos. Abastecendo-se de fontes misteriosas, o dono do Catalan, ligado aos açougueiros dos Halles, o mercado público de Paris, encontrava carne vermelha que fazia a alegria de seus clientes. Ao menos uma vez, esses banquetes foram descobertos e punidos pelos fiscais de racionamento: após entrarem no estabelecimento em um dia em que a carne estava proibida, fecharam o lugar durante um mês.

Em tempos normais, Robert Desnos empurrava a porta do Catalan e lançava seu grito de guerra habitual: *Estão ferrados*! Todos reconheciam o inseparável casaco tweed, os óculos de míope, os olhos negros com olheiras e, sobretudo, a risada.

Ele se juntava a uma mesa ou outra, falava, ouvia, contava piadas, bebia alguns cálices de vinho, em seguida cumprimentava a turma e voltava para casa, com sobras para seu gato enroladas em um embrulho de papel. Conhecia os frequentadores do bistrô por ter convivido muito e por longa data com eles. A fina flor do círculo de Picasso se reunia ali, todos sentados à mesa do Mestre, que lia seus oráculos quase todos os dias desde que voltara de Royan.

Picasso fora surpreendido pelo êxodo nesta cidade à beira-mar, que deixava só por breves escapadas para ir a Paris: faltava material, e seus documentos não estavam em ordem. Havia aproveitado essas estadias para colocar parte de suas obras em cofres bancários mais bem protegidos do que o apartamento na Rue La Boétie ou do que o ateliê da Rue des Grands-Augustins.

Em abril de 1940, solicitou um pedido de naturalização que lhe foi negado em razão de supostas simpatias anarquistas: em 1909, a morte de Francesc Ferrer, fuzilado pelo governo espanhol, revoltara o pintor; alguns anos antes, ele já havia sido fichado pela polícia como simpatizante anarquista… Ele lavará essa afronta, renunciando à cidadania francesa.

Em Royan, hospedou Dora Maar no Hôtel du Tigre, e Marie-Thérèse na Villa Gerbier-de-Jonc. A primeira era sua amante titular; a segunda, a mãe de sua filha, Maya, nascida em 1935. Por sorte, ou comodidade, a esposa ainda oficial, Olga ex-Koklova, ficara em Paris, onde agiam os eminentes advogados especialistas em divórcio.

Picasso compartilhava a vida com Dora desde 1936. Filha de pai iugoslavo e mãe francesa, ela crescera na Argentina, ligara-se aos surrealistas, fora amante de Georges Bataille, amiga de Prévert, Éluard e Brassaï, próxima da revista de extrema esquerda *Contre-Attaque.* Exprimia suas convicções com uma voz magnífica. Era uma linda e jovem morena de olhos verdes, cuja seriedade e rigor surpreendiam todos os seus amigos. Em 1935, abrira um estúdio fotográfico. Suas fotos participaram da exposição surrealista internacional em Londres, organizada por Éluard, Breton e Roland Penrose. Dora Maar tivera um papel fundamental na conscientização política de Picasso nos anos 1936-1938. Fotografou cada etapa da criação de *Guernica*, que foi exposta no pavilhão espanhol da Exposição Universal de 1937.* Durante os anos em que conviveram, ela foi a única fotógrafa da obra dele. Quando Picasso pediu a Brassaï para substituí-la, ela voltou a pintar, algo que fazia antes de conhecer o pintor.

Marie-Thérèse era tão calma e compassiva quanto Dora era fogosa e apaixonada. Loira, atleta, praticante de ciclismo e remo, protegia o pai de sua filha sem nunca fazer perguntas sobre sua vida dupla ou tripla. Ao contrário de Dora, não frequentava nem o Flore nem a Brasserie Lipp, muito menos o Catalan. Não conhecia Paul Éluard, não sabia o que era o cubismo, vivia onde Picasso queria, isto é, a apenas alguns metros das residências ocupadas oficialmente pelo pintor. Eles se conheceram em 1926, na rua. Marie-Thérèse tinha na época apenas dezoito anos, e Picasso, pouco mais de 45. O caso era mantido em segredo. Duraria mais de vinte anos.

Em Royan, fiel aos seus hábitos, Picasso passava do quarto de Dora ao de Marie-Thérèse. Havia convencido a fotógrafa de que os tubos de tintas e os pincéis estavam à sua espera na Villa Gerbier-de-Jonc, onde tinha um ateliê. De fato, pintava sob os olhares da filha, cuidada pela mãe. O álibi era perfeito. Até o dia em que, ao descer do carro em companhia de Dora, o artista deu de cara com Marie-Thérèse. O mal estava feito. Em breve se tornaria pior.

Como Matisse, Picasso poderia ter partido para os Estados Unidos e até para outros países. A guerra levara seus marchands: Daniel-Henry Kahnweiler estava escondido nos recônditos da França e Paul Rosenberg partira para Nova York. Considerado um artista degenerado, proibido de exibir e expor, Picasso não ocupava o primeiro lugar de um pódio que lhe era oferecido em outros locais: no México, em Washington, em Nova York, em Chicago, suas obras eram exibidas por toda parte.

Preferiu ficar. Em Paris, tinha seus costumes e seus amigos. Cidadão espanhol, portanto neutro, contava também com a notoriedade para protegê-lo. Sabia que os alemães não ignoravam que era o autor de *Guernica* e, de resto, não fazia

---

* Ver *Paris libertária, op.cit.*

segredo disso. Aos alemães que passassem em seu ateliê, oferecia cartões-postais da obra em homenagem às vítimas do bombardeio nazista. Quando algum deles exclamava: "Então foi você quem fez isso?!", ele respondia com uma tirada que mais tarde se tornaria célebre: "Não, foram vocês!". Nunca se prostrou diante do governo de Vichy, não se esquecendo de que o marechal Pétain havia sido o embaixador da França junto a Franco.

Todavia, ao contrário de seu amigo Éluard ou de outros que entraram em seu ateliê, jamais praticou propriamente um ato de resistência. Porém, era de uma frieza glacial para com os visitantes agaloados que apareciam para admirar uma obra entretanto relegada pelos defensores da cultura do grande Reich. Recusou o carvão e as vantagens em espécie que quiseram lhe oferecer. Nunca foi à Alemanha, nem tampouco se inclinou até o chão para reverenciar Arno Breker, escultor nazista celebrado por muitos outros. Mostrava-se muito crítico com aqueles que, em seu círculo, passavam dos limites de uma moralidade elementar.

Foi atacado por alguns de seus ex-companheiros, começando por Vlaminck, que em suas colunas do *Comœdia* elogiou nestes termos o antigo camarada:

> Pablo Picasso é culpado de ter arrastado a pintura francesa ao impasse mais fatal, a uma indescritível confusão. De 1900 a 1930, conduziu-a à negação, à impotência e à morte. Pois, sozinho consigo mesmo, Picasso é a encarnação da impotência.

André Lhote, Jean Cocteau e alguns (raros) artistas defenderam o malaguenho.

No outono de 1940, apenas algumas semanas depois do regresso a Paris, Picasso foi convocado pelos alemães, que ordenaram a abertura dos cofres e das caixas-fortes. Seu banco ficava no Boulevard Haussmann. O pintor havia guardado no estabelecimento algumas de suas obras, bem como outras de Cézanne, Renoir, Henry o "Aduaneiro" Rousseau,

Matisse. Havia imaginado que estariam mais seguras ali do que em sua propriedade em Boisgeloup, onde soldados franceses, de passagem pela região durante a Guerra de Mentira, treinaram tiros escolhendo suas esculturas como alvos.

Protegendo as obras de Matisse que estavam no mesmo banco, fazendo passes de mágica entre todos os horrores degenerados reunidos, Picasso conseguira convencer os estetas da Wehrmacht que não havia muito para ver, e nada para confiscar.

Alguns meses depois, garantiu ter recebido a visita de ocupantes belicosos que o insultaram, deram três chutes nas telas apresentadas e se dispersaram para fazer elogios em outros lugares.

Essas foram as ameaças mais graves que o espanhol sofreu durante os quatro anos da Ocupação.

Incentivado por Dora Maar, mudou-se do apartamento na Rue La Boétie para o ateliê da Rue des Grands-Augustins, no passado ocupado por Jean-Louis Barrault. O imóvel pertencia (e ainda pertence) à Associação dos Oficiais de Justiça do Sena. Uma ampla escadaria levava ao andar onde um pedaço de papelão indicava: AQUI.

"Aqui" é a casa de Pablo Diego José Francisco de Paula Juan Nepomuceno Cipriano de la Santísima Trinidad Ruiz y Picasso. Plantas verdes enfeitam a entrada. Na sequência, velhos canapés e algumas cadeiras de época recebem os visitantes. Livros, jornais, fotos, envelopes abertos estão espalhados por todo canto. Assim como instrumentos musicais, violões e bandolins que datam do período cubista. A desordem reina absoluta. Objetos, uns mais singulares que outros, são deixados aqui e acolá, nas janelas, nas prateleiras das bibliotecas, no chão. Todas as peças transbordam de tesouros recolhidos das sarjetas e dos antiquários, acumulados por Picasso desde a época do Bateau-Lavoir: um guidom de bicicleta, esculturas antigas, incontáveis caixas de cigarros com a gravura de silhuetas femininas desenhadas a lápis, borboletas espetadas, molduras, ferramentas… Um enorme aquecedor organiza essa bagunça repleta de riquezas imprevisíveis. Entre elas, as menores não são pinturas de Cézanne e de Modigliani.

Mais adiante, uma escadinha em caracol leva ao andar de cima. Ali estão o ateliê e o quarto. Os cômodos têm um pé-direito mais baixo: pequenos demais para as obras de tamanho grande, como *Guernica*, pintada em uma tela inclinada disposta no andar de baixo. Na entrada, um grande Matisse está ao lado de um pequeno "Aduaneiro" Rousseau. Por todos os cantos conspiram telas em branco ou outras que serão cobertas. No início da guerra, temendo que faltasse material, Picasso varreu os antiquários em busca de telas antigas utilizáveis mais tarde, quando a masonita e os suportes estariam em falta.

Em uma pequena peça contígua ao ateliê, Picasso instalou um armário com chave. Nele guarda os objetos de que mais gosta: estatuetas em bronze e em madeira, pedras, um esqueleto de morcego (cuja incrível fineza admira) e milhares de outros tesouros que conserva com cuidado.

O lavabo é a única peça aquecida. Foi transformada em ateliê de escultura. Ali Picasso criou a Grande Cabeça de Dora Maar, homenagem póstuma a Guillaume Apollinaire, que mais tarde enfeitará uma praça de Saint-Germain-des-Prés. Como dispõe de água quente, privilégio raro, a peça também abriga os instrumentos de trabalho necessários para gravura.

Ao contrário dos outros cômodos, o quarto está vazio. Tem dois usos: sono e recepção. Antes de se levantar, Picasso recebe seus amigos mais próximos. Marcel, o motorista, traz a correspondência. Antes da guerra, luvas brancas no volante de um enorme Hispano-Suiza, levava o pintor pelas estradas da França. Atualmente seus itinerários serpenteiam invariavelmente entre os andares do ateliê na Rue des Grands-Augustins.

Uma vez cumprida sua missão, Marcel abre espaço para os íntimos. O primeiro deles é um escritor catalão, amigo de longa data: Jaime Sabartés. Os dois se conheceram quarenta anos antes, em Barcelona, em um café-cabaré que frequentavam – Els Quatre Gats, em homenagem ao Chat Noir parisiense. Eles se perderam de vista depois que Picasso se instalou no Bateau-Lavoir, depois se reencontraram no momento do rompimento com Olga. Picasso pediu a Sabartés para ir morar com ele e a esposa. Desde então, ele tornou-se a inevitável porta de entrada do ateliê da Rue des Grands-Augustins: é quem organiza os encontros, cuida dos documentos, administra as diferentes disposições de espírito de seu anfitrião – com quem sempre troca boas histórias em catalão.

Sabartés estende o isqueiro para o primeiro cigarro. Em breve, o quarto transforma-se em fumódromo. Os amigos entram, saem, voltam, precedendo Kazbek, galgo afegão magro e manso. Desaparecem quando Picasso se levanta. O olhar continua tão negro como no passado. A mecha lendária ainda não foi cortada. O cabelo ficou branco, mas o homem continua forte, atarracado. Ele abandonou há muito tempo o macacão azul do Bateau-Lavoir. Agora usa gravata (sempre escolhida com cuidado) e o terno completo. Como os bolsos são furados, pendura a corrente de relógio na lapela. O molho de chaves, volumoso e tilintante, é preso ao cinto, ao lado do canivete.

Desce. No final da manhã, telefona a Dora, que mora na Rue de Savoie, a alguns metros. Convida-a para irem ao Catalan. Todas as vezes – isto é, todos os dias –, Kazbek abana o rabo alegremente. Eis um mistério que continua desafiando Picasso: como o cachorro sabe quando ele liga para Dora?

Encontram-se, pois, no Catalan. Dora, fechada, silenciosa, mantém-se reservada enquanto Picasso recebe com calorosa alegria os companheiros habituais: o poeta Éluard, o escritor Hugnet, o fotógrafo Brassaï, o pintor Domínguez, os atores Jean-Louis Barrault e Madeleine Renaud, o escritor Michel Leiris e sua esposa, Louise – a enteada de Daniel-Henry Kahnweiler que se passava por sua cunhada.

Almoçam uma refeição proveniente do mercado negro – boa, cara e rara –, conversando sobre a guerra e o pré-guerra. Olham quem entra, quem sai, trocam comentários, estão contentes. A Ocupação, aqui, é mais branda do que em outros lugares.

Para fazer a digestão, Picasso adora ir ao Café de Flore. No caminho, para na beira das lixeiras e pega coisas, troços, tralhas e cacarecos que lhe interessem: serão guardados nos armários de objetos achados.

Quando chega ao Flore, os garçons se precipitam para tirar seu *trench coat.* O proprietário lhe acende um cigarro. O pintor cumprimenta a proprietária, sempre pregada ao seu banco alto, atrás da caixa. A seguir pede uma garrafa de água mineral e senta-se ao lado de outros amigos: Jacques Prévert, Raymond Queneau, Jean-Paul Sartre, Simone de Beauvoir…

Quando não os encontra no Flore nem na Brasserie Lipp, convida-os para visitá-lo. Picasso nunca está sozinho. Precisa estar cercado.

Há uma legião de visitantes. Às vezes, são parasitas. Quando seu país estava sendo devastado pela guerra civil, o anfitrião da Rue des Grands-Augustins recebia calorosamente os republicanos de passagem. Depois foi a vez dos refugiados. Com eles, Picasso sempre se mostrou generoso. Também ajudou muito amigos necessitados, pintores ou escultores cujas obras comprava, fixando por conta própria o valor e os preços em alturas despropositadas. Após voltar da Legião Estrangeira, deu dinheiro ao pintor Hartung (que se alistou como voluntário contra os nazistas) para lhe permitir fugir da França pela Espanha. Ajudou Hugnet e Éluard entregando-lhes alguns quadros para venda. Ofereceu telas ao grupo surrealista de *La Main à plume…*

Ele sempre se mostrou generoso para com companheiros que não ameaçavam ofuscá-lo. Destes, falou muito. Não de Miró ou de Dalí. De Matisse, sem dúvida, e de Braque, em certa época. Mas depois de ter zombado muito tempo deles. Picasso nunca incentivou os artistas que podiam lhe fazer sombra. Nos anos 20, não estendeu a mão para o seu compatriota Juan Gris, que vivia em condições de miséria. Kahnweiler e Gertrude Stein confirmaram que sentia inveja do compatriota.

Sabartés é o encarregado de dispensar os visitantes que o anfitrião não deseja ver. Alguns insistem e preferem esperar. Ficam sentados por horas nas cadeiras no andar de baixo, enquanto o artista se esconde no de cima. Raros são aqueles que juram que não vão voltar. Com exceção de Ortiz de Zarate, velho amigo pintor de Picasso que tentara retratar o malaguenho e, após a primeira sessão de pose, acabou apanhando seu material e resmungando muito, a maioria dos visitantes fica e volta. Entre eles, algumas moças que não deixam de expressar a natureza de um desejo que o artista às vezes aceita satisfazer; colecionadores que se apresentam com quadros antigos sem assinatura aos quais Picasso às vezes se recusa a pôr sua marca; um fabricante de tintas que tenta trocar uma propriedade no campo por uma natureza-morta (segundo Brassaï, ele conseguiu o que desejava)... Todo esse pequeno universo, ao qual se somam os amigos, treme de frio no inverno. Os aquecedores elétricos não funcionam, nem os a gás. A fama do anfitrião lhe vale entregas de carvão que muitos outros não recebem, mas os estoques se esgotam depressa. É necessário se contentar com o que se tem, começando pelo próprio Picasso, quando o artista concede aparecer.

Ele fala. Dá alguns conselhos. Abre as portas de seus hábitos, exigências e pensamentos. Diz que uma obra nasce sempre a partir de ideias simples que desaparecem diante de outras, desabrochadas de repente de sua imaginação, que ele as segue, interessa-se por elas, considerando que o esboço é com frequência o mais interessante. Diz que, ao contrário de Matisse, que recopia e burila de modo incansável um primeiro desenho, ele trabalha sem rascunho e respeita a inspiração inicial. Diz que, quando desenha um homem, é sempre em seu pai que pensa. Diz que não conheceu a ingenuidade própria aos desenhos infantis, pois os que traçava aos sete anos já eram perfeitamente acadêmicos. Diz mais, e mais, e mais… Fala muito. Olha com atenção as obras que lhe trazem, algumas assinadas por desconhecidos, outras pelos mestres antigos. Certo dia, conta Brassaï, ofereceram--lhe uma tela monumental de El Greco. Ela chegou em uma charrete de madeira. Amarraram-na com cordas para içá-la pela escadaria principal. Tiraram os cobertores que a cobriam e chamaram o especialista. Picasso chegou. Dez pares de olhos o encaravam, depois a obra, depois ele, que observou por muito tempo a tela. Não fez perguntas. Nem sequer indagou à vendedora que preço esperava conseguir. Ele a ouviu quando ela disse: "Essa obra não é falsa. Foi o diretor do Prado quem me garantiu".

Picasso aquiesceu. Em seguida, disse que o diretor do Prado era ele. Explicou que fora nomeado pela República Espanhola. E confirmou: não estava diante de um El Greco falso. Porém, não o compraria. Era um El Greco encomendado:

> Se as freiras de santa Teresa, se os órfãos de santa Úrsula lhe pedissem algumas lágrimas a mais, ele acrescentaria de bom grado. Tantas pesetas por lágrima… É preciso sobreviver…[1]

Com essas palavras, recusou a obra e se voltou para suas próprias telas, já que, proibido de participar de exposições, adora mostrá-las. Às vezes, as vende. A esposa de Michel Leiris, Louise, comprou a galeria de seu padrasto, Daniel-Henry Kahnweiler (ela é filha natural da esposa dele). Judeu e alemão, um dos primeiros grandes marchands dos cubistas em geral e de Picasso em particular, Kahnweiler está escondido na Zona Sul. Para evitar que Picasso venda suas obras aos alemães ou a outros, pediu à enteada para comprá-las. Assim, ela faz duas coisas positivas: evita as dispersões e ao mesmo tempo garante ao padrasto uma carteira de investimentos considerável para dias incertos.

Enquanto isso, Picasso expõe em casa. Preocupa-se muito com a reação do público à sua obra. Organiza as telas de acordo com um plano bem específico. Não representa a guerra como um fotógrafo ou um artista figurativo poderiam fazer. Porém, como ele mesmo diz, a guerra está presente em todo o seu trabalho. As pinturas dos anos 1942-1943 são muito sombrias, muitas vezes pintadas em tons pretos e cinza. As naturezas-mortas revelam as preocupações da época, a fome, o frio, as restrições, as coerções. Outras obras são mais violentas. A *Mulher nua* (1941) traduz um imenso desespero. A *Natureza-morta com crânio de touro*, pintada em malvas violáceas, é lúgubre. *Alvorada* (1942) evoca uma mulher deitada, encarcerada, torturada. *Caveira*, escultura em gesso que em breve será imersa em bronze, impressiona Brassaï pela violência que emana. Pierre Daix observou que o movimento dos braços da *Mulher se penteando*, silhueta monstruosa que evoca a guerra, pintada em Royan em 1940, representava uma suástica (a que Picasso respondeu que não havia pensado naquilo).

Outras obras parecem mais leves, menos sombrias. Como a *Cabeça de touro*, escultura que nasceu da união de um selim e um guidom de bicicleta, ou *O homem e o carneiro*, outra escultura grande, com mais de dois metros, representando um pastor pacífico, erguida graças à cumplicidade do amigo Éluard, que ajudou a reforçar a estrutura durante seu desenvolvimento. Ou ainda *O bufê do Catalan*, que ilustra tão bem a maneira Picasso.

Esse bufê ficava no restaurante onde o pintor e seus amigos almoçavam quase cotidianamente. Certo dia, Picasso decidiu pintá-lo. Quando voltou ao Catalan no dia seguinte, o bufê havia sumido. A Robert Desnos, que se espantou, o pintor confessou: "Devo tê-lo roubado sem perceber, ao pintá-lo".

Um perfeito Picasso...

O GALO NO POLEIRO

> Em que tempo vivemos, caro amigo! As peles de coelho valem mais do que a pele dos homens.
>
> LÉON-PAUL FARGUE

Certo dia de abril de 1943, o poeta Léon-Paul Fargue entra no Catalan. No dia anterior, como de costume, bebera um último cálice no balcão de um dos bistrôs que frequenta. Talvez o Café de Flore, onde, segundo Paul Léautaud, ele tem suas manias, isto é, entra, escolhe uma mesa no meio de outras, senta e olha para o vizinho à direita. Ele lhe sorri e lança: "Estou me lixando para você". Ele se vira para a esquerda e continua: "Ei, você, também estou me lixando para você". Olha um pouco mais além e recomeça: "Você, estou me lixando mais ainda para você". Depois, levantando-se, sem distinção: "Estou me lixando para todos vocês!".[1]

Nesta manhã, no Catalan, o poeta começa o dia com um cálice de Beaujolais. De pé no balcão, o chapéu bem firme sobre a careca, a ponta do cigarro presa na mão direita, ele levanta o copo à saúde de todos. Atrás dele, a porta se abre para Picasso. Hugnet o acompanha. Fargue mal conhece Picasso, mas um pouco mais o poeta surrealista. Ele lhe estende uma mão sem vigor, que o outro evita: Fargue escreve para a *NRF* de Drieu e para outros jornais mais ou menos colaboracionistas.

Fargue não tem tempo de se explicar: ele desaba. Os frequentadores correm para ele. Enquanto o dono do bistrô chama uma ambulância, Hugnet se abaixa. Fargue abre uma pálpebra.

– Está melhor? Quer alguma coisa?

– Sim. Um cálice de tinto.

Alguns minutos depois, Fargue é levado dentro da ambulância para o hospital. Acaba de sofrer seu primeiro ataque de hemiplegia: dentro em pouco, paralítico por conta da doença, não sairá mais de casa.

Picasso se dirige à mesa de sempre. Dora Maar o acompanha. Ela se parece cada vez mais com a *Mulher de blusa azul* ou com o *Retrato de Dora Maar com camisa listrada.* Seu rosto é marcado, lívido, e contrasta com a calma e com a serenidade que aparecem nos retratos de Marie-Thérèse. Picasso pinta ora uma, ora outra, assim como vê às vezes uma, às vezes outra. Na quinta-feira, passa o dia com a filha Maya, na casa de Marie-Thérèse. Muitas vezes dorme lá. Também pinta: no apartamento na Île Saint-Louis em que a instalou, criou uma peça-ateliê. A situação é a mesma de Royan: o pintor mantém as duas mulheres ao alcance da mão. Quando morava com Olga na Rue La Boétie, arrumara um local para Marie-Thérèse, também na Rue La Boétie. Quando saía de férias com a titular, levava Maya e a mãe na bagagem, escondendo-as em um hotel perto do seu.

Ele está com Dora, mas envia cartas de amor inflamadas a Marie-Thérèse. Oferece-lhe os mesmos vestidos. Certo dia, como um entregador se enganasse de endereço, Dora quis tirar a situação a limpo. Foi se encontrar com a rival. No início da guerra, quando Marie-Thérèse morava na casa do marchand Vollard, em Tremblay-sur-Mauldre, e Picasso passava lá os fins de semana, Dora fretava um táxi e ia até lá. Limitava-se a chorar atrás dos muros altos, imaginando a vida do amante com a mãe de sua filhinha. Desta vez, ambas se encontram no mesmo cômodo, no ateliê da Rue des Grands-Augustins. Picasso também está presente. É o galo do poleiro. Papel que lhe convém – e lhe agrada.

– Diga que sou eu quem você ama – pede Dora.

O galo não responde.

– Diga!

Marie-Thérèse não abre o bico. Ela espera. O galo vem até ela e coloca uma mão reconfortante em seu ombro.

– Você sabe que é a única que eu amo.

Dora empalidece. Marie-Thérèse se comove. Ela arrulha, apaixonada, antes de se plantar no meio do poleiro.

– Fora daqui! – ordena à rival.

– Não vou sair. Saia você!

Dora avança até Marie-Thérèse, com as mãos na cintura:

– Ouviu? Não vou a lugar nenhum.

Marie-Thérèse a empurra. Dora responde com um tapa. O galo observa, interessado. Nem por um segundo pensa em intervir.

– Você não tem filhos com ele! Eu, sim! Meu lugar é aqui! Saia!

As duas mulheres se engalfinham. Como Marie-Thérèse é mais forte, Dora Maar é arrastada até a escadinha em caracol.

E desce os degraus correndo, em prantos.

No andar de cima, o galo leva a vitoriosa ao quarto, acaricia-a e lhe mostra um guarda-roupas:

– Quando eu me for, tudo isso vai ser seu!

Tira uma chave do cinto e abre a porta. Estupefata, Marie-Thérèse descobre uma pilha de barras de ouro. Naquele dia, como sempre quando ia à Rue des Grands-Augustins, ela vai embora com um pequeno regalo: um cesto com carvão.

Sete anos com Dora, quase vinte com Marie-Thérèse. Todos os amigos de Picasso conheciam a primeira; só Sabartés e sua esposa (que odeiam Dora) haviam esbarrado com a segunda. Para Picasso, não bastava: era preciso uma terceira.

Ele a conheceu em uma noite de maio de 1943, um mês depois do tombo de Léon-Paul Fargue. É uma jovem morena, muito mais nova do que Dora. Ela janta no Catalan com uma amiga na companhia do ator Alain Cuny. Picasso está sentado a uma mesa vizinha, rodeado por seu círculo habitual e, claro, por Dora Maar. Ele se levanta e vai até a mesa de Cuny.

– Apresente-me essas senhoritas – pede ao ator.

A morena chama-se Françoise Gilot. Tem 21 anos, é pintora. Sua amiga trabalha com escultura em Banyuls, com Maillol. Picasso convida-as para ver seu trabalho na Rue des Grands-Augustins. As moças aparecem duas vezes juntas, em seguida Françoise vai sozinha. Ela chega em um dia chuvoso, obrigando o anfitrião a levá-la ao lavabo para lhe secar o cabelo.

Ela não resiste.

Ele lhe propõe tomar um banho quente – privilégio raríssimo nesses tempos de miséria.

Na vez seguinte, leva-a até o quarto, onde está jogado um livro do marquês de Sade.

– Conhece?

– Muito. E também Choderlos de Laclos e Restif de la Bretonne.

Ele fica boquiaberto.

Ele a leva a outros cantos do ateliê, lhe mostra o céu, se vira e a beija. Ela não resiste.

Ele fala:

– Você poderia se defender um pouco.

Ela o encara, maliciosa:

– Por quê? Estou à sua disposição!

Ele lhe explica que adora o jogo da sedução, da conquista.

– Vire-se – diz ela.

Ele a despenteia: detesta que use os cabelos bem presos demais. Ele a observa. Ele a despe. Ele a beija. Dentro em pouco, ela aparecerá em suas telas *Namorados num banco.* Em fevereiro de 1944, depois de um curto interlúdio com uma moça de dezessete anos, ela torna-se a quinta mulher de sua vida. A única que vai deixá-lo.

Jean Jean

> Cocteau: simpático e, ao mesmo tempo, atormentado como um homem que morasse em um inferno particular, mas confortável.
>
> Ernst Jünger

Entre os inúmeros visitantes que batem à porta do ateliê na Rue des Grands-Augustins, há um que teria sonhado em receber Picasso em casa. Que, sussurrando alguns palavrões, mandou instalar quadros-negros em sua residência, na esperança de recolher ali um pouco da seiva pictórica do Grande Gênio das Cores.

Jean Cocteau.

Ele está acompanhado por Jean Marais. Um, quinquagenário, magro (para não dizer esquelético), de uma elegância infalível, os braços envoltos em uma camisa de mangas bem justas que deixam as mãos livres para revirar as delicadezas do mundo. O outro, segundo Mouloudji, que esbarrou com ele um dia no Quai Voltaire, "uma obra-prima da natureza, estátua viva, mármore suntuoso de carne".[1]

Jean Marais tem trinta anos. Ama Cocteau desde 1937. Os dois se conheceram graças a Dullin, que dava aulas de teatro a Jean Marais. Cocteau buscava um ator para interpretar *Édipo rei*. Marais foi ao Hôtel de Castille, onde o poeta morava. Um quartinho muito simples onde pairava um cheiro estranho e onde reinavam, no centro do cômodo, acessórios esdrúxulos: uma bandeja de prata, anéis de jade, uma lamparina a óleo, alguns cachimbos de cano longo. Cocteau estava deitado na cama, vestindo um roupão branco, um lenço de seda amarrado em volta do pescoço. Fumava ópio em longas tragadas.

Daquela primeira vez, leu um ato de uma de suas peças ao desnorteado rapaz, que ouvia, fascinado, a voz metálica do poeta. Apesar do nevoeiro da droga, Cocteau lia muito bem, em um ritmo impressionante.

Fim do primeiro ato.

Jean Marais voltou, alguns dias depois, a fim de ouvir a continuação da peça, depois uma terceira vez, para o fim. Sentava-se ao pé da cama e ouvia em silêncio, enquanto, sem poder evitar, inalava o cheiro acre da droga.

Algumas semanas mais tarde, o quinquagenário telefonou ao jovem adônis pedindo que o encontrasse com urgência no Hôtel de Castille. Ele abriu a porta, caiu em seus braços e confessou:

– Amo você.

– Eu também – respondeu o ator.

Era mentira.

De acordo com sua própria confissão, o rapaz sentiu uma grande e brusca emoção ante a ideia de ser amado por um personagem tão importante como Jean Cocteau. Além disso, era ator: existe papel mais belo do que atuar para um ser que se admira?

Assim pensou Jean Marais. Sem que, por muito tempo, esse papel lhe fosse um fardo: "Quem se aproximava de Jean não demorava a amá-lo".[2]

O pano caiu sobre a cama do poeta e sua conquista admirável.

Logo se ergueu, pois havia muito a se fazer lá fora: almoçar no Prunier (às quatro da tarde ainda se pode pedir um prato lá), ir à farmácia Leclerc buscar um frasco deste inestimável perfume usado pela imperatriz Eugênia e fabricado especialmente para Jean seguindo uma receita de Coco Chanel, jantar no Maxim's ao lado de uma pessoa de grande e até de média influência, sair sem pagar (Cocteau nunca pagava suas contas: outros faziam isso para ele). Além disso, procurar ópio. Embora tivesse prometido a si mesmo curar seu amante do vício, Jean Marais cedia. Às vezes, em Paris, às vezes, em Marselha. Graças a isso, Cocteau administrava uma boa dose nas papilas, independentemente do lugar. Mesmo nos compartimentos de trem: bastava preencher as frestas com guardanapos antes de acender a lamparina a óleo. Marais cuidava disso: aprendera a moldar os cones de ópio, a apanhar a gota abençoada com uma agulha de prata, a esquentá-la na chama antes de colocá-la no cachimbo, em seguida este entre os dentes do Poeta.

Quando faltava ópio, ele se resignava a mudar de droga e de orifício, cheirando a substituta cocaína.

Assim transcorreram os anos até a guerra. *O pecado original* fez um enorme sucesso, a ponto de Cocteau se alarmar: o galã não sentiria a tentação de paquerar em outros lugares? Não sem elegância, o poeta se conformou. A fim de evitar a imensa dor já experimentada no tempo de Raymond Radiguet, tomou a dianteira:

> Meu adorado Jeannot,
> Cheguei a amá-lo tanto (mais do que tudo no mundo) que me obriguei a amá-lo apenas como um pai.

Como o incesto fosse dali em diante proibido, o filho começou a ser figura carimbada em festas, o que permitiu ao bom pai criticar amavelmente as novas companhias do rapaz.

A guerra pôs um fim provisório às farras. Como Cocteau não lesse um único jornal e se mantivesse afastado dos assuntos do mundo, recebeu como um balde de água fria a ordem de mobilização que chegou ao soldado Marais na baía de Saint-Tropez. Eles, que se imaginavam em férias, precisaram voltar às pressas para Paris. Coco Chanel se proclamou a madrinha de guerra da companhia toda, e Jean partiu. Cocteau virou refém da melancolia dos seres solitários. Atormentado pela solidão e pela tristeza, refugiou-se no Ritz. Durante esse tempo, o amigo Marais participava da Guerra de Mentira. Como farda, ele usava a calça azul de seu personagem em *O pecado original.* Mais do que decorar as grandes linhas do relatório, recitava para si os diálogos de *La machine à écrire*, que deveria interpretar nos palcos quando voltasse. Seus irmãos de arma o observavam de longe, se questionando se o recruta não havia rachado a cabeça saltando do Matford no qual havia chegado (Cocteau lhe oferecera esse carro, batizado de "O Cervo"). Não sabiam por que o rapaz tinha direito a privilégios incríveis, ele que não dormia no alojamento e sim no hotel, recebia pilhas de cartas, presentes de todos os tipos e diversos olhares dos superiores agaloados. Sem conseguir entender de imediato as razões, pensaram que o dia de glória havia chegado quando viram aparecer quase dentro da caserna um magricela em um carro esportivo conduzido por um homenzarrão de cabelo escovado. Infeliz por não obter uma permissão de visita, Jean Cocteau arriscara a sorte ao cruzar o Somme no banco de carona de um carro conduzido por uma motorista contratada por ele. Era uma piloto homossexual que mandara amputar os seios na esperança de participar de competições esportivas reservadas aos homens; em especial, arremesso de peso. Seu nome era Violette Morris. A tropa ficou embasbacada.

Nas bagagens, o poeta trazia presentes oferecidos pela autoproclamada madrinha da companhia: pulôveres, luvas, cachecóis, cobertores e mantas xadrez fabricados pela empresa Chanel. Mais tarde, as esposas receberiam vestidos, e as crianças, brinquedos.

Viva a guerra!

"Meu Jeannot, sou o homem mais feliz do mundo", escreveu Cocteau na volta.

Uma dúvida o perturbava: "Não é admirável poder se dizer, no fundo da alma, neste enigma terrível: eu sou perfeitamente feliz?".

De fato, de fato...

Ainda mais feliz quando Jeannot conseguiu um posto ao abrigo do perigo: vigia no alto do campanário de um pequeno vilarejo. Ele pendurou nas paredes as fotos de seus amigos e namorados, desnudou o peito e começou a se bronzear sob o sol dessa Guerra de Mentira. Em teoria, sua tarefa era simples: devia sondar o céu e telefonar ao estado-maior tão logo uma aeronave inimiga despontasse no horizonte. Entretanto, míope ou estrábico, era incapaz de distinguir um avião francês de um avião alemão. Assim, desenhou o modelo de um e o modelo do outro, pronto para lutar. O primeiro cuja fuselagem avistou não lhe deu tempo para consultar seus desenhos: largou duas bombas, depois do que Jean Marais entendeu que a aeronave era do inimigo e que a guerra, a de verdade, tinha começado.

Para grande felicidade de Cocteau, o armistício logo foi assinado. Ele reencontrou o rapaz desmobilizado e o hospedou no pequeno apartamento do Palais Royal, que Emmanuel Berl descobrira para ele em 1939.

Uma vida muito agradável começou. Berl, jornalista, historiador, romancista, casado com a cantora Mireille desde 1937 (Sacha Guitry foi sua testemunha), passava na Rue de Montpensier ao voltar do mercado. Ele ia até a cozinha na ponta dos pés. Cocteau estava à espera, de roupão branco. Os dois falavam baixo para não acordar Jean Marais, que dormia ao lado. Berl era fascinado pelo talento oratório do poeta e por uma extraordinária gentileza que, em sessenta anos de amizade, nunca apresentara um deslize.

Assim, ficavam conversando neste apartamento tão escuro, mas tão encantador! Dois quartos – um para cada –, uma cozinha, um banheiro, um pequeno cômodo para o ópio. Carpete vermelho por tudo, até mesmo na cozinha. Paredes forradas de veludo vermelho. Uma mesa de desenho, canapés fundos. E esses quadros-negros nas paredes, pendurados para que Pablo Picasso colocasse ali sua seiva pictórica.

Contudo, Picasso não era do tipo que se deslocava. Então, depois de aguardar e esperar muito, Jean Cocteau se decidiu a tomar seu Marais pelo braço e atravessar o Sena.

O GALO E O ARLEQUIM

Cocteau nasceu engomado.

PICASSO

Cocteau e Picasso: para o primeiro, uma grande história de amor; para o segundo, uma relação de interesses bem claros – mesmo que, fechando os olhos, esses interesses possam representar amizades esporadicamente intensas.

Com Picasso, Cocteau é um verdadeiro rodízio de regalos. Durante a Primeira Guerra Mundial, vestindo um uniforme cortado pelo costureiro Poiret, ele lhe envia charutos. Troca de farda para se fantasiar de arlequim, na esperança de que o malaguenho o escolha como modelo. Fracassa. Porém, é bem-sucedido ao lado de Diaghilev: monta-se *Parade*, balé em um ato, argumento de Jean Cocteau, música de Érik Satie, figurinos e cenários de Pablo Picasso.* Comentário de Gide: "[Cocteau] sabe muito bem que os cenários, os figurinos são de Picasso, a música é de Satie, mas tem dúvidas se Picasso e Satie não são dele".[1]

Alguns anos depois, o pintor proclama que todos os cabeleireiros chiques de Paris conhecem o poeta. Picasso, segundo Berl, utilizava Cocteau como seu melhor bode expiatório (Berl reconhecia que apenas André Breton tivera a coragem de romper com o pintor).

Neste dia de guerra e Ocupação, Jean Marais e Jean Cocteau chegam à Rue des Grands-Augustins. O anfitrião aprecia o jovem ator, cujo porte físico o fascina. Aos olhos do pintor, Cocteau é menor. Depois que Dora o fotografou, o poeta teve a infelicidade de agradecer à moça pela atenção oferecendo-lhe o retrato dela desenhado a carvão, o que lhe valeu uma retaliação imediata de Picasso, que nunca

* Ver *Paris boêmia, op.cit.*

suportou que outros pintassem suas mulheres: ele cobriu o desenho de Cocteau.

Com todo o rancor para trás, manda os convidados subirem ao ateliê, onde já se encontram muitos visitantes. Entre eles, Jean Cocteau reconhece na mesma hora Mouloudji, que observa Picasso com uma espécie de estupor gravado no rosto. O pintor acaba de lhe dizer que ele tinha um perfil tipicamente grego. E Mouloudji se pergunta como, filho de um pedreiro berbere e de uma mãe bretã, pode ser parecido com um pastor helênico. Mira-se no espelho, achando-se antes trigueiro, olhos, cabelos, aparência.

Cumprimenta Jean Cocteau, que, alguns dias antes, conseguiu-lhe uma promessa de trabalho, mandando-o à casa de Moysés, proprietário do cabaré Bœuf sur le Toit. Mouloudji se apresentou com um amigo violonista, Henri Crolla, ex-Grupo Outubro. Eles foram contratados para fazer a abertura e cantaram Prévert. Ninguém os ouvia. Acabaram deixando o palco em meio a conversas sem que ninguém notasse a saída. Com exceção de Moysés, que os despediu no ato.

– E então? – pergunta Cocteau. – Sentou-se ao piano do Bœuf como uma borboleta negra?

– Como é? – indaga Mouloudji, que não entende a grandeza da imagem.

A resposta se perde em um murmúrio indiscernível. O poeta se afasta rumo às obras encostadas nas paredes. Mouloudji fita Picasso, que segue a lenta progressão de Cocteau diante das telas expostas. Seu olhar expressa desprezo e ironia. Já o poeta observa as pinturas com rara profundidade. A graça da inspiração vem do roçar de um dedo celestial. Ele continua a caminhada atenta sob o olhar impiedoso do pintor, que não desgruda dele. E quando, por fim, o poeta chega ao fim da visita, o pintor pergunta:

– Então? O que acha dos meus quadros?

Cocteau espreme os olhos, prende a respiração, exala um suspiro em que diz:

– Lindíssimos... Lindíssimos...

– Sim – responde Picasso.

Observa sua vítima, sorri com maldade e solta a farpa:

– Definitivamente, você não entende nada.

Ao que o poeta não responde.

Está acostumado.

Não gostam dele, que sabe disso e se desespera. Sempre desencadeou as forças de oposição à sua volta. Quando chegou a Montparnasse, por volta de 1916, os pintores boêmios o desprezavam. Chique demais. Elegante demais. Também o acusavam de querer tomar o lugar de Guillaume Apollinaire. Mais tarde, os surrealistas o detestaram. Mundano demais. Homossexual demais. Vichy o despreza publicamente. Depravado. Pederasta. Drogado. Um Gide piorado. No entanto, quaisquer que sejam as reprovações possíveis a Jean Cocteau, há de se reconhecer que este homem tem a coragem: demonstra suas inclinações sem complexo, se não com complacência. No que diz respeito às suas opiniões políticas, a tragédia desses tempos terríveis é que ele não tem nenhuma. O que o leva a formar muitas, demasiadas, e com frequência muito equivocadas. Resulta disso uma coorte de inimigos que cresce e continua crescendo ao longo dos anos. Jean Louis Bory: "Ele pertencia a esse meio extremamente brilhante, parisiense, que é podre independentemente da época". Porém, "não era um colaborador nazista".[2]

Cocteau não é condenável do mesmo modo como um Céline, um Rebatet, um Sachs seriam. Todos esses escritores de extrema direita passaram a guerra clamando o assassinato, o extermínio dos judeus, dos franco-maçons, dos comunistas. A escória, escreveram. Cocteau não é antissemita, muito pelo contrário. Embora oriundo de uma família *antidreyfusarde**,

---

* O caso Dreyfus (1894-1906) dividiu a França por muitos anos, redesenhando os contornos da esquerda e da direita. Os *antidreyfusards* se posicionavam a favor da condenação – inclusive durante a revisão do processo – do oficial de artilharia Alfred Dreyfus (um judeu) por alta traição, ao contrário dos *dreyfusards*, que o defendiam. Em sua maioria, os *antidreyfusards* eram antissemitas. (N.T.)

assinou às vésperas da guerra uma petição da Liga Internacional Contra o Antissemitismo (LICA), condenando todas as formas de racismo. O que não melhorou sua situação aos olhos dos ultraconservadores, que, desde 1940, o atacam.

O primeiro deles é um lixo: Maurice Sachs. Judeu envergonhado e duplamente convertido (ao catolicismo e depois ao protestantismo), vigarista de primeira linha, conseguiu se infiltrar no círculo de Max Jacob e Jean Cocteau. Por conta da homossexualidade, provavelmente. Ele ridicularizou o primeiro em um livro, *Alias*, lançado em 1935. Após ficar boquiaberto de admiração pelo segundo, que o ajudara ao contratá-lo como secretário e ao lhe passar de vez em quando papéis de figuração, jogou seu nome na lama e agora ameaça incluir em suas memórias um capítulo proveniente de uma brochura que Jean Paulhan se recusou a publicar na *NRF*: "Contra Jean Cocteau". No passado, ele lhe roubou sua correspondência e seus manuscritos, vendendo todos. No presente, contrabandista no mercado negro, denunciando seus cúmplices, STO voluntário em certa época, colaborador da Gestapo em outra, rola com prazer no imundo lodo nazista e faz discursos vociferantes contra o homem que ontem adulou. É o principal informante dos sectários de Vichy. Estes ficam de olho: Cocteau? Jamais.

Em 1941, sua peça *La machine à écrire*, escrita em 1939, é proibida pela censura francesa. O que fazer? Cocteau volta-se para o ocupante e pede ajuda. A esposa de Otto Abetz intervém em seu favor, em seguida Gerhard Heller, enviado por Jacques Hébertot (que dirige o teatro de mesmo nome, situado no Boulevard des Batignolles). Resultado: colocando-se acima de Vichy, os alemães cassam a decisão francesa. Quando do lançamento da peça, as represálias são terríveis. A imprensa colaboracionista, e até fascista, ataca com gosto. Em *Je suis partout*, Lucien Rebatet fala de uma "peça de pederasta". *La Gerbe* e *Le Pilori* continuam a perseguição. Alain Laubreaux, que impera sobre a crítica teatral de *Je suis partout*, deprecia Cocteau e Marais com termos repugnantes. Para seu azar, certa noite ele janta em um restaurante no Boulevard des Batignolles, que o poeta e seu protegido costumam frequentar. Hébertot – que convidou o crítico e um terceiro para um compartimento particular – chama Jean Marais. Leviandade ou ato falho? Seja como for, o ator estanca na frente do inimigo e declara: “Se o senhor me confirmar que é Laubreaux, leva uma cusparada”.

Laubreaux confirma.

Marais cospe.

Os dois trocam socos.

Separados pelo dono do restaurante, cada um volta para o seu lugar. Contudo, quando o crítico deixa o estabelecimento, Jean Marais se liberta de Cocteau, que tenta debalde o deter, sai, pega a vítima pelo pescoço e lhe dá uma sova.

No dia seguinte, enquanto o mundo do teatro parabeniza o ator, toda a crítica cai sobre ele. Jean Marais se vê coroado como “o pior ator do momento”. Céline, que havia apoiado Laubreaux, aplaude com as duas mãos.

Em outubro de 1941, *O pecado original*, que obtivera grande sucesso às vésperas da guerra, é retomado no Théâtre du Gymnase. Laubreaux pede auxílio a seus comparsas. A sala é atacada por um bando de jovens fascistas, que sabotam a apresentação disparando bombas de gás lacrimogêneo na plateia. Voltam no dia seguinte. A sala é interditada.

Assim como fizera no caso de *La machine à écrire*, Cocteau se dirige de novo a seus amigos alemães. Ernst Jünger, Albert Speer, o arquiteto de Hitler (com quem o autor esbarra muitas vezes no Maxim’s, o lugar sagrado da colaboração), e Karl Epting, diretor do Instituto Alemão, mexem tão bem os pauzinhos que a peça é retomada. Desta vez, são os integrantes da Cagoule, capitaneados por Jean Filliol, que lançam o ataque. Em 1937, braço armado de Mussolini, tinham assassinado os irmãos Rosselli em Bagnoles-de-l’Orne. Contra Cocteau, atacam em 150 o teatro. A peça é proibida mais uma vez.

Um ano se passa. Cocteau escreve *Renaud et Armide* para a Comédie-Française. Lê a obra diante de uma banca escolhida a dedo: Heller, Jünger, Gallimard. Todos aplaudem. Exceto a censura, que, de novo, desce a guilhotina. Dessa vez, o autor decide mudar de estratégia. Escreve uma carta diretamente ao marechal Pétain:

> Dirijo-me ao senhor como a mais elevada justiça, a única autoridade cujo veredicto eu possa aceitar [...] Decidi, com a trupe da Comédie-Française, escrever para a Comédie-Française uma grande peça lírica exaltando o que a sua nobreza nos ensina. [...] Minha vida é impecável. Minha obra é imaculada, eu sou o primo do almirante Darlan. Mas é ao senhor, sr. Marechal, que me dirijo, porque o estimo e o venero.[3]

Não se sabe se a carta foi enviada. Todavia, a peça *Renaud et Armide* foi encenada e, segundo um costume então bem estabelecido, atacada de maneira violenta pela extrema direita.

Até aquele momento, Cocteau é considerado por seus amigos um estrategista hábil. É atacado por aqueles que o achincalhavam antes da guerra, defendido pela minoria amável e distinta dos alemães que se julgam francófilos e abertos ao diálogo com o ocupado. Os primeiros vestem a camisa, mas não convivem com os assassinos da SS, sediada na Avenue Foch. Para Cocteau, tudo vai mudar com o caso Arno Breker.

Arno Breker é escultor. Prêmio de Roma em 1933, ex-aluno de Maillol, frequentador da Montparnasse dos anos dourados. Uma biografia muito recomendável se a esses títulos não se somassem outros, mais questionáveis. Foi ele quem criou as estátuas que adornavam o Estádio Olímpico durante os Jogos de Berlim, em 1936. Foi ele quem Hitler delegou junto a Speer para conceber o projeto do Volkshalle (Pavilhão do Povo) em Berlim. Foi ele quem passeou com o Führer durante sua visita-relâmpago a Paris, em 1940. Breker é amigo pessoal de Hitler. Sua estatuária corresponde ao ideal germânico sonhado pelo ditador: homens de ombros largos e olhar altivo e conquistador; a força; o poder; o Reich...

Além dessas qualidades, Arno Breker participa diretamente dos espólios de guerra de seu governo. Coagindo Vichy, ordenou que fossem retiradas as estátuas que constituem patrimônio francês. Resultado: injunção do marechal Pétain datando do outono de 1941:

> Nós, marechal da França, chefe do Estado francês, decretamos:
> Ocorrerá a remoção das estátuas e dos monumentos em ligas de cobre localizados em locais públicos e instalações administrativas, a fim de recuperar os metais constituintes para o circuito da produção industrial e agrícola.

Comissões departamentais foram criadas e elaboraram a lista das obras de arte destinadas à destruição. Tratava-se de uma depuração, nem mais, nem menos. A ordem oficial queria que se mantivessem as Joana d'Arc, os Henrique IV, os Luís XIV, os Napoleão da França. O resto podia ir para a forca. Três ministérios velavam pelo cumprimento das operações: o do Interior (Pucheu), o da Produção Industrial (Lehideux), o da Educação Nacional (Bonnard, o mais feroz). Os debates públicos começaram. A imprensa se meteu, as academias atingidas tentaram proteger seus tesouros. O Senado lutou pelos do Jardim de Luxemburgo. O monumento a Léon Gambetta caiu: um pouco judeu, ao que parecia, muito republicano. Rousseau foi o seguinte: não lhe perdoavam o *Contrato social.* As estátuas e os monumentos aos revolucionários e reformistas de todos os tipos tiveram o mesmo destino: Marat, Camille Desmoulins, Fourier, Arago, Lavoisier, Jaurès... Eles precederam os vencedores da Primeira Guerra Mundial: Clemenceau, Joffre, Gallieni, Mangin. Os artistas controversos também foram decapitados: Victor Hugo, Villon, Lamartine... A França perdia seus ícones de uma grandeza passada, considerados sementes podres. Em Paris, as Mariannes da Place de la République e da Place de la Nation, já envoltas por andaimes e prestes a cair em razão de um inconveniente barrete frígio, foram salvas no último segundo. Porém, Abel Bonnard exigiu ainda as cabeças de Dumas pai, Bolivar, Washington, Lafayette, Bernard Palissy, Courteline, Carlos Magno… Queria ver, esse ilustre pedagogo, apenas uma única figura se sobressair: a das glórias nacionais sem mais "intrusos nem indignos entre a pequena multidão de estátuas, que por toda parte devem dar nobres exemplos para a incontável multidão dos homens".[4]

Com o estatuário decapitado, os alemães exigiram os sinos. Vichy se indignou: que deixassem as igrejas de fora! Eles discutiram, cederam: os sinos seriam poupados, contanto que fosse entregue ao ocupante um peso equivalente em cobre. Crucifixos, cibórios, cálices etc. foram sacrificados…

Para que tantas riquezas? Não só para fundi-las e transformá-las em canhões, como também para que o professor Breker pudesse continuar realizando sua exaltante obra, extraindo do patrimônio dos países ocupados o que ele não encontrava no seu. Assim, retirava seu quinhão do butim, que servia de matéria-prima para seu trabalho.

Infelizmente, Cocteau era amigo desse homem que lhe obtivera vistos e o ajudara contra a censura. No bolso, guardava preciosamente o número da linha direta que lhe permitiria, se necessário, ligar para Breker para que o salvasse ou ajudasse um amigo. Supõe-se até que discou esse número para proteger Jean Marais depois da discussão com Alain Laubreaux.

E foi esse amigo alemão que, em 15 de maio de 1942, expôs suas obras no Musée de l'Orangerie, situado no Jardim das Tulherias. Laval, o organizador do evento, fez tudo com pompa: vernissage, almoço no Matignon, coletiva de imprensa, recepção no Ritz, no Ledoyen, no museu Rodin… Germaine Lubin, grande cantora, Wilhelm Kempff e Alfred Cortot, grandes pianistas, foram convocados para dar o tom ao artista.

No dia da cerimônia, toda a nata da colaboração se fez presente, misturada aos bons amigos: Brasillach, Drieu la Rochelle, Van Dongen, Maillol, Despiau, Guitry,

Arletty (de braços dados com seu grande amor da época, Hans Jürgen Soehring, oficial da Luftwaffe), Serge Lifar, Dunoyer de Segonzac... e Jean Cocteau. Este encontrou seus anfitriões um pouco mais tarde, em um ambiente mais íntimo. Jean Marais estava com ele: excelente modelo para o escultor!

Em 23 de maio de 1942, no *Comœdia*, Cocteau insistiu no assunto, publicando uma "Saudação a Arno Breker", que lhe será um motivo de reprovação por muito tempo:

> Eu o saúdo, Breker. Eu o saúdo da elevada pátria dos poetas, pátria onde os poetas não existem, salvo na medida em que cada um traz para ela o tesouro do trabalho nacional.
>
> Eu o saúdo porque o senhor renova os mil relevos que compõem a grandeza de uma árvore.
>
> Porque o senhor olha seus modelos como árvores e, longe de sacrificar aos volumes, dota seus bronzes e seus gessos de uma seiva delicada que inflama o escudo de Aquiles, que faz bater o sistema fluvial de suas veias, que roça a madressilva de seus cabelos.
>
> Porque o senhor cria uma nova armadilha em que cairá o estetismo, inimigo dos enigmas.
>
> Porque o senhor deu o direito de viver às estátuas misteriosas dos nossos jardins públicos.
>
> Porque, sob o luar, verdadeiro sol das estátuas, imagino seus personagens chegando em uma noite primaveril, na Place de la Concorde, com o terrível passo da Vênus de Ille.
>
> Porque a grande mão do David de Michelangelo lhe apontou o caminho.
>
> Porque, na elevada pátria em que somos compatriotas, o senhor me fala da França.

Éluard lhe enviou uma carta expressando desaprovação.

Freud, Kafka, Chaplin estão proibidos, pelos mesmos que homenageiam Breker. Víamos o senhor entre os proibidos. Que erro cometeu ao se mostrar de repente entre os censores!

Mauriac e Paulhan insurgiram-se, Picasso demonstrou desprezo. A rádio inglesa o atacou.

Outra vez, Jean Cocteau recebeu farpas de uns, foi protegido por outros. E, como se isso não bastasse para embaralhar as linhas de suas trajetórias, em breve ia se comprometer com um marginal que escrevia como Villon, roubava livros como Cendrars, um poeta maldito que se tornaria o seu Rimbaud antes de inflamar as penas e os corações de ilustres aduladores: Jean Genet.

Nossa Senhora das Flores

> O pão molhado é para os cães, o pão seco para as prisões.
>
> Louis Guilloux

Ele entra e sai da prisão como da própria casa. Pouco lhe importa, na verdade: lá escreve melhor. Seus primeiros poemas foram compostos atrás das grades, inclusive "O condenado à morte", publicado por conta do autor, que Jean Cocteau descobre certo dia de 1943:

No meu manso pescoço, sem ódio e exposto,
Que minha mão, lúgubre qual viúva, vem afagar,
Sem que o teu coração possa se emocionar,
Pousa o riso de lobo que há no teu rosto.

Oh, vem meu belo sol, minha noite na Espanha,
Assoma aos meus olhos que amanhã morrerão.
Assoma e abre a porta, me traz a tua mão,
Fujamos para longe, à ilusão, à montanha.*

O ardor é imediato. Fascinado pelo poder dos versos, Cocteau se encontra com Jean Genet. Ele o convida para almoçar, implora ao conviva para ler outros textos e ouve, seduzido, atraído, revoltado, excertos de *Nossa Senhora das Flores*. É atingido por esses ataques literários feitos por um marginal homossexual que nada esconde da violência, do erotismo cru que carrega dentro de si.

* Sur mon cou sans armure et sans haine, mon cou/ Que ma main plus légère et grave qu'une veuve/ Effleure sous mon col, sans que ton cœur s'émeuve,/ Laisse tes dents poser leur sourire de loup.// O viens mon beau soleil, ô viens ma nuit d'Espagne,/ Arrive dans mes yeux qui seront morts demain./ Arrive, ouvre ma porte, apporte-moi ta main,/ Mène-moi loin d'ici battre notre campagne.

– Confie a mim seu manuscrito.

Cocteau aparece na residência dos Jouhandeau e lhes faz a leitura. Élise não gosta muito, mas Marcel também se entusiasma. Um encontro é marcado alguns dias depois, na Rue Montpensier, na hora de fazer a toalete. Trata-se de um grande clássico: Cocteau recebe muitas vezes no lavabo, com um pincel de barba na mão.

O presidiário conta sua vida. Abandonado pela mãe, criado em uma família adotiva, ladrão aos dez anos, fugitivo aos treze, profundo conhecedor das casas de correção e outros complexos penitenciários. Alistou-se na Legião Estrangeira aos dezoito, desertou pouco depois, contraiu o mau hábito de roubar livros. Passou sete vezes pela cela de uma prisão, provavelmente passará mais.

– Tem que publicar – declara Cocteau.

– Até com urgência – aquiesce Jouhandeau.

Porém, não é esse o desejo de Jean Genet.

– Vou tentar mesmo assim – concluiu Cocteau.

Ele termina de se barbear, veste as calças e um casaco, vai até a residência de Paulhan, de Desnos, de Éluard, de sua vizinha Colette. Em seguida, retorna para casa, amargo: todas essas grandes penas têm dúvidas.

– Ele vai voltar para a cadeia – atormenta-se Jouhandeau.

– Tenho uma ideia – acalma-o Cocteau.

A ideia é generosa: ele compra o manuscrito de *Nossa Senhora das Flores* do autor. Assim, sem dúvida não se perderá e, ao menos por um tempo, Jean Genet terá como suprir as necessidades básicas.

Entretanto, restam as necessidades mais elevadas: os livros. Apanhado roubando uma coletânea de poemas de Verlaine, Jean Genet volta a percorrer o caminho que leva à prisão de la Santé. Cocteau se desespera. Acompanhado por Jean Marais, vai visitar seu fora da lei preferido. Promete fazer de tudo para tirá-lo dessa enrascada. E, de fato, faz. Contrata o dr. Maurice Garçon para defendê-lo perante a 14ª câmara correcional, escreve uma carta ao presidente do júri, chega a assistir ao julgamento.

Veredicto: três meses de prisão.

Durante os quais o detento escreve *O milagre da rosa.*

Ele sai.

Ele reincide.

E Jean Cocteau, como de costume, sofre uma enxurrada de ataques da imprensa colaboracionista, dos Rebatet, dos Laubreaux, dos Brasillach que abrem fogo contra esse pederasta defensor dos ladrõezinhos e marginais.

Reconhecido pouco depois na Champs-Élysées, o poeta é atacado por jovens militantes fardados, adoradores da Legião dos Voluntários Franceses Contra o Bolchevismo e da Milícia.

De um lado, em suma, há o homem corajoso que defende contra chuvas e trovoadas os talentos malditos que ninguém reconhece ainda, que não tem medo, em plena Ocupação, de demonstrar abertamente costumes e liberalidades que, como um bumerangue, lhe voltam como bofetadas dolorosas. De outro, há o mestre das mundanidades que festeja Arno Breker e é recebido e elogiado por seus amigos íntimos nos salões mais pomposos, às mesas mais fartas, nos ambientes sublimes e perfeitamente impróprios para a época.

E quem frequenta os banquetes onde Cocteau multiplica os ditos espirituosos e os floreios retóricos? Marie-Laure de Noailles, que dorme com um oficial alemão. Suzy Solidor e Arletty, que também se divertem em semelhantes lençóis (enquanto Josephine Baker envia a Londres mensagens escritas nas partituras com tinta invisível). Coco Chanel, que mora no Ritz com um oficial nazista, que intervém de modo afável para espoliar melhor a família Wertheimer (sua solicitude é compreensível: esses judeus refugiados nos Estados Unidos desde 1940 têm a maioria das participações da empresa de sua amante). Emmanuel Berl, que escreveu alguns discursos do marechal. Alfred Cortot, que se apresentou na Alemanha, assim como Charles Trenet, Maurice Chevalier, Mistinguett…

Essas pessoas vivem em um mundo à parte. Enquanto a maioria do povo sofre com o frio e morre de fome, come morcela de boi, pulmão de carneiro, patês de miúdos, acelgas e tupinambores, Cocteau e seus amigos vão ao Moulin Rouge, ao Bœuf sur le Toit, ao bordel, à Ópera ou a restaurantes cujos menus oferecem refeições que custariam a remuneração mensal de um trabalhador. Antes de voltar para dormir, Cocteau e Marais tomam um último aperitivo no balcão do Hôtel Beaujolais, no Palais Royal, onde o amigo Tino Rossi também vem matar a sede.

Em casa, espera o último amante de Jean Marais, Paul M., grande jogador de polo aquático que Jean conheceu no Racing Club, onde nadava enquanto Paul ensinava o nado de bruços a privilegiados que nada mais tinham a fazer. O professor de natação logo se tornará secretário particular de Cocteau, ocupadíssimo entre todas as peças por escrever, a continuação de sua desintoxicação (ele entrou em uma clínica e abandonou o ópio), a encenação de *Antígona*, a filmagem de *Além da vida*, as visitas incessantes dos jovens admiradores que acorrem para a Rue de Montpensier… Já Jean Marais, não menos solicitado pelos fãs, deve encenar e atuar em *Andrômaca* no teatro Édouard-VII, receber Marcel Carné – que lhe propõe muitas coisas e tudo de primeira –, cuidar dos negócios, contratos etc., proteger Cocteau da vendeta vichysta…

Em resumo, durante a guerra, para alguns, a vida continua. Não exatamente como antes, mas quase.

"Paris também não era frívola", observa Jean Marais. "Era leviana, mas no bom sentido. Como se o perigo não existisse, com um rosto agradável sob a ameaça."

Ele reconhece: "Os concertos, os cinemas, os teatros recusavam muitas pessoas".

Porém, há uma boa razão para isso: "Paris bancava a durona e não queria mostrar ao ocupante nem preocupação nem sofrimento".

Em Monte Carlo, onde Marais apostava no cassino, provavelmente era igual. E nos sets de filmagem, onde o ator chegava com seu cão Moulou, também. Exigia que dessem carne vermelha ao quadrúpede, que sofria das patas quando a caminhada era muito longa. Então o dono o levava no metrô. Embora no metrô fossem proibidos cães. "Mas Moulou não era um cão", pois, tão logo se aproximava de uma entrada de metrô, levantava-se nas patas traseiras. Jean Marais o envolvia em seu casaco, levava-o debaixo do braço e o escondia sob o banco. Não nos últimos vagões, os únicos autorizados aos judeus identificados com a estrela amarela. Não. De preferência naqueles em que subiam os últimos pedestres de uma cidade tão prazerosa de se viver. "O último metrô é maravilhoso."[1] Ali esbarrava com a aristocracia de Paris que voltava do teatro, apressava-se para jantar em locais protegidos do toque de recolher, organizava passeios para o fim de semana ou para as férias que se aproximavam… Em poucas palavras, tudo ia bem no quase melhor dos mundos.

Como o próprio admitiu, a sorte agiu em favor de Jean Marais: ele poderia ter caído do outro lado da linha amarela, aquela em que, por exemplo, era aguardado pelos produtores da Continental alemã. "Eu estava *branco* porque o meu destino e a minha sorte velavam por mim." O destino e a sorte que levaram Philippe Henriot a declarar que o ator prejudicava a França tanto quanto as bombas inglesas, o que levou a BBC a elogiar Jean Marais. E mais tarde pedir desculpas.

Certo dia, durante a guerra, Mouloudji ouviu seu nome ser chamado. Ele, que estava no Boulevard des Batignolles, virou-se. Reconheceu a "maravilha da Grécia antiga que fugira do museu", com quem esbarrara no Quai Voltaire alguns meses antes: Jean Marais.

– Moulou!

Deu um passo adiante, feliz por ter sido chamado com tanta amabilidade. Foi quando uma bola de pelos passou entre suas pernas, correndo pela calçada até o largo dorso de seu dono, contra o qual saltou com pés juntos e língua de fora.

– Eu parti depressa pelo bulevar – confessa Mouloudji. – Repelido e me arrastando pela calçada como um vira-lata.[2]

Sr. Max

> Se eu for pesado demais para ir ao
> Céu, padioleiros, me levem,
> E se não tiverem maca
> Façam uma de meus sofrimentos entrelaçados*
>
> Max Jacob

Enquanto isso, no campo de Drancy, Max Jacob estava morrendo. Max Jacob, o poeta amigo de todos, exilado em Saint-Benoît (na província de Orléanais) desde 1936. Ele foi o mentor de Picasso na época do Bateau-Lavoir. Ele lhe ensinou francês, compartilhou o quarto, vendeu seus primeiros quadros a Vollard. "A porta da minha vida", dizia. Foi testemunha do casamento com Olga e o escolheu como padrinho de sua conversão ao catolicismo. Ofuscado por Apollinaire, mais sábio, mais bem introduzido na alta sociedade, Max Jacob nunca se recuperou por ter sido abandonado por Picasso. Viu o crescimento de seus amigos de miséria enquanto ele permanecia na pobreza, ilustre poeta, mas palhaço dramático, homossexual, eterômano, judeu convertido, rejeitado pelos companheiros de outrora. Foi achincalhado por Maurice Sachs e Marcel Jouhandeau, esnobado por seus conhecidos parisienses que se divertiram ao vê-lo fazer retiro em uma igreja do Loiret, ele, que os sacerdotes de Montmartre expulsavam do confessionário a tal ponto suas escapadas eram vergonhosas.**

Ele esteve a primeira vez em Saint-Benoît em 1921, na esperança de se curar das tentações que lhe perturbavam a

* Si je suis trop lourd pour aller vers/ Dieu, brancardiers, portez-moi./ Et si vous n'aviez pas de civière/ Faites-en une de mes souffrances tressées.

** Ver *Paris boêmia, op.cit.*

consciência. Foi embora. Voltou. Durante a guerra, viveu ali, afastado, infeliz, sem recursos: como qualquer autor judeu, estava proibido de publicar, e seus direitos autorais foram confiscados. Sobrevivia vendendo por correspondência manuscritos que recopiava pela enésima vez, ou seus próprios livros que decorava com desenhos-autógrafos (Éluard lhe encomendou alguns). Precisou se separar das obras oferecidas no passado por amigos pintores, de suas joias, de seu relógio... Não frequentava nenhum restaurante, nenhum teatro, nenhuma sala de concerto. Tinha fome e frio. Vivia em duas peças minúsculas próximas à abadia. Levantava-se todas as manhãs às cinco e meia para ajudar na missa. Ensinava catecismo para as crianças do vilarejo. Até que fosse notado pelos alemães devido a um nariz tipicamente semita, mostrava a igreja aos turistas que paravam em Saint-Benoît.

Pediu aos amigos para não colocarem mais seu nome nos envelopes enviados a ele. Marcado com a estrela amarela, afastou-se dos cafés onde os judeus não tinham mais direito de entrar. "Estou levemente persuadido de que em breve chegarão a fuzilar em massa todos os judeus", escreveu ele, premonitório.

Em dezembro de 1941, seu cunhado foi preso em Paris e enviado para o campo de Compiègne. Ali morreu, provavelmente em uma sessão de tortura. Apesar das súplicas de sua irmã favorita, Myrté-Léa, Max não pôde fazer nada. Pobre demais para pagar a viagem até Paris, escreveu para a administração dos trens:

> Prezado diretor dos Caminhos de Ferro... Eu sou poeta e, como todos os poetas, sem recursos. Gostaria muito de ir a Paris ver minha irmã, cujo marido acaba de ser preso. O senhor me ajudaria muito me enviando uma passagem de cortesia que me possibilitasse fazer a viagem... Max Jacob, poeta.

Sua outra irmã também morreu. Max acompanhou o funeral em Quimper, sua cidade natal. A casa da família havia sido roubada. Pouco depois, seu irmão mais velho, Gaston, foi preso: ele havia entrado em um jardim público proibido aos judeus. Foi deportado. Morreu em Auschwitz.

Em janeiro de 1944, Myrté-Léa foi apanhada em uma batida em Paris, sendo levada a Drancy. Desesperado, Max escreveu a Coco Chanel e a Jean Cocteau:

> Meu caríssimo Jean,
> Disseram-me que Sacha Guitry pode soltar pessoas. Meu caro Jean, vivo em uma angústia intolerável. Suportei com a ideia do sofrimento redentor a destruição da casa da minha família em Quimper, a morte de minha irmã mais velha, a de um cunhado e a prisão de meu irmão. Acabam de prender minha irmã, minha irmã favorita. Vou morrer com isso [...] Desculpe-me incomodá-lo em seu trabalho. Mas a quem pedir ajuda? [...] Se eu escrevesse a Sacha Guitry, minha carta seria posta ao lado dos pedintes oficiais. Um bilhete seu ele levaria em consideração.

Cocteau fez mais do que enviar um bilhete: foi se encontrar com Sacha Guitry. O Mestre talvez estivesse fazendo alguns brindes à mesa de Otto Abetz. A menos que conversasse ao telefone com Arno Breker. Seja como for, ele não fez qualquer tentativa. "Se fosse por ele, eu faria algo. Mas por uma israelita qualquer não posso fazer nada."[1]

A vez dele chegou. Em 24 de fevereiro de 1944, um Citroën Traction Avant parou em frente à abadia de Saint--Benoît. Três alemães à paisana saíram do carro. O poeta foi alertado. Recusou-se a fugir. Os nazistas lhe deram tempo de preparar uma pequena mala. Quando ele desceu, os moradores do vilarejo se reuniram em frente à igreja para tentar salvá-lo. Max Jacob os cumprimentou, entrou no carro, uma mala em uma mão, um cobertor na outra.

Foi levado para a prisão militar de Orléans. Ficou ali por quatro dias, trancado em uma cela com cerca de sessenta detentos. Para consolá-los, cantou operetas de Offenbach. Cuidou de alguns. Escreveu cartas aos amigos em Paris, implorando para o salvarem. Assinava *Max Jacob, homem de letras.*

Em 28 de fevereiro, foi empurrado para dentro de um caminhão e conduzido à estação de Orléans. Destino: Drancy, para onde sua irmã Myrté-Léa fora levada. Escreveu outras cartas, sobretudo a Cocteau:

> Caro Jean,
> Escrevo para você de um vagão por complacência dos guardas que nos vigiam.
> Estaremos em Drancy a qualquer momento. É tudo o que tenho a dizer.
> Quando você falou sobre a minha irmã com Sacha, ele disse: "Se fosse por ele, eu poderia tentar algo". Bom, sou eu. Abraço.

Cocteau já estava sabendo desde o dia 25. Ele escreveu uma carta que foi levada a Von Bose, encarregado dos indultos na embaixada alemã. Telefonou a Gerhard Heller, o que Marcel Jouhandeau também fez. Uma petição circulou, mas nunca chegou às autoridades. Picasso foi informado da prisão de seu amigo enquanto almoçava no Catalan. Respondeu: "Max é um anjo. Ele não precisa de nós para sair voando da prisão".

Quando Max Jacob chegou a Drancy, descobriu que a irmã fora deportada no dia anterior. Ele sofria de broncopneumonia. Foi levado para a enfermaria. Morreu ali em 5 de março. No dia seguinte, seus amigos obtinham uma ordem de soltura assinada do punho de Von Bose.

Uma missa foi rezada na igreja Saint-Roch. Mauriac, Éluard, Picasso, Braque, Reverdy, Paulhan, Queneau, Derain, Salmon, Cocteau e outros amigos do poeta compareceram. Talvez alguns sentissem um vago remorso. Talvez pensassem que, entre a vida agitada que levavam em Paris e a sobrevivência dolorosa conhecida por Max Jacob em Saint-

-Benoît, havia um espaço cinza, fosco, que não se chamava necessariamente *colaboração*, mas que se aproximava disso. E que, ainda que fosse louvável ter escrito uma bela carta para defender o amigo morto no campo, um telefonema provavelmente teria bastado.

Um telefonema para a linha direta de Arno Breker.

Élise ou a vida real

> Uma moça que cuidava de uma dezena de gatos perguntou a Jean Genet, com reprovação:
> – O senhor não gosta de animais?
> – Não gosto das pessoas que gostam de animais – disse.
>
> Jean-Paul Sartre

Para poupar seu cão, Jean Marais o colocava nos ombros e o carregava pelas ruas da Ocupação. Quando o bípede estava cansado demais para levar o quadrúpede, chamava um bicicletáxi ("Poucos homens se atreviam a subir nessas carroças puxadas por um ou dois homens"[1]), colocava Moulou no banco e ele próprio pedalava ao lado.

Talvez cruzassem com Paul Léautaud e sua macaca.

Ou com Louis-Ferdinand Céline e seus gatos.

Ou com Marcel Jouhandeau e suas galinhas.

Marcel Jouhandeau, 55 anos em 1943, vivia no 16º arrondissement de Paris, em uma casinha de dois andares com um jardim minúsculo, onde galinhas bicavam em um poleiro vigiado por um gato. Este se chamava Doudou e gostava da galinha mais velha, Philomène, enquanto Bernadette, a jovem coelha, preferia Blanche. Havia também um cão e pombos. Jouhandeau muitas vezes levava suas filhinhas para longe de Paris. Colocava a mais nova no colo e, avante galinhas, partia para o campo para tomar ar!

Como o mercado negro fosse destinado a carnívoros, em um cair de tarde precisou reduzir as rações das aves. Já se sacrificava para dar sobras aos coelhos e pepinos aos canários. À noite, o autor de *Monsieur Godeau intime* foi acordado por um cacarejo fúnebre. Pela manhã, Philomène havia morrido. Que lástima! O bom Marcel não se recuperou.

Atormentado por uma terrível culpa, devorou a galinha na panela e se consolou com um pintinho fofo cujas penas aqueceu no leito conjugal.

Élisabeth Toulemont, vulgo Caryathis ou Élise na obra do marido, dormia a seu lado. Antes de se aproveitar da carteira do escritor, fora dançarina, amante de Charles Dullin e amiga de Max Jacob e Jean Cocteau.

Enquanto o marido fazia carinho no pintinho, ela comia escondida, virada para parede. Ele a ouvia mastigar sem ousar lhe pedir um pouco. Nesse período de restrições, a questão alimentar era um fardo pesado entre eles. Quando servia à mesa, Élise atribuía-se uma porção dupla. Assim, ele terminava antes dela. Ela se empanturrava vendo o prato vazio e lançava:

– O médico já lhe disse: você come rápido demais.

E concluía com a última garfada:

– Você ainda vai ter dor de barriga.

Às vezes, dava-lhe um osso: sem a carne, que reservava para si. E justificava com estas palavras:

– A gordura lhe faz mal.

Quando se servia de um suco de frutas:

– Você tem sorte de gostar de água!

Quando tinha três garrafas de leite:

– Vou guardar uma para mim e vender as outras aos vizinhos.

– E eu?

– Leite faz mal para o estômago.

Se havia um melão na mesa:

– Vou pegar metade e vender a outra.

Voltava do mercado com algumas frutas. Se ele arriscasse apanhar uma, ela pegava de volta:

– É para a sobremesa!

Na hora da sobremesa, ela havia comido tudo.

Ela convidava um vizinho para jantar:

– Mas traga sua comida!

O vizinho aparecia com quase nada. Quando acabava, os Jouhandeau continuavam se empanturrando. “Da próxima vez, ele trará mais. Dividirá conosco!”

Entre eles, não havia de fato o grande amor. Em 1940, em seu *Diário*, Jouhandeau confessava:

> Dada a desunião que se forma entre Élise e mim, embora vivamos juntos sem consolo nem ilusão, eu me resigno, ligado que estou a ela por muitas lembranças e muitos deveres, lembranças nem um pouco agradáveis, deveres nem um pouco fáceis.[2]

Que covardia!

Marcel Jouhandeau lecionava em um liceu particular. Era católico proclamado e antissemita assumido: em 1937, reunira vários artigos escritos para o jornal *L'Action française* em uma compilação com um título promissor: *Le Péril juif* [*O perigo judaico*]. A obra iniciava com um título que dava o tom: *Comment je suis devenu antisémite* [*Como me tornei antissemita*].

> Aos dezenove anos, quando deixei minha província, eu não sabia o que era um judeu. Durante os quase trinta anos em que vivo em Paris, convivi com muitos israelitas por todos os cantos [...] Cheguei a considerar o povo judeu como o pior inimigo do meu país, como o inimigo íntimo.[3]

Nessa obra, que escondia entre as prateleiras de sua biblioteca, Jouhandeau se declarava mais próximo de Hitler do que de Blum, do inimigo alemão do que dos judeus supostamente franceses.

Élise era pior ainda. Jouhandeau reconheceu, confessando a Gerhard Heller, que seu antissemitismo era imitação do de sua esposa, que odiava os judeus.

Certo dia de 1943, o escritor recebeu uma convocação e lembrou que Paris estava vivendo sob as garras da ocupação. Ele devia ir no dia seguinte a uma das seções da Gestapo, Hôtel des Terrasses, na Avenue de la Grande-Armée. Outros teriam fugido. Ele, não. Marcel antecipou-se à convocação, apresentando-se na mesma tarde. Um guarda o acompanhou até o sétimo andar do prédio, onde ele foi trancado em uma sala vazia. Meia hora depois, três oficiais apareceram. Um deles carregava uma pasta. Ele a abriu, leu uma folha e declarou:

– Queremos fazer algumas perguntas sobre o seu melhor amigo.

Seu melhor amigo se chamava Jean Paulhan.

– Ele é suspeito.

Jouhandeau assegurou o contrário.

– Ele é judeu.

Jouhandeau jurou que saberia.

Em suma, segundo suas palavras, ele quase salvou a vida do outro:

> O que me espantou retrospectivamente foi a habilidade de sofista com que eu soube defender e salvar aqueles que eles tinham intenção de arruinar.[4]

Antes de deixar os amáveis oficiais, Jouhandeau lhes perguntou por que fora convocado.

– Recebemos uma carta de denúncia garantindo que seu amigo Jean Paulhan era judeu.

– Quem escreveu essa carta?

– Sua mulher.

O esposo pediu para ver a carta. Entregaram-lhe uma réplica datilografada do original: "O meu marido, melhor do que ninguém, poderá lhes dizer a que atividade se dedicam seu amigo Z e também T e W, que são judeus".

Na época, o próprio Jouhandeau contou esse "acidente" para muitas testemunhas. Incluindo Jean Paulhan, a quem escreveu: "O que mais amo no mundo denunciou o que mais amo no mundo".

Mais tarde, isto é, depois da guerra, tentou corrigir a versão inicial. Assegurou que a carta não podia ter sido escrita pela boa Élise, sem dúvida visceralmente antissemita, mas não a ponto de ver judeus onde não existiam. Defendeu-a de suas próprias acusações, alegando que, quando reencontrou a esposa e suas galinhas depois da visita à seção da Gestapo no Hôtel des Terrasses, todas o esperavam com ansiedade nos primeiros degraus da escada.

Em seguida, provavelmente o casal se debruçou em uma versão apresentável do acontecimento: Élise por certo falara demais dos amigos do marido, sobretudo de Paulhan (que ela odiava), na frente de companhias pouco estimáveis, companhias essas que se encarregaram da denúncia.

Talvez. Contudo, Gerhard Heller, outra companhia de Jouhandeau, confirmou a versão defendida pelos três oficiais alemães e que Paulhan, que não frequentava a casa de Jouhandeau durante a guerra para não cruzar com Élise, censurou esta por ter denunciado não apenas ele, como também alguns de seus amigos, como Bernard Groethuysen. Jean Paulhan, tão comedido, tão delicado, nessa ocasião chamou Élise Jouhandeau por um substantivo e um adjetivo que expressavam as profundezas de seu pensamento: "puta imunda".

Uma linda viagem

> A linda viagem... Talvez, pela portinhola do vagão, eles agitem os lenços para saudar graciosamente alguns franceses que outro trem levará para o campo de Auschwitz, que estavam indo morrer no campo de Auschwitz.
>
> Léon Werth

Os Jouhandeau tinham uma propriedade em Guéret, no departamento de Creuse. Em abril de 1941, Marcel decidiu levar Philomène e Bernadette para suas terras a fim de desfrutarem do ar puro do campo. O problema é que, para atravessar a Linha de Demarcação, convinha ter um *ausweis* válido. Nesse tempo de penúria burocrática, era melhor pedir a Deus ou aos santos do que esperar a boa vontade administrativa. Assim, Jouhandeau buscou um pistolão com trânsito do lado alemão. Encontrou um na residência de uma amiga, que o convidou para uma recepção-concerto organizada em seu apartamento. Gerhard Heller estava presente. Ele havia lido *Monsieur Godeau*, *Chaminadour* e *Les Pincengrain*, e admirava o escritor que lhe pareceu, naquele dia, um homem bastante alto com uma cabeça de pássaro.

Ele prometeu fazer o necessário.

Alguns dias depois, o telefone tocou na casa-poleiro. Era Heller. Oferecia não um *ausweis* para a Creuse, e sim um salvo-conduto para a Alemanha. Jouhandeau começou recusando. Falou a respeito com o sacerdote que dirigia a escola religiosa onde lecionava. O santo homem lhe deu a bênção: em troca de sua boa vontade, ele talvez conseguisse obter o repatriamento do vice-diretor do estabelecimento, preso na Alemanha.

O viajante em seguida pediu a opinião de seu melhor amigo: Jean Paulhan. Este, segundo o interessado, também lhe deu o *ausweis* moral de que precisava: assegurou-lhe que era o único escritor francês a quem não reprovaria o périplo.

Dessa maneira, em outubro de 1941, Jouhandeau partiu. O objetivo do passeio era um congresso internacional de escritores que Heller organizara em Weimar. Paul Morand e Marcel Arland, requisitados, recusaram na última hora. Jacques Chardonne, Robert Brasillach, Ramon Fernandez, André Fraigneau, Abel Bonnard e Pierre Drieu la Rochelle fizeram a viagem.

Chardonne, autor de *Destinées sentimentales*, também era o diretor das edições Stock. Germanófilo e defensor da colaboração, publicava regularmente artigos na imprensa subordinada (ao contrário de seu filho, Gérard, preso e deportado por atividades de resistência, libertado do campo de Oranienburg-Sachsenhausen após a intervenção de Gerhard Heller).

Brasillach era redator-chefe do jornal fascista e antissemita *Je suis partout* (ele lamentava que a deportação dos judeus não fosse sistematicamente estendida às crianças).

Fernandez, outrora homem de esquerda, filiara-se ao Partido Popular Francês de Doriot em 1937. Pró-hitleriano, defendia suas posições no *La Gerbe*.

Fraigneau era escritor e editor.

Abel Bonnard era maurrasiano e doriotista antes da guerra, antissemita desde sempre. Editor no *Je suis partout*, será ministro da Educação Nacional e da Juventude no governo de Pierre Laval. Em homenagem a suas convicções ideológicas e sexuais, Galtier-Boissière o apelidou de *Gestapette*.

Ao lado desses nazistas quase convictos, Marcel Jouhandeau era quase invisível. Afora um antissemitismo irrepreensível e uma grande capacidade de se conformar aos costumes e práticas exigidos de um francês nem colaboracionista nem neutro, mas sobretudo contrário à rebelião, não tinha muito a colocar na lapela. No entanto, subiu no mesmo trem. Seria por essa razão que se sentia bastante mal?

> O que há de mais insuportável que o conforto? Oprimido por estar deitado nesta cabine que um trem arrasta através da noite, enquanto todo o universo sonha de dor.[1]

A opressão pesou em sua consciência quando os viajantes encontraram prisioneiros franceses trabalhando nas estradas utilizadas pela composição. Antes da partida e após o retorno, esses senhores pretendiam ter ido para a Alemanha na esperança de libertar artistas detidos. Artistas ou não, aqueles com quem cruzaram no caminho eram bem vigiados por soldados alemães. Estavam pálidos, extenuados, apresentavam uma magreza impressionante. Para punir os malvados nazistas por maltratarem assim seus compatriotas, alguns escritores franceses tomaram uma medida ousada, até corajosa, que em todo caso expressava certo espírito de resistência: decidiram não colocar os pés em Estrasburgo, cidade patrimônio ocupada pelos alemães.

Não!

Dentro do trem, Jouhandeau conheceu um jovem poeta alemão por quem se apaixonou. O arcanjo era um SS, versejador semioficial das Juventudes hitlerianas. Lançou alguns olhares apaixonados ao quinquagenário, que, longe de Élise e de sua prole galinácea, começou a sonhar com um ménage: depois do arcanjo, voltou suas atenções para o tenente Gerhard Heller. Segundo as palavras do oficial alemão, embora muito abstrata, essa "trindade amorosa" parecia motivar Jouhandeau infinitamente mais do que a viagem em si. De resto, ele a narrou em um livro, *Le Voyage secret*, com tiragem de 65 exemplares.

Eles visitaram Colônia, Bonn, Frankfurt, Mainz, Friburgo, Munique. Foi nesta cidade que Jouhandeau teve "um encontro histórico, da mais alta importância moral", que nunca esqueceria: um judeu utilizando uma estrela amarela.

Provavelmente a beleza do vale do Reno dissipou seu pesar. Que desapareceu por inteiro em Salzburgo, durante uma apresentação de *As bodas de Fígaro* em homenagem aos visitantes franceses.

Em Berlim, eles se encontraram com o dr. Goebbels. A seguir, em Weimar, juntaram-se a colegas de catorze países aliados à Alemanha ou ocupados por ela. Na volta, no trem que deixava Viena, Marcel Jouhandeau ficou doente. Não que ele somatizasse: apenas havia bebido demais. Seus companheiros o despiram e o deitaram na cama debaixo do beliche.

Na chegada, os viajantes se felicitaram pelo imenso privilégio conquistado: seriam traduzidos para o alemão. Jouhandeau louvou sua própria coragem, já que havia se recusado a fazer escala em Estrasburgo. Em 1944, Jean Paulhan lhe respondeu com estas palavras:

> Caríssimo Marcel,
> De sua coragem pessoal (especialmente eu) não duvido. Mas neste momento, por favor, não fale dela. Abra os olhos. Você não está exposto. Não é você que está exposto. Você não acabou de morrer na prisão, como Max Jacob. Você não foi assassinado por soldados bêbados, como Saint-Pol Roux. Você não foi executado, depois de um julgamento legal, como Jacques Decour, como Politzer. Você não é obrigado a se esconder para escapar da execução, da prisão, como Aragon, como Éluard, como Mauriac. Você não foi deportado para a Alemanha, como Paul Petit[2], como Benjamin Crémieux [...] Em uma época em que todos temos de demonstrar coragem, você é o único (ou quase) que não está ameaçado, que leva uma vida prudente e sossegada [...] Não me venha falar de sua coragem, nem sequer de sua coragem futura (caso venha a demonstrar, algo em que não acredito).[3]

Outras excursões à terra nazista foram organizadas pelos serviços de propaganda hitleriana. Os escritores André Thérive e Georges Blond participaram. No final de 1941, foi a vez dos músicos: Florent Schmidt, Marcel Delannoy, Arthur Honegger, Lucien Rebatet e Jacques Rouché (o diretor da Ópera); em Viena, eles admiraram a orquestra filarmônica da cidade, dirigida por Karl Böhm e Wilhelm Furtwängler.

O bailarino Serge Lifar fez diversas vezes a viagem. Maurice Chevalier, pétainista convicto e orgulhoso em afirmá-lo, cantou "Y'a d'la joie" para os prisioneiros franceses (e agradeceu as autoridades alemãs pela acolhida que lhe foi reservada). Fréhel, Charles Trenet e Édith Piaf também viajaram de bom grado, bem como Raymond Souplex, Danielle Darrieux, Viviane Romance, Albert Préjean, Suzy Delair.

Os pintores e os escultores esperaram janeiro de 1942 para dar o passo. Vlaminck embarcou ao lado de Van Dongen, Friesz, Dunoyer de Segonzac, Bouchard, Paul Belmondo, Charles Despiau e alguns outros. Contudo, Georges Braque, embora convidado, recusou-se a fazer a viagem. Também não havia aceitado o convite feito para ir cumprimentar Arno Breker. E quando o governo de Vichy lhe pedira para desenhar um emblema que elogiasse artisticamente a máxima *trabalho*, *família*, *pátria*, ele fechou de vez sua porta. Não resistia, mas foi digno. Uma qualidade, nesses tempos de contemporizações.

IV

Jogos curiosos

Pensamentos livres

As feras amam a jaula.

Francis Carco

Honra, fidelidade, pátria: por que fazer soar aos seus ouvidos palavras cujo significado lhes escapam? Vocês sabiam, ao partir para a Alemanha, exatamente o que estavam fazendo. Sabiam que a Alemanha hitleriana persegue a destruição da cultura francesa, que sua polícia coloca na prisão os escritores suspeitos de patriotismo, que seus supostos serviços de propaganda têm por objetivo sufocar qualquer manifestação do pensamento francês e reduzir de maneira sistemática o nível da produção literária francesa, vocês sabiam – pois os líderes hitlerianos não fazem mistério a respeito disso – que a "nova ordem" reserva para Paris um papel de obscura cidade provinciana, que Berlim sonha se tornar a capital intelectual de uma Europa subjugada. Vocês sabiam que a maior vergonha para um escritor é participar do assassinato da cultura nacional da qual ele deveria ser o defensor. Não ignoravam isso. No entanto, partiram, porque não se importam nem com a França nem com a cultura. Vocês renunciaram ao belo título de escritor francês, a esse título carregado de honra, de responsabilidade, de perigo. Preferiram se atrelar como escravos à carruagem do inimigo do que estar à frente da gloriosa luta contra a barbárie.

Em dezembro de 1941, na *Université libre*, Jacques Decour, Georges Politzer e Jacques Solomon dirigiam-se nesses termos aos escritores que viajaram a Weimar. *L'Université libre* era uma das muitas publicações clandestinas que nasceram algumas semanas após a entrada dos alemães em

Paris. Eram datilografadas, às vezes escritas à mão, duas folhas, raramente mais, impressas com os meios disponíveis: a venda do material necessário para a reprodução estava proibida. Entre essas publicações, *La Pensée libre*, da qual Lescure e Vercors haviam se aproximado, desempenhou um papel significativo no que se tornaria em breve a primeira resistência dos artistas: a dos escritores.

La Pensée libre era oriunda de *L'Université libre*, fundada em novembro de 1940 por um filósofo comunista de origem húngara, Georges Politzer, em resposta à prisão de Paul Langevin, professor do Collège de France, e à exclusão dos professores judeus da Sorbonne. O redator-chefe era Jacques Solomon, físico, genro de Langevin. Em 1941, os dois acadêmicos ganharam o reforço de um jovem na casa dos trinta, professor de alemão no liceu Rollin (hoje liceu Jacques-Decour), membro do Partido Comunista: Daniel Decourdemanche, que havia publicado alguns livros na Gallimard assinando como Jacques Decour. Ele trouxera seu primeiro romance, *Le Sage et le Caporal*, a Jean Paulhan, que decidiu publicá-lo. Diante disso, o pai do jovem autor se apresentou e ameaçou o editor com sua ira paterna em caso de publicação: o autor ainda era menor de idade. Paulhan manteve o jovem Decour informado. Algumas semanas mais tarde, ele voltava a aparecer na sala de Paulhan, munido de um certificado legítimo de maioridade: havia se casado.

Le Sage et le Caporal foi publicado em 1929.[1]

Em setembro de 1941, na pequena sala da Rue Sébastien-Bottin, Jacques Decour explicou à eminência parda da editora que ele fora designado por seu partido para reagrupar os escritores resistentes em um Comitê Nacional dos Escritores (CNE), órgão clandestino, subordinado à Frente Nacional. A Frente Nacional havia sido criada alguns meses antes pelos comunistas. Era presidida por Frédéric Joliot-Curie, prêmio Nobel de Química em 1935. O partido queria reatar com a linha que prevalecia no pré-guerra, quando criara organizações-satélite independentes, abertas a todos os escritores e intelectuais antifascistas. Essa linha, rompida com os processos stalinistas depois da assinatura do Pacto Germano-Soviético, devia renascer em uma resistência comum ao ocupante.

Jean Paulhan aceitou apoiar. Ele organizou um encontro entre Decour e Jacques Debû-Bridel. Este – pseudônimo Lebourg – fornecia a Pierre de Lescure informações provenientes do Ministério da Marinha.

Os dois homens se encontraram no Frégate, um bistrô localizado entre os cais do Sena e da Rue du Bac. Em seguida, em reunião com Jean Paulhan, estabeleceram uma lista inicial de escritores suscetíveis de ingressar no recém-criado Comitê Nacional dos Escritores. Estava fora de cogitação contatar os autores que publicavam em *La Gerbe*, *Le Petit Parisien* ou nos grandes periódicos da colaboração, o que excluía Jean Anouilh, Marcel Aymé, Jean Cocteau, Colette, Léon-Paul Fargue, Jean Giono, Henry de Montherlant, Paul Morand, Henri Pourrat – e muitos outros.

Eles abordaram aqueles que não aceitavam fazer compactuações. Jean Paulhan pôs à disposição do Comitê Nacional dos Escritores o celeiro NRF-Gallimard, que será o primeiro e o mais importante de todos. Decour e Debû-Bridel partiram na caça dos amigos. Jean Blanzat, membro do Comitê de Leitura da Gallimard, aceitou o convite, chegando a receber os conspiradores em casa. Charles Vildrac, simpatizante comunista, também. O reverendo padre Maydieu concordou. A esses, que formaram o núcleo histórico do Comitê Nacional dos Escritores, convém acrescentar o escritor parisiense que, certo dia de junho de 1940, havia aberto a porta de sua casa em Paris e constatado a morte dos pássaros: Jean Guéhenno.

Les Lettres françaises

> O continente europeu já havia chegado ao ponto em que se podia dizer sem ironia a um homem que ele podia ficar feliz por ser fuzilado em vez de ser estrangulado, decapitado ou espancado até a morte.
>
> Arthur Koestler

No momento do êxodo, Jean Guéhenno estava em Clermont-Ferrand. Ele havia acompanhado os Cursos Preparatórios parisienses para a Escola Normal, que foram transferidos para o interior junto com os professores. Forçado a dar aulas em salas superlotadas, o professor Guéhenno caíra doente. A declaração de Pétain justificando o pedido de armistício o deixara fora de si. Essa fúria salvadora o restabeleceu, e ele foi à Place de Jaude, em Clermont-Ferrand. Ali passavam tropas derrotadas, refugiados ariscos, crianças em cima de carroças, velhos exaustos... E, para além desse espetáculo aflitivo, nos cafés ao redor da praça, grupos de oficiais que brindavam de modo agradável às derrotas vindouras. Inflamado, Guéhenno os havia insultado.

No dia seguinte, foi chamado à reitoria, onde uma ordem da Prefeitura lhe foi entregue: as autoridades lhe pediam para manifestar sua desaprovação em silêncio.

Dois meses depois, Jean Guéhenno recebeu um telegrama de Vichy ordenando sua volta a Paris, pois as aulas do Curso Preparatório para a Escola Normal haviam sido retomadas.

Uma nova convocação o aguardava em sua residência. Desta vez não se tratava mais de ir à reitoria, e sim à Propagandastaffel. O caso parecia bem mais sério do que uma simples advertência da Prefeitura.

Depois de hesitar por muito tempo, Guéhenno apresentou-se em uma manhã diante de uma alemã fardada com o uniforme militar, que lhe ofereceu sem rodeios criar e dirigir um jornal de esquerda. O escritor quase sufocou: tratava-se nem mais nem menos da concepção de um órgão socialista defendendo o desenvolvimento de uma colaboração alegre e pacífica com o ocupante. Dirigiam-se a ele pois conheciam seu passado de militante de esquerda. Haviam se informado a respeito. Dariam alguns dias para refletir sobre a proposta.

Uma vez mais, Guéhenno se enfureceu. Diante da alemã estupefata, sem ligar nem um pouco para os nazistas que passavam no corredor, ele começou a rosnar e gritar como fizera na Place de Jaude, em Clermont-Ferrand. Depois saiu, batendo a porta.

Quando chegou em casa, foi buscar uma escada, que instalou atrás de sua casa, "para dar o fora, caso acontecesse uma catástrofe".[1]

Decidiu que nada o impediria de escrever, mas que ninguém o obrigaria a publicar: manteria silêncio, fechado entre as linhas do *Journal des années noires*, que havia começado em junho de 1940. Se escolhesse publicar um livro, seria na imprensa ou em uma editora clandestina, escondido sob um pseudônimo (que foi Cévennes para as Éditions de Minuit, de acordo com a regra que sugeria que os autores publicados escolhessem o nome de uma campanha ou de uma província francesas).

Quando Jean Blanzat o convidou para integrar o Comitê Nacional dos Escritores, Guéhenno aceitou na hora. Ainda mais porque o núcleo fundador do grupo havia decidido criar um jornal, o que convinha bem ao ex-redator-chefe do *Europe* e do *Vendredi*. Elsa Triolet e Louis Aragon, que vieram da Zona Sul, onde o partido os encontrara enfim, apoiaram com toda força o nascimento desse novo jornal. Aragon defendeu uma linha mais aberta do que a do *La Pensée libre*, impondo Paulhan e Decour na direção.

O primeiro número da *Lettres françaises* devia abrir com o manifesto do Comitê Nacional dos Escritores, redigido por

Jacques Decour, a quem foram entregues os outros artigos previstos no sumário desse *opus* inaugural. Decour devia encaminhá-los para a infraestrutura clandestina do Partido Comunista, que asseguraria a impressão do jornal. Entretanto, o professor de alemão não foi ao encontro. Preso pela polícia francesa junto com Georges Politzer e Jacques Solomon, foi internado e mantido incomunicável na prisão de la Santé, antes de ser entregue aos alemães. Torturado durante três meses, não abriu a boca. Georges Politzer também não, enfrentando com uma coragem incrível os interrogadores da SS. Judeu, húngaro, fluente em alemão, insultava seus algozes entre uma sessão de tortura e outra, profetizando a derrota de Hitler. Sua risada estrondosa permaneceu gravada na memória de todos os detentos que, como Pierre Daix, estavam presos em celas próximas.[2]

Politzer, Solomon e Decour foram fuzilados em maio de 1942. A última carta escrita por Jacques Decour aos pais foi recuperada por Paul Éluard, que a entregou a Georges Hugnet. Ele a datilografou e a difundiu nos círculos da Resistência:

> Vocês sabem que eu esperava havia dois meses o que me aconteceu esta manhã, de modo que tive tempo para me preparar para isso. Porém, como não tenho religião, não naufraguei na meditação sobre a morte. Considero-me um pouco como uma folha que cai da árvore para se tornar humo. A qualidade do humo dependerá daquela das folhas. Refiro-me à juventude francesa, em quem deposito toda minha esperança.

Jacques Decour tinha 32 anos.

Como fosse o único elo de ligação entre o Comitê Nacional dos Escritores e a gráfica do Partido Comunista, o primeiro número das *Lettres françaises* só foi lançado em 20 de setembro de 1942 (dia de comemoração da Batalha de Valmy), seis meses após a batida da Gestapo. Foi preciso esperar que Claude Morgan, que trabalhava com Decour, encontrasse Édith Thomas, que conhecia Jean Paulhan e Jacques Debû-Bridel, para reatar o elo rompido. Édith Thomas era uma ex-aluna da École Nationale des Chartes, onde se formou como arquivista-paleógrafa. Publicara quatro livros antes da guerra, três deles pela NRF. Simpatizante do Partido Comunista, fizera a cobertura da Guerra Civil Espanhola para *Ce soir* e *Regards.* Claude Morgan e ela se tornariam dois pilares essenciais do Comitê Nacional dos Escritores.

Em setembro de 1942, em quatro folhas mimeografadas, Claude Morgan havia conseguido publicar clandestinamente o manifesto escrito por Jacques Decour antes da prisão:

> APELO DOS ESCRITORES
>
> O povo francês não se curva [...] Proclamamos nossa admiração pelas vítimas do terror organizado na França por Hitler e seu lacaio, o governo de Pétain. Saberemos manter vivos na memória dos franceses os nomes de seus heróis.
>
> Salvaremos por meio de nossos escritos a honra das letras francesas. Fustigaremos os traidores vendidos ao inimigo. Vamos devolver o ar de nossa França irrespirável aos escribas da Alemanha [...]
>
> Hoje, os signatários deste apelo criam este jornal, LES LETTRES FRANÇAISES, que é a própria expressão da Frente Nacional.
>
> LES LETTRES FRANÇAISES será o nosso instrumento de combate e, por sua publicação, queremos nos integrar, em nossa posição de escritores, na luta mortal iniciada pela Nação francesa para se livrar dos opressores.

Sr. Robespierre

Estou aqui, minha Pátria!
Aragon

Faz um frio glacial em Nice. Um homem volta do Marché de la Buffa. É alto, magro, tem o cabelo grisalho. Ele carrega uma sacola de compras na mão. Caminha depressa, cabisbaixo, como se não desejasse ser abordado ou reconhecido. Desvia na Cité du Parc, em frente à Prefeitura, e adentra uma porta contígua a um restaurante. Sobe uma escada estreita, para no primeiro andar, bate à porta. Uma mulher abre. Ela tem 45 anos. Seu cabelo preto com alguns fios brancos está preso em um coque. Ela tem um olhar vivo, um semblante duro.

– Um amigo está aqui – diz ela, pegando a sacola das mãos do homem.

– Quem?

– Não conheço. Ele disse que se chamava Jean.

Ela aponta para a peça ao fundo, com vista para a Cité du Parc e para a Prefeitura: o escritório onde o homem trabalha. A mulher escolheu o quarto, de onde pode ver o mar.

– Estou indo.

O homem atravessa o corredor e abre a porta do escritório. Está um pouco tenso, como em cada ocasião em que um desconhecido o aguarda: os alemães ainda não ocupam a Zona Sul, mas seus sectários não estão longe, e o governo é vichysta. Quer sejam policiais ou funcionários, os guardiões do templo colaboracionista detestam Louis Aragon e Elsa Triolet.

O visitante não é bem um desconhecido. Encontra-se perto do aquecedor, alimentado a serragem. Não se chama Jean, e sim Joe Nordmann. É advogado. Embora não consiga recordar o nome, Aragon se lembra de ter esbarrado com ele ali e acolá, em Paris. Tranquiliza-se e estende uma mão fraternal.

– Estou de saída – diz o advogado. – Trouxe documentos.

Aponta um envelope pesado colocado sobre a mesa, ao lado de folhas espalhadas com uma bela caligrafia.

– Quem o enviou?

– Há um bilhete – responde *Jean*, mostrando o envelope.

Os dois homens conversam alguns minutos. Como de costume, Aragon fala muito depressa, sem deixar de andar. Quando se despede, o visitante está atordoado. Depois de colocar o chapéu, fecha o casaco e sai da peça. Elsa Triolet lhe abre a porta do apartamento.

Assim que ele sai, a sra. Aragon vai encontrar o marido. Este abriu o envelope, descobrindo o relato de um massacre, o nome dos mártires (conhece alguns), as últimas cartas escritas às famílias, o lugar da tragédia: Châteaubriant. Após a morte dos reféns, as poucas testemunhas do drama passaram várias noites datilografando as informações recolhidas, tudo o que era possível reunir sobre a carnificina e os momentos que a precederam. Esse material chegou a Paris. Frédéric o recebeu. Ele o enviou a Aragon, com um bilhete que o escritor achou no envelope: *Faça disso um monumento*. Ele no ato reconheceu a caligrafia de *Frédéric* e, portanto, a sua identidade:

> Frédéric era o líder de todos nós. Aquele que em algum lugar na França carregava desde a primeira hora a mais alta responsabilidade, que enviava todos os Jean, todos os André. Aquele cujo nome os martirizados nunca revelaram. Aquele que foi o primeiro a dizer ao primeiro para atirar em um boche.[1]

Frédéric: Jacques Duclos.

Aquele que, Aragon não sabia, havia negociado a republicação de *L'Humanité* em Paris com as autoridades alemãs. Aquele que, até junho de 1941 – Aragon não sabia? –, não dava razão nem a De Gaulle nem a Hitler. Aquele que, até o rompimento do Pacto Germano-Soviético, foi o primeiro a dizer ao primeiro que desejou fazê-lo para não atirar em um boche.

Porém, Aragon, é verdade, havia ficado feliz com a ratificação desse tratado infame assinado entre Hitler e Stalin. Na época diretor do *Ce Soir*, estava entre aqueles que julgavam que a aliança entre soviéticos e alemães permitiria que os primeiros ganhassem tempo e se rearmassem. Opusera-se a Paul Nizan, redator do mesmo jornal, chamado de "agente de polícia" por Maurice Thorez por ter se desligado do partido nessa ocasião. Aragon fora como era desde o Congresso de Kharkov* e como permanecerá por toda a vida, de pé face aos diferentes ventos: um stalinista convicto. Ou ainda, nas palavras de Salvador Dalí, um pequeno Robespierre nervoso.[2]

Todavia, a assinatura do pacto lhe rendera muitas inimizades. Antes da declaração de guerra, via-se obrigado a mudar de calçada para escapar dos chistes daqueles com quem cruzava pelas ruas de uma Paris ainda livre. O partido havia sido proibido e seus deputados eram perseguidos, presos. Aragon teve de se refugiar na embaixada do Chile, onde Pablo Neruda lhe abrira as portas de um perímetro inatacável. Ali terminou as últimas 150 páginas de *Voyageurs de l'impériale*. Elsa permanecia no lar do casal, na Rue de la Sourdière. Todas as noites, ia visitá-lo. Ele lhe lia as últimas folhas da obra que estava escrevendo.

Eles haviam se casado alguns meses antes. Quase dez anos depois que ela o fisgou de passagem, graças à educação do poeta Maiakóvski, que oferecera a Aragon um lugar à sua mesa no La Coupole.** Dez anos de loucas paixões, de ciúme intenso, de escritas cruzadas. Embora ela estivesse mais ameaçada – judia e russa –, fora ele que insistira no casamento. Fazia questão. Fazia muita questão. A guerra anterior lhe

---

* Ver *Paris libertária, op.cit.*

** Ver *Paris boêmia, op.cit.*

revelara o segredo de sua identidade. Era filho de Andrieux, chefe de polícia, advogado, deputado, embaixador, senador. Sua mãe havia sido amante desse homem que registrara o filho com o sobrenome Aragon, talvez porque no passado tivesse uma amante espanhola. Durante toda a juventude, Louis Aragon ignorou quem eram seus pais. Para proteger a reputação do chefe de polícia, todos os papéis foram trocados: o pai se passava por padrinho ou tutor, a mãe se apresentava como a irmã, a avó tomara o lugar de sua filha, tornando-se a mãe oficial de um rapaz que nada percebia.

Ele foi informado na véspera de sua partida para o front.

Ora, de novo a guerra se perfilava. Assim como a situação havia oficialmente se esclarecido para ele 25 anos antes, talvez Aragon quisesse passar a limpo sua situação pessoal. As coisas eram muito mais simples: depois de um aborto realizado com os meios disponíveis na União Soviética, Elsa não podia ter filhos. Desse modo, não havia nenhuma questão de linhagem a acertar, apenas as de foro íntimo.

Elsa estava horrorizada com a ideia de que a guerra pudesse os separar.

– Seu eu morrer... – arriscava Louis.

Ela não podia fazer nada.

– Se eu for capturado...

Aí era outra história:

– Se você for capturado, terei um amante.

Na véspera da partida para o front, ela lhe explicou que uma mulher da idade dela nunca poderia esperar até o fim da guerra para oferecer seus encantos e receber outros:

– Ainda sou jovem e bela.

Ele sabia. Mesmo em tempos de paz ela jamais deixava de informá-lo: quantas vezes, após uma discussão, não tinha se refugiado em um hotel, uma noite – ou mais –, com outro?

Ela o acompanhou até a estação, tão dilacerada quanto ele. Tinha a esperança de que a perspectiva de ser traído lhe desse energia suficiente para não se deixar apanhar.

Isso não aconteceu.

Aos 42 anos, ele partiu para o front com a mesma coragem de quando tinha vinte. A primeira guerra lhe valera a Cruz de Guerra, a segunda lhe ofereceu as palmas e a medalha militar: ele salvou feridos que estavam atrás das linhas inimigas.

Foi desmobilizado na Dordonha. Elsa recebera as cartas de amor que ele não havia parado de enviar, mesmo debaixo de fogo e dos tiros de metralhadora. Estava refugiada em Corrèze, na casa de Renaud de Jouvenel. Foi buscá-lo em um carro da embaixada do Chile e o repatriou à residência de seu anfitrião. Eles receberam muitas propostas de exílio: os Estados Unidos, grandes e generosos, ofereciam hospitalidade. O casal se recusou a deixar o território francês.

Em setembro de 1940, reencontraram a tribo *NRF* na casa de Joë Bousquet, em Carcassonne. Lá esbarraram com um rapaz que ninguém conhecia e, no entanto, já havia feito muito pela resistência dos poetas. Um rapaz que havia se dirigido a Louis Aragon algumas semanas antes, pedindo-lhe ajuda para dar vida a uma revista que acabava de criar. Aragon preenchera um cheque de apoio. O rapaz respondeu com um bilhete: "De um poeta, não espero dinheiro e sim alguns versos".

Transcorridas duas semanas, recebia um poema de Aragon, escrito com tinta azul. "Os amantes separados"[3]:

Como surdos-mudos falando em uma estação
Sua língua trágica no âmago escuro da multidão
Os amantes separados fazem gestos de alarma
No silêncio branco do inverno e das armas*

O nome do rapaz era Pierre Seghers. Em outubro de 1939, mobilizado no exército dos Alpes, criara uma pequena revista independente de soldados poetas: *Poètes casqués.*

---

* Comme des sourds-muets parlant dans une gare/ Leur langue tragique au cœur noir du vacarme/ Les amants séparés font des gestes hagards/ Dans le silence blanc de l'hiver et des armes.

Assim como Vercors, mas por outras razões, Seghers se interessava por gráfica e tipografia: como tivesse um manuscrito recusado antes da guerra pela Grasset, fundara sua própria editora em 1938 com o intuito de se publicar.

Quando se tornou soldado, enviou uma carta circular a alguns poetas anunciando a criação de sua revista. Essa carta foi publicada no *Figaro*. Gallimard e Paulhan haviam assinado a revista. Alguns poetas imitaram a ação: Jules Romains, Max Jacob, Armand Salacrou…

O primeiro número, com tiragem de trezentos exemplares, foi lançado em novembro de 1939. Era dedicado a Charles Péguy. Outros números se seguiram.

No outono de 1942, Seghers recebeu um poema acompanhado de um bilhetinho: *Encontrado em uma trouxa de roupas manchadas de sangue*:

Pertenço eu ao silêncio
À sombra que minha voz é
Aos muros nus da Fé
Ao pão velho da França
Pertenço eu ao retorno
À porta fechada que faz
Obstáculo no entorno
Que cantarola a paz?[4]*

O poema fora escrito por Jean Cayrol, cuja revista de Jean Ballard, *Les cahiers du Sud*, havia publicado *Le Hollandais volant* antes da guerra. Resistente precoce, Cayrol fora detido em 1941 e preso em Fresnes. Dali, conseguira enviar seu poema para sua família. Seghers o publicou no número 11 de sua revista (em 1943, Jean Cayrol será deportado para o campo de Mauthausen).

Um ano antes, *Poètes casqués 40* publicou um poema de André de Richaud e "Os amantes separados" de Aragon.

---

* J'appartiens au silence/ A l'ombre de ma voix/ Aux murs nus de la Foi/ Au pain dur de la France/ J'appartiens au retour/ A la porte fermée/ Qui frappe dans la cour/ Qui fredonne la paix?

Seghers se encontrou com Aragon em Carcassonne, em um café. Elsa estava presente. Ela deixou os dois homens a sós. Ao observá-la se afastar, Aragon confessou ao jovem editor que sua mulher era uma grande escritora, que trocaria todos os seus livros por um só dos dela.[5] Em seguida, tirou do bolso algumas folhas e, diante do convidado desnorteado de admiração, começou a ler "Os lilases e as rosas":

> Ó meses das florações meses das mudanças imperiosas
> Maio foi sem nuvens e junho apunhalado
> Nunca me esquecerei dos lilases nem das rosas
> Nem de quem na primavera foi guardado*

Na mesma noite, Seghers levava o casal até sua casa. Na época, morava em Villeneuve-lès-Avignon, às margens do rio Ródano. Ali editava a revista, cujo número de páginas fora reduzido pela metade devido às restrições de papel decretadas pelo ocupante. Era submetida à censura, em seguida impressa em Lyon, para onde Seghers se deslocava regularmente para corrigir as provas.

Ele hospedou o casal Aragon em Angles, perto de sua casa, em um presbitério cercado de arbustos. Foi ali que o escritor soube do falecimento do poeta Saint-Pol Roux, morto de desgosto em outubro de 1940, depois que os alemães estupraram sua filha Divine. Esse acontecimento teve uma repercussão considerável nos círculos literários. Aragon escreveu um texto de cerca de dez páginas em homenagem ao poeta simbolista, que foi publicado no número 2 de *Poésie 41*. Com o pseudônimo Blaise d'Ambérieux, contribuiria com outros textos para a revista, da qual se tornou uma das figuras-chave. Foi dele a sugestão para que Seghers pedisse desenhos a Matisse, que vivia então no bairro de Cimiez, nas colinas de Nice.

---

* Ó mois des floraisons mois des métamorphoses/ Mai qui fut sans nuage et Juin poignardé/ Je n'oublierai jamais les lilas ni les roses/ Ni ceux que le printemps dans les plis a gardés.

Como outros, em particular Aragon, Matisse não aceitou se mudar para os Estados Unidos, onde morava seu filho Pierre. Havia deixado Paris no momento do Êxodo, fora para Saint-Jean-de-Luz, também passara por Carcassonne antes de encontrar a filha em Marselha. Sofrendo de obstrução intestinal, foi operado em Lyon em janeiro de 1941. Havia implorado ao médico para lhe dar mais três ou quatro anos, tempo necessário para terminar sua obra. Depois da cirurgia, mudara-se para Cimiez. Ali recebeu o pedido de Aragon, ao qual o poeta tivera o cuidado de acrescentar sua compilação de versos *Le Crève-Cœur*. O pintor respondeu:

> Caro senhor, recebi seu livro de poemas, que me promete bons momentos, e agradeço. Venha me ver quando quiser, por volta do fim do dia, telefonando-me por favor para marcar um dia antes ou até no dia, no horário que lhe for mais conveniente, sem constrangimento de ambas as partes para adiar, em caso de impossibilidade de um encontro. Então, até bem breve.

Aragon foi sozinho ao primeiro encontro. A secretária, assistente e modelo do pintor, Lydia Delectorskaya, descendente de imigrantes russos brancos, o apresentou ao Mestre. Os dois homens permaneceram quatro horas juntos. Quando partiu, Aragon havia obtido o consentimento de Matisse: ele lhe entregaria alguns desenhos para a revista de Pierre Seghers. Aragon não tardaria a começar *Matisse en France.*

"O livro com Matisse se transforma na paixão entre ele e mim", escreveu a Jean Paulhan.[6] Os dois se reuniam três ou quatro tardes por semana. Aragon escrevia sobre Matisse, que retratava Aragon. Às vezes, o poeta desaparecia por alguns dias. Cruzava a Linha de Demarcação em Tours (onde foi capturado uma vez sem ser reconhecido), ia a Paris, ao Boulevard Morland, depois à casa do escultor Lipchitz, alugada por Édouard Pignon. Ali foi criada a Frente Nacional dos Escritores, em torno dele mesmo, de Elsa, de Jacques Decour, de Georges Politzer e de Danielle Casanova; ali também ocorria a maioria das reuniões organizadas pelos artistas do Comitê Nacional dos Escritores.

Em seguida, Aragon deixava a capital. Voltava para o lado de Matisse ou de Seghers para cumprir da melhor maneira possível a missão confiada pelo partido: reunir os escritores que viviam na Zona Sul.

Depois de Angles, Elsa e Louis se mudaram para Nice. A primeira casa em que ficaram era um imóvel na Rue de France, perto da Promenade des Anglais: um quarto e uma cozinha que ocuparam até o momento em que a proprietária pediu que saíssem; policiais curiosos a haviam importunado. O casal foi para um hotel, depois se hospedou no quarto e sala na Cité du Parc.

Viviam miseravelmente graças a um adiantamento que uma editora norte-americana concedera a Louis pela futura tradução de *Les Voyageurs de l'impériale*. Em abril de 1941, Gallimard publicara *Le Crève-Cœur, poèmes de guerre*. Depois de obter o carimbo de aprovação da censura emitido pelos alemães, o editor esperava o da censura de Vichy para publicar *Les voyageurs de l'impériale* (o livro será lançado em 1942 sem que o autor possa corrigir as provas). Enquanto isso, os tempos eram difíceis. No início da guerra, Gallimard melhorara um pouco a situação do casal ao publicar os primeiros capítulos de *Les voyageurs* na *NRF*. Porém, Drieu dera um fim àquilo. Por intermédio de revistas, os dois colegas rivais continuavam acertando as contas. O diretor da *NRF* utilizava suas colunas ou as de órgãos aliados para atacar o autor de *Os sinos de Basileia* – de quem fora próximo demais para não reconhecer o estilo, ainda que escondido por trás de um pseudônimo. Assim, em outubro de 1941, no *Emancipation nationale*, dirigido por Doriot, Drieu la Rochelle enviou uma saudação:

> Para este patriota por acaso, não se trata da França como um fim, mas da França como um meio. Toda essa indignação, todo esse enternecimento sobre a

dignidade, todos esses apelos por meias palavras que Aragon divulga nas revistas literárias e poéticas, costuradas com fios vermelhos visíveis para a resistência e o endurecimento, não estão a serviço da França.

Ao que Aragon responde com um poema publicado em Túnis, "Mais belas do que as lágrimas":

Impeço, ao respirar, que alguns vivam em paz
Seu sono eu tolho com incógnitos remorsos
Parece que rimando eu desperto os metais
Que fazem um sonido de acordar os mortos.
Se o eco dos tanques em meus versos perturba
Com seus eixos rangendo em meu universo
É que a tempestade a voz de anjo conturba
E em memórias de Dunquerque estou imerso...*

---

* J'empêche en respirant certaines gens de vivre/ Je trouble leur sommeil d'on ne sait quel remords/ Il parait qu'en rimant je débouche les cuivres/ Et que ça fait un bruit à réveiller les morts./ Ah si l'écho des chars dans mes vers vous dérange/ S'il grince dans mes cieux d'étranges cris d'essieux/ C'est qu'à l'orgue l'orage a détruit la voix d'ange/ Et que je me souviens de Dunkerque Messieurs...

Faça disso um monumento

Que minhas rimas tenham o encanto
que tem sobre as armas o pranto
E que por todas as criaturas
que mudam sem bravura
Se aguce em nome dos mortos
a arma branca dos remorsos

Louis Aragon

"Faça disso um monumento."

Aragon abriu o dossiê trazido por *Jean*. Eram testemunhos relatando a prisão, depois a execução dos reféns de Châteaubriant (departamento do Loire-Atlantique), em 22 outubro de 1941. Essa execução se sucedia a um atentado cometido em Nantes dois dias antes: o Feldkommandant Hotz fora morto por "terroristas" (soube-se mais tarde que eram membros dos Batalhões da Juventude). Apenas algumas horas depois do atentado, um oficial alemão foi a Châteaubriant para examinar a lista dos reféns presos no campo. Escolheu 27, todos militantes ou simpatizantes comunistas. O mais jovem, Guy Môquet, filho de um deputado do 17º arrondissement de Paris, tinha dezessete anos.

Na manhã de 22 de outubro, soldados alemães substituíram os franceses na torre de vigia do campo. Cinco SS comandados por um oficial entraram nos barracões e chamaram os 27 reféns. Eles foram reunidos no barracão número 6. Deram-lhes papel e lápis para a carta final, que seria enviada às famílias. Um fuzil automático foi preparado e apontado para a porta. Às quinze horas, três caminhões pararam em frente ao barracão. Os reféns saíram em fila. Entraram nos caminhões cantando a "Marselhesa", que todos os prisioneiros do campo entoaram com eles. No caminho do comboio, os moradores se manifestaram. Os caminhões tomaram uma estrada que levava a uma pedreira. Ali, pararam. Os prisioneiros saíram. Um oficial alemão levou os primeiros diante de nove estacas fincadas no chão. Os supliciados recusaram a venda nos olhos e as amarras nas mãos. Morreram diante do pelotão cantando. Os primeiros às 15h55, os últimos às 16h10.

"Faça disso um monumento."

Aragon leu e releu os documentos que Frédéric lhe enviara. Não sabia como organizar o conteúdo que tinha à mão. Onde cortar? O que manter? Havia herdado uma responsabilidade histórica. Seria mesmo dele a responsabilidade de concluir esse trabalho? Hesitava. Elsa o incentivou: "É preciso fazer alguma coisa". Sim, mas o quê? E como? Aqueles documentos eram sagrados…

Depois de uma longa hesitação, o escritor decidiu se dirigir a um intermediário que conhecia bem três sumidades intelectuais refugiadas nos arredores de Nice. Três celebridades da literatura francesa que, embora afastadas do Partido Comunista, saberiam dar aos documentos a repercussão que mereciam.

O primeiro recusou: faltaria vigor ao texto que escreveria.

O segundo recusou: sua emoção era grande demais para que pudesse realizar a tarefa.

O terceiro recusou: o caso dos reféns de Châteaubriant não era de modo algum de sua conta.

O primeiro talvez fosse André Gide. O segundo, Roger Martin du Gard. Ninguém conhece o terceiro, nem sequer sabe se existiu.

Na corda bamba, Louis Aragon se apoderou do grosso dos documentos e se lançou ao trabalho. Organizou os testemunhos, classificou-os em ordem cronológica e tamanho, e escreveu. Em alguns dias, tinha oitenta folhas, que assinou anonimamente *Au nom des Martyrs, leur Témoin* [*Em nome dos mártires, seu testemunho*]. As folhas eram datilografadas. Sem jamais confessar que era o autor, Aragon as entregou a alguns indivíduos de passagem por Nice. Oito dias depois, o texto estava em Paris. Foi reproduzido, ora à mão, ora à máquina, difundido por toda Zona Norte bem como na Zona Sul. Respeitando o *mentir-verdadeiro* que constitui também a sua marca, Aragon pretendia que a obra lhe voltasse, com a ordem para também repassá-la. O que ocorreu foi melhor ainda: certo dia se veria diante de dois interlocutores que se queixavam de que o texto, embora emocionante, fora mal escrito.

– Que pena que não tenha sido escrito por Louis Aragon… – disse um.

– Claro que não! – respondeu o outro. – É melhor assim: dá para ver bem que foi escrito por um trabalhador!

Senhor e senhora Andrieu

Louis Aragon, esse pequeno Robespierre nervoso.

Salvador Dalí

Em 8 de novembro de 1942, os aliados desembarcam no norte da África. Em resposta, os alemães cruzam a Linha de Demarcação em 11 de novembro. A Zona "Livre" não existe mais.

À noite, Pierre Seghers recebe um telefonema de Elsa Triolet. Ela está em pânico: o que eles vão fazer? Para onde ir? Onde se esconder? Além disso, ela está doente: tem tosse, febre...

Pierre Seghers deixa Villeneuve e vai para Nice. Reencontra os amigos, a quem Lydia Delectorskaya, secretária de Matisse, também dá auxílio.

Malas na mão, partem para a estação. Os trens estão lotados. Os fugitivos se amontoam nos carros, se penduram nos estribos. Encontram dois lugares no último trem com destino a Digne. Louis e Elsa preenchem as vagas. Passam a noite em um hotel sórdido, chegando no dia seguinte à Villeneuve-lès-Avignon. Dali partem a Dieulefit. Em seguida, a alguns quilômetros, alcançam uma casa em ruínas isolada do mundo e a que só se pode chegar a pé. É composta de um único cômodo muito baixo, onde se instalam. Apelidam o novo refúgio de *Céu.* Vão morar ali por algum tempo, sozinhos, na mais absoluta clandestinidade.

Ao fazer isso, vão infringir uma lei sagrada da Resistência: de acordo com a regra comum, um casal que vive sob o mesmo teto não deve se envolver em atividades proibidas: assim, a segurança de ambos fica mais bem protegida. Para se sujeitar a essa regra, Louis pede a Elsa para não sair e para deixá-lo ir sozinho a Lyon, onde ele espera criar o Comitê

Nacional dos Escritores para a Zona Sul. Também quer desenvolver *Les Étoiles*, um sistema de difusão desenvolvido com o relato de Châteaubriant, baseado na reprodução, por inúmeras pessoas de boa vontade, de relatos divulgados por debaixo do pano. Aragon, na verdade, busca uma ferramenta para coordenar as atividades dos comitês de intelectuais que vai criar, diversos grupos reunindo juristas, professores, jornalistas, médicos: "Uma cadeia interminável, que devíamos aplicar a todo o trabalho ilegal dos 37 departamentos meridionais da França".[1]

Contudo, Elsa se recusa a ficar sozinha no *Céu*: ela também quer agir. Aliás, fora ela que, levada por Pierre Seghers, havia ido a Lyon buscar os documentos falsos que lhes foram confeccionados. Ela avisa que retornará à cidade quantas vezes julgar necessárias e que ninguém, nem seu marido, vai confiná-la a esse lugar gelado, onde ela não pode senão escrever.

E ela escreve, de fato. Ela, que se queixava para Clara Malraux de ter escrito por muito tempo sem Aragon saber[2] (sua grande amiga estava na mesma situação em relação a André), vai compor diante dos olhos do marido o romance que a tornará célebre em 1945: *Le Cheval blanc.* E Louis, tão ciumento dos casos aqui improváveis, vai se entregar à admiração que sente por essa mulher cujo estilo e cuja imaginação ele nunca deixou de exaltar. Avaliando a tragédia dela, que teve de abandonar sua língua nativa por uma língua de adoção, ele a incentiva o tempo todo e elogia para Jean Paulhan a coragem e o talento da esposa.

No outono de 1941, Aragon começa *Aurélien.* Após uma fecunda troca de correspondência com todos os ingredientes que muitas vezes apimentam as relações entre os autores e seu editor, consegue de Gallimard o pagamento de um valor mensal. Ele negociou passo a passo cada termo do contrato, incluindo cláusulas específicas. Como em tempos de paz, embora a clandestinidade tenha tornado as negociações insolitamente longas. Ainda assim, depois de algumas semanas de tratativas, conseguiu tudo o que desejava: querendo pagar uma dívida antiga, Gaston Gallimard fez o necessário para reavê-lo para seu time.

Marido e mulher escrevem, pois, cada um em sua mesa. Primeiro, no *Céu*, depois em Lyon, na colina de Montchat, na casa do poeta René Tavernier (pai de Bertrand, o cineasta), onde chegam em janeiro de 1943.

Tavernier criou uma revista, *Confluences* (o título evoca o encontro dos rios Ródano e Saône), com a qual colaboram algumas penas resistentes, entre elas a de Jean Prévost, futuro *maquisard*. A revista, com tiragem de três mil exemplares, é com frequência atacada pela imprensa vichysta, que vê nela a combinação de uma ideologia triplamente insuportável: comunista, gaullista e judaica. Aragon se junta à equipe já constituída. Com ela, vai criar o Comitê Nacional dos Escritores para a Zona Sul, irmão do CNE norte. Farão parte Pierre Emmanuel, Claude Roy, Henri Malherbe (ex-Cruz de Ferro), André Rousseaux, o reverendo Bruckberger (escritor e dominicano), Georges Mounin, o poeta René Leynaud, Albert Camus e Georges Sadoul. Dez anos antes, no Congresso de Kharkov, Sadoul apoiara Aragon durante a virada de casaca surrealista. Dessa vez, vai apoiá-lo à direção dos intelectuais da Frente Nacional.

Transformados em Élisabeth Marie Andrieu e Lucien Louis Andrieu, assinando as obras clandestinas com inúmeros pseudônimos (François la Colère, utilizado para a obra *Le Musée Grévin*, será o mais famoso), Elsa e Aragon fazem muitas viagens entre Paris e Lyon. Participam das reuniões do Comitê Nacional dos Escritores, que ocorrem na residência de Édith Thomas. Esta não gosta nada do tom autoritário do homem do partido. Acusa-o de perturbar a unidade que prevalece quando está ausente. Segundo ela, Guéhenno, Blanzat e Paulhan consideraram até sair.[3] Porém, Louis Aragon domina a cena. Tem a seu favor a verve e o talento. Representa os escritores da Zona Sul. Elsa, que exerce grande influência sobre ele, apoia-o de modo incondicional. Não é a única. Durante suas viagens clandestinas, Aragon reencontrou seu velho irmão, o companheiro das grandes batalhas surrealistas, um poeta com quem rompeu por quase dez anos e que, agora, estende a mão por cima das divergências passadas: Paul Eugène Grindel, vulgo Paul Éluard.

Teu nome escrevo

> E esta própria palavra, liberdade, não estava em todo meu poema senão para eternizar uma vontade muito simples, muito cotidiana, muito aplicada, a de se libertar do ocupante.
>
> Paul Éluard

Eles haviam rompido em 1932, com palavras definitivas que pareciam seladas no bronze dos temperamentos até então inconciliáveis. O episódio ocorreu depois do Congresso de Kharkov e dos desmentidos sucessivos, erráticos, do camarada Aragon, que passava do surrealismo para o comunismo, das certezas aos lamentos, de um servilismo a outro diante de interlocutores incrédulos.*

"Covardias", escreveu Éluard em *Certificat.* Elas designavam o homem servo de Breton que se tornou adepto de Stalin, chorando por um depois por outro, chorando por outro depois por um, como acontece em tempos de incerteza no amor.

Desde essa época, não haviam se revisto. Éluard estava cumprindo luto pela epopeia surrealista, da qual fora um dos arautos. Breton havia rompido com ele depois que o poeta se atrevera a escrever para o jornal *Commune*, a seus olhos comunista demais. Éluard mantinha-se fiel a Max Ernst, solto do campo de Les Milles graças à sua intervenção junto ao presidente do Conselho. Continuava cuidando dos assuntos de sua primeira esposa, Gala, agora sra. Dalí (ele havia se dedicado a alugar o apartamento do Divino e sua musa, que partiram para os Estados Unidos). Após ter participado da Guerra de Mentira como tenente na intendência, também passara na casa de Joë Bousquet, em Carcassonne, antes

---

* Ver *Paris libertária, op.cit.*

de reencontrar Maria Benz, vulgo Nusch, sua esposa desde 1934.

Um ano antes da declaração de guerra, Éluard havia vendido para Roland Penrose sua coleção de obras de arte: Klee, Dalí, Chagall, Arp, Ernst, Miró, De Chirico, Tanguy, Man Ray, Picasso (o único, na época, cujo valor foi significativo). Graças a isso, havia se mudado para uma casa nos subúrbios de Paris, que deixou por um pequeno apartamento do 18º arrondissement, onde amontoou as obras e os livros de arte que havia mantido. Picasso e Dora Maar vieram na festa de inauguração do apartamento. O pintor e o poeta ainda dividiam muitas paixões, começando pela bela Nusch, que Paul cedia a Pablo com sua generosidade habitual: ele havia descoberto as alegrias do ménage com Max Ernst e Gala, que em seguida fugiu ao lado de Dalí, sem no entanto renunciar à partilha de corpos. Nusch, branquíssima, morena de olhos verdes, esboçada sem grande consideração por Édith Thomas:

> Nunca ninguém pareceu tanto a uma fada quanto ela, mas uma fada que remendava as meias e cuidava da casa de seu poeta com uma meticulosidade pequeno-burguesa. Essa comunhão tão rara da graça e do cotidiano era também um milagre da poesia.[1]

Picasso ajudava o amigo poeta ilustrando alguns dos textos que este cedia a colecionadores. Éluard ganhava a vida comprando e revendendo manuscritos originais. Escolhia os poetas que amava – Apollinaire, Mallarmé, Max Jacob. Vendia também algumas telas para Picasso ou seus próprios manuscritos, recopiados de próprio punho e muitas vezes ilustrados por xilogravuras de Valentine Hugo ou desenhos de Picasso.

Como Aragon e Elsa Triolet, o poeta não havia renunciado a publicar suas obras. Por um lado, aceitava se submeter à censura; por outro, publicava em revistas e editoras clandestinas.

Em 1940, seu amigo Zervos editara *Le Livre ouvert I* na *Cahiers d'art.* Um ano depois, Pierre Seghers o visitava no pequeno apartamento na Rue de la Chapelle. No passado, o jovem editor admirara o poema "La Victoire de Guernica", descoberto durante a Guerra Civil Espanhola. Naquele dia, Éluard havia recitado em voz alta o poema, que pareceu a Pierre de uma atualidade insuportável: "Guernica, em 1941, havia se tornado a França, era a nossa casa!".[2]

Seghers foi embora com os bolsos recheados de textos.

Em maio de 1942, recebeu uma nova compilação: *Poésie et Vérité 1942.* A obra se apresentava como um pequeno caderno, editado em Paris pelo grupo *La Main à plume,* sem ter passado pela censura. Abria com o poema "Liberdade":

Nos cadernos de estudante
Nas carteiras e nas árvores
Sobre a areia sobre a neve
Teu nome escrevo
Em toda página lida
Em toda página branca
Pedra papel cinza ou sangue
Teu nome escrevo
Sobre as imagens douradas
Sobre as armas dos guerreiros
Sobre a coroa dos reis
Teu nome escrevo*

Éluard fizera esse poema durante o verão de 1941. Era destinado à mulher que amava.

> Porém, depressa compreendi que a única palavra que tinha em mente era liberdade. Assim, a mulher que eu amava encarnava um desejo maior do que ela.[3]

---

* Sur mes cahiers d'écolier/ Sur mon pupitre et les arbres/ Sur le sable sur la neige/ J'écris ton nom/ Sur toutes les pages lues/ Sur toutes les pages blanches/ Pierre sang papier ou cendre/ J'écris ton nom/ Sur les images dorées/ Sur les armes des guerriers/ Sur la couronne des rois/ J'écris ton nom.

O poema "Liberdade", cujo primeiro título era "Um só pensamento", foi de início lançado na revista de Max-Pol Fouchet, *Fontaine*, publicada em Argel. Ele foi copiado, divulgado clandestinamente, lido no microfone da Rádio Londres – balançado por milhares de aviões da Royal Air Force (RAF), que sobrevoavam a França. Paul Éluard preparava-se então para entrar na clandestinidade.

Em novembro de 1942, Claude Morgan lhe trouxe os três primeiros números da *Lettres françaises*, pedindo-lhe para se juntar ao conselho editorial. Éluard aceitou, contanto que a revista permanecesse independente do Partido Comunista. Assim como Aragon, desejava que ela fosse antes e acima de tudo um órgão de resistência escrito por artistas e intelectuais. Entregou a Morgan o primeiro de seus poemas absolutamente clandestinos (os outros eram apenas metade), "Courage", que foi lançado em janeiro de 1943 em *Les Lettres françaises.* Dois meses depois, Éluard ingressava no Partido Comunista.

Não era fácil ingressar em uma organização cujos militantes eram impiedosamente caçados e na maioria das vezes eliminados como Decour, Politzer e Solomon. A maior parte dos contingentes de reféns era selecionada entre os comunistas – sobretudo se fossem judeus. Desde antes da ruptura do Pacto Germano-Soviético, apesar das ordens que vinham de cima, inúmeros comunistas se recusaram a colocar Hitler e De Gaulle em pé de igualdade. Alguns, como Georges Guingouin, que logo se tornaria líder dos maquis do Limousin e libertador de Limoges, pegaram em armas. Muitos, na Zona Norte e na Zona Sul, haviam criado folhas clandestinas que distribuíam arriscando a vida. Desde junho de 1941 e do rompimento do pacto, os comunistas não aceitavam a passividade defendida pelos gaullistas e pela maioria dos movimentos de Resistência, que trabalhavam para mais tarde, quando chegaria a hora do Dia D. Ao matar o aspirante Moser na estação Barbès-Rochechouart, Fabien mostrara o caminho. A partir de então, os comunistas entraram na luta armada, pagando muito caro por isso.

Os novos membros passavam por um interrogatório fechado conduzido por um dos quadros do partido. O encontro acontecia em geral em um lugar público, mas deserto – bosques ou docas –, guardado por dois ou três voluntários armados. Por horas a fio, o candidato à aprovação devia falar de si, de seu círculo, de suas opiniões políticas, de seu passado, de suas expectativas, de suas esperanças... Ao fim disso, era aceito ou não.

Ninguém sabe se Éluard também precisou passar por essa caminhada inquisitorial. Fato é que, treze anos depois do Congresso de Kharkov, juntava-se a seu velho amigo Louis Aragon nas margens do grande rio vermelho.

O encontro ocorreu certo dia de outono 1943, preparado com cuidado pelo amigo Pierre Seghers. De volta de Paris, onde encontrara o poeta, havia entregue a Aragon *Le Livre ouvert I*. Sem assinar, Aragon publicara uma crítica elogiosa da obra na *Poésie 41*. Éluard havia reconhecido o estilo do amigo da época surrealista. As preliminares estavam feitas.

Dez anos depois do rompimento, os dois se encontraram na plataforma da Gare de Lyon. Paul e Nusch vieram buscar Louis e Elsa. Nusch levava um pequeno buquê de flores na mão. Eles foram comemorar o reencontro em um restaurante da estação. À noite, na companhia de alguns amigos em comum, jantaram em um restaurante no 5º arrondissement, bebendo sem moderação. No calor da conversa, Aragon fez um brinde ao poder dos sovietes, de cujo florescimento iminente na França nem por um segundo duvidava. Então, seria comissário do povo.[4] Elsa aplaudiu seu Aragonzinho. Não se sabe qual foi a reação de Nusch.

No dia seguinte, os dois homens e os amigos mais próximos se reuniram no apartamento que Louis e Elsa ocupavam perto da Bibliothèque de l'Arsenal. Ali, mais do que falar sobre as divergências que no passado os separaram, fizeram a lista das convergências. Ambos se escondiam. Aragon trocara o refúgio de Tavernier por um esconderijo em Saint-Donat, na Drôme. Pressionado por seus amigos íntimos, Éluard havia abandonado o pequeno apartamento na Rue de la Chapelle para se esconder na residência de amigos (Jean Tardieu, Christian Zervos e Michel Leiris) e, a partir do final de 1943, em um manicômio em Lozère, que deixava para continuar as atividades de resistência e ir às reuniões do Comitê Nacional dos Escritores, em Paris. Um era o líder do Comitê Nacional dos Escritores na Zona Sul, o outro cuidava daquele da Zona Norte. Ambos se escondiam atrás de identidades falsas. Ambos haviam rompido com André Breton. Ambos eram alvos das críticas mordazes de alguns surrealistas da Zona Norte reunidos em torno do grupo *La Main à plume.*

Éluard, como vimos, dera seu poema "Liberdade" a essa pequena editora, que editava algumas publicações em que se encontravam as assinaturas de Delvaux, Arp, Hugnet, Magritte, Léo Malet e Picasso.

Noël Arnaud, Jean-François Chabrun e os membros de *La Main à plume* eram jovens demais para ter conhecido as grandes manifestações surrealistas ou delas participado, mas queriam perpetuar o espírito de seus precursores, entre os quais o principal era, ainda e sempre, André Breton. Eles financiavam suas publicações graças a um comércio de quadros falsificados do qual Óscar Domínguez, de volta da Villa Bel-Air, era um dos mestres mais famosos. Ele pintava obras de Dalí, Ernst, Miró, Braque e Tanguy. Os quadros eram vendidos em uma galeria parisiense cujo proprietário ignorou por muito tempo o tráfico abrigado entre suas paredes. O dinheiro arrecadado também permitia a sobrevivência dos clandestinos e dos artistas sem recursos – começando com o próprio Domínguez, muito dependente dos amigos Éluard e Picasso.

O escritor surrealista belga Marcel Marien, também próximo do grupo *La Main à plume*, dedicava-se a um comércio do mesmo gênero. A ideia lhe ocorrera certo dia em que um amigo de Domínguez se lamentou na frente dele por não ter conseguido vender um Picasso falso do período cubista. Marien se ofereceu para vendê-lo na Bélgica. Ele mostrou o desenho a Magritte, que lhe sugeriu a criação de uma empresa semelhante. Assim, entre 1942 e 1946, Magritte pintou telas falsas de Braque, De Chirico, Ernst e Picasso. Às vezes não conseguindo reproduções fidedignas, fabricava falsificações semelhantes, sem se preocupar em improvisar formas e cores. De vez em quando, a clientela descobria a tinta fresca nos craquelês de um verniz supostamente antigo. Magritte e Marien fabricavam então falsos certificados de autenticidade com os quais os colecionadores, até o Palácio de Belas-Artes de Bruxelas, deviam se contentar. Depois disso, os dois artistas, de resto amáveis, dividiam os lucros.[5]

No final de 1941, depois de fortes debates internos, o grupo *La Main à plume* se aproximou de Paul Éluard. Por certo, Arnaud, Chabrun e seus amigos reprovavam o poeta por ter sido expulso do movimento mas, por sua notoriedade, valia a pena fechar os olhos para indiscrições de épocas remotas – isto é, do pré-guerra.

O idílio durou alguns meses. Logo Éluard se viu criticado pelos laços com algumas revistas da Zona Sul consideradas apoiadoras "do retorno à forma, ao misticismo, ao classicismo, à medida, à razão e a outras futilidades"[6]: *Poésie 43*, *Confluences*, *Fontaine*. Reencontrando os tesouros linguísticos de seus ancestrais, os jovens surrealistas acabaram excluindo Éluard do grupo, escolhendo romper em definitivo "com esse ser em quem a incoerência moral compete com as bravatas, e a covardia, com a inconsequência". Abandonaram-no a "uma glória sem honra", a "seu papel de heroizinho de salão literário", a suas "orgias", repelindo-o para a fossa da Zona Livre, onde "os poetas falavam, cantavam, gritavam, mas eram palavras dos pregadores, cantos de igreja, e os gritos da masturbação mística".[7]

Nessa fossa esperava "o insignificante sr. Aragon", que *La Main à plume* odiava por seu patriotismo e seus "versinhos nacionalistas". Também detestavam Georges Hugnet (a quem deram uma sova como nos anos dourados dos acertos de contas do surrealismo em tempos de paz) e Robert Desnos (acusado de se comprometer de maneira infame com a imprensa colaboracionista), assim como Vercors e Lescure, editores, em 1943 e em 1944, de *L'Honneur des poètes*, antologia dos poemas da Resistência criada por Paul Éluard e prefaciada por Louis Aragon.

Em suma, nesses tempos de Ocupação, os surrealistas da nova safra batiam com tanto vigor e alegria como seus precursores nos anos 20, quando se tratava de ressuscitar o mundo do sangue das trincheiras. À sua maneira, assim como Aragon, Breton e Éluard haviam feito antes, eles continuavam a guerra civil.

No Café de Flore

> Durante a Ocupação, eu era um escritor que resistia e não um resistente que escrevia.
>
> Jean-Paul Sartre

Enquanto os surrealistas de *La Main à plume* atiçavam as brasas de uma lenda quase apagada, Jean-Paul Sartre e Simone de Beauvoir inflamavam a deles.

Eles continuavam vivendo em Montparnasse, em hotéis que constituíam seu quartel-general. Simone em um quarto, Jean-Paul em outro. Assim, ele podia ver Wanda na Rue Jules-Chaplain, enquanto Bost se encontrava com Simone, ora na casa dela, ora em Montmartre. Com ciúme de Sartre, que monopolizava o tempo de sua amante favorita, Nathalie Sorokine ofereceu-se a ele antes de passar para os braços de Bost, que precederam os de Mouloudji.

Isso aconteceu certa noite, depois de um flerte na rua que terminou em um quarto de hotel, em Saint-Germain--des-Prés. Sem nenhum desejo de ambas as partes. Talvez Mouloudji tenha se impressionado por essa loira gigante "de modos viris"[1], cheia de vida e saúde. Eles se conheceram na cama. O jovem teve vergonha de expor seu corpo esquelético diante "desse esplêndido percherão com ingenuidade de escoteiro, às vezes agitado com a violência de um furacão". Arriscou-se, no entanto. Depois, sem esperar, a moça soltou um grito selvagem, jogou seu amante para a extremidade da cama e correu para o bidê. Enxaguou-se muito. A noite se passou em uma frieza compartilhada: o toque de recolher os impedia de fugir. Ao amanhecer, o belo percherão juntou travesseiros, lençóis e cobertores, fez uma trouxa destinada ao mercado negro e saiu se abaixando, para não ser surpreendida pelo funcionário de plantão atrás do balcão.

Mouloudji desistiu.

Não foi Nathalie Sorokine que lhe forneceu o ingresso de entrada para a família sartriana, mas as irmãs Kosakiewicz, que o rapaz conhecia por intermédio de Dullin. Wanda mostrou a Simone de Beauvoir as primeiras páginas de um livro que ele estava escrevendo. A professora achou boas, corrigiu a ortografia e abriu os braços para o recém--chegado. Com moderação. Quando ela trabalhava, não via nada nem ninguém. Sentada a uma mesa de café, a mente imersa por inteiro em seus pensamentos, era como "uma médium em transe". Levantando a cabeça, fixava o vazio. Seu coração amolecia apenas durante as distrações, quando ela abandonava a pena. E olhe lá. Mouloudji só a achava natural quando ela ria. "No que me concerne, direi simplesmente que a sra. Beauvoir era muitas vezes exigente, mas com frequência ávida."[2]

Já ela apreciava a múltipla cultura de um adolescente que havia conservado todo o frescor. "Suas origens, seu sucesso o colocavam à margem da sociedade, que ele julgava com uma intransigência juvenil e uma austeridade proletária."[3]

A família Sartre não ia mais ao Dôme, frequentado demais pelos alemães. Instalara-se no Café de Flore, situado no Boulevard Saint-Germain. Olga havia descoberto esse lugar onde vinham Picasso e seu grupo, Jacques Prévert e sua turma, Audiberti, Adamov, Fargue, artistas boêmios, poucos ocupantes… O mercado negro era negociado entre as mesas: chocolate, frutas e verduras, tabaco… O ator Roger Blin (que com coragem se negara a refilmar as cenas de *L'Entrée des artistes* em que atuava Marcel Dalio, excluído do filme pela censura alemã por motivos raciais) oferecia nozes exclusivamente às damas. Ele estancava na frente delas e, com uma voz suave e baixa, perguntava:

– Tem interesse em um carregamento de nozes?

– Mostre o produto – respondiam.

– Justamente. Tenho aqui uma porção que posso mostrar: um par.[4]

As damas riam ou não.

Simone chegava de manhã cedo. Sentava-se no andar de baixo, perto do aquecedor. Sartre aparecia duas horas depois. Escolhia uma mesa afastada onde escrevia, convidava os amigos para sentar, dispensava-os para retomar a página interrompida. Abaixava-se muitas vezes, procurando sob as mesas pontas de cigarro cujo fumo retirava para colocar no fornilho do cachimbo. Enquanto Simone escrevia por um longo período de tempo, extremamente concentrada, Sartre era mais breve, mais nervoso. "Um homem que tomava a dimensão das coisas sentado", de acordo com Mouloudji, que o considerava uma verdadeira "máquina de pensar".

Depois de se despedir de seu círculo, Simone trocava o Flore pela Biblioteca Nacional e retornava à noite, quando as pesadas cortinas azuis estavam fechadas, escondendo as luzes. O lugar lembrava uma sala de aula estudiosa. "Esse rebanho de intelectuais vivia como os habitantes das montanhas de outrora que dividiam o mesmo teto com os animais para aproveitar seu extraordinário calor", pois "da reunião dos corpos emanava um calor ambiente".[5]

Quando soava o alarme, a maioria dos consumidores corria para o metrô. Sartre e Beauvoir estavam entre alguns privilegiados que o proprietário do café autorizava a permanecer, fosse no andar de baixo, fosse no de cima, onde outros autores escreviam em paz.

Henri Jeanson, que muitas vezes passava no Flore, sempre esbarrava por lá com os futuros ídolos de um existencialismo em preparação:

> O sr. Jean-Paul Sartre tem na *rive gauche* o mais encantador gabinete de trabalho de Paris, um gabinete de trabalho aberto a todos, onde qualquer um pode entrar, sair, voltar, fumar, cantar, gritar, sem que o sr. Jean-Paul Sartre, que é um anfitrião acolhedor, discreto e sem dúvida resignado, demonstre o menor sinal de impaciência [...] Em suma, esse Jean-Paul Sartre não pode escrever, meditar, filosofar senão na sociedade perfumada, tagarela e colorida de lindas mulheres.

> Observem: às nove horas da manhã, ele senta à mesa. Servem-lhe café, ele fuma seu cachimbo, mergulha a pena no tinteiro.
> – Bom dia, caro amigo…
> O primeiro visitante chega, Jean-Paul Sartre aperta-lhe a mão, preocupa-se amavelmente com a saúde dele e se inclina sobre a folha de papel…
> – Bom dia, caro amigo…
> [...] E o desfile continua assim, até as nove horas da noite…[6]

Depois disso, Sartre encontra a família no quartinho do Hôtel Mistral, onde agora Simone vive. Passando de modo hábil da filosofia para a culinária, a anfitriã, que comprou um pequeno fogareiro, cozinha para seus quatro convidados permanentes: Bost, Olga, Wanda, Natacha, aos quais muitas vezes se soma um amante ocasional. Os mais velhos bancam a alimentação, a moradia, as despesas e os imprevistos. Sartre tem 37 anos, Beauvoir, 34, os demais, dez a menos. A juventude sempre foi um estímulo para o casal de professores, de uma generosidade infalível. Mesmo quando, na primavera de 1943, a ira vichysta caiu sobre eles.

Em março, a mãe de Natacha bate à porta de Simone de Beauvoir. Pede-lhe que convença a filha a voltar para casa: Natacha fugiu com um rapaz, e os pais estão sem notícias há vários dias… Simone responde que não tem nenhum poder que permitisse agir dessa maneira – ou de outra. Promete conversar com a amiga, sem dar garantias.

Alguns meses depois, a professora é chamada à sala da diretora do liceu. Esta a encara com um semblante fechado e coloca uma carta à sua frente.

> Senhor procurador do Estado francês,
> Dirijo-me a Vossa Excelência no intuito de prestar queixa contra a srta. Simone de Beauvoir, professora de filosofia no Liceu Camille Sée, no momento residente no Hôtel Mistral, Rue Cels, 24, 14º arrondissement,

> Paris, por ter abusado, na qualidade de professora, de minha filha menor, Sorokine Nathalie, nascida no dia 18 de maio de 1921, em Constantinopla (Turquia), e por ter cometido o delito de corrupção de menor.

Trata-se de uma queixa legal. Simone de Beauvoir fica arrasada. A diretora do liceu explica que ela mesma e as colegas que trabalharam com a suposta culpada foram chamadas à reitoria e encarregadas de abrir uma sindicância. Ao fim dessa, Simone de Beauvoir foi desligada de suas funções pelo reitor da Universidade de Paris. Não apenas por desvio de menor, o que não pôde ser comprovado (e que terminará sendo considerado improcedente): o reitor também levou em conta a má reputação da professora, cujos métodos de ensino, assim como o modo de vida, não estão de acordo de modo algum com a moral que Vichy exige daqueles que educam a juventude francesa:

> Manter a srta. Beauvoir e o sr. Sartre nas cadeiras de filosofia do ensino secundário me parece inadmissível em um momento em que a França visa à restauração de seus valores morais e familiares. Nossa juventude não poderia ser entregue a mestres tão manifestamente incapazes de se conduzir na esfera pessoal.[7]

Sartre foi mantido, mas não Beauvoir.

Ela encontrou trabalho na Rádio Nacional, o que, para muitos, não valia muito mais do que qualquer declaração feita sob juramento no início da guerra. A Rádio Nacional talvez não fosse tão colaboracionista quanto a Rádio Paris, mas ainda assim era em suas ondas que Philippe Henriot destilava seus discursos nauseabundos.

Atenuante – e considerável: ao contrário de muitos outros, Simone de Beauvoir não cumprimentou nem Arno Breker nem ninguém, na medida em que seu trabalho na rádio a mantinha afastada das rotinas perigosas: todas as semanas, ela escrevia um roteiro sobre temas variados – as origens do music-hall, a Idade Média, a comédia italiana... –, escolhia canções e poemas e os entregava a Pierre Bost (o irmão de Jacques-Laurent), que os montava. Assim, ela ganhava muito dinheiro sem vangloriar as virtudes da colaboração ou as da arte germânica. Talvez uma contemporização, por certo não uma mácula.

"Porém", escreveu, "a primeira regra com que os intelectuais resistentes concordaram é a de que não deviam escrever nos jornais da Zona Ocupada."[8]

Ou falar em ondas de rádio.

O "porém" vale para inúmeros escritores, sobretudo Sartre. Ele também cometeu alguns desvios, escrevendo diversos artigos para a revista *Comœdia*. O primeiro, lançado em junho de 1941, elogiava uma nova tradução de *Moby Dick*. Sua assinatura estava ao lado daquelas de Jean-Louis Barrault, Paul Valéry, Marcel Carné, Audiberti e do compositor suíço Arthur Honegger. Em suas *Memórias*, Simone de Beauvoir afirma que, depois de perceber que *Comœdia* era menos independente do que parecia, Sartre recusou qualquer nova colaboração. Exceto quando deu uma entrevista para o jornal em abril de 1943, durante o lançamento de *As moscas*, e quando forneceu um texto sobre Giraudoux em fevereiro de 1944, algumas semanas depois da morte do escritor (Giraudoux abandonara toda função oficial, o que não o impedia de se corresponder com alguns funcionários vichystas de quem era amigo e com seu filho, que se juntara ao general De Gaulle em Londres).

Sartre, é claro, continuava escrevendo. Em 1942, Olga revelou a Jean-Louis Barrault o desejo de se tornar atriz. Este a aconselhou a encontrar um autor que aceitasse criar uma peça para ela; ele a encenaria. Sartre escreveu *As moscas*. Barrault considerou que Olga era muito jovem (27 anos) para interpretar Electra. Como o autor se recusasse a mudar de atriz, o diretor partiu para a Comédie-Française e a peça *O sapato de cetim* (que Sartre e Beauvoir admiravam, apesar da "aversão" inspirada pelo autor, Paul Claudel, que será festejado por Otto Abetz e todo o comando militar alemão na première, em 27 de novembro de 1943, na Comédie-Française).[9] Charles Dullin o substituiu na montagem de *As moscas.*

Antes da guerra, Simone de Beauvoir o ouvira proferir palavras extremamente antinazistas. A Ocupação mudara a mentalidade de Dullin. Com sua companheira Simone (que, por volta de quinze anos antes, fora a primeira noiva de Sartre), considerava que era preciso se submeter à nova ordem, uma vez que havia prevalecido sobre todas as outras. Se quisessem continuar trabalhando, era melhor se entenderem com os alemães.

Dessa maneira, Dullin havia aceitado retomar o teatro Sarah Bernhardt, rebatizado de Théâtre de la Cité (atualmente Théâtre de la Ville). Nesse palco, ocorreu a estreia de *As moscas,* em 3 de junho de 1943. O sucesso não foi grande, longe disso: houve 25 apresentações, e a imprensa demonstrou reservas. Ninguém na plateia se deixou enganar pelo conteúdo da obra. Durante a estreia, ao grito de Júpiter: "Orestes sabe que é livre!", a sala se dividiu entre aplausos e vaias. Na época, Sartre pertencia ao comitê de teatro da Frente Nacional, ao lado de Pierre Dux, André Luguet, Raymond Rouleau, Armand Salacrou.

Quinze dias depois, era lançado *O ser e o nada*, ensaio de ontologia fenomenológica de setecentas páginas dedicado ao Castor. Jean Paulhan assegurou a Gaston Gallimard que o livro merecia ser publicado, mesmo que o sucesso comercial estivesse longe de estar garantido.

Três exemplares deixaram as prateleiras das livrarias na primeira semana, depois cinco, depois dois. Em seguida, as vendas decolaram: seiscentos exemplares em um dia, setecentos no outro, mil no outro, dois mil no outro.[10] Na Gallimard, ninguém entendia. Fizeram uma pesquisa. As mulheres compravam mais do que os homens. Muitas vezes dois exemplares, às vezes cinco. Para ler?

Não.

Para equilibrar a balança, pois *O ser e o nada* pesava exatamente um quilo. Um volume substituía com vantagem os pesos de cobres, que não eram mais encontrados em Paris.

Jean Paulhan afirmou que o livro ensinou "muitas coisas" às jovens mães de família. Seja como for, teve uma grande repercussão nos círculos filosóficos da época, embora os defensores da linha oficial fizessem pouco-caso dele. Jean-Toussaint Desanti, filósofo, ex-aluno da Escola Normal Superior, resistente e amigo de Sartre, propôs um artigo sobre a obra para a redação da *Revue de métaphysique et de morale*.

> Havia muito não surgia na França um tratado de filosofia dessa amplitude [...] Era uma tentativa de enraizamento da experiência não apenas instruída, culta, como também da experiência em sua vivência mais profunda e mais imediata [...], no campo aberto por Husserl e Heidegger.[11]

O artigo foi recusado: o *establishment* desprezou *O ser e o nada*. Sartre, que ficou conhecido pelo romance *A náusea*, parecia como "alguém estranho".[12]

Simone de Beauvoir era mais bem-vista. *A convidada* (livro dedicado a Olga) foi publicado no mesmo mês de *O ser e o nada* (ao lado de *O homem a cavalo*, de Drieu la Rochelle; *Corpos e almas*, de Maxence Van der Meersch; *Le Cheval blanc*, de Elsa Triolet; e *Les Amants d'Avignon*, de Aragon). O livro foi muito bem recebido pela imprensa e figurou entre os finalistas dos prêmios Goncourt e Renaudot. Em algumas semanas, Sartre e sua companheira deram um grande passo para o caminho da notoriedade, que alcançariam de modo tão vitorioso na Libertação.

Novos amigos se apresentaram: Raymond Queneau, os Leiris, Picasso e Dora Maar... Assim como Alberto Giacometti, sempre acompanhado de belas mulheres. Antes da guerra, ele era um pássaro da noite. A partir de 1940, passava as noites em seu ateliê no 14º arrondissement, entre suas esculturas e uma desorganização indescritível que fascinava as visitas.

Ele se interessou por Nathalie Sorokine e a convidou para jantar no Dôme. Ela aceitou com prazer, feliz por desfrutar de um bom jantar. Na primeira vez, como ela parecia disposta a ir embora depois da última garfada, Giacometti lhe pediu um segundo prato, e ela ficou – para o deleite do artista. Convidou-a em seguida para ir ao La Palette, apresentou os amigos, deixou que ela armazenasse as bicicletas roubadas no pátio de seu ateliê...

A partir de 1943, Sartre assumiu a responsabilidade financeira dos amigos da família: ele foi contratado pela produtora Pathé para escrever roteiros. Trabalhou com Jean Delannoy em um script que resultará em *Les jeux sont faits* (1947), e com Yves Allégret em *Les Orgueilleux.* Como o dinheiro não fosse mais raro, o grupinho deixou as ruas de Montparnasse para se estabelecer em Saint-Germain-des-Prés, no Hôtel de la Louisiana, situado na Rue de Seine. No final do ano, Beauvoir foi esquiar com Bost. Sartre permaneceu em Paris, ocupado com a escrita de *Entre quatro paredes.* Havia criado o papel de Estelle para Wanda. A peça, que retrata uma lésbica, tinha relação com a expulsão de Simone de Beauvoir do cargo de professora. Assim como *As moscas* – apelo para se lutar contra os usurpadores –, a peça era uma punhalada no coração da moral vichysta. Contudo, fora submetida à censura, e nenhum ator judeu a interpretava.

O próprio Gaston Gallimard tentou ajudar Sartre a encontrar um teatro para representar a peça. Ele conhecia um empresário industrial que havia comprado o Théâtre du Vieux-Colombie, fundado em 1913 pela equipe da nascente *NRF* – Copeau, Schlumberger, Gide e Gallimard. Esse homem fizera fortuna no ramo do petróleo. Amigo das artes tanto quanto a esposa, que era atriz, exigiu que Sartre a escolhesse para um dos papéis principais, o outro sendo exercido por Michel Vitold. A encenação ficaria a cargo de Raymond Rouleau.

O autor aceitou. A première de *Entre quatro paredes* ocorreu em 27 de maio de 1944, diante de um público seleto: os homens da Propagandastaffel, que concediam os carimbos de aceite da censura, ocupavam as primeiras filas...

Na clandestina *Les Lettres françaises*, Michel Leiris se mostrou "muito entusiasmado".[13] Jean Paulhan adorou, mas não François Mauriac, que, em uma carta a Jean Blanzat, se indignou:

> Estou fervendo de indignação depois da leitura de *Lettres françaises.* [...] Esse papel gasto, esse risco corrido para fazer os pobres-diabos engolirem esse imenso panegírico sartriano sem valor! E em semelhante momento! Quando há tudo para ser dito! O letramento desses indivíduos me faz vomitar [...] Estamos fodidos se não nos libertarmos desses mandarins de terceira categoria, desses escrevinhadores da falsa vanguarda.

Georges Bataille manteve uma postura de reserva, Jean Guéhenno, de suspeita, Alexandre Astruc, de fascínio. Já a imprensa colaboracionista utilizou a peça para esboçar uma reviravolta, já que os ventos do Dia D sopravam havia alguns dias na cena francesa. Em *La Gerbe*, André Castelot lançou: "Ao ver no ano passado *As moscas*, no Théâtre de la Cité, já havíamos tido um exemplo desse gosto pela podridão. Desta vez, com *Entre quatro paredes*, a repulsa é total".

Algumas linhas depois, ele mudava de tom: "*Entre quatro paredes* é uma peça notável. É 'teatro'. Queremos dizer com isso que essa obra extremamente penosa nos é apresentada com um inegável talento".

Robert Brasillach prosseguiu: "Jean-Paul Sartre com certeza é a antípoda do que gosto, daquilo em que ainda acredito. Sua peça talvez seja o símbolo de uma arte lúcida e podre, aquela de que o outro pós-guerra tentou se aproximar sem conseguir – mas acredito não me arriscar muito ao dizer que, pela secura sombria de sua linha, por seu rigor, por sua pureza demonstrativa oposta à sua impureza fundamental, trata-se de uma obra-prima".[14]

Da arte e de como se preparar para virar a casaca...

Antes mesmo dos primeiros disparos do Dia D, as grandes festas haviam sido retomadas na Paris ocupada, onde, para alguns, havia como se viver muito bem. Em 1943, as edições Gallimard estabeleceram um prêmio literário, o prêmio da Pléiade, que Sartre e os membros do júri atribuíram em 1944 a Mouloudji por seu romance *Enrico*. Para comemorar o acontecimento, o alegre laureado convidara seus amigos para uma festa organizada em Taverny, na casa da mãe de Jacques-Laurent Bost. Graças ao dinheiro do prêmio, Mouloudji havia comprado consideráveis estoques de alimentos e álcool. Foi uma festa grandiosa. Toda a família Sartre estava presente, assim como os Leiris, Queneau, Merleau-Ponty e alguns outros. Os presentes dançaram e cantaram sob um céu estrelado atravessado por sinalizadores luminosos – os aviões aliados que iam bombardear a Alemanha –, ao ritmo de tambores impressionantes – os canhões da defesa antiaérea, que buscavam as aeronaves inimigas: fogos de artifício magníficos.

Em um quarto afastado, Bost recebia uma jovem convidada, o que provocou um escândalo quando Olga Kosakiewicz descobriu a infidelidade de seu noivo. As mesclas dos gritos, da cólera e da embriaguez acordaram Simone e Jean-Paul, que haviam se extenuado em tangos, foxtrotes etc. Eles estavam de ressaca.

A bebedeira recomeçou.

Simone de Beauvoir: "Diversas vezes em minha vida me diverti muito: mas foi só durante essas noites que conheci o verdadeiro sentido da palavra 'festa'".[15]

Os alegres companheiros inauguraram a moda das "fiestas". Todos os participantes davam alguns tíquetes de racionamento, o que permitia adquirir, além dos produtos do mercado negro, víveres comuns. Encontravam-se ora na casa de uns, ora na de outros, festejando até tarde. Sartre cantava, Bost transava, Queneau brindava, Leiris titubeava, Wanda dançava, Dullin declamava, Simone Jollivet cheirava. As festas às vezes aconteciam na casa de Georges Bataille, cujas janelas davam para a Cour de Rohan (quando o músico judeu

René Leibowitz se escondia em um dos quartos); outras na de Dullin, na Rue de la Tour d'Auvergne; às vezes na de Michel Leiris, no Quai des Grands-Augustins, sob obras de Miró, Gris, Masson; outras na de Picasso, após a apresentação de sua peça, *O desejo pego pelo rabo.*

Ela fora escrita em quatro dias, em janeiro de 1941. Seis atos de inspiração surrealista lançados em folhas conforme um método semelhante ao da escrita automática. Os ensaios e depois a estreia ocorreram na casa de Michel Leiris, em 19 de março de 1944. A distribuição de papéis principais era recheada de celebridades: Michel Leiris (Pé Grande), Raymond Queneau (a Cebola), Simone de Beauvoir (a Cozinha), Jean-Paul Sartre (a Ponta Redonda), Dora Maar (a Angústia Magra), Germaine Hugnet (a Angústia Gorda), Jacques-Laurent Bost (as Cortinas), Louise Leiris (os Dois Totós)…

Na plateia que vinha para assistir a esse espetáculo – no qual os principais problemas da guerra desse pequeno meio estavam claramente representados (a fome e o frio) –, era possível reconhecer Jacques Lacan, Jean-Louis Barrault e sua esposa, Brassaï, Valentine Hugo, Braque, Georges Bataille… Ninguém tirava os olhos dos atores por um dia, que acompanhavam com atenção os movimentos de um rapaz que assinalava as mudanças de atos por batidas de bengala. Esse rapaz, promovido a diretor, descrevia com cuidado os cenários que cada um devia imaginar. Seu nome era Albert Camus.

O estrangeiro

> Quem se desespera com os acontecimentos é covarde, mas quem tem esperanças na condição humana é louco.
>
> Albert Camus

Ele é alto, bonito e agrada as mulheres. Enquanto Sartre precisa compensar, a ele basta aparecer. Wanda, que Sartre tentou desesperadamente levar para a cama, abriu-lhe os braços desde o primeiro dia. Depois foi a vez de María Casares. Certa noite, quando Sartre lançava a mais bela dialética para seduzir uma moça desconhecida, Camus se aproximou, acompanhando a ação. Assim que a moça se afastou, ele demonstrou sua surpresa:

– Por que toda essa lábia?

Sartre o olhou com uma careta vaga e respondeu:

– Não está vendo minha cara?

Ele tinha bebido.

Mesmo assim, sabia do que estava falando.

Desconfiada, Simone observava. Não entendia a paixão à primeira vista que seu maridinho experimentou – desde que se conheceram – por esse rapaz vindo de fora. Era junho de 1943, durante o ensaio geral de *As moscas*. Camus se apresentou, simples assim. Cinco anos antes, em um jornal argelino, havia publicado uma crítica amena sobre *A náusea*, cumprimentando os "dons comoventes de romancista", mas lamentando que "os jogos de espírito mais lúcidos e mais cruéis fossem ao mesmo tempo proporcionados e desperdiçados". Em contrapartida, *O muro* venceu todas as suas reservas: "E já se pode falar de uma obra a respeito de um escritor que, em dois livros, soube ir direto ao problema essencial e animá-lo por meio de personagens obsessivos".

Já Sartre, embora tivesse certa reserva a respeito de *O mito de Sísifo*, havia publicado um artigo muito elogioso sobre *O estrangeiro* na revista *Les Cahiers du Sud*.

Em suma, os dois tinham muita coisa para conversar.

Sartre levou o novo amigo ao Flore, onde lhe apresentou Simone:

> Sua juventude, sua independência o aproximavam de nós: éramos formados sem laço com qualquer escola, solitários; não tínhamos lar, nem o que se chama de um meio. [...] Ele deixava transparecer de vez em quando uma faceta de Rastignac, mas não parecia se levar a sério. Era simples e alegre.[1]

Acolhido sem demora pela "família", Albert Camus participa das festas e dos jantares coletivos. Sua eloquência é elogiada, e seu sotaque, adorado. Sartre reconhece que ele é seu oposto exato: tem charme, é moralista. Também tem oito anos a menos e é brilhante, a ponto de Simone de Beauvoir (ela reconheceu) ficar preocupada: não haveria o risco de ofuscar Jean-Paul?

Não se sabe se, como alguns afirmaram[2], em sua desconfiança se esconde um rancor de mulher que teve seu convite rejeitado (semelhante rumor correu a respeito de Elsa Triolet), fato é que ela nem sempre tem estima pelo recém-chegado. E quando Sartre, em um dia de bebedeira, lança ao sedutor: "Eu sou mais inteligente do que você!"[3], todos admitem que há aí algo suspeito e compreendem que Simone está por trás disso.

A maior diferença entre os membros da família sartriana e esse estrangeiro vindo da Argélia decorre, sobretudo, do fato de que ele é oriundo de outro meio e de que o engajamento, para ele, tem sentido há muito tempo. Talvez sejam essas as razões pelas quais, apesar de próximo dos convidados que saboreiam a culinária de Simone no quarto do Hôtel de la Louisiane, ele permaneça um pouco à distância.

Ele cresceu nos bairros pobres de Argel. Sua mãe era empregada. Seu pai morreu durante a Primeira Guerra Mundial. Graças à sagacidade de um professor, de um tio, e à generosidade de seu círculo, pôde seguir estudando até se formar em filosofia.

Um problema serve de estímulo: a tuberculose. Doente, precisa ter pressa. Aos vinte anos, havia decidido que construiria uma obra literária sem esperar e que não tinha tempo para hesitar em suas convicções: devia lutar por elas. Criou um grupo teatral, o Teatro do Trabalho, que produzia espetáculos políticos. Ao lado de outros intelectuais, engajou-se na defesa dos direitos do povo muçulmano, entrou para o Partido Comunista, do qual foi expulso em 1937: ele não aprovava a linha oficial que se afastava do nacionalismo árabe para privilegiar uma frente antifascista unida.

Lançou seu primeiro livro, *O avesso e o direito*, em 1937, pelas edições Chariot, que publicavam autores de esquerda. Dedicou-o a seu antigo professor de filosofia, Jean Grenier, que o havia ajudado muito na juventude. Em 1938, começou a escrever simultaneamente três obras, cujo eixo principal, uma reflexão sobre o absurdo, era comum. O romance se tornaria *O estrangeiro*, o ensaio filosófico, *O mito de Sísifo*, e a peça de teatro, *Calígula.*

Era e continuou sendo jornalista. Exercitou sua pena em um jornal estudantil, de cuja crítica de arte se encarregava. Em 1938, conheceu um homem que sempre o quis bem e, até a guerra, nunca deixou de ajudá-lo: Pascal Pia, também jornalista. Este desembarcou na Argélia dois anos antes da declaração de guerra para dirigir um diário de esquerda mais próximo da ideologia socialista do que da comunista: *Alger républicain.* Pia logo contratou Camus. Uma diferença de dez anos separa os dois homens, todo o resto os aproxima. Ambos querem defender a emancipação dos muçulmanos (sem, entretanto, abraçar a causa dos nacionalistas argelinos), ambos temem o belicismo que se apoderou das nações a respeito da Alemanha. Camus tem boas razões para defender um pacifismo arraigado desde a morte de seu pai. Essa ferida o leva a odiar a violência. Qualquer forma de violência. Por isso, nas colunas de seu jornal, pronuncia-se a favor da revisão do Tratado de Versalhes e da abertura de negociações com Hitler. Quando, no final de 1939, *Alger républicain* fecha as portas, defende o mesmo ponto de vista no *Soir républicain*, cuja direção é sua. Apenas sua: Pia regressou a Paris. E ele próprio se vê na rua quando o diário é proibido pelo prefeito de Argel.

Pois a guerra está aí. Dispensado do serviço militar devido à tuberculose, Camus não tem mais qualquer ferramenta para defender suas convicções. Além disso, seus artigos que denunciavam a pobreza da Calíbia e as condições de vida miseráveis da população argelina lhe valeram o opróbrio das autoridades. Ele está cercado: o belicismo de um lado, a desconfiança do outro. Assim, quando Pascal Pia lhe propõe se unir a ele no *Paris-Soir*, o jornal de Pierre Lazareff, Camus não titubeia. Toma um navio, cruza o Mediterrâneo e descobre a capital da França. Torna-se um dos secretários de redação de um jornal famoso, que conta com a colaboração das maiores penas jornalísticas.

Não permanece na cidade, contudo: o último número parisiense do jornal é lançado em 11 de junho de 1940. Depois, toda a equipe se retira para Clermont-Ferrand. Jean Prouvost, proprietário do *Paris-Soir* – mas também de *Match* (criado em 1938, tiragem de 1,8 milhão de exemplares dois anos depois) e *Marie-Claire* (criada em 1937, um milhão de exemplares em seus primórdios) –, efêmero ministro da Informação do governo Reynaud, organizou uma fila de carros lotados com seus jornalistas. Camus dirige um deles. No porta-malas, colocou sua bagagem. Dentro dela: *O estrangeiro*, quase terminado, e *O mito de Sísifo*, em um estágio muito avançado.

Depois de Clermont-Ferrand, a equipe do *Paris-Soir* vai para Lyon. Pascal Pia se encontra na cidade, bem como Francine, a futura sra. Camus, com quem Albert se casa algumas semanas antes de ficar desempregado. Como o jornal fechasse suas portas, ele foi demitido.

Em janeiro de 1941, torna a cruzar o Mediterrâneo. Vai parar em Orã, onde se torna professor. Como as autoridades limitassem a presença das crianças judias em salas de aula, Camus leciona francês, história e geografia para elas em particular. Todavia, sua guerra pessoal não tarda a apanhá-lo: a tuberculose o enfraquece, às vezes o prostra. A tal ponto que precisa deixar a Argélia e seu clima insalubre. A França, outra vez, o recebe. Ele se refugia em um lugarejo situado a mil metros de altitude, Panelier, perto de Chambon-sur-Lignon. Ali, os justos protegem as crianças judias. Desde o início da guerra, os pastores da região protestam publicamente contra as medidas antissemitas e a caça aos judeus. Camus não vê nada. Escreve. Publica. Seja como for, o que poderia fazer de diferente nesse momento de sua vida? Na Argélia, sua reputação de homem de esquerda o impedia de agir: Vichy o acompanhava de perto. Na França, afora Pascal Pia e Jean Grenier, não conhece ninguém. A Resistência não é para ele. Não ainda.

O estrangeiro é lançado pela Gallimard em dezembro de 1941. Jean Paulhan o recomenda a François Mauriac para o prêmio de romance da Academia Francesa (que o livro não vai ganhar): "Depois de refletir, seria a Albert Camus, por *O estrangeiro*, que eu em seu lugar daria o prêmio de romance. Trata-se do único romance publicado nos últimos dois anos onde há ao mesmo tempo engenhosidade e grandeza".[4]

Três meses depois, é publicado *O mito de Sísifo*. Camus aceitou que o livro fosse ceifado de um capítulo sobre Kafka, cortado pela censura (Kafka era judeu). Graças a Pascal Pia, que interveio junto a Gaston Gallimard e a Jean Paulhan, ele recebe agora um pequeno pagamento mensal que lhe permite viver.

A literatura leva Camus à Resistência. Pia desempenhará seu papel, mas é Francis Ponge que o leva até a casa de René Tavernier, onde a revista *Confluences* reúne as pessoas de boa vontade da Zona Sul.

Francis Ponge é poeta. Uniu-se ao movimento surrealista no momento em que muitos o abandonavam. Nadando contra a corrente, solidarizou-se com André Breton quando Bataille, Desnos, Prévert e um punhado de outros desordeiros o atacaram em *Un cadavre.* Em 1937, ingressou no Partido Comunista. Participou de todos os comitês e de todas as aglomerações antifascistas do pré-guerra. Sindicalista, militante e, claro, resistente. Encarregado pela Frente Nacional para recrutar entre os jornalistas. Graças a Pascal Pia, conseguiu um emprego no jornal *Progrès*, de Lyon. Dessa cidade, percorreu a região para descobrir e reunir penas antinazistas. Seu disfarce: é representante de livros em nome de Pierre Seghers e René Tavernier.

Francis Ponge conhece Albert Camus na pensão em Panelier, onde o escritor argelino encontrou refúgio. Pia fez com que lesse *O estrangeiro* e *O mito de Sísifo.* O próprio Ponge, em 1942, publicou *O partido das coisas* pela Gallimard. Tem um apartamento clandestino em Lyon, onde Camus às vezes aparece.

Certo dia, então, ele o leva até a residência de René Tavernier. A casa é isolada. Várias entradas diferentes permitem que os visitantes entrem e saiam sem chamar a atenção, sendo também rotas de fuga em caso de necessidade. Assim, Camus junta-se a ele no Comitê Nacional dos Escritores da Zona Sul.

Em junho de 1943, pela primeira vez desde 1940, vai a Paris. Sua condição mudou: tornou-se um escritor reconhecido, quando não célebre. A família Gallimard cuida desse rapaz de trinta anos que nunca experimentou as diversões culturais da capital. Ela o leva ao Théâtre des Mathurins, onde uma jovem atriz, cujo pai foi ministro da República Espanhola, está atuando: María Casares (um ano depois, no mesmo teatro, a mesma atriz interpretará *O equívoco*, de Albert Camus).

Em novembro, depois de nova estadia em Panelier, Camus volta a Paris, dessa vez em definitivo: amigos lhe conseguiram um trabalho de leitor-secretário nas edições Gallimard. Sua tarefa consiste, entre outras, em selecionar as obras que podem concorrer aos prêmios literários.

Instala-se em um hotel na Rue de la Chaise, logo entra para o Comitê de Leitura e se torna o melhor amigo de Michel Gallimard, sobrinho de Gaston.

Nessa época, vai às festas de que participa grande número de autores do celeiro da Gallimard. Janta muitas vezes no quarto de Simone de Beauvoir. O próprio Sartre lhe pede para encenar *Entre quatro paredes* e para interpretar o papel de Garcin. De início, Camus aceita. Os primeiros ensaios ocorrem no Hôtel de la Louisiane. Contudo, quando o Théâtre du Vieux-Colombier propõe montar a peça, o diretor se retira.

Cabe dizer que, ao contrário de Sartre, Camus está então envolvido em atividades de resistência que ocupam grande parte de seu tempo. Pascal Pia, uma vez mais, havia pedido seu auxílio.

Depois de deixar o *Paris-Soir*, Pia tornou-se assistente de um alto dirigente do movimento de resistência Combat. Ao lado de Henri Frenay e Claude Bourdet, cuidou do jornal publicado por esse grupo. Em agosto de 1943, assumiu as rédeas da publicação. Em seguida, entregou a função de redator-chefe para seu amigo de Argel. Assim, no outono de 1943, Albert Camus viu-se à frente de *Combat*, que se tornou o órgão dos Movimentos Unidos de Resistência (MUR). *Combat*, cuja capa faz menção à França Livre: uma cruz de Lorena atrás do espaço oval aberto da primeira letra, um preceito de Clemenceau ("Na guerra, assim como na paz, a última palavra é daqueles que não se rendem nunca"), e duas convicções, "um único chefe: De Gaulle", "um único combate: por nossas liberdades".

O jornal é publicado três vezes por semana, com tiragem de 250 mil exemplares. Camus escreve pouco para o periódico. No entanto, é o responsável por contatar os jornalistas e propõe a pauta. Também cuida da direção geral, que deverá se manter no pós-guerra: defender uma moral independente de partidos políticos.

Camus, então munido de documentos falsos, meio clandestino em uma cidade ainda ocupada, organiza as reuniões do grupo nos fundos de um apartamento de zelador. Ali ele desenvolve as diretrizes do jornal e também prepara o futuro com os amigos. Em certo dia da primavera de 1944, convida dois recém-chegados para se juntarem ao grupo: Beauvoir e Sartre. Ambos oferecem seus serviços, antes de se afastarem por falta de tempo. Não serão mais vistos. Precisam cuidar de *Entre quatro paredes*, escrever e escrever para aparecerem na frente do palco quando a guerra acabar. Ao chamado do amigo, voltarão durante a libertação de Paris. Ainda haverá tempo para alegar que o Comitê Nacional dos Escritores dera consentimento para que *As moscas* e *Entre quatro paredes* fossem encenadas, para despontar como os arautos da resistência intelectual, mesmo que, durante a Ocupação, segundo suas próprias palavras, Sartre tenha sido mais um escritor que resistia do que um resistente que escrevia.

Como muitos.

As reuniões de Val-de-Grâce

> Em que outro momento da história foram trancafiados mais inocentes nas prisões? Em que outra época as crianças foram arrancadas de suas mães, empilhadas em vagões de animais, como os que eu vi, em uma manhã escura, na estação de Austerlitz?
>
> François Mauriac

De vez em quando, porém, Camus e Sartre participavam de reuniões do Comitê Nacional dos Escritores. Pouco e tardiamente, mas ainda assim: muitos nunca compareceram. A partir de 1943, Sartre teve até a honra de aparecer na clandestina *Lettres françaises* (ele escreveu um texto contra Drieu, "Drieu la Rochelle ou la haine de soi"), pois o Comitê Nacional dos Escritores, bem como as publicações ligadas a ele, havia se "democratizado". O Partido Comunista abria as portas a quem não seguia sua linha. Embora Sartre tivesse sido muito criticado por mandar encenar *As moscas* na Paris ocupada, foi aceito em algumas reuniões.

No decorrer dos meses, o Comitê Nacional dos Escritores se expandira. Pierre Villon (cujo verdadeiro nome era Roger Ginsburger), líder da Frente Nacional para a Zona Ocupada, futuro membro fundador do Conselho Nacional da Resistência, que foi preso e fugiu, havia sido nomeado no lugar de Politzer para capitanear os intelectuais comunistas. Havia se unido ao pequeno grupo de escritores mobilizados – trezentos no outono de 1943.

Metade dos autores do Comitê Nacional dos Escritores ficara conhecida antes da guerra por seus posicionamentos antifascistas. Um terço era comunista.[1] Havia também escritores mais moderados, socialistas, católicos, nacionalistas e autores vindos da extrema direita como Claude Roy, reverendo Maydieu e padre Bruckberger. Alguns membros não compareciam, como Roger Martin du Gard e Michel Leiris. Pretextando sua aversão a grupos, Georges Duhamel se esquivava. Todavia, enviava textos à clandestina *Lettres françaises*, apoiava os autores perseguidos pelo regime de Vichy e mandava dinheiro para que Pierre Seghers mantivesse sua revista, *Poésie 42*.

O Comitê Nacional dos Escritores contava com apenas um membro da Academia Francesa desencaminhada: François Mauriac. Ele, Paul Valéry e Georges Duhamel haviam tentado em vão se opor a Abel Bonnard e a Henri Bordeaux, que se jogaram nos braços de Pétain no início da guerra, forçando a Academia Francesa a proclamar publicamente subordinação ao velho marechal. Abel Bonnard era ministro da Educação Nacional, Abel Hermant e monsenhor Baudrillart apoiavam Vichy no que o regime tinha de mais extremo (os dois Abel serão expulsos da Academia Francesa em 1944, Bonnard será condenado à morte, Hermant, à prisão perpétua; mais tarde, ambos receberão indulto).

Na casa de François Mauriac, certo dia de março de 1943, Paulhan, Blanzat, Guéhenno e Pierre Brisson (ex-diretor literário do *Figaro*) planejaram criar uma lista negra dos escritores colaboracionistas. Mauriac apoiava a iniciativa.

Pela primeira vez na vida, seu filho Claude o havia visto chorar no dia da declaração de guerra. Contrário ao Acordo de Munique, Mauriac em um primeiro momento depositara confiança no vencedor da Batalha de Verdun, marechal Pétain. Após o ataque da frota inglesa à francesa em Mers-el-Kébir, em julho de 1940, ele levantara a pena contra Churchill. Seus artigos publicados antes da guerra no *Figaro* tinham valor de oráculo: a palavra de Mauriac era uma das mais aguardadas pela opinião pública. Isso demonstra bem o quanto ambos os lados aguardavam seus posicionamentos.

Recolhido em sua propriedade rural, o Domaine de Malagar (Gironde), Mauriac escreveu *La Pharisienne* em 1940, sendo atacado pela imprensa colaboracionista desde o lançamento do livro. Os guardiões do templo dessa direita extrema que comandava *La Gerbe* e *Je suis partout* não haviam aceitado os artigos do acadêmico em favor dos refugiados espanhóis. Brasillach e Rebatet atacavam ao longo de páginas esse "amigo dos judeus", que tivera a presunção de se separar de Vichy desde a promulgação das leis antissemitas, "o catedrático, o burguês rico com a cara torta de falso El Greco [...] um dos mais imorais patifes que cresceram nos estercos cristãos de nossa época".[2]

Mauriac se recusou a fornecer artigos para a *NRF* de Drieu la Rochelle, o que lhe valeu ataques por parte deste. Respondeu a ele, assim como a Rebatet e a Brasillach, na clandestina *Lettres françaises*, pois François Mauriac foi um dos primeiros escritores a contribuir com o jornal fundado por Jacques Decour. O reverendo Maydieu e Jean Blanzat – o amigo de Paulhan que ao final da Guerra Civil Espanhola também se tornou seu – conduziram-no até os círculos da literatura de resistência. Quando não estava em Malagar, François Mauriac se reunia aos escritores de todas as tendências que participavam das reuniões do Comitê Nacional dos Escritores. O núcleo inicial (Decour, Blanzat, Paulhan, Debû-Bridel, Guéhenno, reverendo Maydieu, Éluard, Morgan, Thomas, Mauriac) crescera com a chegada de novos membros (Lescure, Queneau, Leiris, Seghers, Aragon, Limbour, Sartre…).

As reuniões não ocorriam mais na casa de Jean Blanzat, e sim na de Édith Thomas, na Rue Pierre-Nicole, no 5º arrondissement. Como a zeladoria ficasse no prédio ao lado, as idas e vindas eram relativamente pouco vigiadas. Os escritores atravessavam o Jardim de Luxemburgo ou então dobravam no Boulevard Saint-Michel para entrar em seguida nessa ruazinha próxima ao hospital de Val-de-Grâce. Alguns vinham de bicicleta. Outros, a pé. Édith Thomas, que assistia com ansiedade à chegada de cada um, sempre temia que a Gestapo e ou a polícia francesa se lançasse sobre essa reunião de letrados que, a despeito da época e da clandestinidade forçada, distinguia-se do povo parisiense por um modo complacente de andar, roupas muitas vezes elegantes, maneiras que também não pareciam com as dos resistentes camuflados.

Sentavam-se em círculo no pequeno apartamento. Trocavam notícias sobre a guerra. Às vezes, escutavam a Rádio Londres. Discutiam a postura a adotar face ao ocupante: deviam publicar? Onde? Havia outras maneiras de resistir além da mais comum de todas, a publicação de escritos clandestinos? Deviam erguer a pena contra os intelectuais do outro lado? Estes seriam julgados depois da guerra?

Debatiam os artigos que seriam publicados na *Les Lettres françaises.* Imprimir o jornal não era fácil. O tipógrafo, Georges Adam, jornalista do *Ce Soir* no pré-guerra, havia mobilizado os profissionais do livro da Confederação Geral do Trabalho (CGT). Nas prensas rotativas do *Paris-Soir*, órgão colaboracionista, eles também faziam a tiragem da clandestina *Les Lettres françaises*: 3,5 mil exemplares em 1942, 12 mil no ano seguinte. Quatro páginas mensais, em seguida oito. O Comitê Nacional dos Escritores era o primeiro e único fornecedor dos artigos publicados nesse órgão de imprensa que nasceu na clandestinidade e se tornaria uma publicação indispensável depois da Libertação.

Embora independentes, as Éditions de Minuit eram inseparáveis do Comitê Nacional dos Escritores. Jean Paulhan tornou-se o editor literário no final de 1942, e Paul Éluard se juntaria a ele em breve. As Éditions de Minuit não publicavam apenas romancistas. Vinte e dois poetas, assinando com pseudônimos, participaram de uma antologia de poemas resistentes publicada com o título *L'Honneur des poètes.* Jean Bruller – Desvignes para seus camaradas do Comitê Nacional dos Escritores – participava da maioria das reuniões. Pedia manuscritos a todos. Ninguém sabia que ele era o autor de *O silêncio do mar.*

A obra foi publicada em fevereiro de 1942. Uma boneca cuidadosa, 96 páginas, algumas centenas de exemplares. Os nomes dos primeiros destinatários foram dados por Jean Paulhan, que ajudou à sua maneira. O professor Robert Debré entregou o livro à sua companheira, a condessa Dexia de La

Bourdonnais, que o datilografou e fez com que transitasse em seu círculo. Vercors percorreu Paris de bicicleta, deixando um envelope com o livro aos simpatizantes listados com cautela. Entregou alguns exemplares a Georges Hugnet, o poeta surrealista que tinha uma livraria no Boulevard du Montparnasse. Outros chegaram até a Zona Sul, enviados pelo correio. Em três meses, passando secretamente de mãos em mãos de simpatizantes, *O silêncio do mar* havia encontrado seu público. Eles apreciavam a resistência sugerida, silenciosa e não violenta, de acordo com a doutrina gaullista que condenava a ação direta. Aliás, quando o livro chegou a Londres, o círculo do general se apoderou dele e também o difundiu. Uma primeira tiragem de dez mil exemplares esgotou-se depressa. A obra chegou à Argélia, à Austrália, ao Quebec, à Suíça, ao Senegal… Em todos os lugares, obteve aprovação. Apenas Arthur Koestler, em uma crítica publicada em novembro de 1943, em Londres, emitiu um julgamento negativo. Em outros lugares, primeiramente na França, os leitores foram conquistados. Todos se faziam a mesma pergunta: quem estava por trás do pseudônimo Vercors? Nos círculos literários, alguns nomes circulavam: Roger Martin du Gard, Georges Duhamel, Pascal Pia… O mesmo ocorreu com todas as obras que as Éditions de Minuit publicaram durante a guerra. Depois de Jean Bruller, François Mauriac (com o pseudônimo Forez), Aragon (François la Colère), Elsa Triolet (Laurent Daniel), Jacques Debû-Bridel (Argonne), Jean Cassou (Jean Noir), Claude Morgan (Mortagne), Jean Guéhenno (Cévennes), George Adam (Hainaut), Pierre Bost (Vivarais), John Steinbeck (com o livro *Nuits noires*, tradução francesa de Yvonne Desvignes para *A longa noite sem lua*), Jacques Maritain, Roger Giron, Paul Éluard, Julien Benda, Jean Paulhan, Claude Aveline, André Chamson, Yves Farge… Cerca de quarenta livros, 25 autores reunidos em volta de uma estrutura que nasceu da vontade de dois homens, aos quais novos núcleos resistentes logo iam se agregar.

Les beaux draps

> Mais judeus do que nunca nas ruas, mais judeus do que nunca na imprensa, mais judeus do que nunca nos tribunais, mais judeus do que nunca na Sorbonne, mais judeus do que nunca no teatro, na ópera, no Français, na indústria, nos bancos.
>
> L-F Céline

O número de pessoas que ingressavam no Comitê Nacional dos Escritores aumentava com o avanço da guerra. A maioria daqueles que, em um momento ou outro, participaram da Resistência fez parte do órgão, embora no caso de alguns apenas bem à distância, por meio sobretudo de publicações nas revistas clandestinas.

Alguns nunca compareceram, mesmo que pudessem ambicionar no mínimo um papel secundário. Ou maior, dependendo do caso. Como a sra. Marguerite Antelme, cujo sobrenome de solteira era Donnadieu, mais conhecida pelo pseudônimo escolhido em 1943, ano da publicação de seu primeiro romance: Marguerite Duras.

Como Gaston Gallimard recusara *Les Impudents*, foram as edições Plon que publicaram o livro de início. Provavelmente em razão das qualidades literárias da obra, mas também, sem dúvida (de resto, a própria autora reconheceu), para atrair os favores de uma moça que ocupava um cargo dos mais notáveis no desenvolvimento editorial da época. Marguerite Duras, como vimos, era secretária da Comissão de Controle do Papel. Por isso, desempenhava um papel determinante no aparelho de censura criado pelos alemães. Ela foi recrutada pela comissão em julho de 1942 e a deixou no começo de 1944. Como teriam dito Beauvoir, Sartre, Dullin e muitos outros, era preciso ganhar a vida.

Já Robert Antelme, marido dela desde setembro de 1939, estava na lista de funcionários do Ministério do Interior, sendo um dos colaboradores mais próximos do sr. Pierre Pucheu, secretário de Estado, em seguida ministro (ele será fuzilado em 1944).

As coisas não iam às mil maravilhas na família Antelme. Marguerite tinha um amante, Dionys Mascolo, que conheceu no exercício de suas funções e mandou contratar como leitor na comissão (ele já era membro do Comitê de Leitura das edições Gallimard). Robert consolou-se nos braços de uma moça que o reconfortou das dores de coração. Os quatro eram amigos, o que facilitava as relações. Um clã, de certa forma, menos confuso do que o de Sartre e sem dúvida tão culto quanto.

Eles se encontravam no domingo na Rue Saint-Benoît, nº5, quarto andar, na casa dos Fernandez, Ramon e Betty. Ele, que no passado havia sido homem de esquerda, amigo do escritor-jornalista Jean Prévost, crítico literário famoso e romancista elogiado, grande alcoólatra, participara da viagem à Alemanha e com certeza não contava entre seus méritos ter apertado a mão de Joseph Goebbels no dia em que os reféns de Châteaubriant caíam diante das balas de seus sectários. Ela, de acordo com a srta. Donnadieu, "esguia, alta, um desenho de nanquim, uma gravura [...] veste-se com os trapos velhos da Europa, com o resto dos brocados, velhos tailleurs antiquados, velhos panos, velhas combinações, velhos farrapos da alta-costura, velhas peles de raposa roídas de traças".[1]

Uma vez por semana, os Fernandez recebiam visitas. Os Antelme subiam os poucos degraus que os separavam desse templo da colaboração, para onde corriam os principais ícones do Partido Popular Francês de Doriot (Fernandez era membro), Brasillach, Jouhandeau, Drieu la Rochelle, o tenente Heller:

> Iam poetas de Montparnasse, mas não lembro mais nenhum nome, mais nada. Não havia alemães. Não

se falava de política. Falava-se de literatura. Ramon Fernandez falava de Balzac. Poderíamos ouvi-lo a noite toda. Ele falava com um conhecimento quase totalmente esquecido, do qual não devia restar quase nada capaz de ser confirmado.[2]

Até o final de 1943, Marguerite Duras, Dionys Mascolo e Robert Antelme, em breve figuras lendárias, viveram uma convicta vida de funcionários colaboracionistas. Depois a Resistência lhes bateu à porta. Como o escritor reconheceu após a guerra, eles não foram heróis. Seguiram o caminho das coincidências, que poderia muito bem ter passado distante da Rue Saint-Benoît. Acontece que dispunham em seu apartamento de um quarto livre, que colocaram à disposição de visitantes de passagem obrigados a se esconder. Um deles, amigo, era membro de um movimento de resistência que cuidava dos prisioneiros. Nome de guerra: Morland. Nome real: François Mitterrand. Aproveitando as vantagens que a função lhe daria, Robert Antelme ajudou. Mascolo tornou-se assistente de um resistente comunista vindo de Lyon, que seria mais tarde conhecido pelo pseudônimo Edgar Morin. Já Marguerite Duras cuidava das famílias dos presos.

Na primavera de 1944, Robert Antelme e sua irmã Marie-Louise foram presos, a seguir deportados. Ele sobreviverá, ela não terá a mesma sorte. Ele escreverá uma das primeiras obras-primas da literatura de campo de concentração: *A espécie humana*, livro dedicado a ela.

Entre os visitantes regulares que circulavam pela casa dos Fernandez estava um escritor que nunca aderira ao Comitê Nacional dos Escritores e que ninguém acreditava que pudesse ter alguma atividade de resistência. Aliás, ninguém nunca o importunou. Ainda assim, o dr. Destouches, ou melhor, Louis-Ferdinand Céline, passava aos olhos do ocupante por um próximo indescritível. Seu histórico contava muito a seu favor. Nos anos 1938 e 1939, frequentava Jacques Doriot e o Partido Popular Francês, além de Darquier de Pellepoix, que se tornaria comissário-geral das questões judaicas. Desde *Bagatelas por um massacre*, que obteve enorme sucesso quando de sua publicação, em 1937, ele se declarava abertamente racista e antissemita. Como dizia, não esperara os alemães para cuidar dos judeus. Ele os vomitava ao longo de páginas, artigos e livros, sem poupar insultos públicos – o que ia ao encontro de suas grandes declarações de fé em prol de uma Europa alemã, militar, econômica, moralmente falando.

Em suma, um amigo.

Porém, um amigo paradoxal.

Em fevereiro de 1941, publicou em *La Gerbe* de Alphonse de Châteaubriant um artigo brutalmente antissemita que ele renegou pouco depois, garantindo que o texto havia sido alterado pela redação.

Três meses depois, foi convidado para a inauguração do Instituto de Estudo das Questões Judaicas; depois de aplaudir os oradores que condenavam a judeu-maçonaria, chamou atenção por suas observações sobre "a idiotice ariana".

Em março de 1942, foi sua vez de viajar à Alemanha, acompanhando uma delegação de médicos convidada a visitar os hospitais e centros de saúde de Berlim. O escritor deu uma palestra para os trabalhadores franceses enviados à Alemanha pelo Serviço de Trabalho Obrigatório (STO). Segundo suas palavras, lançou ataques tanto aos soviéticos quanto ao Reich.

Em 1942, quando se revelou com clareza que a campanha da Rússia não era tão vitoriosa como os arautos da propaganda proclamavam, Céline previu em voz alta aquilo que os especialistas começavam a sussurrar baixinho: uma derrota programada.

Usando sua influência grande o suficiente para lhe permitir intervir no poder alemão em caso de necessidade, procurava a embaixada da Alemanha na Rue de Lille para causas muito diversas: salvar um jovem ameaçado pelo STO, obter para sua editora (Denoël) algumas toneladas de papel – em falta para a reimpressão de obras – ou fazer uma reclamação porque suas obras não estavam presentes na inauguração da exposição "O judeu e a França".

Ferido ao longo da guerra anterior, o dr. Destouches não fora mobilizado em 1939. Todavia, alistara-se como médico em um navio mercante confiscado para transporte de tropas. Após partir de Marselha em janeiro de 1940, o navio havia fendido um torpedeiro britânico no estreito de Gibraltar. O torpedeiro explodira e afundara, ao passo que o navio francês conseguiu retornar a Marselha.

Em fevereiro de 1940, Céline reencontrara sua noiva, Lucette Almansor, na Paris ainda livre. Eles se conheceram em 1936 e viviam juntos desde então. Ela era quase vinte anos mais nova do que ele (que tinha 45) e continuava fascinada por seu olhar azul-cinzento, magnético, inflamado, por seu aspecto de vagabundo elegante – seus casacos eram remendados, suas calças não caíam graças a um elástico e seus sapatos cediam nas costuras…

Ela admitia sem rodeios que ele descarregava sua raiva em cima dela, ele, que vibrava como uma corda, que andava de um lado para outro com tanta energia quanto Aragon, que escrevia em um estado de transe como a escrita automática dos surrealistas. Ela o amava. Eles não tinham muito a conversar e, de resto, não conversavam muito: "Era assim, ponto final", confessava Lucette, lúgubre.[3] Ela aceitava tudo de seu grande homem. Ele lhe lia seus romances sem que ela protestasse, falava-lhe de suas amantes sem que ela se revoltasse, propunha-lhe sexo com várias sem que ela, que recusava, se chocasse. Ela sabia que era a única com quem ele dormia regularmente, que as outras tinham de se contentar com uma vez só, e nem sempre. Céline gostava mais de olhar do que de participar. As lésbicas tinham direito ao primeiro lugar no pódio de suas fantasias – às vezes realizadas.

Médico em Sartrouville durante o Êxodo, Céline fugira dos alemães até Saint-Jean-d'Angély (perto de La Rochelle). Viajava em uma ambulância que era conduzida por um motorista e ocupada por uma velha, duas crianças e Lucette. Um mês após a partida, a ambulância retornava a Sartrouville, e os Destouches se mudavam.

Céline abriu caminho para assumir o lugar de um médico haitiano afastado do centro de saúde em Bezons – perto de Paris – por ordem dos nazistas: seu país apoiava os aliados. Ele se mudou com Lucette para um apartamento na Rue Girardon, em Montmartre. Três cômodos, quarto andar, vista para a Sacré-Cœur. O lugar era silencioso o bastante para que Céline, que odiava barulho (mesmo o da máquina de escrever), pudesse escrever com conforto. Acomodava-se à mesa de manhã cedo ou tarde da noite, após o toque de recolher que esvaziava as ruas de Paris. De manhã, em cima de uma moto alimentada a vales-combustível, dirigia-se a Bezons, onde o aguardavam os mendigos e os pobres da cidade. Uma vida cotidiana sem maiores preocupações. A venda de seus livros rendia muito. E Céline tinha reservas: havia escondido parte de seu ouro na Dinamarca.

O que armazenara em um banco de Haia fora tomado pelos alemães, quando, depois de ocupar a cidade, haviam esvaziado os cofres. O escritor tentou em vão protestar, mandar intervir os mais poderosos oficiais de Paris: não conseguiu recuperar seu tesouro. Aprendida a lição, tratou de transferir o ouro que tinha nos cofres bancários de Copenhague para o jardim de um amigo leal, que o enterrou debaixo de uma árvore. Por sorte, embora parte do pecúlio tenha sido roubada, o resto bastava para o de costume.

Céline e Lucette se casaram em fevereiro de 1943. As testemunhas foram um funcionário da Prefeitura e um velho amigo do escritor, Eugène Paul, vulgo Gen Paul, pintor de Montmartre próximo a Utrillo e à bebedeira. Gen Paul falava gírias como um malandro parisiense. Ferido na Batalha de Verdun, teve uma perna amputada e andava com uma prótese de madeira. Na época em que Montmartre vivia a noite, Gen Paul, figura local, especializara-se em insultos a policiais e burgueses. Tocava corneta de pistões e sonhava em deitar com Lucette.

Outro grande amigo de Céline também era de Montmartre: Marcel Aymé. Em razão das pálpebras inchadas, que pareciam lábios fechados, Lucette o chamava de "Tartaruga". Céline adorava o temperamento frio desse homem, e muitas vezes tentava quebrar sua impassibilidade lendária com injúrias às quais o outro nunca respondia.

Marcel Aymé era menos provocador que o autor de *Bagatelas por um massacre*, mas não muito menos contraditório. Colaborador de Jeanson no *Aujourd'hui*, escrevera um artigo contra o antissemitismo, que foi recusado pela censura. Convidado a um jantar oficial durante o qual foi censurado por ter trabalhado com Louis Daquin, ator e diretor tachado naquela noite de "comunista notório", Marcel Aymé deixou a mesa, dizendo que chamar alguém de "comunista notório" era condená-lo à morte.

Esses posicionamentos corajosos não o impediam de escrever regularmente na imprensa colaboracionista, *Je suis partout* (no qual escreviam também Jean Anouilh, Georges Blond, Jean de La Varende, Lucien Combelle, André Salmon) ou *La Gerbe* (ao lado de Jean Giono, Pierre Béarn, Colette, Léon-Paul Fargue, Charles Dullin, Jean Cocteau). Ainda assim, Louis Daquin, que foi encontrá-lo junto com Pierre Bost para pedir que deixasse de contribuir com esses periódicos nauseabundos, não hesitaria em lhe pedir abrigo caso precisasse se esconder.[4]

Marcel Aymé, assim como as redações dos jornais colaboracionistas ou pró-nazistas, apoiava Céline. Defendeu-o quando excepcionalmente o amigo foi reprovado pelo governo de Pétain. A obra *Les Beaux Draps*, publicada em 1941, prejudicava a reputação do exército. O livro foi proibido na Zona Sul. Laubreaux, Rebatet, Sachs e companhia ergueram a pena para apoiar a obra proibida.

Assim como Sacha Guitry, Céline estava na lista negra dos inimigos da pátria publicada pela *Life* em agosto de 1942. A acusação baseava-se em seus escritos e posições, algumas datando de antes da guerra. Não levava em conta suas relações, embora edificantes: seus amigos eram todos de direita, de extrema direita, muitas vezes bem inseridos nos círculos da colaboração. Karl Epting, diretor do Instituto Alemão, nutria por ele uma admiração sem limites. Apreciava em especial *Les Beaux Draps*, que defendeu muitas vezes por escrito. Apresentou o autor da obra a Ernst Jünger, tão comedido e elegante quanto Céline era feroz e malvestido. Jünger ficou impressionado com o poder e o niilismo do escritor francês que, por duas horas, lançou-se em um antissemitismo neurótico, perguntando aos alemães presentes por que, dispondo de metralhadoras e baionetas, não exterminavam os judeus mais maciçamente ainda.[5]

Além de Karl Epting, ia muitas vezes a Montmartre a amiga Arletty, conhecida durante um jantar organizado por um alto funcionário da embaixada, Lucien Combelle (ex-secretário de André Gide que se tornou um colaboracionista notório) e, cereja do indigesto bolo, o ator Robert Coquillaud, vulgo Robert Le Vigan.

Antes da guerra, Le Vigan atuara no teatro com Louis Jouvet e filmara com Renoir, Carné e Duvivier. Grande ator e grande toxicômano, deu a Céline um presente inestimável: o gato Bébert, que dentro em pouco entraria na lenda céliniana. Quando Le Vigan visitava seu amigo *montmartrois*, brincava com o animal, demonstrando uma brutalidade que impressionava Lucette. Bom de garfo, o ator comia qualquer coisa, inclusive a ração do gato. Depois da digestão, pegava papel, lápis e enviava cartas de denúncia a Gestapo. Tinha a fama de dedurar os amigos. "Todos sabiam, mas perdoavam", perdoou Lucette. "Ele era *assim...*".[6]

Ela também era assim. Testemunha de um mundo onde era normal receber em casa alemães fardados, colaboradores, delatores, antissemitas. Onde era normal participar das reuniões de Doriot ou das festas nas embaixadas. Onde era normal viver como antes, sem se preocupar com regras, com opiniões, com o destino daqueles que fizeram uma escolha diferente.

Ainda que essas pessoas morassem dois andares abaixo.

Jogo curioso

> – Não tão forte – disse Chloé. – Céline mora em cima. Sempre que tem barulho aqui em casa, ele acha que estamos nos preparando para matá-lo.
> – Sério? E se a gente o matasse pra valer?
>
> Roger Vailland. *Drôle de jeu* [*Jogo curioso*]

Dois andares abaixo, um grupo de resistência está espreitando, escondido. Das janelas, veem os amigos de Céline descer de carro e entrar no prédio. Reconhecem eminentes jornalistas do *Je suis partout* – entre eles Alain Laubreaux – e artistas em voga nos círculos da colaboração. Um debate começa entre os rebeldes: devem matar Céline?

Os clandestinos observam as idas e vindas do escritor. Quando os convidados vão embora, ele os acompanha até a Avenue Junot, antes de voltar para casa. Seria o momento de lançar uma granada pela janela. Entretanto, além de o esconderijo ficar chamuscado, seus locatários seriam descobertos no mesmo instante.

Perigoso demais.

Consideram esconder um atirador com uma metralhadora na pracinha ao lado da Avenue Junot: ele dispararia em Céline e o mataria na hora, depois fugiria, aproveitando o efeito causado pela surpresa. Viável.

Contudo, Céline constituía um alvo útil ou necessário?

Abater Alain Laubreaux, Ralph Soupault ou os dorio-tistas que estão dois andares acima, tudo bem. Mas Céline? Deveriam privar a literatura do século XX do autor de *Viagem ao fim da noite*? Por fim, o grupo desiste. Na sua liderança encontra-se um futuro escritor: Roger Vailland. Ele concorda com a maioria. Oito anos mais tarde, narrará o episódio.[1] Aumentando-o.

Céline menosprezou o relato de Roger Vailland. Após a guerra, garantiu que sabia de tudo acerca das atividades do grupo que se reunia em seu prédio. Sabia que a zeladora servia como caixa de correio; que Robert Champfleury, o locatário do apartamento, recebia enviados de Londres, escondia documentos falsos e provisões. Ele poderia ter denunciado toda essa bandalha e destruído a rede. Não fez isso. Melhor: ajudou. Ele próprio, certa noite, ofereceu apoio a Champfleury: "Se um dia precisar...".

E o dia chegou. Champfleury bateu à porta do médico. Um homem estava a seu lado. Ele havia sido torturado pela Gestapo. Sua mão estava coberta de sangue. Céline o tratou.

Roger Vailland. Em 1943, tem 36 anos. Não é mais um dos "Phrères Simplistes" do grupo Grand Jeu que, com os amigos René Daumal e Roger Gilbert-Lecomte, eram acusados pelos surrealistas oficiais de cair no misticismo. Abandonou a escrita automática e ainda não se aproximou dos comunistas, que lhe censuram a publicação de um artigo elogioso – e zombeteiro – ao chefe de polícia Chiappe.* Desde o início da guerra, leva para passear sua silhueta magra e ossuda, sua reputação de grande libertino e heroinômano inveterado pelas ruas de Lyon. Transferiu-se para a cidade junto com a redação do *Paris-Soir*, o verdadeiro, o do grupo de Prouvost, que nada tem a ver com o título usurpado e republicado na Zona Norte.

No início da Ocupação, e ao contrário da própria lenda que tentou criar, Vailland observava o coração de Vichy bater sem realmente ficar chocado. Até com certo interesse.[2] Ele escreveu alguns artigos para o semanário *Présent*, bem-visto pelo círculo marechalista. Marceal Déat fora seu professor de filosofia no liceu de Reims. No preparatório para a Escola Normal, fora colega de Robert Brasillach.

Seus convívios em Lyon, todavia, contribuíram para lhe abrir os olhos. As equipes do grupo Prouvost, muitas

---

* Ver *Paris boêmia*, *op.cit.*

vezes engajadas na resistência, impeliram-no para um caminho que ele trilhou com virtuosismo e coragem.

Até 1942, os jornalistas do *Paris-Soir* vivem bem. Embora escrevam pouquíssimo, recebem um bom salário. Roger Vailland alugou um belo apartamento na Cours Gambetta. Lá recebe os amigos. Com alguns, divide a droga que compra – ou manda comprar – em Marselha. Conversa. Olha a guerra passar. Acaba percebendo que não deve esperar nada nem dos alemães nem dos pétainistas. Desde então, busca entrar para a Resistência. Porém, tenta em vão se ligar a Pierre Hervé, Pierre Courtade (comunistas) ou Roger Stéphane (da rede Combat), não encontrando a porta certa. Está disposto a ingressar no Partido Comunista e demonstra isso. Contudo, não o querem: as atividades surrealistas o tornam suspeito aos olhos dos comunistas (Vailland sempre pensou que Aragon, grande inimigo desde a ode zombeteira a Chiappe, opusera-se a ele). A droga é uma barreira intransponível: como confiar em um viciado, como ter certeza de que ele aguentaria calado?...

Assim, Roger Vailland busca, mas sem sucesso. Conhece René Tavernier, que lhe confia a resenha literária de *Confluences.* A seguir, como o grupo Prouvost prefere acabar em vez de passar ao controle de Vichy e como ele mesmo se vê sem recursos, decide mudar de vida.

Pede que sua mulher, Andrée, volte de Tânger, onde se refugiara no início da guerra. O casal se muda para Chavannes-sur-Reyssouze, um vilarejo de setecentos habitantes localizado a cerca de cem quilômetros de Lyon. Ali, os Vailland retomam os hábitos do pré-guerra: drogas e erotismo. Andrée fascina os habitantes porque fuma com tanta naturalidade quanto usa calças, ou nada, quando anda nua pela casa. Ela desconcerta (para dizer o mínimo) aqueles que conhecem seu caso com a esposa do médico, ou aquelas que tenta arrastar para o leito conjugal. Seduz os moradores que escutam a Rádio Londres ao lado dela e do marido. Em resumo, o casal Vailland não passa despercebido.

No final de 1942, Roger esconde sob seu teto um jovem registrado nas Juventudes comunistas: Jacques-Francis Rolland. Mais uma vez, pede-lhe que seja introduzido nos meios da Resistência. Rolland busca informações e retorna com uma nova negativa: as drogas, ainda as drogas. Vailland decide então se desintoxicar. Propõe a Andrée fazer o mesmo, mas ela se recusa. Ele parte sozinho. Durante o inverno de 1942, entra em uma clínica nos subúrbios de Lyon. Permanece seis semanas trancado em um cômodo vazio, chocando-se contra as paredes, chorando, gritando, mas se libertando aos poucos (e apenas temporariamente) da coca que o absorveu durante quinze anos.

Na saída, é quase um novo homem. Por coincidência, cruza com um agente do Bureau Central de Renseignements et d'Action (BCRA) gaullista, próximo de Jean Moulin, que o envia a Paris. Ele é encarregado de restabelecer contato com certas pessoas ligadas aos alemães ou aos colaboracionistas, velhos conhecidos com quem se relacionou antes da guerra graças ao trabalho de jornalista. Assim, entra para a Resistência pela porta da inteligência, com a patente de tenente. Ao contrário de Aragon, de Éluard e da maioria dos membros do Comitê Nacional dos Escritores, Vailland vai combater o ocupante com outras armas além da pena. Isso por uma simples razão: além de uma obra escrita em coautoria (*Un homme du peuple sous la Révolution*, publicada no jornal da Confederação Geral do Trabalho – CGT – em 1938), sua bibliografia não conta com mais nenhum título. Ele não é, portanto, um homem de letras. É um homem de ação. Um aventureiro, como gostava de dizer. Um patriota.

Em Paris, instala-se em Montmartre, em um hotel próximo do imóvel onde vivem Louis-Ferdinand Céline, Robert Champfleury e Simone, sua companheira. Traz consigo o jovem Rolland, que reúne seu grupo na casa de um amigo dos pais, que sabe e faz vista grossa: Marcel Aymé. Vailland age. Recruta mensageiros, agentes de ligação, busca esconderijos, interroga, obtém informações importantes sobre os movimentos das tropas alemãs, suas novas localizações, outros apontamentos de natureza econômica e militar. Conhece Daniel Cordier, vulgo Caracalla, ex-secretário de Jean Moulin. Caracalla lhe fornece os meios necessários para expandir a rede. Em alguns meses, estende-a a Toulouse, Bretanha, Jura. Vailland descobre a vida dos clandestinos privilegiados. Graças ao dinheiro recebido de Londres, almoça nos restaurantes do mercado negro, assume identidades diferentes, viaja, marca encontros no Sphinx, bordel parisiense onde tinha amizades no pré-guerra... Em suma, leva a vida de aventureiro que tanto lhe fazia falta – com um remorso, todavia: ele nunca pegará em armas ao lado dos sabotadores e dos *maquisards.*

Em 1944, a rede a que pertence – Vélites, rebatizada Thermopyles – sofre repressão alemã. Ele mesmo escapa de ser preso pela Gestapo em um café em Montmartre. Precisa sumir. Daniel Cordier, que por sua vez se prepara para deixar a França, encarrega-o de uma última missão: limpar seu esconderijo parisiense.

Ali, Roger Vailland encontra um livro que nunca leu: *Lucien Leuwen*, de Stendhal, em uma edição da Pléiade. Ele o apanha, o abre e o lê em uma só noite. É uma revelação. O estalo que vai produzir a centelha mágica: a da escrita.

Vailland deixa Paris, reencontra Andrée em sua casa no Ain. Decide começar seu primeiro romance e terminá-lo para a Libertação. Antes da guerra, havia se recusado a ir para Londres, considerando que não poderia se tornar escritor senão em um país: o seu. Será então em seu país que, dopado com láudano e outras substâncias obtidas graças à mulher do médico, Roger Vailland escreverá o romance de sua Resistência. *Jogo curioso* será lançado em 1945, obtendo o prêmio Interallié. Doze anos antes de *A lei*, prêmio Goncourt de 1957.

Três homens de letras

> Minha capacidade de odiar o inimigo é inexprimível e de uma violência espantosa.
>
> Jean Prévost

Roger Vailland não foi o único homem de letras que o exército das sombras transformou em homem de ação. Houve alguns outros – poucos, é verdade. A maioria era jovem, livre de laços familiares: é mais fácil arriscar a vida quando não se está amarrado a um lar, a filhos.

Em Lyon, nos bastidores do *Paris-Soir*, Françoise Giroud e Kléber Haedens buscavam e tateavam. Louis-Martin Chauffier havia se tornado redator-chefe do *Libération*, um dos mais importantes jornais clandestinos (ele será preso e deportado). Jean Prévost preparava-se para pegar em armas. Vailland e ele tinham pouco em comum além da prática da escrita. O jornalismo lhes trouxera uma facilidade de escrever que colocavam a serviço de causas diversas. Vailland ainda aprimorava seu estilo, ao passo que Prévost já havia escrito por volta de trinta livros (a obra *Les Frères Bouquinquant* por pouco não levara o prêmio Goncourt de 1930).

Discípulo de Alain [Émile-Auguste Chartie], homem de grande cultura, Jean Prévost abandonara a Escola Normal Superior antes de se tornar professor: o ensino não lhe agradava nem um pouco. Mergulhara a pena em inúmeros tinteiros, escrevendo artigos sobre todos os temas, elaborando os discursos de Édouard Herriot, quando este era ministro das Relações Exteriores, capaz de escrever uma biografia de Montaigne em uma noite.

Admirava Jean Jaurès e, na juventude, militara à esquerda, antes de se voltar para linhas mais moderadas. O que não o impedira de criticar o governo de Léon Blum por sua não intervenção na Espanha ou por não se posicionar com firmeza contra o Acordo de Munique. Raramente hesitava sobre a posição a tomar e também vacilava pouco ao expressar seus sentimentos. Adorava Antoine de Saint-Exupéry e o anunciava aos quatro ventos – ele fora seu padrinho na literatura, mandando publicar seu primeiro texto em 1926, em uma revista dirigida por Adrienne Monnier; depois, encontrando-se com ele nos Estados Unidos antes da eclosão da guerra, obrigando-o a concluir *Terra dos homens.*

Jean Prévost censurava a Aragon um percurso dos mais sinuosos amplificado por uma lastimável tendência de professar exigências morais que ele não aplicava no âmbito de sua própria vida. Tinha pouco respeito por Jean Giono. E nenhum por Louis-Ferdinand Céline, cujo antissemitismo rapidamente condenara. Devotava uma admiração exasperada por André Gide. E um profundo desprezo por Marcel Jouhandeau após a viagem deste a Weimar… Anunciava seus amigos e inimigos sem se preocupar com as inevitáveis consequências. Livre, rebelde, zombando de um decoro supérfluo, Jean Prévost sabia tanto se defender quanto atacar: manejava a espada e o sabre com talento e usava seus punhos de boxeador quantas vezes fossem necessárias (Ernest Hemingway sentiu-o na pele: durante uma luta amistosa, Prévost lhe quebrou um dedo).

Adorava mulheres. Entre muitas outras, Sylvia Bataille foi sua amante. Marcelle Auclair, jornalista no grupo Prouvost, futura cofundadora da *Marie Claire*, foi sua primeira esposa. O casal teve três filhos e se divorciou antes da guerra. Quando ele voltava a Paris para uma rápida visita clandestina, ela aceitava encontrá-lo em um quarto de hotel, onde redescobriam juntos o prazer de uma comunhão de bens ainda compartilhados.

Esse homem livre, corajoso, apaixonado pela vida, pelas artes e pela literatura, assumirá a direção do colegiado do maqui de Vercors, do qual era membro. À frente de sua companhia, Jean Prévost, vulgo capitão Goderville, resistiu três dias ao cerco das tropas alemãs. Foi abatido em 1º agosto de 1944, com quatro de seus companheiros.

Jean Desbordes sucumbiu às torturas infligidas pelos bandidos da Gestapo, que o haviam prendido em julho de 1944, em Paris. Desbordes fora amante de Cocteau, pigmalionado por este como Raymond Radiguet antes dele. Lançado pelas edições Grasset com tanto aparato quanto o do autor de *O diabo no corpo*, Desbordes publicou *J'adore* (1928), *Les Tragédiens* (1931), *O verdadeiro rosto do Marquês de Sade* (1939). Era tímido, arisco, tão viciado em ópio e cocaína quanto seu protetor, que o apresentou à imprensa fazendo-o passar por seu selvagenzinho das Vosges.

Com a eclosão da guerra, os dois homens tomaram caminhos radicalmente opostos. Enquanto um se exibia, aparecia, publicava, o outro se recusou a publicar e entrou para a Resistência. Tornou-se chefe de uma rede de espionagem que operava no canal da mancha. Preso, não falou.

Marc Bloch também teve um fim trágico. Conhecido nos Estados Unidos pela novidade de sua abordagem histórica (*Os reis taumaturgos* e *Les caractères originaux de l'histoire rurale française* inauguravam uma abordagem histórica que mesclava inúmeras disciplinas convergentes), concordou em partir para Nova York, onde lhe fora oferecido um cargo acadêmico. Só havia exigido levar seus oito filhos, o que Vichy recusou.

De início expulso da universidade, fora readmitido, menos pelo caráter excepcional de sua obra do que pelo respeito a seus títulos militares: veterano ferido no Marne, havia recebido a Cruz de Guerra e quatro citações na ordem do exército.

Em 1940, mobilizado a seu pedido, Marc Bloch participou da campanha da França. Extremamente crítico quanto ao comando, escreveu um livro magistral, *A estranha derrota*, no qual, como vimos, condenava a derrota das elites, responsáveis, segundo ele, pela debandada geral.

Ele deu aulas na Universidade de Montpellier até a invasão da Zona Sul. Refugiado não departamento de Creuse, tentou convencer Lucien Febvre de desistir da publicação da revista *Annales d'histoire économique et sociale*, que fundaram juntos. Febvre não aceitou. Mudou o título do periódico, suprimiu o nome de Bloch das colunas – mas aceitou os artigos de seu colega publicados sob pseudônimo.

Quando Vichy criou a União Geral dos Israelitas da França (UGIF), que deveria supostamente representar os judeus junto aos poderes públicos, Marc Bloch se insurgiu contra essa instituição que separava mais ainda os judeus do resto da população francesa. Considerava-se francês acima de tudo – e só depois judeu agnóstico:

> Sou judeu, se não pela religião, que não pratico, aliás como nenhuma outra, ao menos por nascimento. Não tiro disso nem motivo de orgulho nem de vergonha, sendo, espero, um historiador suficientemente bom para não ignorar que as predisposições raciais são um mito e que a própria noção de raça pura é um absurdo particularmente flagrante [...] e, enfim, que a França, de onde alguns hoje conspiram para me expulsar e talvez (quem sabe?) tenham sucesso, será sempre, aconteça o que acontecer, a pátria da qual não saberia arrancar meu coração.[1]

Aos 56 anos, Marc Bloch foi para Lyon e entrou no movimento de Jean-Pierre Lévy, Franc-Tireur. De início, confiaram a esse pai de família quase sexagenário missões de segunda ordem: mensagens, contatos... Para a proprietária (ele morava em Caluire), ele era o sr. Blanchard: um vovô de óculos. Para os camaradas, foi Arpajon, Chevreuse e Narbonne: um agente discretíssimo que coletava informações para o Dia D, organizava a futura insurreição, criava os comitês de libertação que na hora certa pegariam em armas contra o invasor. Em seu escritório em Villeurbanne, protegido pelo grupo de jovens resistentes de que havia se cercado, Marc Bloch enviava mensagens codificadas em um rádio transmissor. A partir de julho de 1943, dirigiu Franc-Tireur na região de Ródano-Alpes e representou o seu movimento no diretório regional dos Movimentos Unidos de Resistência.

Ele foi preso pela Milícia durante uma batida, antes de ser entregue à Gestapo. Brutalmente torturado, não falou nada. Em 5 de junho de 1944, na companhia de cerca de trinta prisioneiros, foi atirado dentro de um caminhão que deixou a prisão Montluc, parando em campo aberto, onde metralhadoras foram dispostas em bateria. Era o mais velho de todos os supliciados. Tentou tranquilizar os camaradas dizendo que seus pesadelos iam acabar bem depressa, sem dor.

Morreu gritando "Viva a França". Em *A estranha derrota*, havia escrito as seguintes palavras:

> Meus filhos tomarão meu lugar. Devo concluir com isso que minha vida se tornou mais preciosa que a deles? Seria muito melhor, ao contrário, que sua juventude fosse conservada à custa, se necessário fosse, de minha velhice. Há muito tempo Heródoto afirmou: a grande impiedade da guerra é que os pais têm de levar seus filhos ao túmulo. Estaríamos reclamando um retorno à lei da natureza?[2]

V

Esperanças

A MARCHA DOS PARTISANS

> Iremos até lá, onde o corvo não voa.
>
> ANNA MARLY

Desde a derrota dos alemães em Stalingrado (fevereiro de 1943), os aliados sabem o resultado da guerra. A vitória é só uma questão de tempo. Em maio, os alemães se renderam no Norte da África, e o general De Gaulle chegou a Argel. Dois meses depois, os aliados desembarcaram na Sicília. Mussolini foi preso e destituído. Em 8 de setembro, a Itália saía da guerra assinando o armistício.

Em Londres, durante o outono de 1943, um pequeno grupo de franceses se encontra em um clube de Saint James, onde tem o hábito de brindar à derrota de Vichy. Entre eles há escritores – alguns conhecidos, outros ainda não – que fornecem textos à *France Libre*, revista dos franceses exilados, dirigida por Raymond Aron (e com tiragem de quarenta mil exemplares).

Roman Kacew, na casa dos trinta anos, nascido em Vilnius, trocou a França pela Argélia em junho de 1940. Chegou à Inglaterra em um navio de carga e se alistou na Royal Air Force, antes de ingressar no grupo Lorraine como metralhador, depois navegador. Vai ser ferido em janeiro de 1944, condecorado com a Cruz da Libertação e com a Cruz de Guerra com Palmas, se tornar diplomata e escritor, mais conhecido por seu pseudônimo: Romain Gary.

Joseph Kessel é quinze anos mais velho. Já publicou grande número de romances, entre os quais *L'equipage*, *A bela da tarde* e *Les Captifs*, que ganhou o Grande Prêmio do Romance da Academia Francesa em 1926. Ao contrário de Romain Gary, Kessel se deslocou tardiamente para Londres. Respeitava o marechal Pétain, vencedor da Batalha de Verdun (ele mesmo participara dela como aviador). Ainda que judeu e conhecido por suas opiniões antinazistas, tinha alguma proximidade com Vichy.

Sua confiança acabou depressa, como a de muitos outros. Seus livros figuravam na Lista Otto. Foi proibido de fazer jornalismo. Seu retrato, como o de seu irmão, tinha destaque na exposição parisiense "O judeu e a França".

Emmanuel d'Astier de La Vigerie tentou recrutá-lo para a Libertação. Os dois homens se conheceram no pré-guerra em uma clínica para tratar o vício do ópio. A tentativa acabou em fiasco: encontraram-se mais tarde em outros lugares, sobretudo em Cannes durante a guerra, em torno de um cachimbo bem esfumaçado. Ali Kessel avaliou que a resistência que lhe era proposta não estaria em boas mãos se estas não renunciassem às drogas.

Mudou de vida para seguir André Girard, pintor, desenhista publicitário, cenógrafo de teatro e pai de uma moça que um dia se chamaria Danièle Delorme. Girard era ligado à rede Cartes, afiliada ao serviço de inteligência britânico. Germaine Sablon, a companheira de Kessel, havia entrado antes dele.

Eles piratearam pelas baías do Mediterrâneo, transportando armas, dinheiro, mensagens. Após a ocupação da Zona Sul, decidiram ir para Londres. Nobre, o colaboracionista Laval lhes ofereceu salvo-condutos. Mais nobre ainda, Kessel os recusou. Na véspera do Natal de 1942, usando documentos falsos e precedido por um coiote, ele cruzou a fronteira espanhola com a amante e seu sobrinho, Maurice Druon. Um mês depois, em um hidroavião, chegava à Inglaterra.

As Forças Francesas Livres recusaram seus serviços. Sua Legião de Honra e as medalhas adquiridas nos campos de batalha da Primeira Guerra Mundial não alteravam sua condição: era velho demais para pegar em armas. Escolheu então a que manejava melhor e pela qual se fizera conhecer: a pena. Escreveu artigos para a revista *France* e começou a redigir *O exército das sombras*.

Não se sabe ao certo onde Joseph Kessel e Maurice Druon conheceram Anna Marly. Talvez nesse clube de Saint

James onde, tantas vezes, assim como Romain Gary e os franceses que se encontravam na cidade, aplaudiram essa jovem trovadora que percorria a Inglaterra carregando seu violão.

Anna Marly, cujo nome verdadeiro era Anna Betulinskaya, fora bailarina do Ballets Russes e cantora de cabarés parisienses antes da guerra. Depois fora para a Inglaterra, onde se empregou como cantineira no quartel general das Forças Francesas Livres. Compunha músicas que cantava em seguida no teatro militar. Entre suas obras, havia uma de que gostava em especial, um lamento triste que improvisara em russo durante a Batalha de Smolensk. Ela assobiava a ária e tocava violão, fazendo acordes ritmados que imitavam os passos dos partisans soviéticos na neve:

> Nós iremos até lá, onde o corvo não voa
> E onde a besta não pode abrir passagem.
> Não haverá força nem pessoa
> Que nos faça recuar*

Tais eram os versos de "A marcha dos partisans", aplaudidos pelos franceses presentes certa noite abaixo do palco onde Anna Marly cantava. Não se sabe se Germaine Sablon, Joseph Kessel e Maurice Druon estavam na plateia. Porém, eles também os descobriram, assim como a ária assobiada que mexeu com os brios russos de Joseph Kessel. Acontece que alguns dias antes Emmanuel d'Astier de La Vigerie (ele estava em Londres na época) pedira ao amigo para compor uma canção, que ele levaria à França e que se tornaria o hino dos maquis.

Kessel, Druon e Germaine Sablon compuseram as notas da canção, depois se isolaram em um hotel nas proximidades. Sentados na grama, Joseph Kessel e seu sobrinho improvisaram versos que foram anotados, adaptados à ária de Anna Marly, tocados ao piano por Germaine Sablon

---

* Nous irons là-bas où le corbeau ne vole pas/ Et la bête ne peut se frayer un passage/ Aucune force ni personne/ Ne nous fera reculer.

e adotados como vinheta do programa “Honra e Pátria”, transmitido diariamente pela BBC.

Alguns dias mais tarde, Emmanuel d’Astier de La Vigerie levava “A canção dos partisans” para a França:

> Amigo, você ouve o voo dos corvos em nossa esplanada?
> Amigo, você ouve os gritos surdos da nação acorrentada?
> Ê, partisans, trabalhadores e camponeses, é o chamado!
> Esta noite o inimigo pagará as lágrimas e o sangue derramado.
> Subam da mina, desçam as colinas, camaradas,
> Saquem os fuzis, as metralhadoras, as granadas;
> Ê, contra os assassinos, a bala ou a faca precipitem!
> Ê, sabotador, cuidado com a carga: é dinamite…*

---

* Ami, entends-tu le vol noir des corbeaux sur nos plaines?/ Ami, entends-tu les cris sourds du pays qu’on enchaîne?/ Ohé partisans, ouvriers et paysans, c’est l’alarme!/ Ce soir l’ennemi connaîtra le prix du sang et des larmes./ Montez de la mine, descendez des collines, camarades,/ Sortez de la paille les fusils, la mitraille, les grenades;/ Ohé les tueurs, à la balle et au couteau, tuez vite!/ Ohé saboteur, attention à ton fardeau: dynamite…

Capitão Alexandre

...Nós romperemos as grades, tiraremos os irmãos da prisão,
O ódio nos persegue, e a fome nos impele, a privação.
Em alguns países na cama as pessoas sonham.
Aqui, nós marchamos e matamos, nós morremos...

Aqui cada um sabe o que quer, e o que fazer quando ele passar,
Amigo, se você cair, outro amigo sai da sombra e ocupa seu lugar.
Amanhã durante o dia, pelas ruas, o sangue escuro secará
*Cantemos, companheiros, que à noite a liberdade nos ouvirá...**

Nas colinas de Apt, por volta de vinte homens assobiam essa canção, cujos milhares de cópias os aliados lançaram de paraquedas sobre a Europa ocupada. Esperam no meio da noite. Subiram o terreno ao cair de tarde do dia anterior, depois de captar a mensagem da Rádio Londres confirmando a hora do lançamento de paraquedas. Mais abaixo, na Route Nationale 100, uma patrulha escondida na grama vigia a estrada, pronta para intervir caso apareçam alemães ou milicianos.

---

* ...C'est nous qui brisons les barreaux des prisons, pour nos frères,/ La haine à nos trousses, et la faim qui nous pousse, la misère/ Il y a des pays où les gens au creux des lits font des rêves./ Ici, nous, vois-tu, nous on marche et nous on tue, nous on crève...// Ici chacun sait ce qu'il veut, ce qu'il fait quand il passe,/ Ami, si tu tombes, un ami sort de l'ombre à ta place./ Demain du sang noir séchera au grand soleil sur les routes /Chantez, compagnons, dans la nuit la liberté nous écoute...

Os caminhões com carreta chegaram ao anoitecer. Assim como o equipamento de rádio, as lanternas e as tochas. O terreno em si foi descoberto há muito tempo, capinado, limpo, preparado para a operação: era a principal tarefa da Section Atterrissage Parachutage [Seção de Pouso de Paraquedas] dirigida no Sudoeste da França pelo capitão Alexandre.

O oficial está presente no terreno. Distingue-se pela alta e larga estatura. Ex-jogador de rúgbi, mede mais de um metro e oitenta. Aos 35 anos, comanda sem dificuldade um pequeno grupo de voluntários, muito jovens. Eles adoram o líder. A maioria fugiu para os maquis para escapar do Serviço de Trabalho Obrigatório (STO). Os demais formam a guarda do capitão Alexandre: os moradores nativos de sua região – L'Isle-sur-la-Sorgue, Céreste, Roussillon, Bonnieux… Seguem-no desde os primeiros meses de 1942. Muito antes da guerra, conheciam-no por seu verdadeiro nome, que é também o usado no ofício de escritor. No registro civil, o capitão Alexandre, filho do ex-prefeito de L'Isle-sur-la--Sorgue, é um poeta. Seu nome é René Char.

Se participou de todos os embates surrealistas quinze anos antes, se foi amigo de Éluard e Aragon, se conversou como tantos outros no Café Cyrano da Place Blanche, é simplório dizer que René Char virou as costas para seus antigos camaradas. Ele mudou de direção com a morte do amigo René Crevel. Considerando que Aragon contribuíra para a tragédia, rompeu com ele; desde então, não para de criticá-lo pela mediocridade de sua poesia e pela postura volúvel que mantém desde o Congresso de Kharkov. Ao ler algumas de suas linhas em uma revista clandestina, escreve a um editor que deseja publicar Aragon em uma futura antologia:

> Surpreende-me, sim, a presença nessa jovem barca dessa lesma mimética Aragon [...] Este embrutece e envilece tudo o que toca. É um crápula sem origina-

> lidade, ardiloso e obsceno, de um malabarismo que engana se lamentando. Esse molusco voando no céu de enxofre da poesia é um disparate.[1]

Assim como Jean Guéhenno, André Chamson e Roger Martin du Gard, o capitão Alexandre adotou uma linha de conduta que não transgredirá durante toda a guerra: ele não publica. Nada. Nem nos jornais clandestinos nem na imprensa oficial, muito menos nos periódicos nauseabundos que se vangloriam de nomes que se tornaram vergonhosos por chancelarem a colaboração e o nazismo.

No começo de 1943, em Manosque, um resistente próximo a René Char deixou um pacote de explosivo plástico na frente da porta de Jean Giono. O objetivo: mandar sua casa aos ares. A primeira razão, com a qual evidentemente René Char concordava: as teses defendidas pelo escritor em Contadour são muito próximas às da Revolução nacional vichysta; segunda razão: embora Giono aprove os desertores do STO, nunca os encoraja a se juntar às fileiras da Resistência; terceira, pior do que uma gota d'água que faz transbordar um copo já cheio: os companheiros de René Char não perdoam Giono por escrever para a *NRF* de Drieu La Rochelle e para *La Gerbe* de Alphonse de Châteaubriant. Por fim, permitindo a encenação de suas peças em Paris, convivendo com os alemães, posando em casa para os fotógrafos do jornal boche *Signal*, Giono escolheu seu lado.

Mais tarde, quando lerem o *Journal des années noires* (1947) de Jean Guéhenno, provavelmente René Char e seus camaradas assinarão embaixo destas linhas, escritas em março 1942 por um homem que, no passado, fora um grande amigo de Giono:

> A derrota da França é o triunfo dele, Giono. Não venha Pétain roubar-lhe isso. Eu bem o avisei, resume. "O retorno à terra" e "à juventude" e "ao Artesanato". Quem havia anunciado tudo isso senão eu, eu, Giono. E por

> se lastimar, sem se lastimar, se lastimando, Pétain, o ingrato, ainda não fez dele o principal agente, quando não o ministro de sua propaganda. E é verdade que ninguém louvaria melhor do que ele as bobagens, as covardias e as mentiras dessa época.[2]

Ao contrário de Jean Prévost, o capitão Alexandre, cria do departamento de Vaucluse, não estudou. Ao contrário de Roger Vailland, publicou cedo: tinha 22 anos quando seu primeiro livro de poesia – *Arsenal* – foi publicado. Ao contrário dos dois, recusou-se a seguir carreira no jornalismo, chegando até a criticar o amigo Paul Éluard, quando este entregou alguns artigos para a imprensa. Porém, como o primeiro, é um grande atleta; frequentou os bordéis tanto quanto o segundo; compartilhou Nusch e muitas experiências de ménage com o terceiro, que foi testemunha em seu casamento com Georgette. Como Jean Prévost, não mede palavras e não receia os acertos de contas. Foi um dos primeiros a agir na confusão dos surrealistas no Maldoror em 1930.* Surrou Benjamin Péret por causa de maledicências comprovadas. Quando considerou que o surrealismo não passava de oratórios, complôs, violências gratuitas e academismo nascente, rompeu com o movimento e deixou claro publicamente. Nessa ocasião, rompeu com Éluard, uma desavença definitiva que durou apenas alguns meses.

Ele deixou Paris para voltar à sua terra natal e sucedeu o pai na fábrica de gesso fundada pelo avô.

Foi mobilizado em setembro de 1939, enviado à Alsácia, onde recuou precipitadamente junto com todo exército francês. Avaliou no frenesi a insuficiência das armas, a incúria da aviação, "os patifes" que levaram o país ao nível rudimentar da Linha Maginot. Artilheiro que se tornou sargento da cavalaria,recebeu a Cruz de Guerra por atos de bravura. Desmobilizado, voltou para L'Isle-sur-la-Sorgue, sua mulher e sua amante – Greta Knutson, pintora e ex-esposa de Tristan Tzara (que estava escondido no Lot).

---

* Ver *Paris boêmia*, op. cit.

Durante toda a guerra, demonstrou uma intransigência total e definitiva em relação ao ocupante e a seus cúmplices. Distante das mundanidades e frivolidades parisienses, decidiu desde o primeiro dia que não compactuaria de modo algum com aqueles que subjugaram seu país e a Europa. Certo dia, em um trem com destino a Marselha, uma moça sentada à sua frente abriu a bolsa e deixou cair uma moeda. René Char a apanhou e a devolveu. Como agradecimento, a passageira lhe ofereceu um cigarro. O poeta aceitou. Entretanto, quando viu a moça ofertar outro a um soldado alemão que dividia o compartimento, devolveu o cigarro, virou o rosto e se recusou a lhe dirigir a palavra.

René Char não era comunista e até reprovava alguns amigos por terem caído nessa tentação. Ainda assim, foi procurado pela polícia como comunista e, por conta disso, deixou L'Isle-sur-la-Sorgue. Na primavera de 1941, refugiou-se em Céreste, um pequeno vilarejo nos Alpes Baixos, nas colinas de Apt. Sua esposa, Georgette, o acompanhou. Como já haviam estado ali em 1936, conheciam todos os habitantes. Estes formaram a primeira guarda pessoal do poeta combatente.

De ônibus ou bicicleta, Char percorreu os vilarejos na redondeza, foi até Forcalquier, Manosque, Digne, Marselha, o planalto de Albion. Tecia os primeiros fios de sua futura rede. Aproximou-se dos Movimentos Unidos de Resistência e tornou-se um soldado do Exército Secreto, líder do setor sul do rio Durance. Quando a lei promulgando o Serviço de Trabalho Obrigatório impulsionou os jovens franceses nascidos entre 1920 e 1922 a se juntar aos maquis, ele mandou abrir as portas das casas aliadas de Céreste e arredores. Assim nasceu um embrião de maquis que ele organizou, desenvolveu, alimentou e armou. Logo todo vilarejo se tornou como uma teia de aranha, da qual o capitão Alexandre ocupava o centro. Ele organizava as requisições, retomando víveres e tabaco. Quando faltou dinheiro, vendeu um terreno que pertencera a seu pai. Armado com duas Colt, entrava nos cafés onde os alemães espalhavam armadilhas. Quando prenderam um dos seus, correu com três homens, organizou uma emboscada, atacou o comboio e libertou o camarada. Mais tarde, seu amigo B. foi capturado por uma patrulha da SS. Alexandre estava escondido na grama alta, a apenas alguns metros, com o dedo no gatilho da metralhadora. Seus homens e ele não intervieram: a repressão se abateu sobre Céreste. Um disparo matou B.

> Caiu como se não distinguisse seus carrascos e de modo tão leve, pareceu-me, que o menor sopro de vento poderia levantá-lo do chão.[3]

No outono de 1943, o capitão Alexandre conheceu um enviado de Londres mandado à Provença para organizar a Section Atterrissage Parachutage, no Sudeste da França. Ele escolheu René Char como auxiliar. Missão: identificar e preparar terrenos propícios a receber contêineres carregados de armas, que seriam usadas antes, durante e depois do Dia D para retardar as tropas alemãs que se dirigiam para a Normandia.

Assim, deitado junto com a tropa em uma noite de lua cheia, o capitão Alexandre espera que o rádio o informe sobre as chamadas do avião que se aproxima. Desfrutando de alguns minutos de descanso, retira da mochila o caderno em que toma notas, versos, contatos, informações. Registra:

> Estou convencido, após dois testes conclusivos, de que o ladrão que se infiltrou entre nós sem sabermos não tem recuperação. Cafetão (ele se gaba disso), de uma maldade de verme, medroso diante do inimigo, debatendo-se no relatório do horror como um porco na lama; nada a esperar, a não ser os mais graves aborrecimentos por parte desse bandido. Capaz além disso de introduzir um fluido nocivo aqui.
> Vou me encarregar da coisa pessoalmente.[4]

Pois, enquanto em Paris Jean Marais acerta contas com um crítico de *Je suis partout*, nos maquis do Sul René Char elimina os traidores. Toma para si esse papel de carrasco, que lhe causa repulsa e revolta, para que na consciência dos mais jovens não pesem vestígios ruins. É o mais velho de todos. As dolorosas responsabilidades são incumbências dele.

São por volta de quinze ao seu redor. Marcelle está presente, sua amante secreta dos tempos de guerra. Todos pensam no piloto do Vickers Wellington, que trocou o mapa, a régua e o transferidor dos postos de observação pela visão noturna dos vilarejos atravessados e, talvez, pelos disparos da defesa antiaérea enquadrando a aeronave. Todos se lembram da última vez, tragédia inesquecível: o bombardeiro britânico caiu nos contrafortes do planalto, corpos negros foram enterrados com honras militares, carcaças de metal desmontadas e transferidas para outro lugar. Por sorte, por milagre, os alemães nada viram do incêndio.

O capitão Alexandre colocou três homens paralelamente à direção do vento e lhes deu tochas apagadas. Um farol de automóvel foi ligado a uma bateria, à esquerda de um dos voluntários. Esperam o sinal do operador de rádio. Quando este levanta o braço, indicando que o piloto britânico fez contato, Alexandre estala os dedos. Na hora, os homens acendem as tochas. Três chamas vermelhas brilham de repente no céu claro. Mais um minuto, e o rugido de um motor quebra o silêncio da noite. Em seguida, o avião aparece. Passa uma primeira vez acima do chão. O farol ligado à bateria envia o sinal de reconhecimento. A aeronave dobra, desce a trezentos metros e logo se encontra acima do terreno, aproximando-se da base do triângulo formado pelas luzes. Os compartimentos são abertos, surgem os primeiros paraquedas. As equipes correm para contêineres que caem do céu, grandes tonéis de metal que pesam, cada, 150 quilos. Os homens os apanham pelas alças de placas soldadas, os retiram da terra onde afundaram e os arrastam para os caminhões, que esperam.

Quando a aurora desponta, o capitão Alexandre dá à pequena tropa ordens de partir e distribuir as armas nos esconderijos preparados. Ele senta no banco da frente do primeiro caminhão, retira o caderno do bolso e anota:

> Devemos superar nossa raiva e nosso desgosto, devemos expressá-los, a fim de elevar e ampliar nossa ação como uma moral.[5]

Coronel Berger

> Ser estoico é se manter imóvel, com os lindos olhos de Narciso. Tínhamos avaliado toda dor que eventualmente o carrasco podia retirar de cada milímetro de nosso corpo; em seguida, com o coração na boca, prosseguimos e encaramos.
>
> René Char

René Char pegou em armas nos primeiros dias da guerra. André Malraux decidiu-se três meses antes do Dia D.

Em novembro de 1942, quando os alemães invadiram a Zona Sul, André fez um movimento que o conduziu, junto com a família, ao Périgord: era melhor para o escritor combatente na Guerra Civil Espanhola fugir dos soldados e dos aviadores que havia metralhado de dentro dos Potez de sua esquadrilha.

Assim, juntou-se ao amigo Emmanuel Berl e sua esposa Mireille nos confins da Dordonha. Ele sabe, claro, que Berl escreveu ou reescreveu os dois discursos pronunciados em 23 e 25 de junho de 1940 pelo marechal Pétain. Frases históricas e memoráveis que sempre criarão polêmica em torno desse escritor e jornalista judeu, pacifista, de esquerda, que estranhamente mudou de lado alguns meses antes da assinatura do Acordo de Munique:

> Vocês sofreram, sofrerão ainda. Suas vidas serão duras [...] Não serei eu a enganá-los com palavras capciosas. Odeio as mentiras que lhes fizeram tanto mal. A terra não mente. Ela continua a salvação… Nossa derrota é fruto de nosso relaxamento. O espírito de alegria destruiu o que o espírito de sacrifício construiu.

Berl e Malraux se veem quatro horas por dia, tempo suficiente para colocar os consensos e as divergências sobre a mesa. Ambos eram amigos íntimos de Drieu la Rochelle, que Berl teimava em acreditar que não era antissemita antes da guerra. Os dez anos de diferença de idade talvez expliquem a desavença fundamental acerca da Guerra Civil Espanhola. Como tantos outros, Berl saiu da Primeira Guerra Mundial como pacifista convicto. Apoiou a política de não intervenção na Espanha: por que a França deveria sacrificar vidas por uma causa que não era sua? O mesmo valia para o Acordo de Munique, que ele aprovou com mais entusiasmo do que havia criticado a severidade do Tratado de Versalhes, porque, sobretudo, acreditava que a França não venceria a Alemanha.

"A política permaneceu para mim uma região maldita", confessou.[1]

Sem dúvida. Desde 1939, depois de mudar para uma direita suspeita, Berl escrevia no *Pavé de Paris* – um jornal que era apenas seu, no qual redigia e assumia cada artigo (era o único redator) – as seguintes linhas:

> A Alemanha sofreu e está trabalhando. A França desfrutou [...] Assim que a França voltar a ser francesa, recobrará em pouco tempo a amizade da Espanha, da Itália, o respeito da Alemanha [...] Para salvar a França, basta ser um bom francês.[2]

Pior ainda:

> Pouquíssimos milionários entre as vítimas das guerras do século XIX. Nenhum Rothschild da Áustria morreu em 1866. Nenhum Rothschild francês morreu em 1870. Nenhum Rothschild inglês, até onde eu saiba, morreu na guerra de 1914.[3]

O que era isso senão antissemitismo secundário e pétainismo primário? Por que Berl ficaria surpreso quando, um ano depois, o governo do marechal recorreu a seus serviços para reescrever os discursos daquele que entregou o país de modo vergonhoso?

Convocado a Bordeaux em 17 de junho de 1940, ele compareceu. Reservaram-lhe um quarto de hotel, colocaram uma pilha de textos em cima da mesa, e ele os corrigiu ou reescreveu. Depois, seguindo o governo, chegou a Clermont-Ferrand e, por fim, a Vichy. No final de julho, compreendeu: e fugiu. Foi para Cannes, onde muitos judeus encontraram refúgio.

Já em Cannes, encontrou-se muitas vezes com Malraux (em 1929, havia lhe dedicado a obra *Mort de la pensée bourgeoise*). Ele cometeu o erro de se recensear como judeu e de incentivar Mireille a fazer o mesmo. Provavelmente continuasse acreditando, como havia expressado antes da guerra, que o antissemitismo era uma realidade com a qual era preciso conviver, assim como os belgas deviam aceitar as provocações dos franceses, ou as pessoas do Norte, aquelas das do Sul. Talvez também contasse com a proteção dos escritores de *Je suis partout*, que, em 1940, consideravam--no um bom judeu, um judeu bem-nascido, para retomar a terminologia de Maurras.

Porém, o tempo das ilusões ficou para trás. Ameaçados pelas medidas discriminatórias, sem poder fugir para a Suíça como desejariam, Berl e Mireille foram para Corrèze esconder-se perto do castelo de Saint-Chamant, onde a família Malraux encontrou refúgio. Eles tiveram tempo de meditar sobre estas palavras ditas pelo próprio Berl: "Pergunto-me se, no domínio da política, não é melhor concordar com os amigos do que com a verdade".

Enquanto André discorre sem parar com Berl, Josette prepara o enxoval do futuro herdeiro. Ela está nas nuvens: não só porque está grávida de novo, como também porque mantém seu grande homem apenas para si, longe das ligações de Clara, que, como todos, não sabe onde ele se encontra. Roland Malraux e sua jovem esposa (professora de piano no conservatório de Toulouse), também grávida, estão entre os raros a dividir a mesa com a família.

No momento em que Vincent nasce, em novembro de 1943, Malraux conhece Poirier, vulgo capitão Jack, agente da Special Operations Executive (a SOE britânica, que enviava agentes à Europa ocupada a fim de apoiar os movimentos de resistência), rede Buckmaster (nome do coronel responsável pela divisão francesa). O capitão Jack conhece o meio-irmão do escritor, Roland, membro de longa data da Special Operations Executive. Ele esbarrou com André pela primeira vez em Brive, em um restaurante. Malraux estava com seu filho Bimbo. Josette, bela e pálida, segurava o bebê no colo. Naquela oportunidade, não conversaram a respeito de nada decisivo.

As coisas começam a se tornar sérias em março de 1944, quando os dois meios-irmãos de Malraux, Claude e Roland, foram presos em Brive pela Gestapo. Essa dupla tragédia (eles não sobreviverão) levou o escritor para o caminho da guerra. Ele trocou o castelo de Saint-Chamant pelo de Castlenaud, entrou para a resistência e começou a percorrer as estradas íngremes do Périgord negro em busca dos maquis escondidos. Autoproclamou-se coronel e atribuiu-se o nome de *Berger*, o mesmo do herói de *Les Noyers de l'Altenburg*. Entre outros chefes de guerra que pegaram em armas havia muito tempo, encontrou outra vez o capitão Jack.

André o colocou em um trem para Paris: o Conselho Nacional da Resistência o prepararia, disse, e forneceria armas, prometeu.

No vagão, como sempre, Malraux foi o único a falar e, como sempre, o capitão Jack o ouviu boquiaberto, sem entender muito bem o que lhe era contado, salvo que era fecundo, diversificado, inteligente e inédito.

Em Paris, o rapaz foi levado até uma casa no 5º arrondissement. Passou ali a primeira noite, vigiado por obras de Braque e Fautrier. O anfitrião avisara: "Há uma abertura no teto. Se baterem, suma".

O anfitrião era Jean Paulhan.

No dia seguinte, o capitão Jack foi levado até as docas do Sena, onde Malraux tinha um encontro com um escritor cujas obras, que apreciava, havia recomendado à Gallimard com ênfase: Albert Camus. Ele seguiu os dois homens de letras a uma distância respeitosa antes de ir para outra direção, para a casa de Lescure e depois a de Gide, cujo apartamento estava vazio.

Na mesma hora, Josette, chamada por seu grande homem, saltava na plataforma da Gare de Lyon. Seu filho Gauthier estava com ela. A primeira visão que teve de Paris foi terrível: Roland Malraux, escoltado por dois soldados alemães, andando ao longo da rua. Ela apertou com força a mão do filho para que não chamasse pelo tio (e pai oficial) e caminhou, rígida e tensa, mas sem pestanejar.[4]

Michel Gallimard, em sua casa, ofereceu-lhe uma bebida. Malraux lhe telefonou. Encontraram-se mais tarde, na estação de metrô Censier-Daubenton. Ele usava um casaco grande, um chapéu enterrado até a altura dos olhos, uma echarpe branca e trazia um buquê de tulipas, que ela recebeu emocionada.

Foram a um bistrô. Ela lhe disse que ligara para Drieu la Rochelle, que a receberia em breve, e que conseguira uma identidade falsa a muito custo.

– Qual nome?

– Josette Malraux.

Isso lhe rendeu uma forte reprimenda.

Cada um partiu para um lado, a boca fechada em um silêncio raivoso.

Fizeram as pazes na mesma noite, no restaurante Prunier. No dia seguinte, ela foi ao cabeleireiro enquanto ele entrava em uma joalheria na Rue de la Paix para comprar um anel de quase-noivado, que lhe ofereceu no La Tour d'Argent. A marca de dez anos juntos merecia uma comemoração.

Ela foi ver Drieu. Conversaram sobre a guerra, que ambos agora sabiam que estava perdida para os alemães.

Mais tarde, encontrou André no Jardim das Tulherias despojado de estátuas, fundidas pelos alemães. Um homem de olhos claros empurrava o carrinho de bebê no qual Bimbo dormia. Ela não conhecia Albert Camus, e o achou bonito.

– Vamos voltar para Corrèze – ordenou Malraux.
Eles viajaram separadamente.

No trem, o coronel Berger informou ao capitão Jack que as autoridades aliadas o incumbiram de unificar os movimentos de resistência dos departamentos de Corrèze, Dordonha e Lot.

Na verdade, ninguém, nem em Paris, nem em Londres, nem em lugar nenhum, encarregara André Malraux de semelhante missão.

De volta ao Périgord, ajudou a recolher um major paraquedista inglês com seu rádio. Eles formaram a base de retaguarda do estado-maior interaliado de que o coronel Berger se tornou chefe. Sem que ninguém, nem em Paris, nem Londres, nem em lugar nenhum, o tivesse nomeado à frente de um órgão desconhecido por todos os batalhões. Quando, três meses depois, o comando das Forças Francesas do Interior aceitar validar títulos originalmente usurpados, será com muita relutância, de tanto que a reputação de André Malraux, combatente comunista na Guerra Civil Espanhola, desagradava parte do comando.

Pouco após seu retorno, ao ouvir falar do coronel Berger, um professor resistente originário da Alsácia veio procurá-lo no castelo de Urval, onde havia estabelecido seu quartel. Foi introduzido por uma sentinela, que o levou até uma sala onde, de perneiras, fardado e com um revólver no coldre, André Malraux o recebeu. Ele fumava cigarros ingleses, o que corroborava o boato: o chefe do estado-maior interaliado sem dúvida tinha relações com Londres.

– Preciso de armas – disse o resistente.

– Para quantos homens?

– Uns cinquenta.

– Vou conseguir o que precisa... Você é de onde?

– Alsácia-Lorena.

– É também minha região.

Malraux havia passado um mês lá, 25 anos antes, como hussardo acantonado em uma caserna em Estrasburgo. Por acaso, o livro *Les Noyers de l'Altenburg*, publicado na Suíça em 1943, começava relatando a morte de seu avô na Alsácia.

– Abandonamos nosso país no começo da guerra – continuou o professor resistente – e queremos libertá-lo com mãos armadas.

– Eu vou conduzi-los a isso.

Em julho de 1944, o carro de Malraux – um Citroën exibindo o estandarte tricolor e as insígnias da França Livre – foi parado em uma barreira. Os alemães atiraram. Malraux saiu ileso; os outros passageiros ficaram feridos. De acordo com o autor de *Antimemórias*, ele foi levado diante do general que comandava a 2ª divisão do exército alemão e, na mesma hora, reconhecido.[5] Foi encarcerado na prisão Saint-Michel de Toulouse e solto posteriormente, em 19 de agosto. Um primeiro rumor pretendia que seus companheiros teriam conseguido a libertação do escritor ameaçando executar cinquenta prisioneiros alemães; um segundo dava a entender que o maquis de Corrèze teria comprado sua soltura. Seja como for, graças à intervenção de André Chamson, que se unira a De Lattre, Malraux obteve os caminhões necessários para transportar a pequena tropa. Em dois meses, após ter se autopromovido coronel, chefe de um estado-maior interaliado que imperava sobre Corrèze, Dordonha e Lot, chefe da brigada de Alsácia-Lorena, ele reunirá sob suas ordens cerca de dois mil homens que se baterão heroicamente nas Vosges antes de participar da defesa de Estrasburgo.

Assim, resistente tardio, mas chefe de guerra carismático, André Malraux dentro em pouco subirá no palco da Libertação, adornado com as três cores dos heróis da nação.

O Boulevard do Crime

Dois mais dois quatro
Quatro mais quatro oito
Oito mais oito dezesseis...

JACQUES PRÉVERT

Jacques Prévert e Marcel Carné caminham pelas ruas de Nice. Vestido com o impermeável e o chapéu lendários, o roteirista relata ao diretor os atritos e os aborrecimentos que aconteceram com seu irmão, Pierrot, no set de seu último filme, *Adieu Léonard*, cujo script ele próprio escreveu. A tensão entre Charles Trenet e Pierre era tanta que a produção precisou chamar um oficial de justiça para interferir nos conflitos. Os outros atores (Carette, Pierre Brasseur, Mouloudji e todos os camaradas do Grupo Outubro) presenciaram, em silêncio, as discussões.

Jacques fala sem alegria. Está triste. Claudy, 22 anos, está prestes a trocá-lo por um rapaz de sua idade. Seria essa a razão de sua falta de inspiração? Ele não sabe o que escrever. Compôs alguns poemas, porém, salvo Léon-Pierre Quint, das Éditions du Sagittaire, ninguém quer saber dele. Jean Paulhan, que por um pedido de Henri Michaux o leu, odeia sua poesia. É conhecido no mundo do cinema, não no das letras.

Carné e ele buscam um tema de filme que atingisse o mesmo sucesso de *Os visitantes da noite*. Em vão.

Ao longe, avistam uma esguia silhueta que Prévert reconhece de imediato: Jean-Louis Barrault. Ele veio acompanhar Madeleine Renaud, que grava *Lumière d'été*, de Jean Grémillon, nos Studios de la Victorine. Foi Prévert que escreveu os diálogos do filme, cujos cenários, criados por Max Douy, foram desenhados por Trauner. Sempre a família: Grémillon, cineasta engajado, filmou a luta de classes que pôs em confronto o povo e a burguesia (Paul Morand, presidente da Comissão de Censura Cinematográfica, não embarcou, negando o carimbo de aceite, depois pediu demissão por não conseguir a interdição do filme).

Jean-Louis Barrault só teve tempo para uma escapadela a fim de ver Madeleine. Antes da guerra, os dois amantes (ainda não eram casados) gostavam de tomar banho de mar pelados nas baías do Mediterrâneo. Rodavam em um trailer preso à traseira de um grande Ford conversível. Os tempos mudaram: agora resta o trem, com o *ausweis* obrigatório.

Madeleine não é bem-vista na imprensa clandestina. Junto com as gravações do filme de Grémillon, ela atua em *La Reine morte*, na Comédie-Française. Ora, não apenas o autor da peça – Montherlant – é muito apreciado pelos alemães, como também, agravante, seu *Solstice d'été* (publicado em 1941) fez o fiel da balança ideológica do autor pender para o lado do ocupante. Enfim, a peça, que narra as desventuras de uma princesa sacrificada por razão de Estado, não goza de boa reputação entre a resistência: em cartaz há um ano, alcançou grande sucesso e foi aplaudida tanto por Vichy quanto pelos nazistas.

Jean-Louis Barrault, sócio da Comédie-Française desde 1943, atua na mesma peça. Ele também ficou marcado pela imprensa das sombras por ter, durante o verão de 1941, montado *As suplicantes*, de Ésquilo, no estádio Roland Garros. Tratava-se de um espetáculo grandioso celebrando o corpo conforme os arquétipos nazistas tão bem encarnados pelos filmes da cineasta Leni Riefenstahl. Charles Munch regeu a orquestra da Sociedade de Concertos do Conservatório. A Secretaria Geral de Educação Nacional patrocinava o evento.

De resto, que mais podiam reprovar ao ator? Ter vivido bem, ter se apresentado muitas vezes para públicos suspeitos, como alguns outros. Enfim, depois de quatro anos de guerra e de Ocupação, nada diferente do que muitos artistas fizeram. Talvez Jean-Louis Barrault fosse tão pacifista e resistente à guerra quanto seu amigo Jacques Prévert, que, por essa razão ideológica, não se arriscou muito além de um transporte de documentos comprometedores ou da proteção generosa de amigos perseguidos e proibidos de trabalhar.

Em Nice, Jean-Louis Barrault conta ao velho amigo do Grupo Outubro que em 1941 quase assumiu a direção do Théâtre de l'Athénée, mas que os diretores dos teatros parisienses, liderados por Sacha Guitry, armaram um verdadeiro complô contra ele. Assim permaneceu na Comédie-Française, onde trabalha em um projeto colossal: *O sapato de cetim*, de Paul Claudel.

De projeto em projeto, Prévert confidencia ao amigo que Carné e ele estão atravessando um momento de pouca inspiração. Buscam um tema que, assim como *Os visitantes da noite*, ocorra em uma época longínqua, condição obrigatória para ter chance de passar pelas malhas da censura.

– Século XIX? – pergunta Jean-Louis Barrault.

– Por exemplo…

– Época de Luís Filipe?

– Por que não?

– Vou lhes contar uma história…

E Jean-Louis Barrault descreve a Prévert e Carné o Boulevard du Temple, apelidado em 1830 de Boulevard du Crime (por conta dos inúmeros crimes encenados todas as noites nos teatros que ficavam nessa via): as personagens de Lacenaire, do mímico Deburau, o ator Lemaître, as histórias tumultuadas, os teatros, a gentalha de Paris…

É paixão à primeira vista. De volta a Tourette-sur-Loup, onde vive então, Jacques Prévert começa a trabalhar sem demora. Marcel Carné vai a Paris para convencer André Paulvé de participar da aventura. Percorre as bibliotecas em busca dos livros e artigos escritos sobre o Boulevard du Crime. Quando reencontra Prévert, algumas semanas mais tarde, o roteiro está parcialmente escrito. O filme contará a história de uma moça livre, Garance, dividida entre dois homens, o mímico Baptiste Deburau e um jovem ator, Frédérick Lemaître. Será longo: mais de três horas de duração. Será chamado de *Les Enfants du paradis**, sendo o *paraíso* os

* *As crianças do paraíso*. No Brasil, o filme saiu como *O Boulevard do Crime*. (N.T.)

lugares mais baratos que os teatros disponibilizavam no alto das arquibancadas e dos camarotes. Será, e é isso que Marcel Carné compreende na hora, a grande obra da Libertação.

A primeiríssima filmagem ocorreu em agosto de 1943, nos Studios de la Victorine. Assim como em *Os visitantes da noite*, Alexandre Trauner foi guiado por um cenógrafo "oficial", Léon Barsacq, que reproduziu o cenário do Boulevard du Crime de acordo com suas maquetes. Já Joseph Kosma, auxiliado por Maurice Thiriet e dirigido por Charles Munch, assinou com um pseudônimo: Georges Mouqué. Dois mil figurantes foram contratados junto com os atores principais: Arletty (Garance, vestindo Lanvin), Jean-Louis Barrault (Baptiste Deburau), Pierre Brasseur (Frédérick Lemaître), Robert Le Vigan (Jéricho), Maria Casares em seu primeiro papel no cinema (Nathalie)...

Um mês depois da capitulação italiana, a filmagem precisou ser interrompida. Alfred Greven dificultou as coisas, impedindo a continuação, furioso pela preeminência que a produtora Pathé-Cinéma tinha sobre a Continental. Não pôde impedir, no entanto, que Marcel Carné voltasse para trás das câmeras no final do ano. Jean-Louis Barrault cancelou nove apresentações de *O sapato de cetim* para ir a Nice. Robert Le Vigan, em fuga devido à derrota iminente, foi substituído por Pierre Renoir. O filme foi concluído às vésperas do Dia D. Como Marcel Carné desejava, seria o primeiro filme da paz reconquistada. Em 1947, receberia o Oscar de Melhor Roteiro Original. E em 1995, por ocasião do centenário do cinema, receberia a recompensa mais elevada, atribuída por críticos eminentes: de melhor filme de todos os tempos.

O Pequeno Príncipe

> Ah, franceses, bastaria para fazermos as pazes reduzir nossas desavenças às suas verdadeiras proporções.
>
> Antoine de Saint-Exupéry

Na alvorada de 6 de junho de 1944, os aliados desembarcam nas praias da Normandia.

No dia 8, a SS Panzer Division Das Reich recebe a ordem de deixar as bases do Lot para se dirigir ao norte.

No dia 9, os SS enforcam 99 habitantes da cidade de Tulle e deportam 150.

No dia 10, para vingar um chefe da divisão capturado e executado pelos *maquisards*, os SS matam e queimam vivos 650 moradores de Oradour-sur-Glane (Haute-Vienne).

No fim do mês, a divisão chega à Normandia.

Em 7 de julho, na floresta de Fontainebleau, o ex-ministro do Interior de Paul Reynaud, Georges Mandel, é morto pela Milícia.

Em 21 de julho, as tropas alemãs, apoiadas pela Milícia, atacam os *maquisards* acantonados no maciço de Vercors.

Em 31 de julho, em Drancy, o último comboio de deportados é embarcado para Auschwitz.

No mesmo dia, em uma base aérea perto de Bastia, um avião se prepara para decolar. É pilotado por um veterano da Aéropostale, um ás da aviação: Antoine de Saint-Exupéry. O escritor vestiu outra vez o uniforme especial que vai protegê-lo do frio nas alturas. Certificou-se de que os mapas, os livros de anotações, as provisões, os lápis, as moedas estrangeiras (em caso de queda fora das fronteiras) e o revólver estavam no devido lugar, na jaqueta cheia de bolsos sobre a qual vestiu um salva-vidas inflável (para o caso de naufrágio). O mecânico ajustou sob o queixo do piloto o microfone que vai conectá-lo à base. Fixou em sua perna um cilindro de oxigênio para uma emergência. Assim paramentado, Antoine de Saint-Exupéry subiu na carlinga do Lockheed P-38 Lightning norte-americano. Verificou que as câmeras fotográficas colocadas nos paióis estavam funcionando bem. Então fez um sinal para seu mecânico, e os motores roncaram.

Saint-Ex passou os três primeiros anos da guerra nos Estados Unidos. Lá frequentou a pequena colônia dos artistas refugiados de Nova York – Saint-John Perse, Jules Romains, André Maurois, Henri Bernstein, Breton, Miró, Dalí, Tanguy, Max Ernst, André Masson... Jogou muito xadrez com Marcel Duchamp, que o derrotava invariavelmente, e com Denis de Rougemont, com quem ia à forra. Em novembro de 1941, Consuelo juntou-se a ele. Ela vinha de Marselha e da Villa Air-Bel. Saint-Ex enviou um amigo para buscá-la no desembarque do navio, com ordem para lhe passar esta instrução: não responder a nenhuma pergunta dos jornalistas. Quando um deles lhe perguntou se era mesmo a sra. Saint-Exupéry, ela disse:

– Não, sou sua empregada.

Antoine a esperava um pouco mais adiante. Ele a levou para jantar em um restaurante onde estavam reunidos amigos que ela não conhecia, depois a conduziu para um hotel onde lhe reservara uma suíte.

– Mas e você? – perguntou ela.

– Eu... – disse após um segundo de silêncio. – Eu estou em outro lugar.

Não fazia nada além de estender seu modo de vida em Paris antes da guerra. Ele tinha amantes, ela tinha amantes. Valia aqui o mesmo que valia lá.

Entretanto, acabou alugando o apartamento de Greta Garbo, perto do rio Hudson, em seguida uma grande casa em Long Island, onde moraram juntos. Consuelo reencontrava os pintores surrealistas franceses instalados em Nova York, ele escrevia *Cidadela*. Como trabalhasse à noite, acordava-a sem qualquer consideração pela hora, pedia para ela lhe fazer ovos mexidos, comia sozinho, voltava para a prova, fumava um cigarro atrás do outro, bebia gim com coca alternando com café, ditava em um ditafone as páginas que uma secretária bateria a máquina no dia seguinte. Lia a obra que estava escrevendo para os amigos de passagem. Denis de Rougemont era o mais assíduo. Jean Gabin e Marlene Dietrich muitas vezes se demoravam. André Breton era amigo de Consuelo, mas fugia da companhia de Saint-Exupéry, que não gostava dele. Peggy Guggenheim e Max Ernst eram vizinhos.

Em certo dia do verão de 1942, Saint-Exupéry almoçava com seu editor norte-americano no café Arnold, local de encontro dos franceses exilados. Na toalha de mesa do restaurante, desenhava mecanicamente um homenzinho com olhos redondos e cabelos desgrenhados. O editor observava o contorno aparecer. Foi quando lhe ocorreu uma ideia:

– Por que não faz um livro com ele? Um livro para crianças?

O homenzinho nascera da pena de Saint-Ex um ano antes. Padecendo de sequelas de inúmeros acidentes, o escritor-aviador havia sido hospitalizado em uma clínica em Los Angeles. O cineasta René Clair o visitara, presenteando-o com um estojo de aquarelas. Esse seria o passe de mágica que daria à luz *O Pequeno Príncipe*, com texto e ilustrações de Antoine de Saint-Exupéry, oitenta milhões de exemplares vendidos no mundo todo.

No começo de 1943, o editor publicou simultaneamente uma versão em inglês e outra em francês. Gallimard publicou o livro em cores em 1946. Por não dispor das aquarelas originais, mandou reproduzir os desenhos do autor por um designer que os copiou a partir da edição norte-americana (apenas em 1999 foi publicada na França a obra abrilhantada com as verdadeiras ilustrações do autor).[1]

Antes da publicação de *O Pequeno Príncipe*, Saint-Exupéry provavelmente era o escritor francês mais célebre nos Estados Unidos: *Terra dos homens* (*Wind, Sand and Stars*) recebeu o National Book Award em 1939, e *Piloto de guerra*

(*Flight to Arras*) fez enorme sucesso. Essa obra havia sido publicada na França depois de passar pelo cutelo de Gerhard Heller. O Sonderführer mantivera, no entanto, uma passagem dedicada a Jean Israël, chefe de esquadrilha, sobre a qual os sectários de Vichy se lançaram, lembrando que Saint-Exupéry era o melhor amigo do escritor judeu Léon Werth (a quem será dedicado *O Pequeno Príncipe*):

> Fiquei bruscamente impressionado com o nariz vermelho de Israël. Sentia uma profunda amizade por esse Israël, cujo nariz eu contemplava. Era um dos amigos pilotos mais corajosos do grupo. Um dos mais corajosos e um dos mais modestos.

O livro foi enfim proibido, em seguida publicado por baixo do pano em Lyon e elogiado na clandestina *Les Lettres françaises.*

Paradoxalmente, Vichy havia tentado utilizar em seu benefício a reputação do escritor: em janeiro de 1941, Saint-Exupéry fora nomeado membro de um Conselho Nacional composto por várias personalidades que em tese representariam a França. Ele abriu mão dessa responsabilidade e anunciou de maneira pública: o *New York Times* concordou em transmitir sua palavra.

Todavia, ele não era gaullista. Ao contrário da maioria dos franceses exilados em Nova York (em particular aqueles que trabalhavam com Pierre Lazareff na seção francesa do Office of War Information), não acreditava que a salvação nacional viria do homem que fizera o apelo de 18 de junho. Não gostava de seu tom, nem de seu status de militar, nem de seu passado de direita. Para ele, o general De Gaulle não unia os franceses: os dividia.

Daí a proclamar que Saint-Exupéry apoiava Vichy havia uma distância que alguns encurtaram com alegria. Aliás, ele ofereceu àqueles que o desprezavam armas para detratá-lo, pois, até a invasão da Zona Sul, defendia o princípio do armistício:

> Era preciso que um síndico da falência negociasse com o vencedor. [...] Uma anulação, por parte da França, das convenções de armistício teria sido equivalente, juridicamente, ao retorno do estado de guerra.[2]

Acima de tudo, temia uma guerra civil. De Gaulle lhe parecia ser o general desse exército fratricida; ainda mais perigoso porque desconfiava dos Estados Unidos, ao passo que, para o piloto-escritor, a salvação passava por uma sólida aliança entre os Estados Unidos e a França livre.

Em novembro de 1942, no *New York Times*, Saint-Exupéry publicou uma "Carta aberta para os franceses de todos os cantos", que soava como uma resposta à ocupação da Zona Sul:

> Vichy morreu. Vichy levou para a tumba seus inextrincáveis problemas, seu pessoal contraditório, suas verdades e seus ardis, sua covardia e sua coragem. Deixemos por ora o papel de julgar aos historiadores e às cortes marciais do pós-guerra. É mais importante servir a França no momento do que discutir sua história [...] O único chefe verdadeiro é esta França que está condenada ao silêncio. Execremos os partidos, os clãs e as divisões.

Ele prestava uma homenagem vibrante aos franceses da França, criticando nas entrelinhas os exilados de seu gênero que nada tinham de mais nem de melhor a fazer além de clamar um antigermanismo primário e cômodo nos microfones estendidos:

> Eles terão todos os direitos, nada de nossa verborragia em matéria de sociologia, de política, da própria arte, será levada em conta em seu pensamento. [...] Sejamos infinitamente modestos. Nossas discussões políticas são discussões de fantasmas, e nossas ambições são cômicas. Não representamos a França. Só podemos

servi-la. Não teremos direito, independentemente do que fizermos, a qualquer reconhecimento. Não existe parâmetro entre o papel de soldado e o papel de reféns. Aqueles são os únicos santos de verdade [...] Franceses, reconciliemo-nos para servir.[3]

Mais tarde, defenderá suas posições em *Carta a um refém*, concebida de início como um prefácio a um livro de seu amigo Léon Werth, que Jean Amrouche publicará em 1944 na revista *L'Arche*. (Léon Werth, "aquele que, esta noite, domina minha memória tem cinquenta anos. Está doente e é judeu. Como sobreviveria ao terror alemão?"[4]).

Quando os aliados desembarcaram no norte da África, Saint-Exupéry decidiu se reaproximar da França. Não suportava mais as peregrinações psicológicas de seus compatriotas de Nova York nem sua própria inércia. A pena já não bastava: precisava lutar. Com o quê? Ainda não sabia. Seu objetivo: reencontrar os companheiros de 1940, aqueles do grupo de reconhecimento 2/33 que ele cumprimentou em Túnis, antes de embarcar para os Estados Unidos.

Em 6 de abril, com quatro meses de atraso, *O Pequeno Príncipe* era publicado em Nova York, com ilustrações do autor. Saint-Exupéry deu um exemplar a Sylvia Hamilton, uma jovem jornalista com quem dividia algumas noites. Depois buscou um alfaiate capaz de lhe fazer um uniforme sob medida. Por falta de tempo, comprou um nos bastidores do Metropolitan Opera: um uniforme azul-marinho, botões de cobre, dragonas douradas, quepe estranho. Prendeu ao conjunto sua Legião de Honra e sua Cruz de Guerra, cumprimentou os amigos, beijou Consuelo e, em 20 de abril, entrou a bordo de um navio de transporte de tropas, que chegava à Argélia três semanas depois.

Em 5 de maio, Saint-Exupéry reencontrava os companheiros no Sul do país. Jules Roy, outro escritor-aviador, também estava presente. Alguns dias depois, o grupo de reconhecimento 2/33 partia para Marrocos, onde foi anexado a uma unidade norte-americana comandada pelo filho de Roosevelt, especialista em fotografias aéreas. Porém, Saint-Ex não podia voar. Para as autoridades militares, por mais agaloado que fosse, aos 43 anos havia ultrapassado demais o limite de idade admissível para um piloto: trinta anos.

– Vou conseguir chegar lá – prometia o escritor aos companheiros.

Retornou a Argel. Foi conduzido até o general Giraud, então alto-comissário francês na Argélia, impulsionado e apoiado pelos anglo-saxões, que viam nele uma excelente muralha contra as aspirações do general De Gaulle.

Giraud enviou Saint-Ex a Marrocos. Sua missão era medir a popularidade do general junto a oficiais franceses. Assim, longe de se livrar da reputação que o perseguia desde Nova York, Saint-Ex viu-se imerso no cerne do conflito que oporia os dois militares, um representante da França Livre, o outro sucedendo ao vichysta Darlan em Argel. Para ele, o primeiro não havia se libertado de uma autoridade excessiva em que despontava o gelado focinho de uma ditadura possível; já o segundo era frouxo demais para se opor e fazer frente.

Todavia, Saint-Ex deve a este o fato de poder voar de novo. Com efeito, Giraud interveio junto às autoridades norte-americanas, que autorizaram o escritor-aviador a retornar a seu grupo.

O Lockheed P-38 Lightning norte-americano em nada se parecia com os velhos Bloch e Potez dentro dos quais o comandante Saint-Exupéry voava antes da guerra. Era um bimotor de um só lugar, com hélices e dupla empenagem, capaz de subir a dez mil metros de altura com uma velocidade de setecentos quilômetros por hora. Era a mais rápida aeronave da época. A cabine era pequena demais para o ex-piloto da Aéropostale, que acomodava com dificuldade sua larga estatura. Seu braço esquerdo obedecia mal, parcialmente paralisado desde o acidente aéreo que lhe rendera oito fraturas – uma no pulso – em 1938: quando participava de uma prova área entre Nova

York e Punta Arenas, seu avião caiu durante a decolagem. A esses ferimentos acrescentavam-se os reumatismos provocados pelas antigas fraturas. Quanto mais subia, mais as variações da pressão atmosférica lhe pesavam e mais ele sofria. Além disso, as cinco aeronaves entregues pelos norte-americanos ao grupo francês eram mais velhas do que as outras, e seu sistema de aquecimento era defeituoso. As câmeras fotográficas funcionavam mal. Era necessário prestar atenção a qualquer barulho incomum, controlar os mil e um quadrantes do painel do Lightning, seguir a rota indicada, vigiar a retaguarda, estar pronto para bater em retirada caso um caça inimigo aparecesse. Cada saída era extenuante. E perigosa: os aviões de reconhecimento estavam desarmados e sem a proteção de qualquer escolta.

A missão de Saint-Exupéry era fotografar os pontos estratégicos onde o inimigo reunia tropas e seu equipamento: portos, estações de trem e aeródromos. Ele sobrevoava a costa do Mediterrâneo entre Marselha e Toulon, passando e repassando sobre os alvos como se traçasse linhas regulares e paralelas cujos menores detalhes eram registrados pelas câmeras fotográficas a bordo.

Na noite de sua primeira missão, Saint-Ex comemorou o retorno ao comando do manche com Jean Gabin, de passagem pela Córsega.

Alguns dias depois, tornava a voar. Como seu avião apresentasse uma pane no motor, fez um pouso de emergência. Errou a freagem ao aterrissar e acabou em um campo. Resultado: asa e trem de pouso quebrados.

– *You are too old!* – esbravejou o chefe da esquadrilha norte-americana.

Saint-Exupéry se consolou voltando a Argel, onde retomou o manuscrito de *Cidadela.* Algumas semanas depois, o general De Gaulle falou em Argel. Cumprimentou Joséphine Baker, a agente da França Livre que agora cantava para as tropas aliadas na África e no Oriente Médio. Homenageou os escritores franceses que escolheram o exílio em vez de servir a Vichy. Citou André Gide, Joseph Kessel, Jacques

Maritain, Jules Romains, mas não André Maurois, nem Saint-John Perse, nem Antoine de Saint-Exupéry.

O autor de *O Pequeno Príncipe* estava em uma lista negra.

Como continuar voando? Bateu em todas as portas disponíveis, enviou delegações junto ao general De Gaulle, que agora abria uma grande vantagem, em termos de importância, sobre o general Giraud. Um amigo defendeu sua causa para o coronel Billotte, chefe do gabinete militar do homem do discurso de 18 de junho. Em vão.

Saint-Exupéry controlava a raiva e escrevia. A Joseph Kessel, que vinha de Londres, confessou que *Cidadela* provavelmente seria sua obra póstuma. A André Gide, com quem jogava xadrez, queixava-se do general De Gaulle. Seu adversário, mau jogador e trapaceiro (diziam as más línguas), pretextou um dia que era a hora do chá para interromper uma partida que estava prestes a perder. Alguns minutos depois, Max-Pol Fouchet o viu retornar à sala vazia na ponta dos pés, inclinar-se sobre o tabuleiro, olhar ou movimentar as peças (ninguém soube precisar). Saint-Exupéry levou o xeque-mate em dez jogadas. Contra Gide, era a primeira vez…

Em maio de 1944, os grilhões enfim se romperam. Graças às inúmeras intervenções de amigos, Saint-Exupéry foi autorizado a se juntar a seu grupo. O general norte-americano que comandava a esquadrilha autorizou cinco voos. Nem um a mais.

Em 6 de junho, enquanto os aliados desembarcavam nas praias da Normandia, Saint-Exupéry voava para Marselha. Seu motor pegou fogo. Ele voltou sem cumprir a missão fotográfica.

Uma semana depois, partia de novo. Desta vez, fora enviado para a região de Rodez. No dia seguinte, voava para Toulouse. Como o regulador de oxigênio estava com defeito, retornou à base, desnorteado e grogue.

Em 23 de junho, sobrevoava Avignon. Na semana seguinte, voava para os Alpes e Annecy. Um de seus motores apresentou pane, mas ele continuou. No retorno, foi perseguido por um Messerschmitt alemão. Desarmado, não travou combate. Voava a oito mil pés. Por milagre, o caça não abriu fogo.

Em 11 de julho, decolou para Lyon. Devido a um céu fechado e escuro, não pôde tirar qualquer foto.

Três dias depois, tornava a partir para os Alpes. Uma falha no circuito de oxigênio o obrigou a regressar.

Em 31 de julho, voou da Córsega para a quinta missão. Às 8h45, o mecânico o ajudou a baixar o vidro da cabine. Tirou os calços. A aeronave se dirigiu pesadamente para a extremidade da pista, depois alçou voo. Direção: Lyon.

Ele deveria voltar ao meio-dia. Ao meio-dia e meia, as equipes de resgate estavam na pista, aguardando um ronco de motor, um rastro de fumaça negra. Ao meio-dia e quarenta e cinco, Antoine de Saint-Exupéry ainda não havia voltado. Sua presença não era constatada em nenhum radar. À uma hora, seus companheiros pensaram no pior: sabiam que o Lightning não tinha combustível para mais do que cinco horas de voo.

Às duas e meia, entenderam que o amigo não voltaria. O avião provavelmente havia desaparecido no Mediterrâneo.

> Permaneceu um instante imóvel – *conta o Pequeno Príncipe.* Não gritou. Caiu de mansinho como cai uma árvore. Nem chegou a fazer barulho, por causa da areia.

Algumas horas mais tarde, nos recôncavos de Vercors, Jean Prévost, seu grande amigo, caía sob as balas dos alemães.

Libertação

O rumor que corre: não é mais *Je suis partout* e sim *Je suis parti.**

Jean Galtier-Boissière

O vento libertador vindo da Normandia sopra agora em Paris. A esperança se instalou dentro dos lares. Em uma cidade privada de reabastecimento, onde o metrô não funciona mais senão de modo irregular, onde o gás é cortado sem aviso prévio, onde as filas crescem diante das lojas vazias, os rádios estão ligados no fundo dos quartos. Os parisienses monitoram pelas ondas inglesas o progresso das tropas aliadas.

Para uns, esse sopro é o prenúncio de negras tormentas, agora inevitáveis. Alguns se entregam a elas com certa grandeza. Fechado em casa, Pierre Drieu la Rochelle não larga mais seu *Diário*, expressando uma dor que cresceu com a morte de seus ideais. Sonhava com uma Europa nova, livre dos fardos de antes da guerra, esperava "uma revolução socialista e racista" conforme um ideal político desenhado por Hitler: "orgulho físico, busca da distinção, do prestígio, heroísmo guerreiro". Em vez desse programa, que ele próprio defendeu com a pena durante os quatro anos de Ocupação, o escritor vai encontrar uma França que odeia, a "da *NRF*, da Câmara, dos judeus, do sr. De Gaulle". Ele escreve: "Hitler morre sufocado sob nossos arcaísmos. A Europa estava velha demais para produzir um homem que a superasse".[1]

Nem por um segundo Drieu cogita refugiar-se na Alemanha: aprecia os nazistas, não os alemães. Poderia fugir para a Suíça ou para a Espanha, mas recusa as propostas feitas. Durante um tempo, pensa em se alistar na brigada

* Trocadilho com o título do jornal: *Je suis partout* [Eu estou em todos os lugares] e *Je suis parti* [Eu parti]. (N.T.)

Alsácia-Lorena de seu amigo André Malraux, que concorda, contanto que o ex-diretor da *NRF* mude de nome e não tenha pretensão a um posto de comando. Drieu não aceita. "Liberdade suprema", escreve, "escolher a morte, não recebê-la."

Despede-se de alguns amigos, das mulheres de sua vida, prepara o funeral. Em seguida, em 12 de agosto de 1944, engole uma dose letal de barbitúricos.

A empregada se depara com ele no dia seguinte, e chama ajuda. Drieu é levado para o hospital Necker e depois para o hospital Americano. Salvam-lhe a vida. Outra vez, recusa-se a fugir. No momento de começar um novo romance (*Dirk Raspe*), aceita se esconder na casa de sua ex-esposa, Colette Jeramec. No decorrer dos meses seguintes, presencia o colapso do Terceiro Reich, o avanço do comunismo na Europa. Em 15 março de 1945, descobre pela imprensa que foi emitido um mandado de busca contra ele. Na mesma noite, engole três frascos de soníferos e liga o gás.

Em 10 de agosto de 1944, os ferroviários franceses entraram em greve. No dia 16, os carteiros uniram-se a eles. Em 18 de agosto, na capital, foi a vez dos policiais interromperem o trabalho, dando início aos combates que culminaram, uma semana depois, na libertação de Paris. Dois anos antes, os mesmos policiais subiam os andares dos prédios cercados para conduzir os judeus, de todas as gerações, ao Velódromo de Inverno. De fato, o vento libertador vindo da Normandia mudava a situação.

Os funcionários dos serviços públicos alemães ateiam fogo nos arquivos, mudam com agilidade os escritórios dos ministérios, carregam caminhões que partem em longos comboios tortuosos rumo à Gare du Nord. Ambulâncias passam, alguns veículos de guerra, oficiais superiores dentro de conversíveis protegidos por soldados armados com metralhadoras. Feldgendarmes controlam o tráfego de derrota. Como a grande maioria das tropas estacionadas na capital deslocou-se para a Normandia em 6 de junho, os soldados que permanecem, mal protegidos, escondem-se atrás dos muros nos quais, em vez dos cartazes anunciando a execução de reféns, os parisienses avistam as três cores da Confederação Geral do Trabalho (CGT) e da Confederação Francesa dos Trabalhadores Cristãos (CFTC) chamando a uma greve geral. Ou as do coronel Roi-Tanguy, comandante das Forças Francesas do Interior na região de Paris, ordenando a mobilização geral.

Em Fontenay, no dia 14 de agosto, Paul Léautaud recebe um telefonema: o capitão Jünger liga para se despedir:

– Estou voltando para a Alemanha.

– E o tenente Heller?

– Já foi.

Léautaud se desespera: "Se um dia for preciso ver a canalha política do pré-guerra voltar, será uma vergonha para a França. Eis que essa vergonha se aproxima".[2]

Aproxima-se ainda mais depressa quando, em 15 de agosto, os aliados desembarcam na Provença.

Nas ruas de Paris, as primeiras barricadas são erguidas. A Prefeitura, a Île de la Cité, o Quartier Latin se enchem de novos insurgentes que descobrem, ao mesmo tempo que os curiosos, a realidade de uma Resistência desconhecida. Há poucas armas. O suficiente para ocupar algumas subprefeituras, descer a bandeira nazista e içar as cores nacionais na Place de la Concorde – mas não o bastante para atacar as patrulhas alemãs que se entregam à carnificina: 26 resistentes executados em Vincennes, 35 no Bois de Boulogne. A multidão invade as ruas e recua quando ouve explosões e detonações. As Forças Francesas do Interior sobem nos telhados para retirar as metralhadoras montadas pelo inimigo. Atacam os carros alemães, em seguida correm para a Place Saint-Michel e a sede da polícia. De passagem, destroem as placas de orientação alemãs, sombrios cata-ventos dos anos de Ocupação. Todos se perguntam quem entrará primeiro em Paris: ingleses, norte-americanos, franceses?

Em 19 de agosto, o Comitê de Libertação do Cinema Francês invade o prédio do Comitê de Organização da Indústria Cinematográfica, na Champs-Élysées. Pierre Blanchar,

Louis Daquin, Jacques Becker e Jean-Paul Le Chanois tomam as rédeas do destino do cinema e organizam equipes encarregadas de filmar a libertação de Paris.

Em 20 de agosto, carros percorrem a capital, anunciando uma trégua que o cônsul da Suécia negociou com o general Von Choltitz, comandante da Groß-Paris [Grande Paris].

Marcel Jouhandeau aproveita a ocasião para fazer as malas. Há uma semana, vem recebendo ligações ameaçadoras: "O dia da expiação chegou". Confia seus canários a Jean Paulhan e prepara os melhores elementos do poleiro da família para entregar aos justos da vizinhança. Oferece com generosidade um ganso bem roliço a um zelador do quarteirão, que o degola no jardim, depenando e o colocando na panela para cozinhá-lo. Marcel e Élise estão desesperados. Entretanto, ocupados demais em enterrar a prataria no jardim, não demonstram. Os cacarejos de Barbichu, Bourboule, Blanchette, Nigaude e Madame Corbeau ritmam os disparos das metralhadoras e o baque surdo dos coquetéis Molotov que explodem ao longe: os veteranos da Guerra Civil Espanhola conhecem a receita – pavio, gasolina, ácido sulfúrico.

Com as malas fechadas e os bichinhos acomodados, a família Jouhandeau foge. Direção: os amigos. Ainda restam alguns que aceitam escondê-los. Será preciso mais tarde, com a chegada da fome, sacrificar Madame Corbeau às duras necessidades da guerra…

Aliás, Robert Brasillach, Lucien Rebatet, Alain Laubreaux, Jean Giono, Jacques Chardonne, Georges Blond, Alphonse de Châteaubriant, Paul Morand, Henry Bordeaux, Pierre Benoit, René Barjavel, Benoist-Méchin, Alfred Fabre-Luce, Pierre Fresnay, Albert Préjean, Tino Rossi, Arletty, Derain, Despiau, Dunoyer de Segonzac, Friesz, Oudot, Vlaminck e muitos outros se perguntam com preocupação o que será deles. Laval deixou a França. Reencontrará Doriot, Darnand, Déat, Pétain, Céline e Le Vigan na cidade alemã Sigmaringen, no Baden-Württemberg.

Enquanto uns fogem, outros voltam. Braçadeira tricolor na manga, Pierre Seghers junta-se a Paul Éluard na Rue des Saints-Pères. Distribuem exemplares de *Les Lettres françaises*. A alguns metros, Gérard Philipe e o jornalista-escritor Roger Stéphane ocupam a Prefeitura. Cobrem a libertação de Paris para a rádio, que não é mais Rádio Paris, *Rádio Paris mente, Rádio Paris é alemã*: depois de ter saturado o povo com suas mentiras e vociferações fascistas e antissemitas durante quatro anos, a emissora se calou.

Em 23 de agosto, um homem de pijama e com pantufas de crocodilo é levado para a prefeitura do 7º arrondissement, antes de ser conduzido à prisão de la Santé. Sacha Guitry, que está em maus lençóis, será acusado de cumplicidade com o inimigo, solto em outubro, absolvido em definitivo dois anos depois ("Ele se deixou admitir e até bajular pelo inimigo temporariamente poderoso. Atuou na contramão e se quis representante de uma parcela da França, levando-a para onde não devia. Mas hoje escapa de toda acusação formal da corte de justiça e da câmara civil. É uma sanção de ordem profissional que deveria receber.").[3]

Na Rue Réaumur, nos locais desocupados pela imprensa colaboracionista, Pascal Pia e Albert Camus preparam o lançamento do primeiro número não clandestino de *Combat* (será publicado em uma página em 21 de agosto, encimado por um incipit que soa como um programa: *Da Resistência à Revolução*). Ficou acordado entre o diretor e o redator-chefe que este escreverá um editorial diário, que o jornal será vendido por jornaleiros, em seguida distribuído nas bancas.

Malraux volta e depois vai embora. Sartre e Beauvoir voltam e ficam. Eles passaram o verão longe de Paris, escondidos na residência dos Leiris. Em meados de agosto, ao saber que os norte-americanos se aproximavam de Paris, subiram nas bicicletas e pedalaram até o hotel.

Ali estão eles.

Camus pede a Sartre uma crônica diária sobre a libertação de Paris: "Un promeneur dans Paris insurgé". Assim, sobrecarregado, o filósofo passa do jornal aos locais de batalha, e dali para o Comitê Nacional do Teatro, de que é membro. Graças a seus artigos (que, segundo rumores literários, teriam sido escritos por Simone de Beauvoir[4]), será considerado um dos observadores mais aguçados e mais sutis da Ocupação, da Resistência e da Libertação. Quanto a Camus, a responsabilidade à frente de um jornal proveniente do principal movimento de resistência vai lhe conferir uma aura de combatente que não se baseia senão em alguns meses de vida clandestina, realidade que ele nunca contestou, admitindo, assim como Sartre, não ter desempenhado nada além de um papel secundário nessa peça trágica que foi a Resistência.

Enquanto os jornalistas de *Combat* circulam em torno de seu redator-chefe, os jovens identificados com a braçadeira das Forças Francesas do Interior que ocupam a sede da polícia monitoram um pequeno avião de turismo que sobrevoa rente aos telhados para escapar dos radares. O avião passa por cima do Sena, faz a volta nas docas, soltando uma pequena mochila carregada de chumbo antes de desaparecer por um espaço entre dois prédios. Um transeunte corre. A mochila contém uma mensagem: "O general Leclerc me encarregou de dizer a vocês: *Aguentem firme, estamos chegando*".

A notícia corre de barricada em barricada: "Eles estão chegando!". Sem saber que Eisenhower concedeu ao general De Gaulle que Leclerc fosse o primeiro a entrar na capital francesa, os parisienses esperam os ingleses ou os norte-americanos. Em 25 de agosto, concentraram-se na Avenue d'Orléans para aclamar a 2ª Divisão Blindada de Leclerc. Sartre e Beauvoir estão ali, no meio de milhares de outros que aplaudem os primeiros tanques. Estes carregam nomes espanhóis: Guernica, Madri, Guadalajara. Por uma ironia do destino, o destacamento que precede o grosso da coluna é composto por ex-combatentes republicanos que se alistaram nas tropas francesas do Norte da África: os últimos a deixar a Espanha martirizada, os primeiros a entrar na Paris libertada. São recebidos por todos os sinos da cidade badalando a vitória, por moças trajando as cores da bandeira francesa, por aplausos e vivas de uma multidão eufórica.

Conquistados, Jean Marais e seu cão Moulou decidem se engajar na 2ª Divisão Blindada. Tarde demais, contudo, para participar dos combates que unem as Forças Francesas do Interior e as tropas recém-chegadas, estas constituindo os reforços que os resistentes esperavam para atacar os últimos bastiões mantidos pelos alemães. Dentro em pouco, o general Von Choltitz é conduzido do Hôtel Meurice para a sede da prefeitura, onde assina a derrota alemã na presença do general Leclerc e do coronel Roi-Tanguy, comandante das Forças Francesas do Interior da Île-de-France.

Na noite de 25 de agosto, encerram-se os combates. Ao contrário de Berlim ou Varsóvia, Paris não foi destruída. O general Von Choltitz, que havia recebido de Berlim a ordem de minar as pontes, se absteve. Os tanques não se confrontaram nas ruas, a cidade não foi bombardeada. Na sombra dos gabinetes reconquistados, enquanto as mulheres colaboracionistas desfilam sob as vociferações de multidões outra vez vingativas, as listas negras são preparadas. Após a guerra, o pós-guerra.

Ocupação, libertação, depuração.

Dor, esperança, vingança: a história retomou seu curso.

Epílogo

Enquanto o general De Gaulle desfila na Champs-Élysées, Adrienne Monnier caminha pela Rue de l'Odéon até sua livraria, Aux amis des livres. Ela entra. Segundos depois, ao ouvir barulho de motor, olha pela janela. Três pequenos carros com a sigla da BBC freiam diante do número 12. Alguns homens descem. Entre eles, um gigante em mangas de camisa com pequenos óculos redondos bate à porta da livraria Shakespeare & Company. Adrienne logo reconhece seu amigo de antes da guerra, o companheiro de festas, de mulheres, de livros e de armas: Ernest Hemingway.* Cercado por seus homens, o escritor grita para o alto:

– Sylvia!

No instante seguinte, Sylvia Beach, proprietária da Shakespeare & Company, está nos braços do escritor norte-americano. Paris voltou a ser uma festa. Hem conta que reuniu alguns *maquisards* com quem esperava, em Rambouillet, a autorização para marchar na retaguarda da coluna Leclerc. Eles não têm qualquer missão específica. Limitam-se a subir nos prédios onde lhes informam que há atiradores de tocaia.

Como não houvesse nenhum na Rue de l'Odéon, eles entram na Aux amis des livres e brindam a vitória. A capacidade que Hemingway tem de virar copos é lendária e, por azar, Adrienne Monnier não esperava recebê-lo tão cedo.

– *Don't worry!*

Hem e seu pequeno grupo entram nos três carros. Passam na casa de Picasso, que acaba de voltar da residência de Marie-Thérèse, onde se refugiara depois do Dia D. A seguir, rodam até o Ritz. Lá, tomam o bar de assalto, esvaziam as garrafas, confiscam duas suítes, mandam subir as reservas

* Ver *Paris boêmia* e *Paris libertária, op.cit.*

de conhaque e terminam a guerra em cima das colchas de seda rosa do hotel.

Na manhã seguinte, alguém bate à porta. Hem não ouve. O outro entra. Quando o escritor norte-americano abre os olhos, encontra-se diante de um escritor francês fardado de coronel. Ele pisca, pega os óculos, ajeita-os.

– André?

– Ernest!

Não se viam desde a Guerra Civil Espanhola.

– De onde você veio?

– De longe. Vou tomar Estrasburgo… E você?

– Estava em Rambouillet – responde Hemingway.

– Sozinho?

– Com um pequeno grupo.

Aponta para os três membros da resistência roncando nas camas.

– Este.

Malraux olha com um ar de deboche.

– Quantos homens você tinha sob seu comando?

Hemingway pensa, faz uns cálculos e diz:

– Às vezes dez, às vezes duzentos. E você?

– Eu? – diverte-se o coronel. – Dois mil.

– Pena que não nos encontramos ontem – replica Hemingway, erguendo-se.

Ele boceja, solta um arroto e se dirige para o chefe da brigada da Alsácia-Lorena:

– Se você estivesse conosco, teríamos tomado há muito tempo esta cidadezinha.

– Que cidadezinha?

– Paris!

Notas

Pacifismos

1. Para *Solidarité internationale antifasciste*, agosto de 1939. *In*: Henri Jeanson, *Soixante-dix ans d'adolescence*, Paris: Stock, 1971.
2. Citado por Yves Courrière, *Jacques Prévert*, Paris: Gallimard, 2000.
3. Henri Jeanson, *op.cit.*
4. Yves Courrière, *op.cit.*

Êxodos

1. Marc Bloch, *A estranha derrota*, tradução de Eliana Aguiar, Rio de Janeiro: Zahar, 2011.
2. Marc Bloch, *ibid*, p. 137.
3. Jean Grenier. *In*: *Sous l'Occupation*, Paris: Éditions Claire Paulhan, 1997.
4. Salvador Dalí, *La vie secrète de Salvador Dalí*, Paris: Le club français du livre, 1954.

Paris, cidade aberta

1. Jean Guéhenno, *Journal des années noires*, Paris: Gallimard, 1947.

O olho do crocodilo

1. Pierre Brasseur, *Ma vie en vrac*, Paris: Calmann-Lévy, 1972.
2. Pierre Brasseur, *ibid.*

Corda esticada

1. Arthur Koestler, "Agonie". *In*: *Œuvres autobiographiques*, Paris: Robert Laffont, 1994.
2. Arthur Koestler, *La Lie de la terre*, Paris: Robert Laffont, 1994.
3. Arthur Koestler, *ibid.*
4. Arthur Koestler, *ibid.*
5. Arthur Koestler, *ibid.*
6. Arthur Koestler, *ibid.*

Marselha

1. Manès Sperber, *Au-delà de l'oubli*, Paris: Calmann-Lévy, 1979.

2. Arthur Koestler, "Hiéroglyphes". *In*: *Œuvres autobiographiques*, Paris: Robert Laffont, 1994.

Um norte-americano justo

1. Alfred Döblin, *Voyage et Destin*, Mônaco: Éditions du Rocher, 2002.

Outras rotas

1. Jean Malaquais, *Journal du métèque*, Paris: Phébus, 1997.
2. Daniel Bénédite, *La Filière marseillaise*, Paris: Clancier-Guénaud, 1984.
3. Daniel Bénédite, *ibid.*

Villa Air-Bel

1. Pierre Broué, *Trotsky*, Paris: Fayard, 1988, e Luis Buñuel, *Mon dernier soupir*, Paris: Robert Laffont, 1994.
2. Jean Malaquais, *Journal du métèque, op.cit.*
3. Citado por Mark Polizzotti, *André Breton*, Paris: Gallimard, 1999.
4. André Breton, *Entretiens avec André Parinaud*, Paris: Gallimard, 1969.
5. Claude Lévi-Strauss, *Tristes tropiques*, Paris: Plon, 1955.

Uns e outros

1. Stéphanie Corcy, *La Vie culturelle sous l'Occupation*, Paris: Perrin, 2005.
2. Jean Galtier-Boissière, *Journal*, Paris: Quai Voltaire, 1992.

Cortinas abertas

1. Sacha Guitry, *Quatre ans d'occupations*, Paris: L'Élan, 1947.
2. Relatado por Jean Galtier-Boissière, *Journal, op.cit.*
3. Sacha Guitry, *op.cit.*

Livros

1. Lucien Rebatet, *Les Décombres*, Paris: Pauvert, 1976.

Salve-se quem puder!

1. Citado por Jean Bothorel. *In*: *Bernard Grasset, vie et passions d'un éditeur*, Paris: Grasset, 1989.
2. Jean Bothorel, *ibid.*

O 11 de novembro do Sonderführer

1. Gerhard Heller, *Un Allemand à Paris*, Paris: Éditions du Seuil, 1981.
2. Gerhard Heller, *ibid.*

O eremita de Fontenay

1. Paul Léautaud, *Journal littéraire*, tomo 13, Paris: Mercure de France, 1962.
2. Paul Léautaud, *Journal littéraire*, tomo 11, Paris: Mercure de France, 1961.
3. Paul Léautaud, *ibid.*
4. Paul Léautaud, *ibid.*
5. Paul Léautaud, *Journal littéraire*, tomo 13.
6. Gerhard Heller, *Un Allemand à Paris*, *op.cit.*

Gilles

1. Carta da Propagandastaffel endereçada a Gaston Gallimard em 28 de novembro de 1940. *In*: Pascal Fouché, *L'Édition française sous l'Occupation*, Paris: Éditions de l'IMEC, 1987.
2. Entrevista dada para *Nouvelles littéraires* em janeiro de 1925, retomada *in*: Pierre Andreu, *Drieu, témoin et visionnaire*, Paris: Grasset, 1952.
3. Patrick Modiano – Emmanuel Berl, *Interrogatoire*, Paris: Gallimard, 1976.
4. Pierre Drieu la Rochelle, *Journal*, Paris: Gallimard, 1992.
5. Maurice Martin du Gard, *Les Mémorables*, Paris: Gallimard, 1999.
6. Pierre Drieu la Rochelle, *op.cit.*

Rue Sébastien-Bottin

1. Pierre Drieu la Rochelle, *Journal*, *op.cit.*
2. Jean Paulhan, carta a André Gide, março de 1942. *In*: *Choix de lettres, 1937-1945*, tomo 2, Paris: Gallimard, 1992.
3. Jean Paulhan, carta a Francis Ponge, novembro de 1940. *In*: *Choix de lettres, 1937-1945*, tomo 2, *op.cit.*
4. Pierre Drieu la Rochelle, *op.cit.*

Um livre-pensador

1. Simone de Beauvoir, *La Force de l'âge*, Paris: Gallimard, 1960.
2. Jean Guérin. *In*: *NRF*, dezembro de 1927.

3. Jean Paulhan, carta a Jean Blanzat, setembro de 1939. *In*: *Choix de lettres, 1937-1945*, tomo 2, *op. cit.*
4. Jean Paulhan, *Les Incertitudes du langage*, Paris: Gallimard, 1970.
5. Jean Paulhan, carta a Armand Petitjean, fevereiro de 1938. *In*: *Choix de lettres, 1937-1945*, tomo 2, *op. cit.*

Rue des Arènes

1. Jean Paulhan, *Choix de lettres, 1937-1945*, Paris: Gallimard, *op. cit.*
2. Jean Paulhan, carta a Pierre Drieu la Rochelle, 20 de maio 1941. *In*: *Choix de lettres, 1937-1945*, *op. cit.*
3. Citado por Gerhard Heller. *In*: *Un Allemand à Paris*, *op. cit.*
4. *Résistance*, nº 4, 1º de março de 1941.
5. Gerhard Heller, *op. cit.*
6. Gerhard Heller, *ibid.*

O Castor e o maridinho

1. Simone de Beauvoir, *La Force de l'âge*, *op. cit.*
2. Annie Cohen-Solal, *Sartre*, Paris: Gallimard, 1985.
3. Jean-Paul Sartre, *Situations III*, Paris: Gallimard, 1949.

Conscientização

1. *In*: Ingrid Galster, *Sartre, Vichy et les intellectuels*, Paris: L'Harmattan, 2001.
2. Jean Paulhan, carta a André Gide, 21 de julho de 1937. *In*: *Choix de lettres, 1937-1945*, *op. cit.*
3. Bianca Lamblin, *Mémoires d'une jeune fille dérangée*, Paris: Balland, 1993.
4. Simone de Beauvoir, *op. cit.*
5. Simone de Beauvoir, *ibid.*
6. Jean-Paul Sartre, *Situations III*, *op. cit.*
7. Jean-Paul Sartre, *ibid.*
8. Simone de Beauvoir, *op. cit.*
9. Jean-Paul Sartre, *op. cit.*

Uma agradável sensação de aventura

1. Maurice Nadeau, *Grâces leur soient rendues*, Paris: Albin Michel, 1990.
2. Maurice Nadeau, *ibid.*
3. Simone de Beauvoir, *La Force de l'âge*, *op. cit.*
4. Simone de Beauvoir, *ibid.*
5. Simone de Beauvoir, *ibid.*

Convidados

1. Maria van Rysselberghe, *Les Cahiers de la petite dame*, Paris: Gallimard, 1975.
2. Roger Martin du Gard, *Journal*, Paris: Gallimard, 1993.
3. Maria van Rysselberghe, *op. cit.*

Alfred e o cinema

1. Relato de Louis Daquin. *In*: Jacques Debû-Bridel, *La Résistance intellectuelle*, Paris: Julliard, 1970.
2. Joseph Goebbels, citado por Georges Sadoul. *In*: *Histoire du cinéma mondial*, Paris: Flammarion, 1972.
3. Georges Sadoul, *ibid.*
4. Edwige Feuillère, *Les Feux de la mémoire*, Paris: Albin Michel, 1977.
5. *In*: *Cinémonde*, 1939, relatado por Claude-Jean Philippe, *Le Roman du cinéma*, Paris: Fayard, 1986.

Os visitantes da noite

1. Elisabeth Roudineseo, *Jacques, Lacan*, Paris: Fayard, 1993.
2. Jean-Pierre Bertin-Maghit, *Le Cinéma français sous l'Occupation*, Paris: Perrin, 2002.
3. Jeanne Witta-Montrobert, *La lanterne magique*, Paris: Calmann--Lévy, 1980.
4. *Esprit*, janeiro de 1941, citado por Bernard-Henri Lévy. *In*: *Les Aventures de la liberté*, Paris: Grasset, 1991.

O mais belo anoitecer do mundo

1. Jean Malaquais, *Journal de guerre*, Paris: Phébus, 1977.
2. Relatado por Jean Galtier-Boissière, *Journal, op. cit.*
3. Jean Malaquais, *Journal du métèque*, *op. cit.*

A Parker de Robert Desnos

1. Lucien Rebatet, *Les Décombres*, *op. cit.*
2. Dominique Desanti, *Robert Desnos, le roman d'une vie*, Paris: Mercure de France, 1999.
3. Artigo publicado no jornal *Action* de novembro de 1949, retomado em Roger Vailland, *Chronique des années folles à la Libération*, Paris: Éditions Messidor, 1984.

EK

1. Lynn H. Nicholas, *Le Pillage de l'Europe*, Paris: Éditions du Seuil, 1995.

2. Rose Valland, *Le Front de l'art.* Paris: Réunion des Musées nationaux, 1997.
3. Rose Valland, *ibid.*

No Catalan

1. Brassaï, *Conversations avec Picasso*, Paris: Gallimard, 1997.

O galo no poleiro

1. Paul Léautaud, *Journal littéraire*, tomo 11, *op. cit.*

Jean Jean

1. Marcel Mouloudji, *La Fleur de l'âge*, Paris: Grasset, 1991.
2. Jean Marais, *Histoires de ma vie*, Paris: Albin Michel, 1975.

O galo e o arlequim

1. André Gide, *Journal*, Paris: Gallimard, Pléiade, 1997.
2. Jean-Louis Bory. *In*: André Halimi, *Chantons sous l'Occupation*, Paris: Olivier Orban, 1976.
3. Carta-autógrafo endereçada ao marechal Pétain, fevereiro de 1942. Citada por Philippe Soupault, *Mémoires de l'oubli*, Paris: Lachenal & Ritter, 1986.
4. Citado por Yvon Bizardel. *In*: *Sous l'Occupation, souvenirs d'un conservateur de musée*, Paris: Calmann-Lévy, 1964.

Nossa Senhora das Flores

1. Jean Marais, *Histoires de ma vie, op.cit.*
2. Marcel Mouloudji, *La Fleur de l'âge, op.cit.*

Sr. Max

1. Lina Lachgar, *Arrestation et mort de Max Jacob*, Paris: Éditions de la Différence, 2004.

Élise ou a vida real

1. Jean Marais, *Histoires de ma vie, op.cit.*
2. Marcel Jouhandeau, *Journal sous l'Occupation*, Paris: Gallimard, 1980.
3. Marcel Jouhandeau, *Le Péril juif*, Paris: Sorlot. 1937.
4. Marcel Jouhandeau, *op.cit.*

Uma linda viagem

1. Marcel Jouhandeau, *Journal sous l'Occupation, op.cit.*

2. Diplomata, tradutor, Paul Petit foi preso em fevereiro de 1942.
3. Jean Paulhan, *Choix de lettres, 1937-1945*, *op. cit.*

Pensamentos livres

1. Relatado por Jean Paulhan. In: *Les Incertitudes du langage*, *op.cit.*

Les Lettres françaises

1. Jacques Debû-Bridel, *La Résistance intellectuelle*, *op. cit.*
2. Pierre Daix, *Les Lettres françaises*, Paris: Tallandier, 2004.

Sr. Robespierre

1. Louis Aragon, *L'Homme communiste*, Paris: Gallimard, 1946.
2. Salvador Dali, *La Vie secrète de Salvador Dalí*, *op. cit.*
3. Pierre Seghers, *La Résistance et ses poètes*, Paris: Nouvelles Éditions Marabout, 1978.
4. Pierre Seghers, *ibid.*
5. Pierre Seghers, *ibid.*
6. Louis Aragon, *Henri Matisse, roman*, Paris: Gallimard, 1971.

Senhor e senhora Andrieu

1. Louis Aragon, *L'Homme communiste*, *op. cit.*
2. Clara Malraux, *La Fin et le Commencement*, Paris: Grasset, 1976.
3. Édith Thomas, *Le Témoin compromis*, Paris: Viviane Hamy, 1995.

Teu nome escrevo

1. Édith Thomas, *Le Témoin compromis*, *op. cit.*
2. Pierre Seghers, *La Résistance et ses poètes*, *op. cit.*
3. Paul Eluard, *Œuvres complètes*, tomo 2, Paris: Gallimard, Pléiade, 1968.
4. Dominique Desanti, *Les Aragonautes*, Paris: Calmann-Lévy, 1997.
5. Marcel Marien, *Le Radeau de la mémoire*, Paris: Le Pré aux clercs, 1983.
6. "Carta a André Breton", *La Main à plume*, citada *in*: Michel Fauré, *Histoire du surréalisme sous l'Occupation*, Paris: La Table ronde, 1982.
7. "Carta a André Breton", *La Main à plume*, *op. cit.*

No Café de Flore

1. Marcel Mouloudji, *La Fleur de l'âge*, *op. cit.*
2. Marcel Mouloudji, *ibid.*
3. Simone de Beauvoir, *La Force de l'âge*, *op. cit.*

4. Marcel Mouloudji, *ibid.*
5. Marcel Mouloudji, *ibid.*
6. Henri Jeanson, artigo publicado no *Canard enchaîné* em 20 de setembro de 1944, citado por Ingrid Galster. *In*: *Sartre devant la presse d'Occupation*, Rennes: Presses universitaires de Rennes, 2005.
7. Citado por Ingrid Galster, *Sartre, Vichy et les intellectuels*, *op.cit.*
8. Simone de Beauvoir, *op. cit.*
9. Pierre Assouline, *Gaston Gallimard*, Paris: Balland, 1984.
10. Jean Paulhan, *Qui suis-je ?*, Paris: La Manufacture, 1986.
11. Jean-Toussaint Desanti, *in*: *Le Monde*, 2 de julho de 1993.
12. Jean-Toussaint Desanti, *ibid.*
13. Ingrid Galster, *in*: *Sartre devant la presse d'Occupation*, *op.cit.*
14. Citado por Ingrid Galster, *Sartre, Vichy et les intellectuels*, *op.cit.*
15. Simone de Beauvoir, *op. cit.*

O ESTRANGEIRO

1. Simone de Beauvoir, *La Force de l'âge*, *op. cit.*
2. Olivier Todd. *Albert Camus, Une vie*, Paris: Gallimard, 1996.
3. Ronald Aronson, *Camus et Sartre*, Paris: Alvik.
4. Jean Paulhan, carta a François Mauriac, 12 de abril de 1943, in: *Lettres d'une vie*, Paris: Grasset, 1981.

AS REUNIÕES DE VAL-DE-GRÂCE

1. Gisèle Sapiro, *La Guerre des écrivains, 1940-1953*, Paris: Fayard, 1999.
2. Lucien Rebatet, *Les Décombres*, *op.cit.*

LES BEAUX DRAPS

1. Marguerite Duras, *O amante*, tradução de Denise Bottmann, São Paulo: Cosac Naify, 2009.
2. Marguerite Duras, *ibid.*
3. Véronique Robert e Lucette Destouches, *Céline secret*, Paris: Grasset, 2001.
4. Confidência feita a Jacques Debû-Bridel. *In*: *La Résistance intellectuelle*, *op. cit.*
5. Ernst Jünger, *Premier journal parisien*, Paris: Christian Bourgois, 1995.
6. Véronique Robert e Lucette Destouches, *op. cit.*

JOGO CURIOSO

1. Roger Vailland, *In: La Tribune des nations* de 13 de janeiro de

1950, "Nous n'épargnerions plus Louis-Ferdinand Céline".
2. Yves Courrière, *Roger Vailland ou un libertin au regard froid*, Paris: Plon, 1991.

TRÊS HOMENS DE LETRAS

1. Marc Bloch, *A estranha derrota*, tradução de Eliana Aguiar, Rio de Janeiro: Zahar, 2011, p. 12-14.
2. Marc Bloch, *ibid*, p. 120-121.

CAPITÃO ALEXANDRE

1. Carta a René Bertelet, citada por Laurent Greilsamer. *In: L'Éclair au front*, Paris: Fayard, 2004.
2. Jean Guéhenno, *Journal des années noires*, Paris: Gallimard, 1947.
3. René Char, *Feuillets d'Hypnos*, Paris: Gallimard, 1962.
4. René Char, *ibid.*
5. René Char, *ibid.*

CORONEL BERGER

1. Emmanuel Berl – Patrick Modiano, *Interrogatoire*, Paris: Gallimard, 1976.
2. Citado por Louis-Albert Revah, *in*: *Berl, un juif de France*, Paris: Grasset & Fasquelle, 2003.
3. Louis-Albert Revah, *ibid.*
4. Suzanne Chantal, *Le Cœur battant*, Paris: Grasset, 1997.
5. André Malraux, *Antimémoires*, Paris: Gallimard, 1972.

O PEQUENO PRÍNCIPE

1. *Lire*, hors-série nº 3.
2. Antoine de Saint-Exupéry, *Un sens à la vie*, Paris: Gallimard, 1956.
3. Antoine de Saint-Exupéry, *ibid.*
4. Antoine de Saint-Exupéry, *Lettre à un otage*, Paris: Gallimard, 1994

LIBERTAÇÃO

1. Pierre Drieu la Rochelle, *Journal 1939-1945*, *op. cit.*
2. Paul Léautaud, *Journal littéraire*, tomo 14, Paris: Mercure de France, 1964.
3. Relato do comissário do Governo, citado *in*: Jean-Pierre Bertin-Maghit, *Le Cinéma français sous l'Occupation*, Paris: Perrin, 2002.
4. Deirdre Bair, *Simone de Beauvoir*, Paris: Fayard, 1990.

Bibliografia

Alexandrian, Sarane. *Max Ernst*. Paris: Somogy, 1992.

Andreu, Pierre. *Drieu, témoin et visionnaire*. Paris: Grasset, 1952.

______. *Vie et mort de Max Jacob*. Paris: La Table ronde, 1982.

Anissimov, Myriam. *Romain Gary le caméléon*. Paris: Denoël, 2004.

Aragon, Louis. *L'Homme communiste*. Paris: Gallimard, 1946.

______. *Henri Matisse, roman*. Paris: Gallimard, 1971.

______. *Correspondance générale*. Paris: Gallimard, 1994.

Arletty. *La Défense*. Paris: La Table ronde, 1971.

Arnaud, Claude. *Jean Cocteau*. Paris: Gallimard, 2003.

Aronson, Ronald. *Camus et Sartre*. Paris: Alvik Éditions, 2005.

Assouline, Pierre. *Gaston Gallimard*. Paris: Balland, 1984.

______. *L'Epuration des intellectuels*. Bruxelas: Complexe, 1996.

Atsma, Hartmut; Burguiere, André Marc (orgs.). *Marc Bloch aujourd'hui. Histoire comparée et sciences sociales*. Paris: Éditions de l'École des Hautes Études en Sciences Sociales, 1990.

Azéma, Jean-Pierre; Bédarida, François. *La France des années noires*. Paris: Éditions du Seuil, 1993.

Badré, Frédéric. *Paulhan le juste*. Paris: Grasset, 1996.

Bair, Deirdre. *Simone de Beauvoir*. Paris: Fayard, 1990.

______. *Samuel Beckett*. Paris: Fayard, 1978.

Bartillat, Christian de. *Deux amis, Beckett et Hayden*. Étrépilly: Presses du village, 2000.

Bazin, Germain. *L'Exode du Louvre*. Paris: Somogy, 1992.

Beauvoir, Simone de. *La Force de l'âge*. Paris: Gallimard, 1960.

BÉNÉDITE, Daniel. *La Filière marseillaise.* Paris: Clancier--Guénaud, 1984.
BENJAMIN, Walter. *Écrits autobiographiques.* Paris: Christian Bourgois, 1994.
BERL, Emmanuel. *Interrogatoire par Patrick Modiano.* Paris: Gallimard, 1976.
BERTIN-MAGHIT, Jean-Pierre. *Le Cinéma français sous l'Occupation.* Paris: Perrin, 2002.
BETZ, Albrecht; MARTENS, Stefan. *Les Intellectuels et l'Occupation.* Paris: Autrement, 2004.
BIZARDEL, Yvon. *Sous l'occupation.* Paris: Calmann-Lévy, 1964.
BLOCH, Marc. *A estranha derrota.* Tradução de Eliana Aguiar. Rio de Janeiro: Zahar, 2011.
BONAL, Gérard. *Les Renault-Barrault.* Paris: Éditions du Seuil, 2000.
BONA, Dominique. *Clara Malraux.* Paris: Grasset, 2010.
BOTHOREL, Jean. *Bernard Paris: Grasset, vie et passions d'un éditeur.* Paris: Grasset, 1989.
BRASILLACH, Robert. *Notre avant-guerre.* Paris: Godefroy de Bouillon, 1998.
BRASSAÏ. *Conversations avec Picasso.* Paris: Gallimard, 1997.
BRASSEUR, Pierre. *Ma vie en vrac.* Paris: Calmann-Lévy, 1972.
BRETON, André. *Entretiens avec André Parinaud.* Paris: Gallimard, 1969.
BRISSET, Laurence. *La NRF de Jean Paulhan.* Paris: Gallimard, 2003.
BROUÉ, Pierre. *Trotsky.* Paris: Fayard, 1988.
BUÑUEL, Luis. *Mon dernier soupir.* Paris: Robert Laffont, 1994.

CABANNE, Pierre. *Le Siècle de Picasso.* Paris: Gallimard, 1992.
CAMUS, Albert; PIA, Pascal. *Correspondance, 1939-1947.* Paris: Fayard/Gallimard, 2000.
CAZENAVE, Michel. *Malraux.* Paris: Balland, 1985.
CENDRARS, Miriam. *Blaise Cendrars.* Paris: Balland, 1984.
CHANTAL, Suzanne. *Le Cœur battant.* Paris: Grasset, 1976.

CHAPSAL, Madeleine. *Les Ecrivains en personne.* Paris: U.G.E., 1973.

CHAR, René. *Feuillets d'Hypnos.* Paris: Gallimard, 1962.

CHARTIER, Roger; MARTIN, Henri-Jean. *Histoire de l'édition française.* Paris: Fayard, 1991.

CHAZAL, Robert. *Marcel Carné.* Paris: Seghers, 1965.

COHEN-SOLAL, Annie. *Sartre.* Paris: Gallimard, 1985.

CORCY, Stéphanie. *La Vie culturelle sous l'Occupation.* Paris: Perrin, 2005.

CORPET, Olivier; PAULHAN, Claire; PAXTON, Robert O. *Archives de la vie littéraire sous l'Occupation.* Paris: Tallandier, Éditions de l'IMEC, 2009.

COURRIÈRE, Yves. *Jacques Prévert.* Paris: Gallimard, 2000.

______. *Joseph Kessel, ou sur la piste du lion.* Paris: Plon, 1986.

______. *Roger Vailland ou un libertin au regard froid.* Paris: Plon, 1991.

CURTIS, Cate. *Saint-Exupéry.* Paris: Grasset, 1994.

DAIX, Pierre. *Dictionnaire Picasso.* Paris: Robert Laffont, 1995.

______. *La Vie et l'OEuvre de Pablo Picasso.* Paris: Éditions du Seuil, 1977.

______. *Aragon.* Paris: Flammarion, 1994.

______. *Picasso créateur.* Paris: Éditions du Seuil, 1987.

______. *Les Lettres françaises.* Paris: Tallandier, 2004.

DAVID, Angie. *Dominique Aury.* Paris: Éditions Léo Scheer, 2006.

DEBÛ-BRIDEL, Jacques. *La Résistance intellectuelle.* Paris: Julliard, 1970.

DEMONPION, Denis. *Arletty.* Paris: Flammarion, 1996.

DESANTI, Dominique. *Drieu La Rochelle.* Paris: Flammarion, 1978.

______. *Les Aragonautes.* Paris: Calmann-Lévy, 1997.

______. *Desnos, le roman d'une vie.* Paris: Mercure de France, 1999.

DESNOS, Robert. *Cahiers de l'Herne.* Paris: Fayard, 1999.

DESNOS, Youki. *Confidences.* Paris: Arthème Fayard, 1957.

Desnos pour l'an 2000. Colóquio de Cerisy-la-Ville. Paris: Gallimard, 2000.

Desprairies, Cécile. *Ville lumière, années noires.* Paris: Denoël, 2008.

Destouches, Lucette; Robert, Véronique. *Céline secret.* Paris: Grasset, 2001.

Dhôtel, André. *Jean Paulhan, qui suis-je?* Paris: La Manufacture, 1986.

Döblin, Alfred. *Voyage et destin.* Mônaco: Éditions du Rocher, 2001.

Dormoy, Marie. *Souvenirs et portraits d'amis.* Paris: Mercure de France, 1963.

Drieu La Rochelle, Pierre. *Journal 1939-1945.* Paris: Gallimard, 1992.

______. *Fragments de mémoire.* Paris: Gallimard, 1982.

Dufay, François. *Le Voyage d'automne.* Paris: Perrin, 2000.

Duhamel, Marcel. *Raconte pas ta vie.* Paris: Mercure de France, 1972.

Dujovne Ortiz, Alicia. *Dora Maar.* Paris: Grasset, 2003.

Duras, Marguerite. *O amante.* Tradução de Denise Bottmann. São Paulo: Cosac Naify, 2009.

______. *Cahiers de la guerre et autres textes.* Paris: P.O.L., 2006.

Écrivains en prison. Paris: Pierre Seghers, 1945.

Éluard, Paul. *Œuvres complètes.* Paris: Gallimard, Pléiade, 1968.

______. *Lettres à Gala.* Paris: Gallimard, 1984.

Evrard, Claude. *Francis Ponge.* Paris: Belfond, 1990.

Fauré, Michel. *Histoire du surréalisme sous l'Occupation.* Paris: La Table ronde, 1982.

Federini, Fabienne. *Ecrire ou combattre.* Paris: La Découverte, 2006.

Fernandez, Dominique. *Ramon.* Paris: Grasset, 2008.

Feuchtwanger, Lion. *Le Diable en France.* Paris: Belfond, 1996.

FEUILLÈRE, Edwige. *Les Feux de la mémoire.* Paris: Albin Michel, 1977.

FITTKO, Lisa. *Le Chemin des Pyrénées.* Paris: Maren Sell & Cie, 1985.

FOUCHÉ, Pascal. *L'Edition française sous l'Occupation.* Éditions de l'IMEC, 1989.

FRY, Varian. *La Liste noire.* Paris: Plon, 1999.

GALSTER, Ingrid. *Sartre, Vichy et les intellectuels.* Paris: L'Harmattan, 2001.

______. *Beauvoir dans tous ses états.* Paris: Tallandier, 2007.

GALTIER-BOISSIÈRE, Jean. *Journal 1940-1950.* Paris: Quai Voltaire, 1992

GARCIN, Jérôme. *Pour Jean Prévost.* Paris: Gallimard, 1994.

GATEAU, Jean-Charles. *Paul Éluard.* Paris: Robert Laffont, 1988.

GERBER, François. *Saint-Exupéry de la rive gauche à la guerre.* Paris: Denoël, 2000.

GIDE, André. *Journal.* Paris: Gallimard, Pléiade, 1997.

GILOT, Françoise. *Vivre avec Picasso.* Paris: Calmann-Lévy, 1991.

GIRODIAS, Maurice. *Une journée sur la terre.* Paris: Éditions de la Différence, 1990.

GIROUD, Françoise. *Alma Mahler, ou l'art d'être aimée.* Paris: Robert Laffont, 1998.

GODARD, Henri. *L'Amitié André Malraux.* Paris: Gallimard, 2001.

GOLD MARY, Jayne. *Marseille, année 40.* Paris: Phébus, 2001.

GREILSAMER, Laurent. *l'Eclair au front.* Paris: Fayard, 2004.

GRENIER, Jean. *Sous l'Occupation.* Paris: Éditions Claire Paulhan, 1997.

GUÉHENNO, Jean. *Journal des années noires.* Paris: Gallimard, 1947.

GUGGENHEIM, Peggy. *Ma vie et mes folies.* Paris: Perrin, 2004.

GUILLOUX, Louis. *Carnets.* Paris: Gallimard, 1982.

GUIRAUD, Jean-Michel. *La Vie intellectuelle et artistique à Marseille.* Marselha: Jeanne Laffite, 1998.

Guitry, Sacha. *Quatre ans d'occupations.* Paris: L'Élan, 1947.

Halimi, André. *Chantons sous l'Occupation.* Paris: Olivier Orban, 1976.

Heller, Gerhard. *Un Allemand à Paris.* Paris: Éditions du Seuil, 1981.

Hugnet, Georges. *Pleins et déliés.* Paris: Guy Authier éditeur, 1972.

Hugo, Jean. *Le Regard de la mémoire.* Arles: Actes Sud, 1994.

Jacob, Max. *Correspondance.* Paris: Éditions de Paris, 1953.

Janvier, Ludovic. *Beckett.* Écrivains de toujours. Paris: Éditions du Seuil, 1979.

Jean, Raymond. *Éluard.* Écrivains de toujours. Paris: Éditions du Seuil, 1995.

Jeanson, Francis. *70 ans d'adolescence.* Paris: Stock, 1971.

Joseph, Gilbert. *Une si douce Occupation.* Paris: Albin Michel, 1991.

Jouhandeau, Marcel. *Journal sous l'Occupation.* Paris: Gallimard, 1980.

Jünger, Ernst. *Jardins et routes.* Paris: Christian Bourgois, 1995.

______. *Premier journal parisien.* Paris: Christian Bourgois, 1995.

Kessel, Joseph. *Ami entends-tu...* Paris: La Table ronde, 2006.

Knowlson, James. *Beckett.* Arles: Solin, 1999.

Koestler, Arthur. *La Lie de la terre.* Paris: Robert Laffont, 1994.

Lachgar, Lina. *Arrestation et mort de Max Jacob.* Paris: Éditions de la Différence, 2004.

Lacouture, Jean. *Malraux, une vie dans le siècle.* Paris: Éditions du Seuil, 1973.

______. *François Mauriac.* Paris: Éditions du Seuil, 1980.

LAMBLIN, Bianca. *Mémoires d'une jeune fille dérangée.* Paris: Balland, 1993.
LARTIGUE, Jacques-Henry. *L'Œil de la mémoire.* Neuilly-sur--Seine: Michel Lafon, 1986.
LÉAUTAUD, Paul. *Journal littéraire.* Paris: Mercure de France, 1961.
LE BOTERF, Hervé. *La Vie parisienne sous l'Occupation.* France-Empire, 1974.
LÉVY, Bernard-Henri. *Les Aventures de la liberté.* Paris: Grasset, 1991.
______. *L'Idéologie française.* Paris: Grasset, 1981.
LEPAPE, Pierre. *André Gide le Messager.* Paris: Éditions du Seuil, 1997.
LOISEAUX, Gérard. *la Littérature de la défaite à la collaboration.* Paris: Fayard, 1995.
LORD JAMES. *Giacometti.* Paris: Nil, 1997.
LOTTMAN, Herbert. *Albert Camus.* Paris: Éditions du Seuil, 1978.
______. *La Chute de Paris.* Paris: Belfond, 1992.
______. *La Rive gauche.* Paris: Éditions du Seuil, 1981.
LOYER, Emmanuelle. *Paris à New York.* Paris: Grasset, 2005.
LYOTARD, Jean-François. *Signé Malraux.* Paris: Grasset, 1996.

MAHLER, Alma. *Ma vie.* Paris: Hachette, 1985.
MALAQUAIS, Jean. *Journal de guerre,* suivi de *Journal du métèque.* Paris: Phébus, 1997.
"André Malraux", sous la direction de Langlois, nº 2.
MALRAUX, Alain. *Les Marronniers de Boulogne.* Paris: Ramsay/De Cortanze, 1992.
MALRAUX, André. *Antimémoires.* Paris: Gallimard, 1972.
MALRAUX, Clara. *La Fin et le Commencement.* Paris: Grasset, 1976.
MANN, Erika e Klaus. *Fuir pour vivre.* Paris: Autrement, 1997.
MANN, Klaus. *Le Tournant.* Arles: Solin, 1984.
MARAIS, Jean. *Histoires de ma vie.* Paris: Albin Michel, 1975.
MARCOU, Lily. *Elsa Triolet.* Paris: Plon, 1994.

MARIEN, Marcel. *Le Radeau de la mémoire.* Paris: Le Pré aux clercs, 1983.

MARTIN DU GARD, Maurice. *Les Mémorables.* Paris: Gallimard, 1999.

MARTIN DU GARD, Roger. *Journal.* Paris: Gallimard, 1993.

MAURIAC, Claude. *Le Temps immobile.* Paris: Grasset, 1974.

MAURIAC, François. *Mémoires politiques.* Paris: Grasset, 1967.

______. *Lettres d'une vie.* Paris: Grasset, 1981.

______. *Nouvelles lettres d'une vie.* Paris: Grasset, 1989.

Max Jacob et Picasso. Paris: Réunion des Musées nationaux, 1994.

MEHLMAN, Jeffrey. *Emigrés à New York.* Paris: Albin Michel, 2005.

MERCADET, Léon. *La Brigade Alsace-Lorraine.* Paris: Grasset, 1984.

MICHEL, Henri. *Paris résistant.* Paris: Albin Michel, 1982.

MONNIER, Adrienne. *Rue de l'Odéon.* Paris: Albin Michel, 1989.

MOULOUDJI, Marcel. *La Fleur de l'âge.* Paris: Grasset, 1991.

MOUSLI, Béatrice. *Max Jacob.* Paris: Flammarion, 2005.

NADEAU, Maurice. *Grâces leur soient rendues.* Paris: Albin Michel, 1990.

NICHOLAS, Lynn H. *Le Pillage de l'Europe.* Paris: Éditions du Seuil, 1995.

NOGUÈRES, Henri. *Histoire de la Résistance en France.* Paris: Robert Laffont, 1992.

PALMIER, Jean-Michel. *Weimar en exil.* Payot, 1988.

Paris / Paris. Paris: Éditions Centre Georges-Pompidou/ Éditions Gallimard, 1992.

PASCAL, Ory. *Les Collaborateurs.* Paris: Éditions du Seuil, 1976.

PAULHAN, Jean. *Les Causes célèbres.* Paris: Gallimard, 1950.

______. *Qui suis-je?* Paris: La Manufacture, 1986.

______. *Choix de lettres.* Paris: Gallimard, 1992.

______. *Le Clair et l'obscur.* Colloque de Cerisy, 1999.

______. *Cahiers Jean Paulhan.* Cahier du centenaire. Paris: Gallimard, 1984.
______. *La Nouvelle Revue française. Jean Paulhan.* Paris: Gallimard, 1991.
PAYNE, Robert. *Malraux.* Paris: Buchet-Chastel, 1973.
PEREZ, Michel. *Les Films de Carné.* Paris: Ramsay, 1986.
PHILIPPE, Claude-Jean. *Le Roman du cinéma.* Paris: Fayard, 1986.
PICASSO, Pablo. *Le Désir attrapé par la queue.* Paris: Gallimard, 1989.
POLIZZOTTI, Mark. *André Breton.* Paris: Gallimard, 1999.
Pour les cinquante ans de la mort de Max Jacob à Drancy. Troyes: Les Cahiers bleus, 1994.
PREVEL, Jacques. *En compagnie d'Antonin Artaud.* Paris: Flammarion, 1994.

QUENEAU, Raymond. *Journaux.* Paris: Gallimard, 1996.

RAGACHE, Gilles e Jean-Robert. *La Vie quotidienne des écrivains et des artistes sous l'occupation.* Paris: Hachette, 1992.
REBATET, Lucien. *Les Décombres.* Paris: Pauvert, 1976.
______. *Les Mémoires d'un fasciste.* Paris: Pauvert, 1976.
REGLER, Gustav. *Le Glaive et le Fourreau.* Paris: Plon, 1958.
REVAH, Louis-Albert. *Berl, un juif de France.* Paris: Grasset, 2003.
REYNAUD-PALIGOT, Carole. *Parcours politique des surréalites.* CNRS Éditions, 2001.
ROUDINESCO, Elisabeth. *Jacques Lacan.* Paris: Fayard, 1993.
ROUX, Georges-Louis. *La Nuit d'Alexandre.* Paris: Grasset, 2003.
ROWLEY, Ingrid. *Tête à tête, Beauvoir et Sartre un pacte d'amour.* Paris: Grasset, 2006.
ROY, Claude. *Moi je.* Paris: Gallimard, 1969.

SABARTÉS, Jaime. *Picasso.* Paris: L'École des lettres, 1996.
SADOUL, Georges. *Histoire du cinéma mondial.* Paris: Flammarion, 1972.

SAINT-EXUPÉRY, Antoine de. *Lettre à un otage.* Paris: Gallimard, 1944.

_____. *Un sens à la vie.* Paris: Gallimard, 1956.

_____. *Écrits de guerre.* Paris: Gallimard, 1982.

SAINT-EXUPÉRY, Consuelo de. *Mémoire de la rose.* Plon, 2000.

SAPIRO, Gisèle. *La Guerre des écrivains.* Paris: Fayard, 1999.

SARTRE, Jean-Paul. *Situations I.* Paris: Gallimard, 1949.

_____. *Situations III.* Paris: Gallimard, 1949.

_____. *Situation, IV.* Paris: Gallimard, 1964.

SEGHERS, Pierre. *La Résistance et ses poètes.* Paris: Nouvelles Éditions Marabout, 1978.

SERGE, Victor. *Mémoires d'un révolutionnaire.* Paris: Éditions du Seuil, 1951.

______. *Les Derniers Temps, Les Cahiers rouges.* Paris: Grasset, 1998.

SPERBER, Manès. *Au-delà de l'oubli.* Paris: Calmann-Lévy, 1979.

SOUPAULT Philippe. *Mémoires de l'oubli.* Paris: Lachenal et Ritter, 1986.

THÉVENIN, Paule. *Antonin Artaud, ce désespéré qui vous parle.* Paris: Éditions du Seuil, 1993.

THOMAS, Édith. *Le Témoin compromis.* Paris: Viviane Hamy, 1995.

TODD, Olivier. *Albert Camus. Une vie.* Paris: Gallimard, 1996.

______. *André Malraux. Une vie.* Paris: Gallimard, 2001.

VAILLAND, Roger. *Drôle de jeu.* Paris: Buchet-Chastel, 1945.

______. *Écrits intimes.* Paris: Gallimard, 1969.

______. *Entretiens.* Paris: Max Chaleil e Subervie, 1970.

______. *Chronique des années folles à la Libération.* Paris: Éditions Messidor, 1984.

VALLAND, Rose. *Le Front de l'art.* Paris: Réunion des Musées nationaux, 1997.

VALIER, Jean. *C'était Marguerite Duras.* Paris: Fayard, 2006.

VAN RYSSELBERGHE, Maria. *Les Cahiers de la petite dame.* Paris: Gallimard, 1975.

VERCORS. *Le Silence de la Mer.* Paris: Éditions du Minuit, 194.
______. *La Bataille du silence.* Paris: Presses de la Cité, 1967.
VINOCK, Michel. *Le Siècle des intellectuels.* Paris: Éditions du Seuil, 1997.
VIRCONDELET, Alain. *Antoine et Consuelo de Saint-Exupéry.* Paris: Fayard, 2009.
VITOUX, Frédéric. *La Vie de Céline.* Paris: Grasset, 1988.

WEBSTER, Paul. *Saint-Exupéry.* Paris: Éditions du Félin, 2000.
WITTA-MONTROBERT, Jeanne. *La Lanterne magique.* Paris: Calmann-Lévy, 1980.

Coleção **L&PM** POCKET (ÚLTIMOS LANÇAMENTOS)

865.**Guerra da Secessão** – Farid Ameur
866.**Um rio que vem da Grécia** – Cláudio Moreno
868.**Assassinato na casa do pastor** – Agatha Christie
869.**Manual do líder** – Napoleão Bonaparte
870(16).**Billie Holiday** – Sylvia Fol
871.**Bidu arrasando!** – Mauricio de Sousa
872.**Desventuras em família** – Mauricio de Sousa
874.**E no final a morte** – Agatha Christie
875.**Guia prático do Português correto – vol. 4** – Cláudio Moreno
876.**Dilbert (6)** – Scott Adams
877(17).**Leonardo da Vinci** – Sophie Chauveau
878.**Bella Toscana** – Frances Mayes
879.**A arte da ficção** – David Lodge
880.**Striptiras (4)** – Laerte
881.**Skrotinhos** – Angeli
882.**Depois do funeral** – Agatha Christie
883.**Radicci 7** – Iotti
884.**Walden** – H. D. Thoreau
885.**Lincoln** – Allen C. Guelzo
886.**Primeira Guerra Mundial** – Michael Howard
887.**A linha de sombra** – Joseph Conrad
888.**O amor é um cão dos diabos** – Bukowski
890.**Despertar: uma vida de Buda** – Jack Kerouac
891(18).**Albert Einstein** – Laurent Seksik
892.**Hell's Angels** – Hunter Thompson
893.**Ausência na primavera** – Agatha Christie
894.**Dilbert (7)** – Scott Adams
895.**Ao sul de lugar nenhum** – Bukowski
896.**Maquiavel** – Quentin Skinner
897.**Sócrates** – C.C.W. Taylor
899.**O Natal de Poirot** – Agatha Christie
900.**As veias abertas da América Latina** – Eduardo Galeano
901.**Snoopy: Sempre alerta! (10)** – Charles Schulz
902.**Chico Bento: Plantando confusão** – Mauricio de Sousa
903.**Penadinho: Quem é morto sempre aparece** – Mauricio de Sousa
904.**A vida sexual da mulher feia** – Claudia Tajes
905.**100 segredos de liquidificador** – José Antonio Pinheiro Machado
906.**Sexo muito prazer 2** – Laura Meyer da Silva
907.**Os nascimentos** – Eduardo Galeano
908.**As caras e as máscaras** – Eduardo Galeano
909.**O século do vento** – Eduardo Galeano
910.**Poirot perde uma cliente** – Agatha Christie
911.**Cérebro** – Michael O'Shea
912.**O escaravelho de ouro e outras histórias** – Edgar Allan Poe
913.**Piadas para sempre (4)** – Visconde da Casa Verde
914.**100 receitas de massas light** – Helena Tonetto
915(19).**Oscar Wilde** – Daniel Salvatore Schiffer
916.**Uma breve história do mundo** – H. G. Wells
917.**A Casa do Penhasco** – Agatha Christie
919.**John M. Keynes** – Bernard Gazier
920(20).**Virginia Woolf** – Alexandra Lemasson
921.**Peter e Wendy** *seguido de* **Peter Pan em Kensington Gardens** – J. M. Barrie
922.**Aline: numas de colegial (5)** – Adão Iturrusgarai
923.**Uma dose mortal** – Agatha Christie
924.**Os trabalhos de Hércules** – Agatha Christie
926.**Kant** – Roger Scruton
927.**A inocência do Padre Brown** – G.K. Chesterton
928.**Casa Velha** – Machado de Assis
929.**Marcas de nascença** – Nancy Huston
930.**Aulete de bolso**
931.**Hora Zero** – Agatha Christie
932.**Morte na Mesopotâmia** – Agatha Christie
934.**Nem te conto, João** – Dalton Trevisan
935.**As aventuras de Huckleberry Finn** – Mark Twain
936(21).**Marilyn Monroe** – Anne Plantagenet
937.**China moderna** – Rana Mitter
938.**Dinossauros** – David Norman
939.**Louca por homem** – Claudia Tajes
940.**Amores de alto risco** – Walter Riso
941.**Jogo de damas** – David Coimbra
942.**Filha é filha** – Agatha Christie
943.**M ou N?** – Agatha Christie
945.**Bidu: diversão em dobro!** – Mauricio de Sousa
946.**Fogo** – Anaïs Nin
947.**Rum: diário de um jornalista bêbado** – Hunter Thompson
948.**Persuasão** – Jane Austen
949.**Lágrimas na chuva** – Sergio Faraco
950.**Mulheres** – Bukowski
951.**Um pressentimento funesto** – Agatha Christie
952.**Cartas na mesa** – Agatha Christie
954.**O lobo do mar** – Jack London
955.**Os gatos** – Patricia Highsmith
956(22).**Jesus** – Christiane Rancé
957.**História da medicina** – William Bynum
958.**O Morro dos Ventos Uivantes** – Emily Brontë
959.**A filosofia na era trágica dos gregos** – Nietzsche
960.**Os treze problemas** – Agatha Christie
961.**A massagista japonesa** – Moacyr Scliar
963.**Humor do miserê** – Nani
964.**Todo o mundo tem dúvida, inclusive você** – Édison de Oliveira
965.**A dama do Bar Nevada** – Sergio Faraco
969.**O psicopata americano** – Bret Easton Ellis
970.**Ensaios de amor** – Alain de Botton
971.**O grande Gatsby** – F. Scott Fitzgerald
972.**Por que não sou cristão** – Bertrand Russell
973.**A Casa Torta** – Agatha Christie
974.**Encontro com a morte** – Agatha Christie
975(23).**Rimbaud** – Jean-Baptiste Baronian
976.**Cartas na rua** – Bukowski

977.**Memória** – Jonathan K. Foster
978.**A abadia de Northanger** – Jane Austen
979.**As pernas de Úrsula** – Claudia Tajes
980.**Retrato inacabado** – Agatha Christie
981.**Solanin (1)** – Inio Asano
982.**Solanin (2)** – Inio Asano
983.**Aventuras de menino** – Mitsuru Adachi
984(16).**Fatos & mitos sobre sua alimentação** – Dr. Fernando Lucchese
985.**Teoria quântica** – John Polkinghorne
986.**O eterno marido** – Fiódor Dostoiévski
987.**Um safado em Dublin** – J. P. Donleavy
988.**Mirinha** – Dalton Trevisan
989.**Akhenaton e Nefertiti** – Carmen Seganfredo e A. S. Franchini
990.**On the Road – o manuscrito original** – Jack Kerouac
991.**Relatividade** – Russell Stannard
992.**Abaixo de zero** – Bret Easton Ellis
993(24).**Andy Warhol** – Mériam Korichi
995.**Os últimos casos de Miss Marple** – Agatha Christie
996.**Nico Demo** – Mauricio de Sousa
998.**Rousseau** – Robert Wokler
999.**Noite sem fim** – Agatha Christie
1000.**Diários de Andy Warhol (1)** – Editado por Pat Hackett
1001.**Diários de Andy Warhol (2)** – Editado por Pat Hackett
1002.**Cartier-Bresson: o olhar do século** – Pierre Assouline
1003.**As melhores histórias da mitologia: vol. 1** – A.S. Franchini e Carmen Seganfredo
1004.**As melhores histórias da mitologia: vol. 2** – A.S. Franchini e Carmen Seganfredo
1005.**Assassinato no beco** – Agatha Christie
1006.**Convite para um homicídio** – Agatha Christie
1008.**História da vida** – Michael J. Benton
1009.**Jung** – Anthony Stevens
1010.**Arsène Lupin, ladrão de casaca** – Maurice Leblanc
1011.**Dublinenses** – James Joyce
1012.**120 tirinhas da Turma da Mônica** – Mauricio de Sousa
1013.**Antologia poética** – Fernando Pessoa
1014.**A aventura de um cliente ilustre** ***seguido de*** **O último adeus de Sherlock Holmes** – Sir Arthur Conan Doyle
1015.**Cenas de Nova York** – Jack Kerouac
1016.**A corista** – Anton Tchékhov
1017.**O diabo** – Leon Tolstói
1018.**Fábulas chinesas** – Sérgio Capparelli e Márcia Schmaltz
1019.**O gato do Brasil** – Sir Arthur Conan Doyle
1020.**Missa do Galo** – Machado de Assis
1021.**O mistério de Marie Rogêt** – Edgar Allan Poe
1022.**A mulher mais linda da cidade** – Bukowski
1023.**O retrato** – Nicolai Gogol
1024.**O conflito** – Agatha Christie
1025.**Os primeiros casos de Poirot** – Agatha Christie
1027(25).**Beethoven** – Bernard Fauconnier
1028.**Platão** – Julia Annas
1029.**Cleo e Daniel** – Roberto Freire
1030.**Til** – José de Alencar
1031.**Viagens na minha terra** – Almeida Garrett
1032.**Profissões para mulheres e outros artigos feministas** – Virginia Woolf
1033.**Mrs. Dalloway** – Virginia Woolf
1034.**O cão da morte** – Agatha Christie
1035.**Tragédia em três atos** – Agatha Christie
1037.**O fantasma da Ópera** – Gaston Leroux
1038.**Evolução** – Brian e Deborah Charlesworth
1039.**Medida por medida** – Shakespeare
1040.**Razão e sentimento** – Jane Austen
1041.**A obra-prima ignorada** ***seguido de*** **Um episódio durante o Terror** – Balzac
1042.**A fugitiva** – Anaïs Nin
1043.**As grandes histórias da mitologia greco-romana** – A. S. Franchini
1044.**O corno de si mesmo & outras historietas** – Marquês de Sade
1045.**Da felicidade** ***seguido de*** **Da vida retirada** – Sêneca
1046.**O horror em Red Hook e outras histórias** – H. P. Lovecraft
1047.**Noite em claro** – Martha Medeiros
1048.**Poemas clássicos chineses** – Li Bai, Du Fu e Wang Wei
1049.**A terceira moça** – Agatha Christie
1050.**Um destino ignorado** – Agatha Christie
1051(26).**Buda** – Sophie Royer
1052.**Guerra Fria** – Robert J. McMahon
1053.**Simons's Cat: as aventuras de um gato travesso e comilão – vol. 1** – Simon Tofield
1054.**Simons's Cat: as aventuras de um gato travesso e comilão – vol. 2** – Simon Tofield
1055.**Só as mulheres e as baratas sobreviverão** – Claudia Tajes
1057.**Pré-história** – Chris Gosden
1058.**Pintou sujeira!** – Mauricio de Sousa
1059.**Contos de Mamãe Gansa** – Charles Perrault
1060.**A interpretação dos sonhos: vol. 1** – Freud
1061.**A interpretação dos sonhos: vol. 2** – Freud
1062.**Frufru Rataplã Dolores** – Dalton Trevisan
1063.**As melhores histórias da mitologia egípcia** – Carmem Seganfredo e A.S. Franchini
1064.**Infância. Adolescência. Juventude** – Tolstói
1065.**As consolações da filosofia** – Alain de Botton
1066.**Diários de Jack Kerouac – 1947-1954**
1067.**Revolução Francesa – vol. 1** – Max Gallo
1068.**Revolução Francesa – vol. 2** – Max Gallo
1069.**O detetive Parker Pyne** – Agatha Christie
1070.**Memórias do esquecimento** – Flávio Tavares
1071.**Drogas** – Leslie Iversen
1072.**Manual de ecologia (vol.2)** – J. Lutzenberger
1073.**Como andar no labirinto** – Affonso Romano de Sant'Anna

1074.**A orquídea e o serial killer** – Juremir Machado da Silva
1075.**Amor nos tempos de fúria** – Lawrence Ferlinghetti
1076.**A aventura do pudim de Natal** – Agatha Christie
1078.**Amores que matam** – Patricia Faur
1079.**Histórias de pescador** – Mauricio de Sousa
1080.**Pedaços de um caderno manchado de vinho** – Bukowski
1081.**A ferro e fogo: tempo de solidão (vol.1)** – Josué Guimarães
1082.**A ferro e fogo: tempo de guerra (vol.2)** – Josué Guimarães
1084(17).**Desembarcando o Alzheimer** – Dr. Fernando Lucchese e Dra. Ana Hartmann
1085.**A maldição do espelho** – Agatha Christie
1086.**Uma breve história da filosofia** – Nigel Warburton
1088.**Heróis da História** – Will Durant
1089.**Concerto campestre** – L. A. de Assis Brasil
1090.**Morte nas nuvens** – Agatha Christie
1092.**Aventura em Bagdá** – Agatha Christie
1093.**O cavalo amarelo** – Agatha Christie
1094.**O método de interpretação dos sonhos** – Freud
1095.**Sonetos de amor e desamor** – Vários
1096.**120 tirinhas do Dilbert** – Scott Adams
1097.**200 fábulas de Esopo**
1098.**O curioso caso de Benjamin Button** – F. Scott Fitzgerald
1099.**Piadas para sempre: uma antologia para morrer de rir** – Visconde da Casa Verde
1100.**Hamlet (Mangá)** – Shakespeare
1101.**A arte da guerra (Mangá)** – Sun Tzu
1104.**As melhores histórias da Bíblia (vol.1)** – A. S. Franchini e Carmen Seganfredo
1105.**As melhores histórias da Bíblia (vol.2)** – A. S. Franchini e Carmen Seganfredo
1106.**Psicologia das massas e análise do eu** – Freud
1107.**Guerra Civil Espanhola** – Helen Graham
1108.**A autoestrada do sul e outras histórias** – Julio Cortázar
1109.**O mistério dos sete relógios** – Agatha Christie
1110.**Peanuts: Ninguém gosta de mim... (amor)** – Charles Schulz
1111.**Cadê o bolo?** – Mauricio de Sousa
1112.**O filósofo ignorante** – Voltaire
1113.**Totem e tabu** – Freud
1114.**Filosofia pré-socrática** – Catherine Osborne
1115.**Desejo de status** – Alain de Botton
1118.**Passageiro para Frankfurt** – Agatha Christie
1120.**Kill All Enemies** – Melvin Burgess
1121.**A morte da sra. McGinty** – Agatha Christie
1122.**Revolução Russa** – S. A. Smith
1123.**Até você, Capitu?** – Dalton Trevisan
1124.**O grande Gatsby (Mangá)** – F. S. Fitzgerald
1125.**Assim falou Zaratustra (Mangá)** – Nietzsche
1126. **Peanuts: É para isso que servem os amigos (amizade)** – Charles Schulz
1127(27).**Nietzsche** – Dorian Astor
1128.**Bidu: Hora do banho** – Mauricio de Sousa
1129.**O melhor do Macanudo Taurino** – Santiago
1130.**Radicci 30 anos** – Iotti
1131.**Show de sabores** – J.A. Pinheiro Machado
1132.**O prazer das palavras** – vol. 3 – Cláudio Moreno
1133.**Morte na praia** – Agatha Christie
1134.**O fardo** – Agatha Christie
1135.**Manifesto do Partido Comunista (Mangá)** – Marx & Engels
1136.**A metamorfose (Mangá)** – Franz Kafka
1137.**Por que você não se casou... ainda** – Tracy McMillan
1138.**Textos autobiográficos** – Bukowski
1139.**A importância de ser prudente** – Oscar Wilde
1140.**Sobre a vontade na natureza** – Arthur Schopenhauer
1141.**Dilbert (8)** – Scott Adams
1142.**Entre dois amores** – Agatha Christie
1143.**Cipreste triste** – Agatha Christie
1144.**Alguém viu uma assombração?** – Mauricio de Sousa
1145.**Mandela** – Elleke Boehmer
1146.**Retrato do artista quando jovem** – James Joyce
1147.**Zadig ou o destino** – Voltaire
1148.**O contrato social (Mangá)** – J.-J. Rousseau
1149.**Garfield fenomenal** – Jim Davis
1150.**A queda da América** – Allen Ginsberg
1151.**Música na noite & outros ensaios** – Aldous Huxley
1152.**Poesias inéditas & Poemas dramáticos** – Fernando Pessoa
1153.**Peanuts: Felicidade é...** – Charles M. Schulz
1154.**Mate-me por favor** – Legs McNeil e Gillian McCain
1155.**Assassinato no Expresso Oriente** – Agatha Christie
1156.**Um punhado de centeio** – Agatha Christie
1157.**A interpretação dos sonhos (Mangá)** – Freud
1158.**Peanuts: Você não entende o sentido da vida** – Charles M. Schulz
1159.**A dinastia Rothschild** – Herbert R. Lottman
1160.**A Mansão Hollow** – Agatha Christie
1161.**Nas montanhas da loucura** – H.P. Lovecraft
1162(28).**Napoleão Bonaparte** – Pascale Fautrier
1163.**Um corpo na biblioteca** – Agatha Christie
1164.**Inovação** – Mark Dodgson e David Gann
1165.**O que toda mulher deve saber sobre os homens: a afetividade masculina** – Walter Riso
1166.**O amor está no ar** – Mauricio de Sousa
1167.**Testemunha de acusação & outras histórias** – Agatha Christie
1168.**Etiqueta de bolso** – Celia Ribeiro
1169.**Poesia reunida (volume 3)** – Affonso Romano de Sant'Anna
1170.**Emma** – Jane Austen
1171.**Que seja em segredo** – Ana Miranda

1172.**Garfield sem apetite** – Jim Davis
1173.**Garfield: Foi mal...** – Jim Davis
1174.**Os irmãos Karamázov (Mangá)** – Dostoiévski
1175.**O Pequeno Príncipe** – Antoine de Saint-Exupéry
1176.**Peanuts: Ninguém mais tem o espírito aventureiro** – Charles M. Schulz
1177.**Assim falou Zaratustra** – Nietzsche
1178.**Morte no Nilo** – Agatha Christie
1179.**Ê, soneca boa** – Mauricio de Sousa
1180.**Garfield a todo o vapor** – Jim Davis
1181.**Em busca do tempo perdido (Mangá)** – Proust
1182.**Cai o pano: o último caso de Poirot** – Agatha Christie
1183.**Livro para colorir e relaxar** – Livro 1
1184.**Para colorir sem parar**
1185.**Os elefantes não esquecem** – Agatha Christie
1186.**Teoria da relatividade** – Albert Einstein
1187.**Compêndio de psicanálise** – Freud
1188.**Visões de Gerard** – Jack Kerouac
1189.**Fim de verão** – Mohiro Kitoh
1190.**Procurando diversão** – Mauricio de Sousa
1191.**E não sobrou nenhum e outras peças** – Agatha Christie
1192.**Ansiedade** – Daniel Freeman & Jason Freeman
1193.**Garfield: pausa para o almoço** – Jim Davis
1194.**Contos do dia e da noite** – Guy de Maupassant
1195.**O melhor de Hagar 7** – Dik Browne
1196(29).**Lou Andreas-Salomé** – Dorian Astor
1197(30).**Pasolini** – René de Ceccatty
1198.**O caso do Hotel Bertram** – Agatha Christie
1199.**Crônicas de motel** – Sam Shepard
1200.**Pequena filosofia da paz interior** – Catherine Rambert
1201.**Os sertões** – Euclides da Cunha
1202.**Treze à mesa** – Agatha Christie
1203.**Bíblia** – John Riches
1204.**Anjos** – David Albert Jones
1205.**As tirinhas do Guri de Uruguaiana 1** – Jair Kobe
1206.**Entre aspas (vol.1)** – Fernando Eichenberg
1207.**Escrita** – Andrew Robinson
1208.**O spleen de Paris: pequenos poemas em prosa** – Charles Baudelaire
1209.**Satíricon** – Petrônio
1210.**O avarento** – Molière
1211.**Queimando na água, afogando-se na chama** – Bukowski
1212.**Miscelânea septuagenária: contos e poemas** – Bukowski
1213.**Que filosofar é aprender a morrer e outros ensaios** – Montaigne
1214.**Da amizade e outros ensaios** – Montaigne
1215.**O medo à espreita e outras histórias** – H.P. Lovecraft
1216.**A obra de arte na era de sua reprodutibilidade técnica** – Walter Benjamin
1217.**Sobre a liberdade** – John Stuart Mill
1218.**O segredo de Chimneys** – Agatha Christie
1219.**Morte na rua Hickory** – Agatha Christie
1220.**Ulisses (Mangá)** – James Joyce
1221.**Ateísmo** – Julian Baggini
1222.**Os melhores contos de Katherine Mansfield** – Katherine Mansfied
1223(31).**Martin Luther King** – Alain Foix
1224.**Millôr Definitivo: uma antologia de *A Bíblia do Caos*** – Millôr Fernandes
1225.**O Clube das Terças-Feiras e outras histórias** – Agatha Christie
1226.**Por que sou tão sábio** – Nietzsche
1227.**Sobre a mentira** – Platão
1228.**Sobre a leitura** *seguido do* **Depoimento de Céleste Albaret** – Proust
1229.**O homem do terno marrom** – Agatha Christie
1230(32).**Jimi Hendrix** – Franck Médioni
1231.**Amor e amizade e outras histórias** – Jane Austen
1232.**Lady Susan, Os Watson e Sanditon** – Jane Austen
1233.**Uma breve história da ciência** – William Bynum
1234.**Macunaíma: o herói sem nenhum caráter** – Mário de Andrade
1235.**A máquina do tempo** – H.G. Wells
1236.**O homem invisível** – H.G. Wells
1237.**Os 36 estratagemas: manual secreto da arte da guerra** – Anônimo
1238.**A mina de ouro e outras histórias** – Agatha Christie
1239.**Pic** – Jack Kerouac
1240.**O habitante da escuridão e outros contos** – H.P. Lovecraft
1241.**O chamado de Cthulhu e outros contos** – H.P. Lovecraft
1242.**O melhor de Meu reino por um cavalo!** – Edição de Ivan Pinheiro Machado
1243.**A guerra dos mundos** – H.G. Wells
1244.**O caso da criada perfeita e outras histórias** – Agatha Christie
1245.**Morte por afogamento e outras histórias** – Agatha Christie
1246.**Assassinato no Comitê Central** – Manuel Vázquez Montalbán
1247.**O papai é pop** – Marcos Piangers
1248.**O papai é pop 2** – Marcos Piangers
1249.**A mamãe é rock** – Ana Cardoso
1250.**Paris boêmia** – Dan Franck
1251.**Paris libertária** – Dan Franck
1252.**Paris ocupada** – Dan Franck
1253.**Uma anedota infame** – Dostoiévski
1254.**O último dia de um condenado** – Vitor Hugo
1255.**Nem só de caviar vive o homem** – J.M. Simmel
1256.**Amanhã é outro dia** – J.M. Simmel